国家教师资格考试指导教材

教育教学知识与能力(小学)

(第二版)

主　编　谢先国
副主编　王建平
参　编　(按姓名拼音排序)
陈华仔　邓素文　李　阳
柳　燕　彭玲艺

北京大学出版社
PEKING UNIVERSITY PRESS

图书在版编目(CIP)数据

教育教学知识与能力.小学/谢先国主编.—2版.—北京：北京大学出版社，2020.10
国家教师资格考试指导教材
ISBN 978-7-301-31616-0

Ⅰ.①教… Ⅱ.①谢… Ⅲ.①教学能力－小学教师－资格考试－教材 Ⅳ.①G451.1

中国版本图书馆CIP数据核字（2020）第170317号

书　　名	教育教学知识与能力（小学）（第二版） JIAOYU JIAOXUE ZHISHI YU NENGLI（XIAOXUE）（DI-ER BAN）
著作责任者	谢先国　主编
责任编辑	周　丹
标准书号	ISBN 978-7-301-31616-0
出版发行	北京大学出版社
地　　址	北京市海淀区成府路205号　100871
网　　址	http://www.pup.cn　　新浪微博：@北京大学出版社
电子信箱	zyjy@pup.cn
电　　话	邮购部010-62752015　发行部010-62750672　编辑部010-62756923
印 刷 者	河北滦县鑫华书刊印刷厂
经 销 者	新华书店
	787毫米×1092毫米　16开本　17.25印张　479千字
	2014年9月第1版
	2020年10月第2版　2020年10月第1次印刷（总第10次印刷）
定　　价	48.00元

第二版前言

中小学和幼儿园教师资格考试(以下简称教师资格考试)是评价申请教师资格的人员是否具备从事教师职业所必需的教育教学基本素质和能力的考试。通过教师资格考试是教师职业准入的前提条件。申请幼儿园、小学、初级中学、普通高级中学、中等职业学校教师和中等职业学校实习指导教师资格的人员须分别参加相应类别的教师资格考试。教师资格考试实行全国统一考试。考试坚持育人导向、能力导向、实践导向和专业化导向，坚持科学、公平、安全、规范的原则。

教师资格考试包括笔试和面试两部分。

笔试主要考查：申请人从事教师职业所应具备的教育理念、职业道德、法律法规知识、科学文化素养、阅读理解、语言表达、逻辑推理和信息处理等基本能力；教育教学、学生指导和班级管理的基本知识；拟任教学科领域的基本知识，教学设计实施评价的知识和方法，运用所学知识分析和解决教育教学实际问题的能力。

幼儿园教师资格考试笔试科目为“综合素质”“保教知识与能力”两科；小学教师资格考试笔试科目为“综合素质”“教育教学知识与能力”两科；初级中学、普通高级中学教师和中等职业学校文化课教师资格考试笔试科目为“综合素质”“教育知识与能力”“学科知识与教学能力”三科；中等职业学校专业课教师和实习指导教师资格考试笔试科目为“综合素质”“教育知识与能力”“专业知识与教学能力”三科。

面试主要考查：申请教师资格人员应具备的新教师基本素养、职业发展潜质和教育教学(或保教)实践能力。

幼儿园教师资格考试面试采取结构化面试和展示相结合的方法，通过展示、回答问题、陈述等方式进行；小学和中学教师资格考试面试采取结构化面试和情景模拟相结合的方法，通过抽题备课、试讲、答辩等方式进行。

为了配合教师资格考试在全国推广后师范院校的课程设置和教学计划的调整，方便师范院校对报名参加教师资格考试的在校学生进行有效指导和系统培训，提高教师资格考试的通过率，方便考生系统复习，提高考试成绩，北京大学出版社组织全国数十所师范院校的教师及部分中小学、幼儿园一线教师联合编写了“国家教师资格考试指导教材”，并陆续出版。

这套教材出版后，受到了全国各地参加教师资格考试考生及辅导老师的广泛好评，并被二十多所师范院校指定为师范生的备考教材。这套教材也多次加印，成为一套享有良好声誉的教师资格考试辅导教材。

这次改版修订，在保持第一版教材优势的基础上，第二版教材突出了以下特色：

一、突出体系完整性

与第一版相比，第二版教材在编写时更加注意并把握教材的系统性、知识性、科学性的统一，同时以现行考试大纲为编写依据，科学、系统、严谨地阐释大纲对各学段教师资格考试所要求的知识体系。教材总体结构、章节布局合理，内容详略得当，繁简适宜，概念、定义、名词等准确、规范，以帮助考生提高其自身教育理念、职业道德、科学文化素养以及相关教育教学能力。

二、突出教材的指导性

本系列教材的重要功能之一是指导考生有效而科学地掌握、运用教师资格考试所要求的教育知识与教学能力。在教材修订过程中，编者力图贯彻考试大纲对于知识、能力"了解、理解、熟练、掌握、运用"等各个层级的要求，在体例设置与内容表达上突出重点，提纲挈领，避免罗列与堆砌，并对核心考点进行提炼，科学地指导考生掌握各学段教育教学的基本素养、基本原理，以及学科专业领域的基本框架、基本知识。

三、突出能力拓展性

第二版教材更加注重对考生拓展性思维的启发与创造性能力的培养。新的考试标准、考试大纲对于教师实践素养与能力有较高要求，强调教师要具备"自主发展意识和自我教育的能力"，拓展性思维与创造性能力是自主发展与自我教育的重要构成与体现，第二版教材据此在相关章节增加了能力拓展性的内容，并结合考试真题，重点进行讲解与强化。

四、突出备考实效性

本系列教材经过修订后，注重把握好素质培养与应试备考之间的平衡，在内容与形式上兼顾教材的考试指导属性，以利于考生理顺考试理念、要求，了解考试趋向、动态，熟悉考试内容、方法，掌握考试重点、难点，帮助考生深入学习、有效应考。

本系列教材在编写过程中得到了各参编院校和参编老师的大力支持，在此一并表示感谢。

目　　录

模块一　教育学基础

模块二　学 生 指 导

模块一　教育学基础

备考指南

一、考纲基本要求

(1) 了解我国小学教育的历史与现状。

(2) 了解我国基础教育课程改革的现状和发展趋势。

(3) 了解教育科学研究的基础知识。

(4) 了解小学组织与运行的基础知识和基本要求。

(5) 了解有关教育学、心理学的基础知识。

(6) 理解小学教育的基本特点。

(7) 掌握小学教育研究的基本方法。

(8) 掌握教师专业发展的基础知识。

(9) 能够运用相关知识对小学教育教学实践中的问题进行一定的分析。

二、考试要点分析

本模块的考试重点集中在：① 小学教育的发展及其特点；② 教育的本质属性；③ 教育的起源与发展；④ 教育学的发展；⑤ 教育与社会的发展；⑥ 教育制度；⑦ 课程及其新课程的理念；⑧ 教师专业发展；⑨ 教育科学研究等。

三、考题类型及所占分值比例

本模块知识点在历年考试中大多以选择题、简答题和材料分析题的形式进行考查。选择题有 5～11 个，分值 10～22 分；简答题有 1～2 个，分值 10～20 分；材料分析题为 0～1 个，分值 0～20 分。总分值约占 13%～41%。

四、学习建议与备考策略

研习考试大纲，把握考试重点；识记理解有关概念、原理；结合具体教育现象对原理加以运用。

知识地图

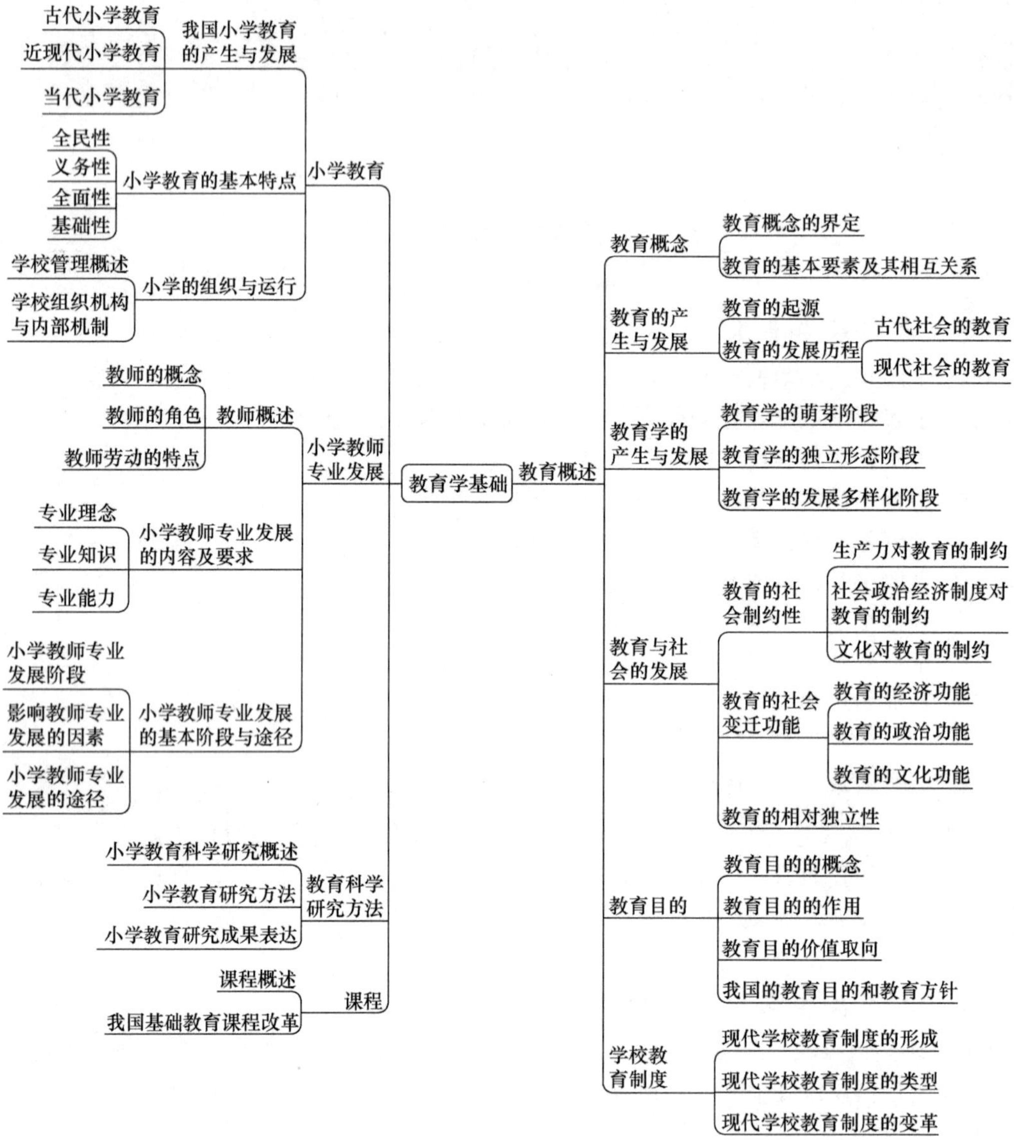

教育学基础
小学教育
我国小学教育的产生与发展
古代小学教育
近现代小学教育
当代小学教育
小学教育的基本特点
全民性
义务性
全面性
基础性
小学的组织与运行
学校管理概述
学校组织机构与内部机制
小学教师专业发展
教师概述
教师的概念
教师的角色
教师劳动的特点
小学教师专业发展的内容及要求
专业理念
专业知识
专业能力
小学教师专业发展的基本阶段与途径
小学教师专业发展阶段
影响教师专业发展的因素
小学教师专业发展的途径
教育科学研究方法
小学教育科学研究概述
小学教育研究方法
小学教育研究成果表达
课程
课程概述
我国基础教育课程改革
教育概述
教育概念
教育概念的界定
教育的基本要素及其相互关系
教育的产生与发展
教育的起源
教育的发展历程
古代社会的教育
现代社会的教育
教育学的产生与发展
教育学的萌芽阶段
教育学的独立形态阶段
教育学的发展多样化阶段
教育与社会的发展
教育的社会制约性
生产力对教育的制约
社会政治经济制度对教育的制约
文化对教育的制约
教育的社会变迁功能
教育的经济功能
教育的政治功能
教育的文化功能
教育的相对独立性
教育目的
教育目的的概念
教育目的的作用
教育目的的价值取向
我国的教育目的和教育方针
学校教育制度
现代学校教育制度的形成
现代学校教育制度的类型
现代学校教育制度的变革

第一章 教育概述

考点分析

- 本章知识点在历年考试中大多以选择题和简答题的形式进行考查。
- 考试重点集中在教育的概念、教育的产生与发展、教育学的产生与发展、教育与社会的发展、学校教育制度等内容上。

第一节 教育概念

一、教育概念的界定

教育是一种有目的地培养人的社会活动,它的目的在于影响和促进人的发展。是否以促进人的身心发展为直接目的是教育活动区别于其他社会活动的根本所在。

广义的教育是指,凡是有目的地增进人的知识技能、影响人的思想品德、增强人的体质的活动,不论是有组织的或是无组织的、系统的或是零碎的,都是教育。它包括人们在家庭中、学校里、亲友间、社会上所受到的各种有目的的影响。

狭义的教育主要指学校教育,它是根据一定社会的现实和未来的需要,遵循受教育者身心发展的规律,有目的、有计划、有组织地引导受教育者主动地学习,积极进行经验的改造与重组,促进他们提高素质、健全人格的一种活动。

考点实破

【1-1】(2016 年下半年)学校教育的直接目标是(　　)。

A. 推动社会发展　　B. 增强人的体质　　C. 增进社会公平　　D. 促进人的发展

【1-2】(2013 年下半年)“人只有通过适当的教育之后,人才能成为一个人。”夸美纽斯的这句话旨在说明教育是(　　)。

A. 培养人的社会实践活动　　B. 使人得以生存的活动

C. 传递社会经验的活动　　D. 保存人类文明的活动

二、教育的基本要素及其相互关系

教育的基本要素有教育者、受教育者和教育中介系统。

1. 教育者

凡是对受教育者在知识、技能、思想、品德等方面起到教育影响作用的人,都可称为教育者。家庭是一个人受教育的重要场所,父母是子女最初和最长久的教育者;社会教育中的师傅以及起到教育作用的其他人员,都是教育者。但自学校教育产生以后,教育者主要是指学校中的教师和其他教育工作人员。

教育者在教育活动中扮演着主导者的角色。教育目的的实现依赖于教育者自觉地、有意识地、想方设法地以其自身的活动来引导和促进受教育者的身心按照一定的方向和水平发展。离开了教育者及有目的的活动,也就不存在教育。

2. 受教育者

受教育者是指在各种教育活动中从事学习的人，既包括学校中学习的儿童、少年和青年，也包括各种形式教育中的成人学生。受教育者既是教育的对象，又是学习的主体。教育活动是教育者与受教育者双向互动的活动，如果没有受教育者的积极参加，发挥其主观能动性，教育活动也无法顺利地开展。教育活动的实际效果，受教育者个性素质的发展，都依赖于受教育者的自我建构和自我努力。

3. 教育中介系统

教育中介系统是教育者与受教育者联系与互动的纽带，是开展教育活动的内容和方式。

教育内容是教育者用来作用于受教育者的影响物，它是根据教育目的，经过挑选和加工的、具有教育价值和适合受教育者身心发展水平的人类科学文化成果的结晶。它主要体现在课程、教科书、教学参考书和其他形式的信息载体（如广播、电视、电影、报刊等）中，还体现在经过选择和布置的具有教育作用的环境（如教室、阅览室、校园等）中。另外，教育者自身所拥有的知识、经验、言谈举止、思想品质和工作作风也影响着受教育者的发展，因而也是重要的教育内容或受教育者学习的重要对象。

教育活动都要以一定的方式进行，都要表现为一定的教育活动方式。教育活动方式涉及教育基本要素的组合、教育工具和教育手段的应用，是一个十分复杂的动态过程。从一定意义上来说，教育活动方式对受教育者的发展具有重要意义。外在的教育内容要通过合理的教育活动方式才能转化为受教育者内在的精神财富，教育活动方式本身也会经过长时间的、无数次的反复而逐渐概括化、定型化，并积淀为受教育者的个性素质。

教育的三个基本要素是相互联系的，其中，教育者处于主导性地位，他是教育活动的组织者、领导者，他掌握着教育目的，采用适当的教育内容，创设必要的教育环境，调控着受教育者和整个教育过程，从而达到促进受教育者身心发展的目的。需要指出的是，教育的基本要素只是一种对教育活动的过程结构的抽象分析与概括，而这些要素本身及其相互关系是随着历史条件和现实选择的变化而变化着的。

考点突破

【1-3】（2016 年上半年）与学校教育相比，家庭教育的特点主要表现在（　　）。

A. 生活性　　B. 计划性　　C. 组织性　　D. 系统性

【1-4】（2013 年下半年）发挥教育合力必须注意三种教育形态的有机结合，这三种教育形态是（　　）。

① 家庭教育　② 学校教育　③ 社会教育　④ 自我教育

A. ①②③　　B. ①②④　　C. ①③④　　D. ②③④

第二节　教育的产生与发展

一、教育的起源

在教育史上关于教育的起源主要有生物起源说、心理起源说、劳动起源说三种不同的主张。其中，劳动起源说是在批判前两者的基础上，在马克思主义唯物史观指导下形成。

1. 生物起源说

教育的生物起源说以达尔文生物进化论为指导，把教育的起源归于动物的本能行为，认为教育过程就是按生物学规律进行的本能过程。其代表人物是法国哲学家、社会学家勒图尔诺和英国教育家沛西·能。勒图尔诺在《动物界的教育》一书中明确提出教育的生物起源说。但是，这种主张混淆了动物的本能活动与人类社会教育活动的界限，忽视了教育的社会性。

2. 心理起源说

心理起源说认为，教育起源于儿童对成人无意识的模仿，把全部教育都归于无意识状态下产生的模仿行为。其代表人物是美国教育家孟禄。

3. 劳动起源说

苏联和我国的教育学者大都持这种观点。劳动起源论者认为，教育起源于劳动，起源于劳动过程中社会生产需要和人的发展需要的辩证统一。

考点突破

【1-5】(2016年下半年)英国教育家沛西·能认为，教育是天生的而不是获得的表现形式，是扎根于本能的不可避免的行为。这一观点属于(　　)。

A. 神话起源说　　B. 生物起源说　　C. 心理起源说　　D. 劳动起源说

二、教育的发展历程

根据生产力的发展水平，人类社会可以划分为以使用手工工具为标志的小生产的古代社会和以使用现代机器为标志的大生产的现代社会。与此相对应，也可以把教育划分为古代社会的教育和现代社会的教育两个发展阶段。古代社会的教育除原始社会的教育外，还包括奴隶社会的教育和封建社会的教育；现代社会的教育包括资本主义教育和社会主义教育。

(一) 古代社会的教育

1. 原始社会的教育

原始社会的教育是和生产劳动、社会生活紧密结合在一起的。原始社会生产力很低，教育水平也很低。青少年儿童在与年长者的共同劳动中学习劳动技能，在共同的生活中学习生活规范，还在部落间的冲突中学习军事斗争经验。

2. 奴隶社会的教育

奴隶社会已经出现了学校。我国最早的学校出现在夏朝。学校的产生有其基本的条件：第一，生产力的发展以及社会生产水平的提高为学校的产生提供了物质基础；第二，脑力劳动和体力劳动相分离为学校的产生提供了专门从事教育活动的知识分子；第三，文字的创造和知识的积累为学校教育活动的开展提供了有效的教育手段和充分的教育内容；第四，国家机器的产生需要专门的机构来培养统治阶级所需要的人才。

奴隶社会的教育具有鲜明的阶级性，学校教育为奴隶主阶级所享用，奴隶不被当作人看待，更谈不上接受学校教育。我国奴隶社会的学校，已有庠、序、校、学等不同等级和不同性质的名称，礼、乐、射、御、书、数是当时学校的学习内容。西方奴隶社会的教育主要以雅典和斯巴达的教育为代表：雅典是一个商业较为发达的国家，它对教育的要求，除体育竞技外，还要学习哲学、文法、修辞三门学科，即所谓“三艺”，注意人的和谐发展，以培养将来准备担任国家要职的人才，古代的雅典，成为西方文化日后发展的发源地；斯巴达的教育以军事教育为主，目的是将奴隶主的子女培养成为身体健壮的武士，学习内容有赛跑、跳跃、角力、掷铁饼、投标枪“五项竞技”。

考点突破

【1-6】(2015 年下半年)简述学校产生的基本条件。

【1-7】(2013 年下半年)中国最早的学校教育形态出现在(　　)。

A. 夏朝　　B. 殷商　　C. 西周　　D. 春秋战国

3. 封建社会的教育

封建社会的教育带有严格的等级性,不同身份的人接受不同的教育。在我国封建社会的长期发展中,我国古代文化已达到相当高的水平,在教育制度上有官学、私学、书院等多种形式。教育内容为经、史、子、集等,其中"四书""五经"影响最大,是最主要的教材。全社会盛行"学而优则仕",从察举到科举,是晋升的主要门路。

西方封建社会的教育主要是教会学校和骑士教育。欧洲中世纪的教育,几乎全部控制在教会手中,教育的内容是神学,教育的目的是培养僧侣。只是在一些设备简陋的教区学校中,农民子弟才可以学到读、写和宗教的初步知识。骑士教育也称"武士教育",是欧洲中世纪世俗封建主的教育,教育内容主要是"武士七技"(骑马、游泳、投枪、击剑、打猎、下棋、咏诗)和宗教教育,其目的是培养效忠封建领主和善于作战的武士。

(二) 现代社会的教育

1. 资本主义教育

由于我国的资本主义发展较晚,在这一部分中主要介绍西方的发展情况。文艺复兴时期是资本主义发展的启蒙阶段,在资本主义社会,科学技术的发展和应用机器的大工业生产,使生产力得到快速的发展和提高。在教育上,制度、内容和形式等方面都有了新的要求,如普及义务教育,实施班级授课制和集体教学模式,利用现代教学内容和手段,培养出具有初等文化水平的劳动力和较高文化水平的各种专门人才。通过几百年的发展,资本主义教育的范围扩大了,学校的形式多样化了。但是,由于资本主义自身固有矛盾的发展,贫富悬殊和种族歧视现象仍未完全消除,文化教育上的不平等还是一个十分突出的现实问题。

2. 社会主义教育

"十月革命"一声炮响,在列宁的领导下,俄国建立起世界上第一个社会主义国家。第二次世界大战后,世界形成了社会主义阵营。社会主义公有制的确立,打破了教育上的阶级限制,为实现教育平等创造了条件;社会主义国家以马克思主义为指导,传授现代化的先进科学知识,实现了教育的科学性;加强了国家对教育的领导,实现了教育的统一性;学校完全脱离宗教的控制,实现了教育的非宗教性。社会主义教育被称为人类历史上最先进的教育。我国目前正处于社会主义初级阶段,正在探索建立有中国特色的社会主义教育体系。

虽然资本主义教育与社会主义教育在教育性质、指导思想等方面存在着重大差异,但仍然存在着以下几方面的共性。

第一,生产性。现代教育的生产性主要体现在教育与生产劳动相结合。通过教育与生产劳动相结合,使现代科技与现代生产相结合,以促进科技和生产的双向发展。从个体发展来说,这使劳动者把学习现代科技理论与从事现代化生产劳动实践相结合,进而实现体力劳动与脑力劳动的逐步结合,从片面发展走向全面发展。从社会发展来说,教育与生产劳动相结合就是使教育事业同国民经济发展的要求相适应,使生产加速发展,使综合国力不断增强。

第二,科学性。现代教育从内容到手段都在现代科学技术的推动下,越来越向科学化的方向发展。通过现代科学的教育内容和方法,使学生系统地学习科技知识,掌握综合技术、专门技术和现代科技手段,培养学生运用知识的能力,养成学生的创新精神和实践能力。

第三,革新性。20 世纪的下半叶,生产与科技的发展日新月异,人们用“知识爆炸”来形容当代科技发展的大趋势。为了使教育跟上科技发展的步伐,现代教育改革的浪潮席卷全世界,不断在进行新模式的教育教学改革和实验。现代教育的不断创新推动着教育不断向高级阶段发展,使教育不断地逼近理想目标。

第三节 教育学的产生与发展

教育学的研究对象,简言之就是教育。教育学就是研究教育活动、揭示教育规律的科学。教育学的发展与教育的发展密切相关,同时需要其他有关学科如哲学、心理学等的参与。

一、教育学的萌芽阶段

在教育尚处于萌芽和经验阶段时,作为总结教育经验、具有一定理论体系的教育学是不可能出现的,教育学还没有成为独立学科。古代的教育思想常常是同哲学、政治、伦理、宗教等思想混杂在一起的,如我国古代的《论语》和西方古代的《理想国》等,虽然这些著作包含不少有关教育的论述,但都不能称为教育专著。世界上最早的教育专著,应算我国的《学记》;西方最早的教育专著当推古罗马昆体良的《雄辩术原理》,但它们尚不具备比较完整的教育学体系。

考点突破

【1-8】(2015 年上半年)“庶”与“富”是“教”的先决条件。首次提出这一教育观点的教育家是(　　)。

A. 孔子　　B. 孟子　　C. 荀子　　D. 墨子

【1-9】(2016 年下半年)我国最早记载和阐释孔子“不愤不启,不悱不发”教学思想的著作是(　　)。

A.《学记》　　B.《论语》　　C.《大学》　　D.《孟子》

二、教育学的独立形态阶段

英国学者培根于 1623 年发表了《论科学的价值与发展》一文,在对科学的分类中,首次把教育学列为一门独立学科。随着资本主义经济的发展和科学的进步,教育事业和教育科学也得到长足的发展,一批教育专著相继问世。捷克教育家夸美纽斯在 1632 年写成的《大教学论》被认为是最早的具有比较完整体系的教育学著作,也是教育学成为一门独立学科的标志。德国哲学家康德于 1776 年在哥尼斯堡大学首次讲授教育学,使教育学作为一门课程在大学里开设。德国教育家赫尔巴特又把伦理学和心理学引入教育学,于 1806 年出版了著名的《普通教育学》,该书被认为是第一部现代意义上的教育学著作。他在伦理学基础上建立起教育目的论,在心理学基础上建立起教育方法论,形成了“传统教育”思想和教学模式。这个以班级授课制为基础,在教师的主导下系统地传授知识,即是以教师、书本和课堂为中心的“三中心”教学模式,对近代世界各国的教育理论和实践产生了深远的影响。

考点突破

【1-10】（2011 年下半年）一般认为，教育学成为一门独立学科的标志是（　　）。

A. 卢梭的《爱弥儿》　　B. 斯宾塞的《教育论》

C. 赫尔巴特的《普通教育学》　　D. 夸美纽斯的《大教学论》

资料卡片

夸美纽斯的《大教学论》的主要内容

夸美纽斯认为教学是“把一切事物教给一切人类的全部艺术”。其中所反映的教育信念是每个人都有接受教育的可能和权利；教育是形成人的品德和智慧的最重要的工具，通过对人的教育可以达到改造社会的目的。《大教学论》提出教育要遵循自然的规律，因为人是自然的一部分，自然的规律就是人发展的规律。这本书还系统地论述了按人发展的不同阶段划分的学校类型、课程内容、不同学科的教学方法以及应该普遍遵循的教学原则，并在教学组织形式上提出了班级授课制。

三、教育学的发展多样化阶段

随着科学技术的发展，心理学、社会学、法律学、伦理学、政治学等经验学科逐渐兴起。这些学科对教育学的发展起了巨大的作用，教育学不仅从这些学科中吸取了有关的研究成果，而且逐渐利用其新兴的研究方法来研究教育问题，从而使教育学呈现出多样化发展的样态。

1861 年，英国资产阶级思想家、社会学家斯宾塞出版了《教育论》一书。在教育目的上，斯宾塞提出教育的任务是教导人们为完满的生活做准备。在教育内容上，他强调生理学、卫生学、数学、机械学、物理学、化学等实用学科的重要性，反对古典语言和文学的教育。

20 世纪初，欧美的教育学者利用实验、统计和比较的方法研究教育问题，产生了“实验教育学”。其代表人物是德国的梅伊曼和拉伊。

19 世纪末，“新教育运动”出现，对“传统教育”脱离实际和忽视儿童等缺点给予了抨击。以美国教育家杜威为代表的实用主义教育流派，发表了《学校与社会》等著作，强调“教育即生活”“社会即学校”“从做中学”等教育和教学原则，提出了以“儿童、活动、经验”为中心的现代教育思想，与传统教育的以“教师、课堂、课本”为中心形成了鲜明的对比。“传统教育”与“现代教育”之争，是世界近代教育史上具有代表性的两种教育思想流派和教学模式的论争，对教育理论和教育实际的发展都有不可忽视的作用。

考点突破

【1-11】（2014 年下半年）“现在，我们教育中将引起的改变是重心的转移……在这里儿童变成了太阳，教育的一切措施要围绕他们而组织起来。”这一儿童中心理念出自教育家（　　）。

A. 洛克　　B. 康德　　C. 杜威　　D. 培根

19 世纪中叶，马克思主义诞生。马克思、恩格斯、列宁等马克思主义经典作家对教育问题进行了比较系统的论述，为教育学的发展提供了重要的原理和科学的方法论基础。

20世纪以来，苏联和我国的教育学家根据并运用马克思主义基本原理对现代教育的若干问题进行研究，出现了杨贤江的《新教育大纲》(1930)、凯洛夫主编的《教育学》(1939年第一版)等很有影响的著作。马克思主义教育原理成为社会主义国家教育学学科建设的指导思想。

最近几十年，我国的教育学发展所取得的一些丰硕成果有：第一，教育学科蓬勃发展，逐步形成了许多分支，有普通教育学、职业教育学、学前教育学、高等教育学、课程论、教学论、德育论等，并与其他学科交叉，形成了教育心理学、教育哲学、教育统计学、教育经济学、教育社会学、教育管理学以及学科教育学，还出现了教育人类学、教育技术学、教育未来学等；第二，积极、主动而深入地开展了多种教育实验，促进了教育理论与教育实践的结合；第三，在教育实践中涌现了一批学者型的教师，他们有思想、有经验，形成了许多宝贵的研究成果；第四，广泛开展了专题研究；第五，促进了方法论的转变与更新，推动了教育理论和教育实践的发展。

第四节 教育与社会的发展

教育是培养人的活动，教育也是社会大系统中一个重要的子系统。教育产生于一定的社会之中，社会的发展推动着教育的发展，反过来，教育也在一定程度上推动着社会向前发展，二者是相辅相成的关系。

一、教育的社会制约性

（一）生产力对教育的制约

1. 生产力的发展制约着教育事业发展的规模和速度

办教育必须有一定的人力和物力作为支撑和保障。教育事业发展的规模和速度归根到底是由生产力发展的水平和状况决定的，一定的教育必须与一定的生产力发展水平相适应，这是学校教育的发展必须遵循的规律。

2. 生产力的发展水平制约着人才的培养规格和教育结构

不同社会的生产力发展水平不同，对教育要培养什么样的人的要求也就不同。奴隶社会和封建社会的教育，不培养劳动者，而资本主义社会的学校教育则必须承担培养生产工作者的任务，都是受生产力的发展水平制约的。并且，设立什么样的学校，开设什么样的专业，各级各类学校与各种专业之间的比例如何，都受到一定历史时期生产力发展水平和产业结构的制约。

3. 生产力的发展制约着教育内容和教育手段的更新

生产力的发展促进着科学技术的发展与更新，科学技术的发展与更新又要求学校教育对教育内容进行更新，比如在原来古典人文知识的基础上，增加自然科学方面的内容。随着现代科学技术的发展，教育内容更新的速度也越来越快，以求及时反映生产发展、科技革新和科研的最新成果。教育方法和手段的更新也是一样，如实物、图片、实验、幻灯片、录音、录像、电脑与网络等在教学中的运用，也是建立在现代生产力发展促使科学技术发展的基础之上的。

(二) 社会政治经济制度对教育的制约

1. 社会政治经济制度的性质制约着教育的性质

一定的教育具有什么样的性质是由那个社会的政治经济制度的性质决定的,而且教育的发展变革也受制于社会经济政治制度的发展变革。当新的社会经济政治关系代替旧的社会政治经济关系时,就会或早或迟地产生与之相适应的新教育。因此,阶级社会中占主导地位的教育都反映了统治阶级的利益和需要,从属于统治阶段建构的社会经济政治制度,成为这一社会进行统治的重要工具。

2. 社会政治经济制度制约着教育的宗旨和目的

教育的目的是一个社会的政治经济制度对教育所提出的主观要求的集中体现,它直接反映了统治阶级的利益和需要。社会中占据统治地位的阶级,为了确保教育能够培养出他们所需要的人才,总是利用他们掌握的国家机器,为教育所要培养的人确定质量标准,选择教育内容,提出道德要求等,直接控制着教育,使教育为特定的社会关系服务。

3. 社会政治经济制度制约着教育的领导权

在人类社会中,谁掌握了生产资料,谁掌握了政权,谁就支配着精神生产的资料,掌握着教育的领导权。在阶级社会中,统治阶级总是利用他们的政权力量来颁布教育的方针、路线和政策;制定教育的目的和制度,规定教育的内容,派遣和任免教育行政人员和教师;控制教育的经费,决定教育发展的规模与速度;按照他们的思想政治要求去影响和控制受教育者,如通过课程计划、教学指导纲要、教材内容的制订,各种教育参考书、录像带、录音带的审定,规定教育工作的发展方向。

4. 社会政治经济制度制约着受教育权

在一个社会里,让哪些人受教育,达到什么程度,受什么样的教育,教育的结果如何,都是由社会政治经济制度决定的。

5. 社会政治经济制度制约着教育内容、教育结构和教育管理体制

为了实现不同的教育目标,不同社会政治经济条件下的教育有着不同的教育内容,尤其是社会科学方面的内容。特定社会的教育结构也是由该社会的社会结构、经济结构决定的。教育的管理体制更直接受制于社会的政治经济制度,如在政治经济上实行中央集权的国家,在教育管理体制上多强调集中统一;在政治经济上实行地方分权的国家,在教育管理体制上也多强调地方自主。

(三) 文化对教育的制约

1. 文化知识制约着教育的内容与水平

文化是教育的基础,教育的内容就是从一定的科学文化知识中选择出来的。文化知识的发展制约着教育内容的发展。在古代社会,教育的内容主要以人文知识为主;在近代社会,随着自然科学知识的发展,教育内容也渐渐囊括了自然科学知识,不再局限于人文知识。同时,文化知识的发展水平和丰富程度制约着教育的发展水平和丰富程度。

2. 文化模式制约着教育环境与教育模式

第一,文化模式为人们的生活提供了特定的背景。文化模式使生活在其中的每个社会成员都无法逃避它的影响,文化模式因而也为教育提供了特定的背景。

第二,文化模式还从多方面制约着教育模式。如东方文化模式的核心是追求和谐、崇尚德性、关注整体;西方文化模式的核心是追求征服、崇尚理性、关注个性。沿着这两种不同的

文化模式发展的教育，在教育目的、教育内容及方式等各个方面都有明显差异，形成了不同的教育模式。在教育目的上，东方强调向内发展，完善自己，教育目的是“明人伦”，培养出的人才应善于“克己”“自省”“反求诸己”；西方重视向外发展，对外在世界的征服，培养的人才应不断追求科学。在教育内容的选择上，东方重视修己治人的学问；西方则强调对自然科学知识的学习。在教育态度和方法上，东方强调“师道尊严”“唯书唯上”，注重思想传承、经验直觉；西方则较注重师生平等、民主对话、逻辑推理，等等。

3. 文化传统制约着教育的传统与变革

各个国家有各个国家的教育传统，这些教育传统上的差异与各国的文化传统紧密相关。一个国家有怎样的文化传统，就会有相应的教育传统，表现在教育目的、教育内容、教育方式等方面。教育要进行变革不能不考虑文化传统的因素，我们今天在教育改革中所遇到的各种阻力，追根溯源都与文化传统中的消极因素有一定的关系。

考点突破

【1-12】(2015 年上半年)简述文化对教育的制约作用。

二、教育的社会变迁功能

教育的社会变迁功能是指教育通过开发人的潜能、提高人的素质、促进人的社会化、引导人的社会实践，不仅使人能够适应社会的发展，而且能够推动社会的改革与发展。

(一) 教育的经济功能

教育通过选择、传承与发展生产经验、科学技术与经济管理知识，培养能够参与各种经济活动的劳动者和专门人才，使社会生产力和经济得到发展。

1. 教育是使可能的劳动力转变为现实的劳动力的基本途径

劳动力是指人的身体中存在的、每当人生产某种使用价值时所运用的体力和智力的总和。个体的生命成长只构成了可能的劳动力，一个人只有经过教育和训练，掌握一定生产部门的劳动知识、技能和技巧，并参与生产某种使用价值，创造一定财富，他才能成为现实的生产力。教育是劳动力再生产的手段和途径，它通过培养社会需要的各种劳动力来推动社会生产与经济发展。

2. 现代教育是使知识形态的生产力转化为直接的生产力的一种重要途径

在现代社会，科学技术是第一生产力。事实上，科学作为人们认识客观世界成果的知识体系，它仅仅是一种知识形态的生产力。只有当科学知识运用于生产过程，物化为机器、设施及技术，为扩大利用自然力和劳动对象开辟新的方法、途径和领域时，才算是真正意义上的生产力。而要实现由知识形态的潜在生产力转化为现实的生产力，除了要通过艰巨而复杂的科学研究、发明创造或革新实践外，其技术成果的推广、经验的总结与提升都需要通过教育与教学的紧密配合。

3. 现代教育是提高劳动生产率的重要因素

现代生产具有日益科学化、机械化、智能化的特点。它的生产率要提高与古代生产不同，主要不是依靠增加劳动力数量和延长劳动时间，而是依靠科学技术在生产中的应用、推广和不断革新，依靠提高劳动者受教育的程度与质量，这都需要通过教育目的的调整、教育结构的优化、教育水平的提高等来培养各层次、各类型劳动人才和专门人才来实现。

（二）教育的政治功能

1. 教育通过传播一定的社会政治意识形态，完成年轻一代的政治化

政治化是指引导人们接受一定的社会的政治意识形态，形成适应于一定社会政治制度的政治态度与政治认同感，积极参与政治、监督政治的习惯与能力的过程。政治化主要通过教育进行。教育作为传递文化、思想的重要途径，能以直接的或间接的、显性的或隐性的方式向年轻一代传播一定的社会政治意识形态，促使他们成为国家的公民。

2. 教育通过造就政治管理人才，促进政治体制的变革与完善

为政在人，国家政治体制的变革与完善需要优秀的政治管理人才。教育正是通过对优秀政治管理人才的培养，来实现其对政治体制变革与完善的促进作用。

3. 教育通过提高国民文化素质，推动国家的民主政治建设

一个国家的政治是否民主，在很大程度上取决于国民的文化素质。一个国家普及教育的程度越高，国民的文化素质越高，其国民就越能认识到政治民主的价值，在政治生活和社会生活中就越能履行民主的权利，从而推动国家的民主政治建设。

4. 教育还是形成社会舆论、影响政治时局的重要力量

学校是知识分子和青少年云集的地方，他们有知识、有见解，思想敏锐，勇于发表意见。在许多时候，他们都是一股影响政治时局的重要力量。古今中外，通过学校制造舆论影响政治不乏先例，如我国现代的“五四”运动和“一二·九”运动，便是首先发端于学校，扩展到社会，进而形成全国性的政治运动。

（三）教育的文化功能

1. 教育对文化的传递

教育的产生本身就是源自对文化传递的需要。学校教育具有明确的目的、周密的计划、专门的场所、集中的时间、精选的内容与适宜的方法，是进行文化传递的重要途径。文化只有通过教育的传递才能承前启后、继往开来，不断发扬光大。

2. 教育对文化的传播

文化是一定时期、特定地域人们的共同创造物，具有时代性和地域性。各个民族、各个国家或地区都有自己的文化特质。随着社会的发展，文化的地域性被打破，教育过程本身也是一种文化传播的过程。教育对文化的传播功能是通过教育者以及教育这种媒介实现的。

考点突破

【1-13】(2014 年上半年)我国在世界各地开设孔子学院，向各国人民介绍中国文化，这说明教育具有文化（　　）。

A. 传递功能　　B. 创造功能　　C. 更新功能　　D. 传播功能

【1-14】(2017 年下半年)近年来，越来越多的“一带一路”沿线国家留学生来我国学习，并把中国文化带回自己的祖国，这反映了教育具有（　　）。

A. 文化传承功能　　B. 文化创造功能

C. 文化更新功能　　D. 文化传播功能

3. 教育对文化的选择

教育对文化的选择，其一体现在对教育内容的筛选上，作为教育的一个重要要素的教育内容，就是人们根据一定的教育价值观选择出来的人类文化的精华；其二体现在对教育环境、学校环境的净化上，文化环境中存在丑陋现象，必须通过教育“净化”，清除其中不良的东西，选择其中最优秀的东西，以达到育人的目的。

考点突破

【1-15】(2014 年下半年)小学开展经典诵读活动时，对传统文化要取其精华，去其糟粕。这说明教育对文化具有(　　)。

A. 继承功能　　B. 传递功能　　C. 选择功能　　D. 创造功能

4. 教育对文化的发展

文化的生命不仅在于它的保存与积累，更在于它的更新与创造。教育通过把人类已有的精神财富内化为学生个体的精神财富，培养他们对文化的浓厚兴趣，使他们不仅能够适应和参与现实社会的文化活动，而且能够根据未来社会的需要创造更为美好的文化。随着社会与教育的日益开放，学校在加强国际文化交流中的作用也日益明显。教育通过广泛的文化交流，不断地吸收其他民族的文化精华，补充、更新和发展本民族的文化，也是文化发展的一种重要方式。

教育的社会变迁功能随着社会的发展而变化。在原始社会，教育处于萌芽状态，主要起着传递生产经验和生活经验的作用。在古代社会，教育依附于宗教和政治，教育的文化功能、政治功能是学校教育的核心功能。在近代，随着市场经济、科学技术、大工业机器生产的发展以及政治体制的变革，企业主、生产设计和经营管理人员、劳动者、国家公民都需经过学校培养，除了政治功能和文化功能外，学校的经济功能不断强化与彰显。在现代社会中，社会进步越来越要求人们充分认识与全面发挥教育的多种社会变迁功能。

三、教育的相对独立性

一方面，教育为适应社会的生存与发展而产生、发展，受社会发展的制约，具有对社会的依存性；另一方面，教育又是一种主体性的实践活动，在能动地反作用于社会发展的过程中，具有主体自身的价值取向与行为选择，表现出自身的相对独立性。所谓教育的相对独立性，是指作为社会一个子系统的教育，它具有自身的特点和规律性，其发展呈现出连续性和继承性。

（一）教育是培养人的社会活动，教育主要通过所培育的人作用于社会

教育尤其是学校教育，不同于生产、经济与政治的地方就在于：教育是一种有意识地促进人的身心发展的活动。教育通过对年轻一代的培养，使他们成长为社会活动的积极参与者和继承人，进而推动社会的延续和发展。因而教育的社会功能的发挥，不能离开育人这一主题，如果离开了这一主题，教育对社会的功能不但不能发挥，反而会危及社会所需要的各种人才的数量与质量，严重影响社会的发展变革。

（二）教育具有自身活动的特点、规律与原理

教育既然是培养人的活动，就必须遵循人的身心发展的规律。如果不顾教育的特点、规律与原理，企图用经济、政治的规律、原理和做法简单地取而代之，则会造成对教育工作的严重干扰或破坏，反而降低了教育的效率与水平，影响了人才质量，带来不可弥补的损失。

（三）教育具有自身发展的传统与连续性

教育一经产生，就会遵循着自身发展的规律，有自身发展的传统与连续性，包括形成由教育者、受教育者、教育内容及方法组成的特定教育结构；形成有一定教育理念、师生关系、文化内容与方法组合的活动模式；逐步建立形式化、班级化、制度化、系统化的教育组织形式；逐步构建不断分化与综合的学科课程，以及按专业、系、院、校运行的学科规则与专业规范等方面整合的教育系统。因此，我们无论是办学校、发展教育事业，或者是进行教育改革，都要重视与借鉴教育的历史经验，都应在原有的基础上积极改进、稳步前进，切不可无视教育的相对独立性，轻率地否定教育的连续性而另搞一套，否则，不可避免地会给教育带来一定的紊乱，甚至出现质量严重下滑，使教育改革或发展大起大落。

第五节　教育目的

一、教育目的的概念

（一）教育目的的内涵

教育目的是把受教育者培养成为一定的社会所需要的人的总要求，是学校教育所要培养的人的质量规格。

广义的教育目的是指存在于人的头脑之中的对受教育者的期望和要求。教育目的存在于任何与教育有关系的人的头脑中，包括教师、学生、学生家长、教育行政人员以及有关社会人士等。

狭义的教育目的是指由国家提出的教育总目的，是国家对将受教育者培养成为什么样的人的总的预期和设想。

教育目的是一切教育工作的出发点，教育目的的实现则是教育活动的归宿，它贯穿于教育活动的全过程，对教育活动有指导意义。

（二）教育目的与教育方针的联系与区别

从联系的角度看，"教育方针"所提出的教育事业发展的根本方向与"教育目的"的要求是一致的，人们往往通过贯彻"教育方针"来实现"教育目的"，二者具有一致性。

二者的区别在于："教育目的"是人们对人才质量培养规格的预期设想和规定，具有理想性、不确定性，是一种理论性术语；而"教育方针"是一定历史时期内一个国家教育发展的根本指导思想或行动纲领，是教育工作当前必须落实的要求。

（三）教育目的与培养目标、课程目标和教学目标的联系和区别

从总体上看，教育目的与培养目标、课程目标和教学目标的区别是抽象与具体的区别。

从联系上看，教育目的需要通过培养目标、课程目标和教学目标的层层具体化来实现。只有实现了教师的教学目标，课程目标才有可能实现；只有实现了课程目标，各级各类学校的培养目标才不会落空；而只有实现了培养目标，国家的教育目的才不会流于形式或空谈。

二、教育目的的作用

教育目的具有定向、调控和评价作用。

1. 定向作用

教育目的规定了学校教育和学生发展的根本方向，是学校教育办学的根本指导思想。

2. 调控作用

教育目的规定了学校教育培养人才的质量规格，对学校教育的实施起调节和控制作用。

3. 评价作用

学校教育的办学质量以及学生的发展质量如何，可以有很多的标准来衡量，但评价学校教育质量的根本标准是教育目的。

三、教育目的的价值取向

（一）教育目的价值取向的含义

人们的教育目的一方面受着社会客观性的制约，另一方面也受到其主观意识的影响。所谓教育目的价值取向，是指教育目的的提出者或从事教育活动的主体依据自身的需要对教育价值作出选择时所持有的一种倾向。

（二）教育目的的不同价值取向

1. 个人本位论

个人本位论的代表人物有法国著名思想家卢梭、德国教育家福禄贝尔、瑞士民主主义教育家裴斯泰洛齐等。

个人本位论认为，教育目的应当由人的本性、本能的需要来决定，教育的根本目的就是人的本性和本能的高度发展。其主要有以下观点：① 教育目的是根据个人发展的需要制订的，教育的真谛在于使人的本性得到完善的发展；② 个人价值高于社会价值，社会价值只有在有助于个人发展时才有价值，否则，单纯地关注社会价值的实现会压抑和排斥个人价值；③ 人生来就有健全的本能，教育的基本职能在于使这种本能不受影响地发展。

个人本位论从当时产生的社会历史背景来看，是有一定的进步意义的。这种思潮的兴起和盛行时期，正是欧洲资产阶级进行反封建斗争的时期。当时，新兴的资产阶级为了维护自身的利益，发展资本主义，不仅要在经济上反对沉重赋税，在政治上反对封建特权，同时，在教育上也要反对宗教神学对于个人的思想禁锢，要求教育从尊重个人的需要出发，倡导个人的解放和自由。这些方面都有其积极而深远的意义。但在教育目的的价值取向上，如果只强调个人的需求与个性的发展，而一味贬抑社会的需要和发展，就显示出其片面而偏激的一面。

考点突破

【1-16】(2013 年上半年)主张让儿童顺其自然地发展，甚至摆脱社会影响的法国教育家是(　　)。

A. 裴斯泰洛齐　　B. 洛克　　C. 卢梭　　D. 杜威

2. 社会本位论

社会本位论形成于 19 世纪 70 年代以后从自由资本主义向垄断资本主义过渡的转变时期。社会本位论的主要代表人物有德国哲学家纳托尔普、法国思想家涂尔干、德国教育家凯兴斯泰纳等。

社会本位论认为，教育目的是由社会的需要所决定的，培养社会所需要的人是教育要追求的根本目的。其主要观点如下：① 个人的一切发展有赖于社会；② 教育除了满足社会需要以外并无其他目的；③ 教育的结果或效果是以其社会功能发挥的程度来衡量的。

社会本位论者从社会需要出发来看待和选择教育目的，无疑是看到了教育对社会的作用，在一定程度上是有借鉴意义的，特别是在今天这样一个生产高度社会化的时代。教育的社会作用在今天应该比过去的任何时候都更加突出，教育必须满足社会对受教育者所提出的要求，并培养出社会所需要的合格人才，因而社会本位论也具有片面的真理性。

个人本位论和社会本位论的冲突，反映了在一定社会历史发展时期，个人利益与社会利益的冲突和矛盾。因此，杜威说："诸如个人的教育观（即个人本位论）和社会的教育观（即社会本位论）这类术语，一般来说，如果离开了当时的背景就毫无意义。"①所以，要理解个人本位论和社会本位论的观点，就要结合当时的社会背景来认识。

四、我国的教育目的和教育方针

教育目的和教育方针是国家教育事业发展的总的方向和指针，因而它的变化，一方面体现出经济发展、政治方向或社会形势的新要求，另一方面意味着教育事业发展的新路向和新举措。中华人民共和国成立以来，我国的教育目的和教育方针表述的变化如表 1-1 所示。

表 1-1　我国教育目的和教育方针的表述变化

时间	来源	教育目的和教育方针的具体表述
1949	第一次全国教育工作会议	"为人民服务，首先为工农兵服务，为当前的革命斗争与建设服务。"
1957	《关于正确处理人民内部矛盾的问题》	"我们的教育方针，应该使受教育者在德育、智育、体育几方面都得到发展，成为有社会主义觉悟的有文化的劳动者。"
1958	《中共中央、国务院关于教育工作的指示》	"党的教育工作方针，是教育为无产阶级的政治服务，教育与生产劳动相结合。……教育目的，是培养有社会主义觉悟的有文化的劳动者。"
1981	第五届全国人民代表大会第四次会议 1981 年国务院政府工作报告《当前的经济形势和今后经济建设的方针》	"我们教育的基本方针是明确的，这就是使受教育者在德育、智育、体育几方面都得到发展，成为有社会主义觉悟的有文化的劳动者和又红又专的人才，坚持脑力劳动与体力劳动相结合，知识分子与工人农民相结合。"
1982	《中华人民共和国宪法》	"国家培养青年、少年、儿童在品德、智力、体质等方面全面发展。"
1985	《中共中央关于教育体制改革的决定》	"教育必须为社会主义建设服务，社会主义建设必须依靠教育。"
1993	《中国教育改革和发展纲要》	"第一，教育是社会主义现代化建设的基础，必须坚持把教育摆在优先发展的战略地位。第二，必须坚持党对教育工作的领导，坚持教育的社会主义方向，培养德智体全面发展的建设者和接班人。第三，必须坚持教育为社会主义现代化建设服务，与生产劳动相结合，自觉地服从和服务于经济建设这个中心，促进社会的全面进步。"
1995	《中华人民共和国教育法》	"教育必须为社会主义现代化建设服务，必须与生产劳动相结合，培养德、智、体等方面全面发展的社会主义事业的建设者和接班人。"
2001	《国务院关于基础教育改革与发展的决定》（国发[2001] 21 号）	"坚持教育为社会主义现代化建设服务，为人民服务，必须与生产劳动和社会实践相结合，培养德智体美等全面发展的社会主义建设者和接班人。"
2015	《中华人民共和国教育法》（2015 年修改）	"教育应当坚持立德树人，对受教育者加强社会主义核心价值观教育，增强受教育者的社会责任感、创新精神和实践能力。国家在受教育者中进行爱国主义、集体主义、中国特色社会主义的教育，进行理想、道德、纪律、法治、国防和民族团结的教育。""教育必须为社会主义现代化建设服务、为人民服务，必须与生产劳动和社会实践相结合，培养德、智、体、美等方面全面发展的社会主义建设者和接班人。"

① 杜威. 民主主义与教育[M]. 王承绪，译. 北京：人民教育出版社，1990：162.

总结起来，中华人民共和国成立以来，我国教育目的和教育方针表述的变化体现在以下几个方面：

（1）对教育性质的表述，从教育“为无产阶级的政治服务”变为“必须为社会主义建设服务”，再到必须“为社会主义现代化建设服务”。这反映的是我国发展重心从“以阶级斗争为纲”向“以经济建设为中心”的转变。

（2）在有关培养人的形象上，从最初的“有社会主义觉悟的有文化的劳动者”，变为“有社会主义觉悟的有文化的劳动者和又红又专的人才”，再到“全面发展的社会主义事业的建设者和接班人”；至于“全面发展”的内涵也从最初的“德育、智育、体育几方面都得到发展”的不甚确切的表述，调整为“德、智、体、美等方面全面发展”的科学表述。

（3）在培养人的途径上，始终坚持教育“必须与生产劳动相结合”的原则，后来增加了“与社会实践相结合”原则。前一原则是马克思主义区分两种教育制度的重要标尺之一，充分显示了社会主义教育制度的优越性；然而，这一原则的实际内涵却不是固定不变的：从“学工”“学农”“学军”逐渐发展为将生产劳动贯彻在学校教育的制度设计和内容安排之中。

教育目的的实现是一个长期的过程，需要全社会来关心，需要几代人的努力，我们当前所要做的工作就是要全面贯彻党的教育方针，落实中小学教育的基本任务，为年轻一代奠定人生发展的基础。

考点突破

【1-17】（2015 年下半年）马克思关于人的全面发展学说指出，造就全面发展的人的唯一方法是（　　）。

A. 脑力劳动与体力劳动相结合　　B. 智育与体育相结合

C. 知识分子与工人农民相结合　　D. 教育与生产劳动相结合

【1-18】简述我国教育目的的基本特征。

第六节　学校教育制度

广义的教育制度是指国家制定的教育目的、教育方针、教育经费控制、教育行政组织系统以及有组织的教学和教育的机构体系。狭义的教育制度，即学校教育制度，简称学制，是指各级各类学校系统，学制规定各级各类学校的性质、任务、入学条件、修业年限及其相互之间的纵横关系。教育制度为教育目的的实施提供了制度化的组织保证。

考点突破

【1-19】（2015 年上半年）下列属于学校教育制度内容的是（　　）。

A. 修业年限　　B. 教学大纲　　C. 课程标准　　D. 课程设置

一、现代学校教育制度的形成

现代学校教育制度的形成是与现代学校的产生与发展联系在一起的。现代学校最早发源于欧洲文艺复兴前后，各级学校系统是按照两条路线发生的：一是从高级学校向低级学校下延而发生的系统；一是从低级学校向高级学校上伸而发生的系统。前者称为“下延型学校系统”，后者称为“上伸型学校系统”。一般在教育上先行一步的国家（如西欧发达国家），先沿前一条路线建立学校系统,继而沿后一条路线逐步实现教育的普及;在教育上后起的国家(如美国),则沿着后一条路线迎头赶上甚至超过先行国家。

欧洲若干教育发展较早的国家,一般先设学校而后逐步建立学校制度,形成学校系统。从近代学校的出现(16世纪)到学校系统的形成,大约经历了三百年时间;后起的国家(如日本)则参照外国学校系统的先例,一举建立学校系统,并使其带有制度化教育的特点。

我国教育史上第一个学制系统产生于1902年的《钦定学堂章程》,又称"壬寅学制"。这一学制虽经正式颁布,但并未全面实行。1904年1月,清政府又颁布了《奏定学堂章程》,又称"癸卯学制",这是我国第一个正式得到实施的学校教育制度。1912年"中华民国"成立后,针对清末教育的弊端,进行了学制改革,颁布了"壬子癸丑学制"。之后,经过多年的探索,最终于1922年颁布了"壬戌学制",这是在总结"中华民国"建立以来学校发展的经验、借鉴西方国家学制的基础上制定的,它是一个比较成熟的现代学校系统,一直沿用到中华人民共和国成立。该学制所规定的中小学六三三分段,至今仍被广泛使用。

二、现代学校教育制度的类型

现代学校教育制度主要有三种类型:双轨学制、单轨学制以及分支学制。

(一)双轨学制

在18世纪、19世纪的西欧,在社会政治、经济发展及特定的历史文化条件下,由古代学校演变来的带有等级特权痕迹的学术性现代学校和新产生的供劳动人民子女入学的群众性现代学校,都同时得到了比较充分的发展,于是就形成了欧洲现代教育的双轨学制。这种学制把学校系统分为两个互不相通、互不衔接的轨道,体现了等级性和阶级性。

(二)单轨学制

单轨学制是19世纪末20世纪初在美国形成的一种学制,其特点是所有学生在同样的学校系统中学习,从小学、中学到大学,各级各类学校相互衔接。

(三)分支学制

分支学制是20世纪上半叶由苏联建立的一种学制形式,这是一种介于双轨学制和单轨学制之间的学制结构。这种学制在初等教育阶段和中等教育的一定阶段由单一的学校系统构成,而在之后的阶段开始由分化的多种学校系统与之衔接,既有上下级学校间的相互衔接,又有职业技术学校的横向联系,形成了上通(高等学校)下达(初等学校),左(中等专业学校)右(中等职业技术学校)畅通的立体式学制。

考点突破

【1-20】(2016下半年)简述现代学校教育制度的类型。

三、现代学校教育制度的变革

现代学校教育制度的变革体现在多个方面,主要包括以下几项:

(1) 加强学前教育并重视与小学教育的衔接。许多国家都将学前教育纳入了国家教育系统,并重视与小学教育的衔接。

考点突破

【1-21】(2016年上半年)我国制度化学校教育体系包括(　　)。

① 学前教育 ② 初等教育 ③ 中等教育 ④ 成人教育 ⑤ 高等教育

A. ①②③④　　B. ①②③⑤　　C. ①②④⑤　　D. ②③④⑤

(2) 强化普及义务教育并延长义务教育年限。19世纪末,欧美一些国家开始实行初等义务教育并逐渐延长义务教育年限。现在世界上三分之二以上的国家实行九年或九年以上的义务教育制度。我国也在1986年首次颁布《中华人民共和国义务教育法》(以下简称《义务教育法》)确定实施九年义务教育。

考点突破

【1-22】(2015年下半年)我国首次颁布《中华人民共和国义务教育法》确定实施九年义务教育的时间为(　　)。

A. 1982年　　B. 1986年　　C. 2000年　　D. 2006年

(3) 普通教育与职业教育朝着相互渗透的方向发展。普通教育主要是以升学为目的、以基础科学知识为主要教学内容的学校教育;职业教育是以就业为目标、以从事某种职业或生产劳动的知识和技能为主要教学内容的学校教育。第二次世界大战以后出现了普通教育职业化、职业教育普通化的趋势。

(4) 高等教育的类型日益多样化。随着社会生活的丰富多样化和高等教育的大众化,传统的以学术性为标准的单一大学逐步发生变化。在形式上、内容上、入学目的和考评方法上也多种多样。

(5) 学历教育与非学历教育的界限逐渐淡化。随着一次性教育向终身教育的转变,以获得文凭为受教育目的的程度逐渐降低,通过教育补充知识、丰富人生的目的越来越强,社会教育的程度越来越高,学历教育与非学历教育的界限逐渐淡化。

(6) 教育制度有利于国际交流。交通、通信技术的发展,使得世界正在缩小,国际文化交流越来越重要,也越来越现实,这就要求各国的教育制度有利于国际间的交流,增加学制、学位、学分等的互通性。

巩固练习

一、选择题

1. 在教育目的的价值取向上,认为个人价值高于社会价值的是(　　)的观点。

A. 个人本位论　　B. 社会本位论　　C. 学科本位论　　D. 知识本位论

2. 我国小学语文统编教材在中华传统优秀文化教育方面,既增加了古诗文的分量,又大量编写反映中华优秀传统文化的课文,这是寄希望于通过语文课程内容的选择实现教育对文化的(　　)。

A. 传承功能　　B. 筛选功能　　C. 发展功能　　D. 创新功能

3. 提出以“儿童、活动、经验”为中心的现代教育思想的教育家是(　　)。

A. 杜威　　B. 赫尔巴特　　C. 卢梭　　D. 裴斯泰洛齐

4. 1861年英国资产阶级思想家、社会学家(　　)出版《教育论》一书。在教育目的上,提出教育的任务是教导人们为完满的生活做准备。

A. 杜威　　B. 斯宾塞　　C. 梅伊曼　　D. 拉伊

5. 捷克教育家夸美纽斯在1632年写成的(　　)被认为是最早的具有比较完整体系的教育学著作。

A.《大教学论》　　B.《什么知识最有价值》

C.《教育漫话》　　D.《普通教育学》

6. 心理起源说的主要代表是(　　)。

A. 勒图尔诺　　B. 沛西·能　　C. 孟禄　　D. 凯洛夫

7. 教育活动区别于其他社会活动的根本所在是(　　)。

A. 是否以促进人的身心发展为直接目的

B. 是否以促进人的身心发展为间接目的

C. 是否以促进生产力的发展为直接目的

D. 是否以促进文化的发展为直接目的

8. 在教育活动中扮演着主导者角色的是(　　)。

A. 受教育者　　B. 教育者　　C. 教育内容　　D. 教育手段

二、简答题

1. 简述教育对经济发展的功能。

2. 简述社会政治经济制度对教育的制约。

参考答案

考点突破

【1-1】答案: D。

解析: 教育是一种有目的地培养人的社会活动,它的目的在于影响和促进人的发展。

【1-2】答案: A。

解析: 教育是一种有目的地培养人的社会活动,这是教育区别于其他事物现象的根本特征。

【1-3】答案: A。

解析: 学校教育具有明确的目的性、计划性、组织性和系统性。与之相比,家庭教育是在生活中发生的,具有较强的生活性,没有严格的计划性、组织性和系统性。

【1-4】答案: A。

解析: 教育合力指学校、家庭、社会三方面教育在方向上统一要求,时空上密切衔接,作用上形成互补,发挥教育的整体效应。

【1-5】答案: B。

解析: 生物起源说认为人类教育起源于动物界中各类动物的本能行为,英国教育家沛西·能是生物起源说的典型代表。

【1-6】解答: (1) 生产力的发展以及社会生产水平的提高为学校产生提供了物质基础;(2) 脑力劳动和体力劳动相分离为学校的产生提供了专门从事教育活动的知识分子;(3) 文字的创造和知识的积累为学校教育活动的开展提供了有效的教育手段和充分的教育内容;(4) 国家机器的产生需要专门的机构来培养统治阶级所需要的人才。

【1-7】答案: A。

解析: 夏代的"序"和"校"是我国最早出现的学校教育形态。

【1-8】答案: A。

解析: 孔子提出了"庶""富""教"的观点,认为人口、财富和教育是立国的三个要素。他认为"庶"与"富"是前提,是实行"教"的先决条件。

【1-9】答案: B。

解析:《论语》是记录孔子及其弟子和再传弟子言行的一本很重要的著作。我们对孔子教育思想的了解,几乎都出自《论语》一书,"不愤不启,不悱不发"教育思想出自《论语》。

【1-10】答案：D。

解析：夸美纽斯的《大教学论》作为近代最早的教育学著作，它是教育学成为一门独立学科的标志。

【1-11】答案：C。

解析：杜威是继卢梭之后第一个旗帜鲜明地提出教育要以儿童为中心的现代教育派的代表，题干中这句话强调教育的中心应该转移到儿童身上，属于杜威儿童中心理念。

【1-12】解答：(1) 文化知识制约着教育的内容与水平；(2) 文化模式制约着教育环境与教育模式；(3) 文化传统制约着教育的传统与变革。

【1-13】答案：D。

解析：向各国人民介绍中国文化是一种文化传播，题干所述表明教育具有文化传播功能。

【1-14】答案：D。

解析："一带一路"沿线国家留学生来我国学习，并把中国文化带回自己的祖国是一种文化传播，题干所述表明教育具有文化传播功能。

【1-15】答案：C。

解析：教育对文化具有选择功能，是对某种、某部分文化的吸收和舍弃，要选择出人类文明的精华作为教育的内容。题干中的描述体现了教育的文化选择功能。

【1-16】答案：C。

解析：卢梭是典型的个人本位论者。卢梭在《爱弥儿》中开篇就提出，出自造物主之手的东西，都是好的，而一到了人的手里，就全变坏了。卢梭认为，人的天性是好的，但是受了社会的影响，就不好了。所以他主张让儿童顺其自然地发展，不要受社会的影响。

【1-17】答案：D。

解析：马克思认为实现人全面发展的唯一方法就是教育与生产劳动相结合。

【1-18】解答：(1) 我国教育目的的制定是建立在马克思主义关于人的全面发展学说的基础上的。(2) 我国教育目的有鲜明的政治方向。我国的教育目的始终强调我们所要培养的人是符合无产阶级根本利益或社会主义方向的人。(3) 我国教育目的坚持全面发展与个性发展的统一。社会主义的教育目的在强调全体受教育者的德、智、体、美全面发展的一般要求的同时，必然也重视个人的个性的发展，从而寓一般于特殊之中。

【1-19】解答：A。

解析：这里要熟悉学校教育制度的含义。学校教育制度简称学制，指各级各类学校系统具体规定各级各类学校的性质、任务、入学条件、修业年限及相互之间的纵横关系。因此，修业年限是学校教育制度的内容之一。

【1-20】解答：(1) 双轨学制：这种学制把学校系统分为两个互不相通、互不衔接的轨道，体现了等级性和阶级性。(2) 单轨学制：单轨学制是 19 世纪末 20 世纪初在美国形成的一种学制，特点是所有学生在同样的学校系统中学习，从小学、中学到大学，各级各类学校相互衔接。(3) 分支学制：这种学制在初等教育阶段和中等教育的一定阶段由单一的学校系统构成，而在之后的阶段开始由分化的多种学校系统与之衔接，既有上下级学校间的相互衔接，又有职业技术学校的横向联系，形成了上通（高等学校）下达（初等学校），左（中等专业学校）右（中等职业技术学校）畅通的立体式学制。

【1-21】答案：B。

解析：《中华人民共和国教育法》第十七条规定："国家实行学前教育、初等教育、中等教育、高等教育的学校教育制度。"因此，我国制度化学校教育体系包括学前教育、初等教育、中等教育和高等教育。

【1-22】答案：B。

解析：我国在 1986 年首次颁布《中华人民共和国义务教育法》，并于 2006 年对其进行了第一次修订。

巩固练习

一、选择题

1. A。这里考查的是个人本位论和社会本位论两种教育目的价值取向的区分。个人本位论认为个人价值高于社会价值，而社会本位论认为社会价值高于个人价值。

2. A。从题干来看，这是通过语文课程内容的选择实现教育对中华传统优秀文化的传承功能。

3. A。杜威提出了以“儿童、活动、经验”为中心的现代教育思想。赫尔巴特则是传统教育学派的代表，提出以“教师、课堂、课本”为中心。

4. B。斯宾塞在《教育论》一书提出教育的任务是教导人们为完满的生活做准备。

5. A。《大教学论》被认为是最早的具有比较完整体系的教育学著作。《什么知识最有价值》《教育漫话》《普通教育学》分别是英国教育家斯宾塞、德国教育家赫尔巴特、英国教育家洛克的著作。

6. C。心理起源说的主要代表是孟禄，勒图尔诺和沛西·能是生物起源说的代表，凯洛夫是劳动起源说的代表。

7. A。教育是一种有目的地培养人的社会活动，它的目的在于影响和促进人的发展。是否以促进人的身心发展为直接目的是教育活动区别于其他社会活动的根本所在。

8. B。教育者在教育活动中扮演着主导者的角色，受教育者在教育活动中扮演着主体的角色。

二、简答题

1. (1) 教育是使可能的劳动力转变为现实的劳动力的基本途径；(2) 现代教育是使知识形态的生产力转化为直接的生产力的一种重要途径；(3) 现代教育是提高劳动生产率的重要因素。

2. (1) 社会政治经济制度的性质制约着教育的性质；(2) 社会政治经济制度制约着教育的宗旨和目的；(3) 社会政治经济制度制约着教育的领导权；(4) 社会政治经济制度制约着受教育权；(5) 社会政治经济制度制约着教育内容、教育结构和教育管理体制。

第二章 小学教育

考点分析

- 本章主要以选择题、简答题的形式进行考查，考试比重不大。
- 考试重点集中在小学教育的特点、学校管理制度等上。

小学教育即初等教育，通常指一个国家学制中的第一个阶段的教育，对象一般为6～12岁儿童，它是各级各类学校教育的基础。

第一节 我国小学教育的产生与发展

我国的小学教育发展的历史可以划分为三个阶段：第一阶段为先秦至鸦片战争前期的古代小学教育；第二阶段是鸦片战争至中华人民共和国成立前的近现代小学教育；第三阶段为中华人民共和国成立至今的当代小学教育。

一、古代小学教育

我国从夏、商、周起就有小学教育，到西周，学校已有较完备的制度。学校分为两类、两级，一类是国学，一类是乡学。国学又有大学和小学两级；乡学是小学，学校有不同名称，如闾塾、党庠、州序、乡校。西周的教育内容以"六艺"为纲，"六艺"即礼、乐、射、御、书、数。小学的课程主要以书、数为主。礼、乐、射、御则是大学的课程。自春秋之后，"天子失官，学在四夷"，学术下移和士阶层的崛起使得私学勃兴起来，其中以孔子的办学规模和影响最大。自此之后，虽然各个朝代都有自己的教育政策与制度，但是小学教育都分布在官学和私学两个系统之中。

二、近现代小学教育

我国近代正式成立的小学以1878年张焕纶创办的上海正蒙书院（后改称为梅溪学校）为最早。继正蒙书院之后，有1896年钟天纬创办的上海沪南三等学堂，他改书院、书塾为"学堂"，又以白话编撰儿童教本，在小学教育发展史上具有重要的价值。1897年，盛宣怀创办南洋小学，分为四院，其中"外院"为小学，这可视为中国公立小学的开端。

1898年，清政府下谕命各省、府、州、县开设学堂，将各地旧的书院、义学、社学一律改为中西兼习的学校。省会的大书院改为"高等学"，郡的书院改为"中等学"，州县的书院改为"小学"，同时破格奖励私人办学。中小学应读的书籍，由官设书局编印发行。这是清政府推广新式学校的开始，也是小学教育见于公牍的开始。之后，小学教育得到快速发展，并且随着学校教育制度的不断完善，小学教育在整个教育中起着基础和奠基的作用。

三、当代小学教育

中华人民共和国成立后，我国在学习苏联、继承老解放区经验和改造旧教育的过程中，制定颁发了一系列新的中小学课程与教学计划。“文化大革命”结束后，政府大力推动小学教育的普及与提高。1986 年我国颁布《义务教育法》，明确规定实施九年义务教育，小学教育作为义务教育的重要组成部分正式纳入法制轨道，这极大地促进了小学教育的发展。1995 年，《中华人民共和国教育法》（以下简称《教育法》）颁布实施，明确规定“国家实行学前教育、初等教育、中等教育、高等教育的学校教育制度”，明确了小学教育在整个教育体系中的位置。2001 年开始的新一轮基础教育改革又结合时代特点对小学教育课程进行了全方位的改革，小学教育正呈现出长足的发展势头。

第二节　小学教育的基本特点

小学教育是一项规模宏大的教育奠基工程，除具有一般教育的特点外，还有它自身独具的基本特点。

一、全民性

小学教育的全民性，从广义上说，是指小学教育必须面向全体人民，这样，才能从根本上彻底扫除文盲，从整体上提高全民族的文化素质。从狭义上讲，是指小学教育必须面向全体适龄儿童。2006 年修订的《义务教育法》规定：“凡具有中华人民共和国国籍的适龄儿童、少年，不分性别、民族、种族、家庭财产状况、宗教信仰等，依法享有平等接受义务教育的权利，并履行接受义务教育的义务。”“各级人民政府及其有关部门应当履行本法规定的各项职责，保障适龄儿童、少年接受义务教育的权利。”

二、义务性

小学教育面向全体适龄儿童，任何未成年的公民，不论其性别、民族、种族、肤色、语言、社会经济地位的差异，只要达到一定的年龄（6～7 岁），都必须接受小学教育。因此，小学教育在整个教育中具有义务教育的性质，对于每个公民来说，受教育既是一种权利，也是一种义务。《义务教育法》规定：“义务教育是国家统一实施的所有适龄儿童、少年必须接受的教育，是国家必须予以保障的公益性事业。”

三、全面性

小学教育是向儿童实施德、智、体、美等全面发展的教育。小学教育既不是就业定向的职业技术教育，也不是培养高层次专门人才的专业教育，它是面向全体儿童实施的普通的基础知识和基本技能的教育，在此基础上发展他们的能力，培养他们高尚的思想道德品质和提高他们的身体心理素质，使他们具备国民应有的一些基本素质，为他们进一步的深造创造条件。

四、基础性

小学教育是整个国家教育系统的基础阶段，它对于国家和民族的发展起着奠基作用。只有发展小学教育，才能为培养具有较高文化素养的公民打下基础，从而为整个国家和民族的发展奠定基础。小学教育阶段是个体人生发展中的关键时期。小学教育不仅要为培养全面发展的人奠定基础,而且要为个体终身可持续发展做好充分准备。因此,无论从儿童的个人发展还是从国家民族的发展来说,小学教育都具有基础性。

第三节 小学的组织与运行

一、学校管理概述

(一) 学校管理的概念

学校管理是指学校管理者在一定社会环境条件下,遵循教育规律,采用一定的手段和措施,带领和引导师生员工,充分利用校内外的资源和条件,为有效实现工作目标而进行的一种组织活动。

(二) 学校管理的基本要素

学校管理由管理者、管理手段和管理对象三个基本要素组成。学校的管理者主要指学校的正、副校长以及各个职能部门的负责人员,也包括学校的教职员工;学校的管理手段主要包括学校的组织机构和规章制度;学校的管理对象是学校的人、财、物、事(工作)、信息、时间和空间等。

(三) 学校管理的基本内容

小学学校管理的基本内容包括:学校人事管理、德育管理、教学管理、教务行政管理、总务工作管理等。

1. 学校人事管理

学校人事管理主要包括教师管理和学生管理。

(1) 教师管理。教师是学校教育教学质量的决定性因素,因而教师管理是学校管理的重要方面。加强教师管理的目的在于提高教师的积极性,充分发挥教师的作用,完成学校教育的任务。教师管理的主要内容有:① 教师队伍的预测和规划;② 教师的选拔和任用;③ 教师的考核与培训;④ 教师的待遇。

(2) 学生管理。学生管理的主要内容有:① 招生工作;② 学籍管理;③ 生活管理;④ 社团管理;⑤ 离校管理。

2. 德育管理

德育管理主要包括以下几个方面:① 制订学生思想品德教育计划;② 抓好班主任工作;③ 上好政治课,充分发挥共青团、少先队和学生会的作用;④ 加强与学生家长及校外教育机关的联系,并要求他们密切配合。

3. 教学管理

教学管理是学校管理工作的核心。教学管理主要包括:抓好教学组织工作、领导好教研组工作、督促检查和指导教学工作。

4. 教务行政管理

教务行政管理工作主要包括:招生、编班、排课表、学籍管理与成绩统计、管理图书仪器和编制教务手册等。

5. 总务工作管理

总务工作管理主要包括:校舍的建设、设备的购置与维修、生活福利工作及财务管理工作。

二、学校组织机构与内部机制

（一）学校组织机构的概念

学校组织机构是按照学校发展目标的要求，将学校组织的职责、岗位和人员进行合理的组合和分配，形成结构合理、权责清楚的协作系统。学校组织机构建设既是学校管理的主要内容，又在学校管理中发挥着举足轻重的作用。

（二）学校组织机构模式

学校组织机构模式是指学校组织中权力和职责关系的结构方式，即不同层次、不同方面的个人或部门之间的关系。学校组织机构模式包括直线型、职能型、直线—职能型、矩阵型等。

1. 直线型

直线型组织机构模式是最早、最简单的一种组织机构形式。它的特点是组织中的职务按垂直系统直线排列，组织中每个人只向一个直接上级报告，其优点是结构简单、上下级关系明确、责任分明、联系简便快捷，缺点是在组织规模较大的情况下，所有的管理职能都由一人承担，往往难于应付。

2. 职能型

职能型组织机构模式是组织内除直线主管外，相应设置的组织机构分担某些职能管理的业务，该组织机构有权在自己的业务范围内向下级单位下达命令和指示。其优点是能够发挥职能机构的专业管理作用，减轻上层主管人员的负担，缺点是容易破坏组织的集中领导和统一指挥，形成多头领导。

3. 直线—职能型

直线—职能型组织机构模式的特点是设置了两套系统，一套是按命令统一原则设置的指挥系统，另一套是按专业化原则组织的职能系统。直线部门和人员在自己的职责范围内有决定权，对其所属下级的工作实行指挥和命令，并负全部责任。而职能部门和人员被称为直线主管的参谋，在特定的范围对下级机构提供建议和业务指导，或者受直线主管的委托在特许范围内享有一定的指挥权。

4. 矩阵型

矩阵型组织机构模式从两个维度设置部门，一个是任务部门，另一个是职能部门。这两个维度组合起来就形成了一个矩阵。

（三）学校组织机构主要职能部门

1. 校长办公室

校长办公室是校长领导下的办事机构，协助校长处理学校日常事务。

校长办公室的职责包括：负责学校的对外联络；接待和处理来访和信访；管理人事和安全保卫；管理学校文件收发和归档；进行学校各项工作的报表统计；收集和分析教职工对学校工作的反馈信息；安排校长的重要日程；完成校长交办的其他工作等。

校长办公室直接对校长负责，一般没有直接的下级，但与学校的各职能部门，特别是教务处、政教处、总务处等都有密切的业务联系，具有综合的协调性和辅助性。

2. 教务处

教务处是学校教育教学的组织管理机构，主要负责协助校长组织、领导全部教学工作。

教务处的职责包括：教学组织和管理、教研室和学科组管理、教育科研、课程资源开发、教师培训、班主任管理、学生学籍管理等，同时兼管学校中与教学业务有关的科室。教务处的上级是主管教学的校长，下级是学校的基层教学实践机构，不同规模学校的具体情况不同。

3. 政教处

政教处是学校德育工作的组织管理机构，主要负责管理学生的思想政治工作和学校德育工作。

政教处的职责包括：组织和设计各种德育活动，指导、管理各年级组的德育工作，拓展学校德育资源等。政教处的上级是主管德育的校长，下级一般是年级组和班主任，依据学校具体情况有所不同。

4. 总务处

总务处是学校后勤工作的组织管理机构，主要负责为学校教育教学和学校各项工作提供经费物质保障和综合服务。

总务处的主要职责包括：安排和管理学校各项教育经费的使用；管理、维护校舍和各项设施；组织和安排教职工的福利；配合校长办公室做好学校安全工作；兼管学校食堂、宿舍、医疗室和校办工厂等。总务处的上级是主管后勤的校长，下级包括所辖的各职能部门或者人员。

5. 教研室

教研室是由同一学科的任课教师组成的学校基层教学实践机构。主要负责本学科的教学和研究工作。

教研室的职责包括：了解教师的教学情况，组织教学交流，开展教学研究，安排教学培训等。教研室的上级是教务处，下级是各年级的学科教师。

6. 年级组

年级组是由同一年级各教学班的班主任和各科任课教师组成的基层教学实践机构，主要负责本年级教育教学各方面的工作。

年级组的职责包括：协调班主任与各科任课教师间的关系，组织本年级教师之间的教育教学交流活动，全面了解学生德、智、体、美、劳各方面的情况，组织本年级学生开展各项综合实践活动和文体活动等。年级组的上级是教务处或者政教处，下级是同一年级各教学班的班主任和各科任课教师。

(四) 学校的内部机制

建立合理有效的学校内部机制，是调动广大教职工的积极性、提高学校管理效率的首要前提和保证。学校内部机制包括学校管理体制和学校规章制度等具有动力作用的系统。其中学校的内部管理体制是领导和管理学校的根本制度，支配着学校的全部管理工作。

1. 学校管理体制

学校管理体制规定学校的管理权限，机构设置及其隶属关系，是学校内部机制的核心和灵魂，从 1993 年至今，校长负责制成为我国现阶段中小学的管理体制。

现行的校长负责制是指由校长全面负责，党支部保证监督，教职工民主管理三个部分有机组成的，相互联系和统一的管理制度，包含学校党、政、群三方面的地位、作用和职责权限。

(1) 校长全面负责。校长全面负责，包括校长职位、职责、职权三个内涵。① 校长职位由上级政府或上级教育行政部门任命，校长是学校行政系统的负责人，是学校的法定代表人，在学校领导关系中处于中心地位。② 校长职责包括工作任务和承担相应的责任。③ 校长的职权包括决策权、指挥权、人事权和财务权。

考点突破

【21】（2011年下半年）根据1993年颁发的《中国教育改革和发展纲要》的相关规定，小学实行（　　）。

A. 校长负责制　　B. 党支部领导下的校长负责制
C. 书记负责制　　D. 教职工代表大会制

（2）党支部保证监督。党支部保证监督，主要是参与讨论副校长及中层干部的提名或任免，在政治上把关，加强党的建设，发挥党员和党支部的积极作用。加强教职工和学生的思想政治工作，加强学校的精神文明建设，参与学校重大问题决策，保证监督党和国家方针政策的贯彻执行，加强对教职工代表会议、共青团、少先队等群众团体的领导，支持他们独立开展工作，充分发挥各组织在学校中的作用，支持校长独立处理教育教学和行政管理中的问题，协调各个组织之间的关系。

（3）教职工民主管理。教职工民主管理，可以由教职工代表大会和校务委员会体现。①教职工代表大会的主要职权：听取学校章程草案的制定和修订情况报告，提出修改意见和建议；听取学校发展规划、教职工队伍建设、教育教学改革、校园建设以及其他重大改革和重大问题解决方案的报告，提出意见和建议；听取学校年度工作、财务工作、工会工作报告以及其他专项工作报告，提出意见和建议；讨论通过学校提出的与教职工利益直接相关的福利、校内分配实施方案以及相应的教职工聘任、考核、奖惩办法；审议学校上一届（次）教职工代表大会提案的办理情况报告；按照有关工作规定和安排评议学校领导干部；通过多种方式对学校工作提出意见和建议，监督学校章程、规章制度和决策的落实，提出整改意见和建议；讨论法律法规规章规定的以及学校与学校工会商定的其他事项。②校务委员会由校长主持，人数不多，由有威信的教职工组成，除此之外，学校还可以通过学生会、家长会、专题讨论讲座会等形式，完善民主管理。

综上所述，现行的校长负责制是把党的保证监督，群众的民主管理与校长全面负责有机地结合起来形成的学校管理体制。

2. 学校规章制度

学校规章制度，是学校依据法律、法规以及主管行政部门的授权或在其办学自主权范围内制定的学校内部管理规范的总和，学校规章制度，从广义上讲，包括国家有关教育的所有法律法规和学校的纪律章程，从狭义上讲，仅指教育行政部门和学校制定的学校管理、教育教学等方面的规范纪律和章程，具有一定的约束力和强制力。

（1）教育行政部门制定的学校规章制度包括：学校管理规程，课程计划、课程标准和教科书制度；各级各部门工作人员的职责及工作制度，学生守则，学生成绩考核，升留级制度，学籍管理制度，学生考勤制度，奖惩制度等。

（2）学校制定的规章制度包括：会议制度（学校领导班子会、校务会、行政会、教研组长会、年级组长会、班主任会、家长会、教职工、学生代表大会等），资料归档保管制度（教师资料、学生资料、学校工作资料、国家上级主管部门文件等），教职工工作制度，各种常规细则（课堂规则、宿舍规则、食堂规则、图书馆实验室规则）等。

巩固练习

一、选择题

1. 学校管理工作的核心是(　　)。

A. 教学管理　B. 德育管理　C. 学校人事管理　D. 教务行政管理

2. 从1993年至今,我国现阶段中小学的管理体制是(　　)。

A. 书记领导下的校长负责制　B. 校长负责制

C. 书记负责制　D. 校长和书记共同负责制

3. 主要负责校舍的建设、设备的购置与维修、生活福利工作及财务管理工作是哪个部门的职责?(　　)

A. 教务处　B. 总务处　C. 政教处　D. 校长办公室

4. 2006年修订的《中华人民共和国义务教育法》规定:"凡具有中华人民共和国国籍的适龄儿童、少年,不分性别、民族、种族、家庭财产状况、宗教信仰等,依法享有平等接受义务教育的权利,并履行接受义务教育的义务。""各级人民政府及其有关部门应当履行本法规定的各项职责,保障适龄儿童、少年接受义务教育的权利。"这说明小学教育具有(　　)。

A. 全民性　B. 全面性　C. 基础性　D. 不平等性

5.《中华人民共和国义务教育法》是在哪一年颁布的?(　　)

A. 1985　B. 1986　C. 1996　D. 2006

6. (　　)年颁布的《中华人民共和国教育法》明确规定"国家实行学前教育、初等教育、中等教育、高等教育的学校教育制度",明确了小学教育在整个教育体系中的位置。

A. 1995　B. 1986　C. 1996　D. 2006

二、简答题

1. 简述小学教育的特点。

参考答案

考点突破

【2-1】答案: A。

解析: 校长负责制是1993年颁发的《中国教育改革和发展纲要》对中小学学校管理制度的规定。

巩固练习

一、选择题

1. A。教学是教育的主阵地,教学管理是学校管理工作的核心。

2. B。校长负责制是1993年颁发的《中国教育改革和发展纲要》对中小学学校管理制度的规定。

3. B。这里考查的是小学不同部门的工作职责,部门不同,工作职责不同。总务处主要负责校舍的建设、设备的购置与维修、生活福利工作及财务管理工作。

4. A。这条法律的规定说明小学教育在施教对象上具有全民性。全面性是指小学教育要促进小学生在各个方面的充分发展,保证他们在德、智、体、美等方面得到最大程度的和谐发展。基础性是指小学教育为小学生的各方面的发展奠定基础。不平等性显然是错误的。

5. B。《中华人民共和国义务教育法》是在1986年颁布,2006修订的。

6. A。《中华人民共和国教育法》是于1995年颁布的。

二、简答题

1. 小学教育具有全民性、基础性、义务性、全面性的特点。

第三章　小学教师专业发展

考点分析

- 本章内容主要以单项选择题、简答题、材料分析题的形式进行考查。
- 考试重点集中在《小学教师专业标准》、教师的角色、教师专业发展上。

第一节　教师概述

一、教师的概念

从广义上讲，凡是把知识技能和技巧传授给别人的，都可以称之为教师。从狭义上讲，教师是指经过专门训练、在学校从事教育教学工作的专门人员。《中华人民共和国教师法》对教师是这样规定的："教师是履行教育教学职责的专业人员，承担教书育人、培养社会主义事业建设者和接班人、提高民族素质的使命。"

二、教师的角色

在小学教育活动中，当代小学教师扮演着"学生的关怀者""知识的传授者""学习的引导者""课程的开发者""教育教学的设计者、组织者和管理者""教育的研究者""终身的学习者"和"文化的创造者"等角色。

1. 学生的关怀者

小学教育的一个基本特性就是养育小学生的生命，小学教师需要运用目光、笑容等各种体态语言等多种方式，向儿童传递关怀的信息，需要适时发展学生的亲社会情感，并建立亲密和谐的师生关系。

2. 知识的传授者

在一定程度上说，学校就是为了专门、系统地向学生传授人类积累的知识经验而产生的。在这个意义上，学校的起源和发展过程规定了小学教育必然以"知识的传授和传播"为核心和基础，当代小学教师的基本角色也必然是知识的传授者。

3. 学习的引导者

当代教师的角色从一味强调知识的传授，转向着重组织学生的学习，成为学生学习的引导者。把学生当作学习的主体，教师是学生学习和发展的引导者。

4. 课程的开发者

中华人民共和国成立后，我国在小学教育中实行高度统一的课程管理体制，小学教师长期以来被规定为课程的被动执行者。当前我国课程管理体制已经从中央集权走向国家、地方和学校三级分权，相应的，小学课程可以分为国家课程、地方课程和学校课程三种类型。课程管理体制的变革赋予了当代小学教师课程开发者的角色，体现在教师对国家课程和地方课程进行校本化的再开发以及教师对校本课程的开发两个方面。

5. 教育教学的设计者、组织者和管理者

教师是学校教育教学活动的设计者、组织者和管理者，需要肩负起教育教学管理的职责，包括确定目标、建立班集体、制定和贯彻规章制度、维持班级纪律、组织班级活动、协调人际关系等，并对教育教学活动进行控制、检查和评价。

6. 教育的研究者

当代小学教育是一个开放的复杂系统工程，随着社会的变迁，小学教师面对的是一个不断发展变化的世界，存在许多未知的领域，这些领域尚未有人认真系统地加以思考和研究，同时，面对自己的日常教育教学行为，教师也要不断进行反思。从对各种教育教学行为的"确定无疑"走向"有所质疑"，进而通过反思实现更为合理的教育教学实践，并增强教育实践能力和自我超越能力。因此，教师也是教育的研究者。

7. 终身的学习者

教学同其他职业一样，是一种"学习"的职业，教学从业者在职业生涯中自始至终都要定期更新和补充他们的知识、技巧和能力。当代社会的急剧变迁，更是要求小学教师成为一个终身的学习者，以促进其专业的发展。

8. 文化的创造者

教育既是文化的组成部分，也是传承文化和创造文化的手段。现代社会更是要求教育充分发挥其创造文化的作用，这一作用的发挥，教师是主要影响因素之一。教师对文化的创造体现在以下两个方面：第一，培养具有创新精神和能力的学生；第二，创造新的教育文化。

考点突破

【3-1】(2014年上半年)**材料：**荣获第62届美国年度国家教师大奖的瑞贝卡·米勒沃基说："我们的学生就是我们的未来，当有一个非常热情、非常投入的老师的时候，学生们学得最好……其实学习没有捷径可走，无论用哪种方法，最终都会面对复杂的学习任务，作为老师，我们能做的就是用笑声、用激情、用技巧、用紧迫感和爱去实现这一切。"

问题：(1) 谈谈你对"我们的学生就是我们的未来"的理解。

(2) 结合材料，谈谈教师在学生学习过程中的作用。

三、教师劳动的特点

教师劳动具有复杂性、示范性、创造性和长期性。

(一) 复杂性

(1) 教师劳动的对象具有复杂性。一方面，学生是未成熟的人、处在发展变化之中。另一方面，学生既有共同的生理心理特点，亦有各自不同的经历、爱好、兴趣、个性特征等。

(2) 教师工作的任务是多方面的。教师既要教书又要育人，既要传授知识，又要发展学生的智力，促进学生德、智、体、美等各方面全面发展。所以无论从哪个方面看，教师的劳动都是复杂多样的。

(二) 示范性

教师劳动的示范性是指教师要给学生作出示范，以自己的形象影响和感化学生。教师在学生获取知识和发展能力的道路上，发挥着主导作用，在学生心目中往往具有神圣的地位，其言论行为、道德品行和为人处世的态度，往往会成为学生效仿的对象，对学生有着潜移默化的影响。所以教师必须严格要求自己，以身作则，处处时时用自己的积极行为去影响学生的行为，用自己的良好个性去影响学生的个性，用自己的正确态度去影响学生的态度，以便取得最佳的教育效果。

(三) 创造性

教师的劳动看似简单、平凡琐碎、没有变化,其实不然,教师工作是最富有创造性的劳动。教育必须根据学生的具体情况来进行,教师必须灵活地运用教育原则,创造性地设计教育方法,以适合学生的方式对教学内容进行加工处理。教师还要对不同学生因材施教,同时,教育情境的复杂性还需要教师具有快速反应的能力,对各种突发情况能够做出及时而智慧的反应。

(四) 长期性

长期性是指教师劳动培养人才的周期长,教育的影响具有迟效性、长效性。一个学生的成长往往需要教师付出长期的劳动,而教师劳动的成效,也不是马上就可以看到的,它需要很长时间才能得到验证。同时,教师的某些影响,对学生终生都会发生作用,"十年树木,百年树人",就是对这个道理的最佳阐释。

第二节　小学教师专业发展的内容及要求

一、专业理念

教师专业理念是指教师在对教育工作本质理解的基础上形成的关于教育的观念和信念。教师的专业理念包括专业态度、教育理念和专业道德三个方面的内容。专业态度是教师对自己从事的职业所持有的基本态度,教育理念是指教师对教育事业所持有的理想和信念,专业道德是教师在教育教学活动中,处理人际关系所要遵循的基本准则和职业操守。

2012 年 9 月,教育部正式颁布了《小学教师专业标准(试行)》,明确提出了"师德为先""学生为本""能力为重""终身学习"四项基本理念。

1. 师德为先

热爱小学教育事业,具有职业理想,践行社会主义核心价值体系,履行教师职业道德规范。关爱小学生,尊重小学生人格,富有爱心、责任心、耐心和细心;为人师表,教书育人,自尊自律,做小学生健康成长的指导者和引路人。

2. 学生为本

尊重小学生权益,以小学生为主体,充分调动和发挥小学生的主动性;遵循小学生身心发展特点和教育教学规律,提供适合的教育,促进小学生生动活泼学习、健康快乐成长。

3. 能力为重

把学科知识、教育理论与教育实践相结合,突出教书育人实践能力;研究小学生,遵循小学生成长规律,提升教育教学专业化水平;坚持实践、反思、再实践、再反思,不断提高专业能力。

4. 终身学习

学习先进小学教育理论,了解国内外小学教育改革与发展的经验和做法;优化知识结构,提高文化素养;具有终身学习与持续发展的意识和能力,做终身学习的典范。

考点突破

【3-2】(2015 年下半年)简述《小学教师专业标准(试行)》所提出的基本理念。

【3-3】(2016 年上半年)简述《小学教师专业标准(试行)》中"学生为本"的基本理念。

【3-4】(2016 年下半年)《小学教师专业标准(试行)》中提到了"终身学习"的基本理念,你如何理解?

基于以上四项基本理念，《小学教师专业标准（试行）》对教师“专业理念与师德”维度所涉及领域及基本要求进行了详细的说明，如表 3-1 所示。

表 3-1　《小学教师专业标准（试行）》对教师“专业理念与师德”的说明

领域	基本要求
(1) 职业理解与认识	① 贯彻党和国家教育方针政策，遵守教育法律法规。② 理解小学教育工作的意义，热爱小学教育事业，具有职业理想和敬业精神。③ 认同小学教师的专业性和独特性，注重自身专业发展。④ 具有良好职业道德修养，为人师表。⑤ 具有团队合作精神，积极开展协作与交流
(2) 对小学生的态度与行为	① 关爱小学生，重视小学生身心健康，将保护小学生生命安全放在首位。② 尊重小学生独立人格，维护小学生合法权益，平等对待每一位小学生。不讽刺、挖苦、歧视小学生，不体罚或变相体罚小学生。③ 信任小学生，尊重个体差异，主动了解和满足有益于小学生身心发展的不同需求。④ 积极创造条件，让小学生拥有快乐的学校生活
(3) 教育教学的态度与行为	① 树立育人为本、德育为先的理念，将小学生的知识学习、能力发展与品德养成相结合，重视小学生的全面发展。② 尊重教育规律和小学生身心发展规律，为每一个小学生提供适合的教育。③ 引导小学生体验学习乐趣，保护小学生的求知欲和好奇心，培养小学生的广泛兴趣、动手能力和探究精神。④ 引导小学生学会学习，养成良好学习习惯。⑤ 尊重和发挥好少先队组织的教育引导作用
(4) 个人修养与行为	① 富有爱心、责任心、耐心和细心。② 乐观向上、热情开朗、有亲和力。③ 善于自我调节情绪，保持平和心态。④ 勤于学习，不断进取。⑤ 衣着整洁得体，语言规范健康，举止文明礼貌

二、专业知识

教师作为一个专业人员，必须具备从事专业工作所要求的基本知识。作为专业的教师，应该具备广博的科学文化知识、精深的学科专业知识和扎实的教育理论知识，而且这三个方面的知识应该是相互结合和相互融通的。

1. 广博的科学文化知识

教师必须具备广博的科学文化知识，以适应教学内容的多元化和教育对象特点的需要。教师的知识越广博，就越能满足学生的求知要求，就越能启迪学生的思维，就越有利于培养学生的综合素质和创新能力。

2. 精深的学科专业知识

学科专业知识，又称本体性知识，它包括学科基础知识和基本技能技巧、本学科的发展历史和趋势、学科认识世界的独特视角和方法，以及相邻学科知识等。学科专业知识是教学活动开展的基础。

3. 扎实的教育理论知识

教育理论知识，又称条件性知识，指的是教师所具有的教育教学的理论知识，包括一般教育学知识和学科教育学知识两个方面。一般教育学知识，包括教育基本理论、心理学基本理论、德育论、教学论、教育心理学、中外教育史、教育科学研究方法、学校管理学、现代教育技术知识等；学科教育学知识，如学科教育学、学科课程与教学论等，是教师对教学心理学学科知识、学生特征和学习背景的综合理解。教育理论知识是教师成功教学的重要保障。

《小学教师专业标准(试行)》对教师"专业知识"维度所涉及领域及基本要求进行了详细的说明,如表 3-2 所示。

表 3-2 《小学教师专业标准(试行)》对教师"专业知识"的说明

领域	基本要求
(1) 小学生发展知识	① 了解关于小学生生存、发展和保护的有关法律法规及政策规定。② 了解不同年龄及有特殊需要的小学生身心发展特点和规律,掌握保护和促进小学生身心健康发展的策略与方法。③ 了解不同年龄小学生学习的特点,掌握小学生良好行为习惯养成的知识。④ 了解幼小和小初衔接阶段小学生的心理特点,掌握帮助小学生顺利过渡的方法。⑤ 了解对小学生进行青春期和性健康教育的知识和方法。⑥ 了解小学生安全防护的知识,掌握针对小学生可能出现的各种侵犯与伤害行为的预防与应对方法
(2) 学科知识	① 适应小学综合性教学的要求,了解多学科知识。② 掌握所教学科知识体系、基本思想与方法。③ 了解所教学科与社会实践、少先队活动的联系,了解与其他学科的联系
(3) 教育教学知识	① 掌握小学教育教学基本理论。② 掌握小学生品行养成的特点和规律。③ 掌握不同年龄小学生的认知规律和教育心理学的基本原理和方法。④ 掌握所教学科的课程标准和教学知识
(4) 通识性知识	① 具有相应的自然科学和人文社会科学知识。② 了解中国教育基本情况。③ 具有相应的艺术欣赏与表现知识。④ 具有适应教育内容、教学手段和方法现代化的信息技术知识

考点突破

【3-5】(2018 年下半年)《小学教师专业标准(试行)》中"专业知识"维度包括哪些领域?

三、专业能力

教师的专业能力是教师完成一定教育教学活动的本领。现代教育要求教师具有以下方面的能力:(1) 教育教学设计能力;(2) 组织与实施能力;(3) 激励与评价能力;(4) 沟通与合作能力;(5) 反思与发展能力。《小学教师专业标准(试行)》对教师"专业能力"维度所涉及领域及基本要求进行了详细的说明,如表 3-3 所示。

表 3-3 《小学教师专业标准(试行)》对教师"专业能力"的说明

领域	基本要求
(1) 教育教学设计	① 合理制订小学生个体与集体的教育教学计划。② 合理利用教学资源,科学编写教学方案。③ 合理设计主题鲜明、丰富多彩的班级和少先队活动
(2) 组织与实施	① 建立良好的师生关系,帮助小学生建立良好的同伴关系。② 创设适宜的教学情境,根据小学生的反应及时调整教学活动。③ 调动小学生学习的积极性,结合小学生已有的知识和经验激发学习兴趣。④ 发挥小学生主体性,灵活运用启发式、探究式、讨论式、参与式等教学方式。⑤ 发挥好少先队组织生活、集体活动、信息传播等教育功能。⑥ 将现代教育技术手段整合应用到教学中。⑦ 较好地使用口头语言、肢体语言与书面语言,使用普通话教学,规范书写钢笔字、粉笔字、毛笔字。⑧ 妥善应对突发事件。⑨ 鉴别小学生行为和思想动向,用科学的方法防止和有效矫正不良行为

续表

领域	基本要求
(3) 激励与评价	① 对小学生日常表现进行观察与判断,发现和赏识每一个小学生的点滴进步。② 灵活使用多元评价方式,给予小学生恰当的评价和指导。③ 引导小学生进行积极的自我评价。④ 利用评价结果不断改进教育教学工作
(4) 沟通与合作	① 使用符合小学生特点的语言进行教育教学工作。② 善于倾听,和蔼可亲,与小学生进行有效沟通。③ 与同事合作交流,分享经验和资源,共同发展。④ 与家长进行有效沟通合作,共同促进小学生发展。⑤ 协助小学与社区建立合作互助的良好关系
(5) 反思与发展	① 主动收集分析相关信息,不断进行反思,改进教育教学工作。② 针对教育教学工作中的现实需要与问题,进行探索和研究。③ 制定专业发展规划,积极参加专业培训,不断提高自身专业素质

考点突破

【3-6】(2019 年上半年)简述《小学教师专业标准(试行)》中关于教师专业能力的构成。

第三节　小学教师专业发展的基本阶段与途径

一、小学教师专业发展阶段

(1) 早期较为成熟的教师专业生涯模型研究是由荷兰学者冯克提出的[①]。

冯克将教师专业发展分为以下几个阶段:

① 前专业阶段:反映为教师的职前培养期和培训期。在此期间,师范生准备承担教师的角色并探索承担其他角色的可能性。

② 展开期:这一时期反映为教师从教的第 1 年。此时教师的活动围绕着获得工作的“抓手”,赢得学生、同事和管理层的认可而展开。

③ 专业成长期:通常是教师从教的第 2 年到第 7 年。在此期间,教师的时间和精力主要投入到提高教学技能和胜任教学工作中。

④ 第一次专业期:此时教师展现出了教学成就和技能,掌握了成就教学专业的能力。

⑤ 重新定位自身与专业期:处于这一阶段的教师可能会对自己的教学产生疑问。有时这一时期恰逢教师本人的中年危机,有的教师则会减少在教学工作上的热情和精力投入。

⑥ 第二次专业期:有些教师在这一时期会重拾信心与热情,在专业上获得更大成就。

⑦ 消退期:教师退休前的时期。

(2) 我国学者叶澜、白益民等从“自我更新”取向把教师专业发展分为五个阶段[②],具体内容如表 3-4 所示。

① 赵萍.论当代西方教师职业生涯发展研究的三个理论取向[J].比较教育研究,2016(4):81.

② 叶澜,白益民,王枬,等.教师角色与教师发展新探[M].北京:教育科学出版社,2001:277-307.

表 3-4 “自我更新”取向教师专业发展阶段及其特征

阶段名称	时限	主要特征
“非关注”阶段	正式进行教师教育之前	无意识中以非教师职业定向的形式形成了较稳固的教育信念,具备了一些“直觉式”的“前科学”知识和与教师专业能力密切相关的一般能力
“虚拟关注”阶段	师范学习阶段(包括实习期)	对合格教师的要求开始思考,在虚拟的教学环境中获得某些经验,对教育理论及教师技能进行学习和训练,有了对自我专业发展反思的萌芽
“生存关注”阶段	新任教师阶段	在“现实的冲击”下,产生了强烈的自我专业发展忧患意识,特别关注专业活动中的“生存”技能,专业发展集中在专业态度和动机方面
“任务关注”阶段	持续、稳定发展的时期	随着教学基本“生存”知识、技能的掌握,自信心日益增强,由关注自我的生存转到更多地关注教学,由关注“我能行吗”转到关注“我怎样才能行”
“自我更新关注”阶段	没有具体的时限	不再受外部评价或职业升迁的牵制,自觉依据教师发展的一般路线和自己目前的发展条件,有意识地自我规划,以谋求最大限度的自我发展,关注学生的整体发展,积累了比较科学的个人实践知识

有关教师专业发展过程的研究表明,教师的专业性发展是一个持续不断的成长过程,最终目标是达到专业成熟,即成为一个比较成熟的教育专业人员。所谓成熟的教育专业人员,是指能够信守教育理想,献身教育工作,以促进学生的发展成长为个人追求目的;具有教育与教学的专业知识与技能;有较强的启发性与创造性;具有从多个角度观察、分析问题和解决问题的能力,具有应用多种教学方法与模式进行教学的能力等。

教师的这种专业性的成熟过程,时间有长有短,少则 3～5 年,多则 10～20 年。从目前多数学者的研究成果和学校领导的实践经验来看,一般来说,教师具备分析、理解和清楚明确地讲解教材的能力约需 3～5 年,而掌握领导、组织、启发以及因势利导、因材施教的能力,则需 6～10 年,甚至更长的时间。

二、影响教师专业发展的因素

美国约翰霍普金斯大学的费斯勒教授认为,各种情境因素的影响对教师的发展意义重大,并将所有影响因素梳理为两大方面:个人环境因素与组织环境因素。

(一) 个人环境因素

(1) 家庭因素。家庭作为内部的资源系统,可能是支持,也可能是阻碍教师发展的因素。比如一个家庭中的父母,如果鼓励年轻人选择教师作为职业,那么这也许会对教师的职前与初任阶段产生积极的影响,而如果父母不满这一职业选择,这可能使得年轻教师专业发展的过程变得愈加困难。

(2) 关键事件与关键人物。关键事件是指个人生活中的重要事件,教师围绕着该事件担当某种关键性的角色,关键事件促使教师对可能导致某一发展方向的特定行为作出选择。关键人物在教师专业发展的早期尤为重要,初任教师在最初教学时,总会自觉或不自觉地选择某一位教师作为认同的对象和教学行为的参照,以后,在此基础上不断改造和更新期间,还可能认同新的关键人物,代替原来的人物,直至最终摆脱关键人物的窠臼而形成自己的专业教学风格。

(3) 生活的危机。个人或家庭出现的危机也会对教师的发展有所影响,比如亲友的故去、经济上的损失等,这些危机可能会使教师不再以工作为生活的重心,也可能会使教师感到难于应付职业期待与压力。

(4) 性情与意象。每个人都是独一无二的，拥有不同的行为特征，不同的阅历与经验，不同的志向与目标，以及不同的价值观念，这些因素会影响教师职业生涯的决策与方向。

(5) 兴趣爱好。兴趣爱好，一方面可为教师发挥才能和取得成就提供途径，同时也可弥补教师教学以外的知识，并且可提供教师在教学中所不能获得的满足需要的机会。

（二）组织环境因素

(1) 学校的规章制度。教师需要学校的、地区的以及国家的规章制度的约束，这些规章制度通常是对学校的秩序与结构的规定，同时也反映了学校、教育系统、社区以及国家的教育目标与价值取向。

(2) 管理风格。学校的管理风格会对教师的职业生涯发展产生重大影响，如果学校的氛围充满信任与支持，就会对教师的职业发展产生积极的影响，反之则导致教师对教学丧失热情，对工作敷衍塞责，这样教师的发展也面临挫折。

(3) 公共信任。在一种公共信任的氛围中，教师与学校都会表现出信心与干劲。公共信任会使教师具有高度的自尊感，并把教学视为一种可追求的事业，从而对其抱有积极肯定的看法。相反，对学校长期的抨击与批评，会使得作为职业人的教师，在评价自身时受到这种不良影响的冲击，从而导致教师的教学士气低落及产生挫败感。

(4) 社会期望。社会对学校所寄予的期望，也会以多种方式影响到教师及其专业发展，社区的目标、道德标准、价值观、期望与要求，都将影响到学校及教师。

(5) 专业组织。教师经常可从专业组织那里获得领导的职位及专业成长的机会，这些专业组织包括国际阅读组织、国家理科教师协会、教育协会等教师专业组织以及他们在各个地区的分支机构等，都可以为教师的更新成长及升迁提供机会。

三、小学教师专业发展的途径

小学教师专业发展的途径包括：学习借鉴教育教学经验、反思总结教育教学经验、研究探索教育教学规律和秉持终身学习理念。

1. 学习借鉴教育教学经验

学习好的教育教学经验，是促使教师专业发展的基本途径。学习借鉴教育教学经验不局限于向有经验的教师学习，还可以进行同伴互学，彼此合作互助，共同提高。

2. 反思总结教育教学经验

教师反思和总结自己的教育教学经验，思考教育教学中的得失，也是提高专业水平的有效途径。一般可将教育教学反思分为两类：一是内省反思，即教师对自己的实践进行反思；二是交流反思，是指教师之间展开的反思交流活动。

3. 研究探索教育教学规律

教师要不断探索和研究教育教学规律，这是提升教师专业水平的重要途径，也是现代教育发展对研究型教师素质提出的要求。教师要有研究的意识和能力，教师在教育教学实践中研究教育教学，要采用科学的、行之有效的方式。比如，开展行动研究，确立有价值的研究主题，在行动中研究，为提高教育教学质量而研究；比如，开展微格教学，即进行小型的短时间的课堂教学，并分析录制下的视频资料；比如，开展磨课活动，进行集体性的备课、上课、评课，所谓磨课，就是某个教师在一定时期内，在教研组成员的协助下，采取多种形式，对某课教学进行反复、深入的研究与实践的过程，这是一种很好的教学研究方式。

4. 秉持终身学习理念

教育教学是活的，是不断变化发展的，教师必须不断提升自己的专业素质，要秉持并实践终身学习的理念，在教育教学实践中不断总结、不断学习，或接受专门的教师教育培训，这是教师专业发展的基本保证。

巩固练习

一、选择题

1. “十年树木，百年树人”，这说明教师的劳动具有（　　）。

A. 创造性　　B. 复杂性　　C. 示范性　　D. 长期性

2. 根据凯兹的教师专业发展阶段理论，当教师把注意力放在寻求新的教育教学方法上时，那么他处于（　　）。

A. 求生期　　B. 强化期　　C. 求新期　　D. 成熟期

二、简答题

1. 简述《小学教师专业标准（试行）》中“师德为先”的基本理念。

三、材料分析题

1. **材料**：几个学生正趴在树下兴致勃勃地观察着什么，一个教师看到他们满身是灰的样子，生气地走过去问：“你们在干什么？”“听蚂蚁唱歌呢。”学生头也不抬，随口而答。“胡说，蚂蚁怎么会唱歌？”老师的声音提高了八度。严厉的斥责让学生猛地从“槐安国”里清醒过来。于是一个个小脑袋耷拉下来，等候老师发落。只有一个倔强的小家伙还不服气，小声嘟囔说：“您又不蹲下来，怎么知道蚂蚁不会唱歌？”

问题：请从“学生为本”这一角度对该教师的行为作出评析。

参考答案

考点突破

【3-1】解答：(1)“我们的学生就是我们的未来”一方面是指学生在未来社会中的重要角色地位，今天的学生将在未来的社会中充当中流砥柱的角色，对未来社会的发展具有非常重要的影响；另一方面是指教师的重要性，教师在教育过程中自始至终都承担着为未来而教书育人的责任和使命。

(2) 教师在学生学习过程中充当着引导者、组织者的角色，起着主导的作用。教师的主导作用体现在教师要用各种方式和技巧激发学生学习的主动性、积极性，帮助学生掌握学习方法，养成良好的学习习惯，最终促进学生的全面发展。

【3-2】解答：《小学教师专业标准（试行）》所提出的基本理念包括：

(1) 师德为先。热爱小学教育事业，具有职业理想，践行社会主义核心价值体系，履行教师职业道德规范。关爱小学生，尊重小学生人格，富有爱心、责任心、耐心和细心；为人师表，教书育人，自尊自律，做小学生健康成长的指导者和引路人。

(2) 学生为本。尊重小学生权益，以小学生为主体，充分调动和发挥小学生的主动性；遵循小学生身心发展特点和教育教学规律，提供适合的教育，促进小学生生动活泼学习、健康快乐成长。

(3) 能力为重。把学科知识、教育理论与教育实践相结合，突出教书育人实践能力；研究小学生，遵循小学生成长规律，提升教育教学专业化水平；坚持实践、反思、再实践、再反思，不断提高专业能力。

(4) 终身学习。学习先进小学教育理论，了解国内外小学教育改革与发展的经验和做法；优化知识结构，提高文化素养；具有终身学习与持续发展的意识和能力，做终身学习的典范。

【3-3】解答：(1) 尊重小学生权益，以小学生为主体，充分调动和发挥小学生的主动性；(2) 遵循小学生身心发展特点和教育教学规律，提供适合的教育，促进小学生生动活泼学习、健康快乐成长。

【3-4】**解答**：终身学习是指社会每个成员为适应社会发展和实现个体发展的需要，贯穿于人的一生的、持续的学习过程。它的特点包括：终身性、全民性、广泛性、灵活与实用性。小学教师的终身学习，要做到：学习先进小学教育理论，了解国内外小学教育改革与发展的经验和做法；优化知识结构，提高文化素养；具有终身学习与持续发展的意识和能力，做终身学习的典范。

【3-5】**解答**：《小学教师专业标准(试行)》中“专业知识”维度包括以下领域：(1) 小学生发展知识；(2) 学科知识；(3) 教育教学知识；(4) 通识性知识。

【3-6】**解答**：《小学教师专业标准(试行)》关于教师专业能力的构成如下：(1) 教育教学设计；(2) 组织与实施；(3) 激励与评价；(4) 沟通与合作；(5) 反思与发展。

巩固练习

一、选择题

1. D。从教师劳动的特点看，教师的劳动并不能取得立竿见影的效果，它的效果可能需要若干年后才能显现出来，“十年树木，百年树人”正说明了教师的劳动的这种特点，即长期性。

2. C。教师在不同的专业发展阶段，其关注点是不同的。教师在求生期，关注的是努力适应以求得生存；教师在强化期，关注的是有问题的学生；教师在求新期则把注意力放在寻求新的教育教学方法上；教师在成熟期，关注的是对教育问题作出反省性思考。

二、简答题

1. (1) 热爱小学教育事业，具有职业理想，践行社会主义核心价值体系，履行教师职业道德规范。(2) 关爱小学生，尊重小学生人格，富有爱心、责任心、耐心和细心；为人师表，教书育人，自尊自律，做小学生健康成长的指导者和引路人。

三、材料分析题

1. (1) “学生为本”是教师所要秉持的基本理念。“学生为本”是指教师尊重小学生权益，以小学生为主体，充分调动和发挥小学生的主动性；遵循小学生身心发展特点和教育教学规律，提供适合的教育，促进小学生生动活泼学习、健康快乐成长。

(2) 从该教师的行为看，教师并没有秉持这样的理念。因而该教师的行为是不正确的。体现在：① 教师看到他们满身是灰的样子，生气地走过去问，学生在兴致勃勃地观察着什么，处于其自身的活动过程，学生是能动的、发展的人，教师要善于保护，给学生心理上的支持，而该教师不尊重学生的主观能动性。② “听蚂蚁唱歌呢。”“胡说，蚂蚁怎会唱歌？”孩子具有童心、童真与童趣，具有特有的想象力，教师要善于了解孩子的“内心世界”，遵循小学生身心发展特点和教育教学规律，而该教师只是从自己的主观角度出发，并没有尊重并保护孩子的兴趣与想象。

第四章　教育科学研究方法

考点分析

- 本章考点主要以选择题和简答题的形式出现。
- 本章重点考查教育研究方法的几种类型、教育科学研究的步骤等。

第一节　小学教育科学研究概述

一、教育科学研究的概念

教育科学研究是指有目的、有计划地采用科学的方法，对教育现象和教育实践的事实加以系统的考察，从而探索出教育规律，揭示教育现象本质和客观规律的创新性实践活动。

二、教育科学研究的意义

1. 解决教育教学问题的需要

在教育教学实践中，教师总会面临新的问题，尤其是在当今不断变化的社会中，新的教育问题不断涌现出来，教师只有进行不断的研究，才能解决这些问题，保证教育教学的顺利开展。

2. 促进教师专业发展的需要

教师通过研究不断改进自身的教育教学方法，使自己拥有更高的专业水准。

3. 不断激发教师工作的热情

只有研究和分析事实，才能使教师从平凡的、司空见惯的事物中看出新东西，才能在工作中不断创新和进步，才能激发起教师的工作热情和工作兴趣。

三、教育科学研究的步骤

教育科学研究的步骤包括：确定研究课题——教育文献检索——提出研究假设——制订研究计划——收集、整理和分析资料——作出结论——撰写成文。

（一）确定研究课题

一切研究始于课题，课题恰当与否直接关系到研究成果的质量和水平。选择了研究课题，也就意味着确定了主攻方向，这是进行教育科学研究的第一步。

研究课题可以来源于教育实践，也可以来源于教育理论。从教育实践出发，教育研究课题产生的途径如下：① 从社会变革与发展需要中提出课题；② 从日常的教育实践活动中发现课题；③ 从教育实践的变革与发展中提出课题。从教育理论出发，教育研究课题的来源有以下几个方面：① 承袭已有的研究成果来探究新的问题；② 在理论空白处挖掘问题；③ 在理论观点的争议中寻找问题；④ 以反其道而行之来开拓问题；⑤ 在阅读理论、审视理论的过程中构思研究问题。

（二）教育文献检索

1. 教育文献的分类

按文献的功能，可以把教育文献分为五大类。

(1) 事实性文献：指专门为教育科学研究提供事实证据的文献，包括古今中外已被发现和证实的各种形式、各种内容的事实资料，如各类文物、教育史专著、各种测验量表、各类教育实验报告、教育名家或名师教育实录等。

考点突破

【4-1】(2014 年上半年)在教育研究文献中，各类文物、教育史专著、名师教育实录等属于(　　)。

A. 事实性文献　　B. 工具性文献　　C. 理论性文献　　D. 经验性文献

(2) 工具性文献：指专门为教育科学研究提供检索咨询的文献，包括工具书、网上检索查询、学术动态综述等。

(3) 理论性文献：指专门为教育科学研究提供理性认识的文献，包括教育专著、论文、文集、教育家评传、方法论著作等。

(4) 政策性文献：指专门为教育科学研究提供政策依据的文献，包括规章制度、政府文件与统计资料等。

(5) 经验性文献：指专门为教育科学研究提供感性认识的文献，包括调查报告、工作总结、经验、教育参考书、各级各类学校教科书、教学大纲等。

2. 教育文献的分布

(1) 书籍。书籍主要包括名著要籍、教育专著、教科书、资料性工具书(如教育辞书和百科全书)及科普类书籍。它是教育文献中品种最多、数量最大、历史最长的一种情报源。

名著要籍是指一个时代、一个学科、一个流派最有影响力的权威著作，如马克思主义经典作家论教育的著作、古今中外教育名家的教育著作等。

教育专著(包括论文集)是就教育领域某一学科、某一专门问题进行系统、全面、深入的论述，内容专深，大多是作者多年研究的结晶。

教科书是专业性书籍，具有严格的科学性、系统性和逻辑性。

教育辞书和百科全书都属于资料性工具书，教育辞书主要提供教育科学名词术语的解释，规范且准确，以条目形式出现。

(2) 报刊。报纸和期刊都属于连续出版物。报纸发行广泛，传递信息及时、迅速，但材料分散不系统。期刊出版周期短，内容新颖、论述深入、发行量大，常反映有关学科领域研究的最新动态和最高水平，是教育科研工作者查阅资料的主要来源。

(3) 档案。教育档案包括教育年鉴、教育法令集、教育统计、教育调查报告、学术会议文件、学位论文、资料汇编、名录、表谱以及地方志、墓志、碑刻等。

年鉴是系统汇集一年内重要事件、学科进展与各项统计资料的工具书，是汇集一年内的重要时事、文献和统计资料，按年度连续出版的工具书。它博采众长、集辞典、手册、年表、图录、书目、索引、文献、表谱、统计资料、指南、便览于一身，具有资料权威、反应及时、连续出版、功能齐全的特点。

考点突破

【4-2】(2016 年下半年)李老师为研究近年来我国小学教育的发展状况,需要收集有关数据,最可靠的信息来源是(　　)。

A. 教育论文　　B. 教育年鉴　　C. 教育辞书　　D. 教育著作

教育法令集是官方的有关教育政策法规的指令性文件汇集,通过立案归档成为资料的一部分。

学位论文是研究生进行专题研究后为取得某种学位而撰写并提交的科学论文,是带有一定的独创性的一次文献,一般选题论证充分,文献综述较全面,探讨问题也往往较为专业、深入。

3. 教育文献的检索

教育文献的检索一般包括以下几个步骤：分析和准备阶段,搜索阶段,加工整理阶段。

教育文献的检索的主要方法包括：① 顺查法,按时间范围,按照检索课题研究的发生时间、发展顺序,由远及近、由旧到新的顺序查找;② 逆查法,与顺查法相反,是由近及远、由新到旧的查找方法;③ 引文查找法,这种方法又称跟踪法,是以掌握的文献中所列的引用文献、附录的参考文献作为线索,查找相关主题的文献;④ 综合查找法,就是将各种方法综合加以使用达到检索目的的文献查找方法。

教育文献的检索的基本要求是：① 全面性,放宽视野,检索内容客观全面;② 准确性,检索过程要认真细致,与主题紧密相关;③ 检索方法要多样化,善于运用多种检索方法;④ 勤于积累,建立个人资料库;⑤ 善于思考,用创造性思维综合分析文献内容。

考点突破

【4-3】(2014 年下半年)简述教育研究中文献检索的基本要求。

(三) 提出研究假设

研究假设也叫理论假设,它是根据已有的事实材料和科学原理,对未知事实及其规律提出的一种不完备的、尚待验证的设想与推测。如果最后的研究结果肯定了研究假设,叫作证明,如果结果否定了研究假设,叫作证伪。

一般来说,一个好的教育研究假设应具有以下特点：① 科学性;② 推测性;③ 表述的明确性;④ 可检验性。

(四) 制订研究计划

研究计划是整个研究工作中非常重要的一步,研究计划的设计是否合理完善,不仅直接影响研究的预定目的能否实现,影响研究工作的效率,而且影响结果的可靠性。制订研究计划一般要考虑的问题有：研究的目的、研究的内容、研究的方法、研究进度安排以及人员分工等。

(五) 收集、整理和分析资料

收集研究资料,就是在查阅文献的基础上,针对所要研究的问题,重新搜集资料,最终获得结论。调查、教育实验等是获得科学资料的有效方式。

整理和分析资料指的是对所收集到的原始资料进行加工,使其逐步趋于系统化和条理化的过程,目的是对原始资料进行意义解释。整理资料包括资料的核实、资料的简单分类与汇总两项任务。

（六）作出结论

在得出研究结论时，应当始终以唯物辩证法为指导思想，做到全面、综合地考虑与研究有关的数据与资料，在此基础上，得出研究结果。作出结论要客观、科学、公正、实事求是，不能主观臆造，不能歪曲事实，同时要以正确的理论分析为指导。

（七）撰写成文

撰写成文是教育科学研究的最后一步。所谓撰写成文，就是把科研的全过程及取得的结果用文字完整地表述出来，一般有调查报告、总结报告及论文等几种形式。

第二节 小学教育研究方法

一、教育观察法

（一）教育观察法的概念

观察法是指人们有目的、有计划地通过感官或辅助仪器，对处于自然状态下的客观事物进行系统感知和考察，从而获取经验事实的一种科学研究方法。观察法是在教育科学研究中广泛使用的基本的研究方法。

考点突破

【4-4】(2016 年上半年)有目的、有计划地对事物或现象进行感知以获取信息的研究方法是(　　)。

A. 历史法　　B. 问卷法　　C. 观察法　　D. 文献法

（二）教育观察法的类型

1. 自然情境中的观察与实验室中的观察

根据对观察的环境条件是否进行控制和改变，可以将研究分为自然情境中的观察和实验室中的观察：自然情境中的观察包括自然行为的偶然现象观察和系统的现象观察，能搜集到客观真实的材料；实验室中的观察是指研究者根据研究的目的，在对观察对象发生的环境和条件加以控制或改变的条件下进行的观察，这种观察有严密的计划，有利于探讨事物内在的因果联系。

2. 直接观察与间接观察

根据观察时是否借助仪器设备，可以把观察分为直接观察和间接观察：直接观察是凭借人的感官，在现场直接对观察对象进行的感知和描述，因此直观具体；间接观察是利用一定的仪器或其他技术手段作为中介对观察对象进行考察，这类观察突破了直接观察受到人的主观能力的局限，扩展了观察的广度和深度。

3. 参与性观察与非参与性观察

根据观察者是否直接参与被观察者所从事的活动，可以将观察分为参与性观察和非参与性观察：参与性观察是指观察者直接参加到所观察的群体和活动中去，不暴露观察者真正身份，在参与活动中进行隐蔽性的研究观察。它的好处是，不破坏和影响研究对象的原有结构和内部关系，因而能够获得有关深层结构和关系的材料。但由于观察者主观因素的影响，处理不当易影响观察的客观性。非参与性观察不要求观察者站到与被观察者同一地位，而是以“旁观者”的身份随时观察并记录其所见所闻。在实施非参与性观察时，为了避免被观察者受到干扰，常在实验室设置单向玻璃观察墙，观察者可在玻璃墙的一面观察玻璃墙另一面的被观察者的活动,而被观察者看不见观察者在观察自己。

考点突破

【4-5】(2015年下半年)在教育研究中,透过单向玻璃进行的隐蔽性观察属于(　　)。

A. 显性观察　　B. 参与性观察　　C. 隐性观察　　D. 非参与性观察

4. 结构式观察与非结构式观察

根据是否对观察活动进行严格的控制,可将观察分为结构式观察与非结构式观察。

结构式观察是有明确的目标、问题和范围,有详细的观察计划、步骤和合理设计的可控制性观察,能获得真实的材料,并能对材料进行定量分析和对比研究,常用于对研究对象有较充分了解的情况下的观察。

非结构式观察则是对研究问题的范围目标采取弹性态度,观察内容项目与观察步骤没有预先确定,亦无具体记录要求的非控制性观察。其方法比较灵活,但获取材料不系统完整,多用于探索性研究,以及对观察对象不甚了解的情况下的观察。

(三) 观察的步骤

观察的步骤主要有:① 明确观察的目的和意义,确定观察对象、时间、地点、内容和方法;② 通过检索资料、专家访谈等,为观察做好充分准备;③ 编制观察提纲;④ 实施观察;⑤ 资料收集记录;⑥ 分析资料,得出结论。

(四) 观察研究的记录

1. 描述记录

描述记录的具体方法有:日记描述法、轶事记录法和连续记录法。

(1) 日记描述法:以日记的方式记录观察对象行为表现或教育现象的一种观察方法。日记描述法分为综合日记描述和主题日记描述。

(2) 轶事记录法:将研究者认为有价值、有意义或感兴趣的事件完整地记录下来的方法。

(3) 连续记录法:是指在特定观察时段用笔记录目标个体的所有行为或全部个体的特定行为,或用录音机、摄像机等连续录下被观察对象的行为过程。

2. 取样记录

取样记录的具体方法有:时间取样法和事件取样法。

(1) 时间取样法:观察者根据事先确定的观察维度,有选择地在某些时间段内观察某一方面特定行为或事件,并将结果记录到规定的表格上的方法。时间取样法主要用于了解某一方面行为或事件是否发生、该行为或事件的发生频率,以及每次发生时持续的时间。

(2) 事件取样法:对预先规定的"靶子事件",即特定的言语或行为在自然条件下进行观察的方法。它与"时间取样法"是相对的。

3. 行为核对表记录

行为核对表记录是指将要观察的行为项目排列成清单式的表格,然后通过观察,检查核对该行为是否呈现。

(五) 教育观察法的作用和局限

1. 教育观察法的作用

(1) 观察是获得教育信息的重要手段,全面、细致和深入的观察,有利于研究者深入认识教育现象,总结教育经验,提出新的教育理论。

(2) 观察研究也是检验教育科学理论观点是否正确的重要方法。

(3) 观察是提出理论假设的基础,有利于教育研究课题的选择和形成。

(4) 观察法操作简单,具有不妨碍被观察者日常生活、学习和正常发展等特点,适用于广泛的教育领域。

2. 教育观察法的局限

(1) 观察法不能判断所观察的对象的因果关系,只能说明有什么和是什么,因此,单凭观察所得的经验不能证明事物的必然。

(2) 由于观察时间和观察情境的限制,在研究对象多且分散的情况下应用较困难。

(3) 由于教育现象的复杂性和多变性,观察项目归类结论太多,会影响研究的可信度。

(4) 观察研究往往取样小,观察资料琐碎不易系统化,普遍化程度不高。

二、教育调查法

(一) 教育调查法的概念

调查法是指研究者通过问卷、访谈等方式,有目的、有计划地搜集研究对象的有关资料,对取得的第一手资料进行整理和分析,从而揭示事物本质和规律,寻求解决实际问题的方案的研究方法。

(二) 教育调查法的类型

从不同的角度分析,教育调查法有多种不同的类型。

1. 根据调查目的分类

根据调查目的的不同,教育调查法可分为现状调查、比较调查、相关调查和预测调查。

(1) 现状调查,是指对某一教育现状或某类教育对象的现状进行调查,其目的是为了了解教育的一般情况,探寻某类现象的基本特征。如小学生阅读情况的调查、小学生学习兴趣的调查等。

(2) 比较调查,其目的是比较不同类型的教育对象、不同性质的教育现象之间的相似性和差异性。如城市小学生与农村小学生的阅读情况对比研究、不同性别儿童学习兴趣调查等。

(3) 相关调查,是指通过对一组对象的两种或两种以上特征的调查研究,来分析判断他们之间是否存在关联,其程度和性质如何。如家庭教养方式与小学生道德发展调查、小学生语文阅读能力与写作水平相关性的调查等。

(4) 预测调查,是指通过对研究的某一特征或某一现象随时间的延续而发展变化的情况的调查,预测事物发展的趋势。如小学儿童自我意识发展的调查研究、2020 年长沙市小学生入学状况的调查等。

2. 根据调查对象范围分类

根据调查对象的范围不同,教育调查法可分为普遍调查、抽样调查、典型调查和个案调查。

(1) 普遍调查,是指根据所研究课题的需要对某一时间、地点、范围内的所有研究对象进行调查,旨在获得课题所涉及的所有研究对象的有关信息的一种调查方法。调查结果具有普遍性,可作为重大决策或教育规划制定的依据。

(2) 抽样调查,即从调查总体中用科学的方法抽取一部分进行调查,旨在通过获得的样本信息推断总体情况的一种调查方法。

(3) 典型调查,是在对调查对象进行具体分析的基础上,有目的、有意识地从中选择一个或若干个具有代表性的典型对象深入、细致地进行调查研究的方法。典型调查有利于比较深入、细致地研究,但很难推断出总体特征。

(4) 个案调查,个案调查也是从总体中选取一个或几个调查对象进行深入研究。它的主要作用不是由个体推论总体,而是要深入、细致地描述一个具体单位(如个人、整体、企业、城镇)的全貌和具体的社会过程。与典型调查不同,个案调查不要求调查对象具有代表性或典型性,它不试图以少量来概括或反映总体的状况,因而它的调查结果只能反映个案,不能推论到总体。

3. 根据调查方式分类

根据调查方式的不同,教育调查法可分为问卷调查、访谈调查、文献资料调查。

(1) 问卷调查,是指根据一定的研究目的设计问卷,以书面形式从调查对象处搜集资料,通过分析揭示某种教育的本质及其规律的调查方法。它既包括以提问形式让调查对象做出书面回答的形式,也包括采用测验方法进行定量化的测定,还包括使用调查表对调查对象进行调查登记。

(2) 访谈调查,是指根据研究目的选择一定的调查对象,就研究的有关问题通过访问、谈话等方式了解情况、搜集资料的一种调查方法。访谈调查有利于更详细、更准确、更真实地深入了解有关细节,然而访谈过程中易掺入调查者的主观猜测或倾向,而且比较费时费力。

(3) 文献资料调查,是指通过已有的文字、音像等资料间接了解研究对象的一种调查法。文献资料内容非常丰富,包括档案、文件、录音、录像、统计年鉴、报表、报告等。在一般情况下,文献资料调查不单独使用,而是作为一种补充方法配合其他方法使用。

三、教育实验法

(一) 教育实验法的概念

实验法是指研究者按照研究目的,合理地控制或创设一定的条件,人为地影响研究对象,从而验证假设,探讨条件和教育对象之间的因果关系的研究方法。

(二) 教育实验法的类型

1. 根据实验进行的场所分类

根据实验进行的场所不同,教育实验法可分为实验室实验和自然实验:实验室实验指研究者根据研究的需要在经过专门设计的、人工高度控制的环境中进行的实验;自然实验也叫现场实验,是在实际的教育情境中进行的实验。

2. 根据实验的目的分类

根据实验的目的不同,教育实验法可分为确认性实验、探索性实验和验证性实验:确认性实验的目的主要在于借助实验搜集事实材料,确认所研究的对象是否具有研究假说内容的基本特征,并推动教育实践的发展,也叫试探性实验;探索性实验是以认识某种教育现象或受教育者个性发展规律为目标,通过揭示与研究对象有关的因果关系及问题的解决,来尝试创建某种理论体系;验证性实验是以验证已取得的实验成果为目标,对已经取得的认识成果用再实践的经验来检验、修正和完善。

3. 根据实验控制的程度分类

根据实验控制的程度,教育实验法可分前实验、真实验、准实验:前实验是指实验中缺乏清晰的假设，缺乏控制无关因子的措施，一般不设对照组，干扰因素较多，内外效度较差的实验；真实验是指随机分派被试，完全控制无关因子，内外效度都很高的实验；准实验是指在现成的教学班级内进行，没有随机分派被试，不能完全控制误差的来源，只能尽量减小误差的实验。

4. 根据实验对象的分配方法分类

根据实验对象的分配方法，教育实验法可分为单组实验、等组实验、循环实验：单组实验是指同一组被试分期接受施加不同实验因子的影响，然后测量不同因子产生的效果并加以比较；等组实验是指两个或两个以上小组作为被试，施以不同实验因素影响，然后对不同因素的实验效果进行比较；循环实验又称轮组实验，是把几个实验因素循环施加于几个不同的实验组，按照各实验因素变化的总和来判定实验结果。

（三）教育实验的实施

1. 前测

前测在教育实验中有极其重要的作用。第一，可以使实验者了解被试在实验之前某些特质的水平；第二，可以利用前测抽取被试；第三，可以利用前测进行分组；第四，有了前测，可以求出实验因素作用于被试所引起的变化量。

2. 实验分组

(1) 随机分组。随机分组就是利用随机过程把被试进行分组的方法。

(2) 测量分组。即根据前测的结果，按照相等的原则分组。

(3) 匹配分组。即由实验者按照一定的标准，对全体实验对象进行全面考查，将基本情况相同的实验对象分别匹配到不同的被试小组中去。

3. 实验情境的控制

教育实验情境的控制，是指实验者根据实验的目的和要求来操纵实验因素，有效地消除、均衡和排除非实验因素的影响。

四、教育行动研究法

（一）教育行动研究法的概念

教育行动研究是指在教育情境中，由教育实践者（通常指教师）进行的，目的在于改善教育教学实践，采取批判、自省、质疑的研究精神，借以实践其教育理想并获得专业发展的一种研究方法。

（二）教育行动研究法的类型

(1) 按照研究的侧重点，教育行动研究法可以归纳为三种类型：行动者用科学的方法对自己的行动进行的研究，行动者为解决自己实践中的问题而进行的研究，行动者对自己的实践进行批判性反思的研究。

(2) 按照参与人员的多少，教育行动研究法可分为个体研究、小组研究、群体研究。

（三）教育行动研究的实施步骤

1. 确定研究课题

发现教育工作中亟待解决的实际问题，选定研究课题，并对拟研究问题的成因进行分析、诊断与肯定。

2. 撰写研究计划

明确课题研究的总目标，并围绕总目标设计研究的方法、程序、监控手段等。

3. 实施行动研究

收集资料，拟定并实施有效的教育措施。

4. 进行总结评价

汇集资料，做好观察记录，根据各种信息反馈认真修正行动计划，再实施新一轮的行动研究，直至实现研究总目标。

五、教育叙事研究法

(一) 教育叙事研究法的概念

教育叙事研究法是指以叙事、讲故事的方式开展的教育研究。利用这种研究方法，教育研究主体通过有意义的校园生活、教育教学事件、教育教学实践经验的描述与分析，发掘或揭示内隐于这些生活、事件、经验和行为背后的教育思想、教育理论和教育信念，从而发现教育本质、规律和价值意义。

考点突破

【4-6】(2015年上半年)教育研究主体通过对有意义的教育教学事件、教育教学实践的描述与分析，发掘或揭示其背后的教育意义。这种教育研究方法是(　　)。

A. 经验研究法　　B. 调查研究法　　C. 行动研究法　　D. 叙事研究法

(二) 教育叙事研究法的类型

教育叙事研究法的类型包括教学叙事法、生活叙事法和自传叙事法。

1. 教学叙事法

教学叙事法绝不是简单地“镜像”记录教学生活，而是需要有鲜明的主题或引人入胜的问题，有解决问题的情境性、冲突性和过程性的描述，有解决问题的技巧和方法，有解决问题的过程中及过程后的反思，有获得的经验和教训。

2. 生活叙事法

除了参与课堂教学，教师还大量地居留于课堂教学之外，生活叙事法涉及教师的管理工作和班级管理工作。

3. 自传叙事法

自传叙事法是指教师通过对个人成长或成长的某一方面的梳理，去发现这一阶段对教师教育生活的重要性，或梳理某一时间段教师对个人教育的观念性转折，并经由“自我反思”“自我评价”而获得某种“自我意识”。

第三节　小学教育科学研究成果表达

一、教育科学研究成果的概念

教育科学研究成果是指针对某种教育现象、某一教育课题或某种教育理论进行调查研究、实验或论证后得出的新的教育观点、新的教育思想、新的教育方法或新的教育理论。它是教育科研过程的高度概括和科学总结，是教育科研工作的理论升华。

二、教育科学研究成果的表现形式

教育科学研究成果的表现形式主要有教育科学研究报告和教育科学研究论文。

（一）教育科学研究报告

教育科学研究报告是教育科学研究成果最常用的表述形式，包括实证性研究报告和文献性研究报告。

1. 实证性研究报告

实证性研究报告指用实证研究的方法进行研究、描述研究成果或进程的报告。这类报告都是用事实来说明问题，以直接研究所得的材料为基础，对研究的方法和过程加以分析，找出规律性的东西，提出经验、方法、建议及存在的问题，得出相应的结论。

2. 文献性研究报告

文献性研究报告即用文献法进行研究的报告，如文献考证报告等。这类研究报告以对文献的分析、比较、综合为主要内容，并展示文献的考证过程，说明文献的来源与可靠程度等。

（二）教育科学研究论文

教育科学研究论文是教育科研工作者对某一教育现象或某类教育对象、问题进行比较系统、专门的研究和探讨，提出新观点、新结论或以新视角作出新解释和论证的一种理论性文章。教育科研论文分为经验性论文、评述性论文、研讨性论文和学术性论文。

三、教育科学研究成果的撰写

（一）撰写的基本要求

1. 客观性

客观性是科研成果的生命所在。研究者必须具备严谨的、实事求是的科学态度实施研究、表述研究成果。观点要正确、材料要可靠，论证要以事实为依据，推理要合乎逻辑，不可无根据地主观臆断。

2. 创造性

创造性是衡量教育科研成果质量高低的重要依据。研究者在实事求是的基础上，提出新问题、探求新的解决策略、寻求新的教育规律、从新的角度去表述研究结果，同时要处理好“新”与“真”的关系，既要求新，更要求真。

3. 规范性

研究成果的表述要按照一定的格式，符合最基本的规范要求，要有严密的逻辑结构和正确的论证方法，论点要明确，论据要充分，论证方法要科学，要有规范的学术语言和朴实的文风。

（二）撰写格式

1. 教育观察报告

教育观察报告一般包括以下几个部分：

（1）题目。题目应简明扼要，要反映观察的对象和观察的内容。如“小学生课堂注意特点”“小学高年级学生课堂表现情况”等，如有必要，可以加副标题补充说明主标题未能包含的信息，如观察的范围、背景等。

（2）引言。位于观察报告的开头。一般应阐明：进行观察的原因与目的、意义，观察所采用的方法，运用的观察手段，观察时限等。

（3）正文。这是观察报告的主体部分。这部分详细描述观察内容，列举经过筛选的能够说明问题的观察记录。观察记录要分类整理，并进行必要的统计分析。

（4）观察结果。在对大量观察记录的资料进行分类整理、统计分析的基础上得出的结论，或提出的意见和建议。

(5) 附录。包括各种观察记录表、原始数据、参考文献等。

2. 教育调查报告

教育调查报告一般包括以下几个部分：

(1) 题目。题目要以确切、中肯、鲜明、简练、醒目的语言概括全篇的内容，点明调查范围、调查对象。常用的写法有三种：一种是类似文章标题的写法，如“小学环境教育的现状分析与对策建议”；二是公文标题的写法，如“农村九年义务教育情况的调查报告”；三是用正副标准的写法，如“‘明星与孤雁’——小学生人际关系的调查与思考”。

(2) 引言。简明地阐述调查的目的、意义、任务、时间、地点、对象、范围、取样等。要强调调查的目的性、必要性和价值，使读者了解全貌，引起对这一问题的关注，要详细说明调查方法、方式等。

(3) 正文。正文是调查报告的主体部分，是详细的调查内容。通过对调查获得的大量资料的分析整理，归纳出若干项目，逐项加以阐述，做到数据确凿，事例典型，材料可靠，观点鲜明。调查数据一般要采用图表形式表示，使人一目了然；如能应用统计分析，则可提高数据分析的科学性，增强报告的说服力。

(4) 结论或建议。在对调查内容进行总体的定性、定量分析的基础上，归纳、概括出事物的内在联系，对调查结果进行理论上的进一步阐述，摆出自己的观点，提出意见和建议。

(5) 附录。包括调查工具和部分原始材料，以及参考文献，即在调查研究过程中参考、引用了哪些资料，要注明材料的出处、名称、作者、卷、期、页码、出版单位及出版日期、版次等。

3. 教育实验报告

教育实验报告一般包括以下几个部分：

(1) 题目。题目是报告的主题思想，应以简练、概括、明确的语言反映出教育实验的对象、领域、方法和问题，使读者一目了然。题目尽量避免冗长，可以加副标题，使主标题更加简练。

(2) 引言。也称前言、导语，是报告正文的开头部分，要简明扼要地说明实验课题的来源、背景、实验进展情况、实验对象和规模等，表明解决该课题的价值和意义，表述要具体、明确、一语破的。

(3) 实验方法。说明实验方法是为了让人们了解研究结果是在什么条件下，通过什么方法，根据什么事实得出的，从而判断实验研究是否科学，实验结果的真实性及可靠性如何，并可据此进行重复验证。

(4) 实验结果。这是实验报告的主要部分，实验结果要简要说明每一结果与研究假设的关系，将研究结果作为客观事实呈现给读者。

(5) 讨论。讨论是对研究结果的含义和意义的评价。研究者根据研究的客观事实和结论，结合自己的认识与了解，通过分析思考，讨论和分析与实验结果有关的问题，对当前教育理论或实践的发展提出自己的认识、建议和设想。

(6) 参考文献和附录。报告的末尾，应说明研究报告中直接提到的或引用的资料的来源。

4. 经验总结报告

经验总结报告一般包括以下几个部分：

(1) 题目。题目的确定有两种方式：一是既定的科研项目；二是在对某一阶段工作回顾总结的基础上，理出其中成效较大、印象较深且富有新意的部分，以此来确定总结的题目。

（2）前言。没有固定的表达方式，但一般说来，前言要简洁明了，说明本篇经验总结的背景（包括时间、地点、单位、人物），写作的目的、意义、指导思想、取得的主要成果等。

（3）正文。这是经验总结报告的主体部分，是作者围绕经验总结的主题组织材料的过程。在组织材料时，研究者可以按时间顺序，逐步展开叙述，也可以分成若干小问题，逐一加以说明。

（4）结尾。依据正文的典型材料、事实和理论依据，进行深入细致的分析，概括出结论。研究者撰写结论时，措辞要严谨，逻辑要严密，结论要明确、科学，以达到画龙点睛的作用。

5. 教育科研论文

教育科研论文一般包括以下几个部分：

（1）题目。题目是论文内容的高度概括，是整篇论文的核心。

（2）内容提要。内容提要（摘要）是规范的科研论文不可缺少的环节，指作者用简短的文字简明扼要地概括出文章内容，使读者了解论文的概貌，确定其有无阅读价值。

（3）序言。序言是作者研究课题的动机、目的、意义和主要方法的概述。

（4）正文。正文是作者表达研究成果的主要部分，是学术论文的主体部分，它包括论点、论据、论证过程等三部分。

（5）结论与讨论。对研究的全部内容进行分析、比较、归纳、综合、概括而得出的结论，是整个课题的答案。

（6）引文注释与参考文献。在文章的最后要注明论文的参考文献。

巩固练习

一、选择题

1. 在教育情境中，由教育实践者（通常指教师）进行的，目的在于改善教育教学实践，采取批判、自省、质疑的研究精神，借以实践其教育理想并获得专业发展的研究是（　　）。

A. 经验研究法　　B. 调查研究法　　C. 行动研究法　　D. 叙事研究法

2. 根据实验进行的场所，可以将教育实验分为（　　）。

A. 实验室实验和自然实验

B. 确认性实验、探索性实验和验证性实验

C. 前实验、真实验、准实验

D. 单组实验、等组实验、循环实验

3. 从调查总体中用科学的方法抽取一部分进行调查，旨在通过获得的样本信息推断总体情况的一种调查方法称为（　　）。

A. 普遍调查　　B. 抽样调查　　C. 典型调查　　D. 个案调查

4. 有明确的目标、问题和范围，有详细的观察计划、步骤和合理设计的可控制性观察，能获得真实的材料，并能对材料进行定量分析和对比研究，常用于对研究对象有较充分了解的情况下的观察称为（　　）。

A. 结构式观察　　B. 非结构式观察

C. 参与性观察　　D. 非参与性观察

5. 按时间范围，按照检索课题研究的发生时间、发展顺序，由远及近、由旧到新的顺序的查找方法称为（　　）。

A. 顺查法　　B. 逆查法　　C. 引文查找法　　D. 综合查找法

6. 王老师在进行教育科学研究时，需要查找一些教育科学名词的确切概念，他需要查找的文献是（　　）。

A. 名著要籍　　B. 教育专著

C. 教科书　　D. 资料性工具书（如教育辞书和百科全书）

二、简答题

1. 简述教育科学研究的步骤。

2. 简述研究课题的来源。

参考答案

考点突破

【4-1】答案: A。

解析: 这里考查的是考生对几种文献类型的定义是否掌握清楚。事实性文献是指专门为教育科学研究提供事实证据的文献,包括古今中外已被发现和证实的各种形式、各种内容的事实资料,如各类文物、教育史专著、各种测验量表、各类教育实验报告、教育名家或名师教育实录等。

【4-2】答案: B。

解析: 教育辞书一般不会包含这方面的数据,教育著作和教育论文中虽然可能包含这方面的数据,但它或是出于研究者自己做的调查或是引用的官方数据。相对于个人调查,官方数据更具权威性,而官方数据中,首推教育年鉴。

【4-3】解答: 教育文献检索的基本要求是:(1) 全面性,放宽视野,检索内容客观全面;(2) 准确性,检索过程要认真细致,与主题紧密相关;(3) 检索方法要多样化,善于运用多种检索方法;(4) 勤于积累,建立个人资料库;(5) 善于思考,用创造性思维综合分析文献内容。

【4-4】答案: C。

解析: 观察法是人们有目的、有计划地通过感官或辅助仪器,对处于自然状态下的客观事物进行系统感知和考察,从而获取经验事实的一种科学研究方法。

【4-5】答案: D。

解析: 首先我们可以排除显性观察和隐性观察。在参与性观察和非参与性观察这两项里,透过单向玻璃进行的观察显然属于非参与性观察。

【4-6】答案: D。

解析: 这里考查的是各种教育研究方法的定义。教育叙事研究法是指以叙事、讲故事的方式开展的教育研究,教育研究主体通过有意义的校园生活、教育教学事件、教育教学实践经验的描述与分析,发掘或揭示内隐于这些生活、事件、经验和行为背后的教育思想、教育理论和教育信念,从而发现教育本质、规律和价值意义。

巩固练习

一、选择题

1. C。这里考查的是各种教育研究方法的概念,需要对各种教育研究方法的概念进行识记。

2. A。实验室实验和自然实验是根据实验场所的不同所进行的分类;确认性实验、探索性实验和验证性实验是根据实验目的的不同所进行的分类;前实验、真实验、准实验是根据实验控制的程度所进行的分类;单组实验、等组实验、循环实验是根据实验对象的分配方法所进行的分类。

3. B。普遍调查、抽样调查、典型调查、个案调查是根据调查对象的范围所进行的分类。从题干可以看出,这是一种抽样调查。

4. A。这里考查的是结构式观察与非结构式观察的区别。结构式观察是有明确的目标、问题和范围,有详细的观察计划、步骤和合理设计的可控制性观察,能获得真实的材料,并能对材料进行定量分析和对比研究,常用于对研究对象有较充分了解的情况下的观察。

5. A。这里考查的是文献的各种检索方法。从题干可以看出,这种查找方法是顺查法。

6. D。这里考查的是不同书籍的各种功能。

二、简答题

1. 确定研究课题——教育文献检索——提出研究假设——制订研究计划——收集、整理和分析资料——作出结论——撰写成文。

2. 研究课题可以来源于教育实践，也可以来源于教育理论。从教育实践出发，教育研究课题产生的途径如下：(1) 从社会变革与发展需要中提出课题；(2) 从日常的教育实践活动中发现课题；(3) 从教育实践的变革与发展中提出课题。从教育理论出发，教育研究课题的来源有以下几个方面：(1) 承袭已有的研究成果来探究新的问题；(2) 在理论空白处挖掘问题；(3) 在理论观点的争议中寻找问题；(4) 以反其道而行之来开拓问题；(5) 在阅读理论、审视理论的过程中构思研究问题。

第五章 课 程

考点分析

- 本章考点主要以选择题和简答题的形式出现。
- 本章考点主要集中在课程的表现形式、课程资源、课程类型以及新基础教育课程改革的变化(包括课程结构的变化、学习方式的变化、课程内容的变化)等方面。

第一节 课程概述

一、课程的概念

在广义上,课程是指一种有规定数量和内容的工作或学习进程;在狭义上,课程则专指学校课程,其基本含义是教学的内容及其进程安排。

二、课程的表现形式

(一)课程计划

课程计划是课程设置与编排的总体规划,是指根据一定教育目的和学校的性质,由教育行政部门或学校机构制定的关于学校教学和教育工作的一种规范性、指导性文件,其重点是规定学校开设的课程门类、各门类课程的学时数量以及开设的顺序。它对学校的教育教学活动进行总体安排,是编制课程标准和编写教科书的基本依据,是课程实施、评价和管理的基本准则,也是督导、评估学校教育教学工作的依据,其实质是基于培养目标对课程设置进行整体规划。

(二)课程标准

课程标准是关于某课程科目的学科性质、目标、内容构成、教学与评价建议等的纲领性规定,是关于一个课程科目的内容选择组织及其教学进程安排的指导性文件。课程标准发挥着教学工作的"组织者"的作用,可以确保不同的教师有效地、连贯地、目标一致地开展教学工作。

考点突破

【5-1】(2016年下半年)教育行政部门制定小学教学质量评价标准应依据(　　)。

A. 教学计划　　B. 课程标准　　C. 教学模式　　D. 考试成绩

(三)教学材料

教学材料分为教学正式材料、辅助材料以及补充材料三类。教学正式材料一般就是教科书,又称为课本,教科书是教师教授、学生学习的最重要的依据和资源。辅助材料包括学习引导或练习册,是用于指导教师和学生阅读、理解和掌握课文正式内容的各种材料。补充材料是专门用于课程提高,主要起延伸拓展作用的材料。

(四) 课程表

课程表表示的是所安排的教学课程、各种各样的教育活动以周为单位的时间分配。课程表一般包括标题、日期、课序、课程四个方面。

三、课程资源

(一) 课程资源的概念

课程资源是指每个学科按照课程标准制作的供师生教学使用的课程材料。

(二) 课程资源的类型

课程资源的类型是指把众多的课程资源按一定的标准和根据进行分类。

以功能特点为分类标准,可以把课程资源分为素材性课程资源和条件性课程资源。素材性课程资源的特点是作用于课程,并且能够成为课程的素材或来源。例如,知识、技能、经验、活动方式与方法、情感态度和价值观、培养目标等方面的因素,就属于素材性课程资源。条件性课程资源的特点则是作用于课程却并不是形成课程本身的直接来源,但它在很大程度上决定着课程的实施范围和水平。

以空间分布为分类标准,可以把课程资源分为校内课程资源和校外课程资源。

以载体形式为分类标准,可以把课程资源分为文字性课程资源、实物性课程资源、活动性课程资源和信息化课程资源,其中实物性课程资源、活动性课程资源和信息化课程资源也统称为非文字性课程资源。

以存在方式为分类标准,可以把课程资源分为物质形态的课程资源和精神形态的课程资源。

以建设主体为分类标准,可以把课程资源分为国家课程资源、地方课程资源和学校课程资源。

以学生需求为分类标准,可以把课程资源分为基础性课程资源和拓展性课程资源。

以服务对象为分类标准,可以把课程资源分为教授化课程资源和学习化课程资源。教授化课程资源服务的是教师的教,而学习化课程资源更关注学生的学,为学生的学习活动服务。

以在教学中发挥作用的重要性为分类标准,可以把课程资源分为以教科书为核心的课程资源和教科书以外的课程资源。

考点突破

【5-2】(2014 年上半年)根据载体不同,可以把课程资源划分为(　　)。

A. 校内课程资源与校外课程资源

B. 教授化课程资源与学习化课程资源

C. 条件性课程资源与素材性课程资源

D. 文字性课程资源与非文字性课程资源

(三) 不同课程资源间的关系

教科书是基于课程标准编写的供师生教学使用的基础性课程资源。它是课程标准的系统落实和整体体现,是学科基本结构的现实展开,是教学设计与教学活动开展的核心资源和基础资源。其他课程资源是围绕教科书开发的,即使教科书的形态日益丰富多样(包括电子教科书),但这一基本规定性在根本上并没有改变。

在课程实施中，教师要将教科书作为核心资源创造性地使用，不能拘泥于教科书而照本宣科，也不能完全脱离教科书而任性施教。教师要学会充分利用统一的课程资源，增强开发、获得、整合、利用个性化课程资源的专业能力。

（四）课程资源的开发与利用

(1) 开展当代社会调查，不断地跟踪和预测社会需要的发展动向，以便确定有效参与社会生活和把握社会所给予的机遇而应具备的知识、技能和素质。

(2) 审查学生在日常活动中以及为实现自己目标的过程中能够从中获益的各种课程资源，包括知识与技能、生活经验与教学经验、教与学的方式与方法、情感态度与价值观等方面的各种课程素材，且要开发和利用相应的实施条件等。

(3) 研究一般青少年以及特定受教学生的情况，以了解他们已经具备或尚需具备哪些知识、技能和素质，以确定制订课程教学计划的基础。

(4) 鉴别和利用校外课程资源，包括自然与人文环境，各种机构、各种生产和服务行业的专门人才等资源，应该加以利用，使之成为学生学习和发展的财富。

(5) 建立课程资源管理数据库，拓宽校内外课程资源及其研究成果的分享渠道，提高使用效率。

四、课程类型

（一）学科课程与活动课程

学科课程是指从各门科学领域选择部分内容、分门别类地组织起来的课程体系，由于它是分门别类地设置的课程，所以又被称作分科课程。活动课程是指围绕着学生的需要和兴趣、以活动为组织方式的课程，即以学生的主体性活动为中心组织的课程。

学科课程的优点是符合学生认知的规律，能够保证学生掌握系统的科学文化知识，更好地认识世界，更有效地完善个人的知识结构，为身心发展奠定十分扎实的知识基础；其缺点是课程内容较为抽象和理论化，和学生的现实生活有一定的距离，不太容易引起学生的学习兴趣和积极性。活动课程的优点是符合学生的兴趣和需要，容易激发学生学习的动机，使学生充分发挥学习的自主性和积极性，对技能学习和学生个性发展有积极作用；其缺点是不能帮助学生系统地掌握知识，易导致学生在向科学领域更高层次发展的时候力不从心。

（二）分科课程与综合课程

一般认为，分门别类地设置的课程，就叫分科课程；将两门或两门以上学科综合设置为一个学科的课程，就叫综合课程。根据目前对综合课程的研究，综合课程又可分为学科本位综合课程、社会本位综合课程与经验本位综合课程（儿童本位综合课程）。

学科本位综合课程又叫综合学科课程，是传统学科课程的一个变种。根据学科知识的融合程度，可将它分为关联课程、融合课程、广域课程。其中，关联课程强调学科间的关联，注重寻找学科间的联系点；融合课程是指一种由若干相关的课程融合成一门新课程；广域课程比融合课程整合的领域更宽广，比如可将历史学、地理学、社会学、经济学、政治学、法学、心理学、人类学等学科整合在一起，形成一种社会学科。

社会本位综合课程是指课程围绕的中心主题或问题源于社会现实生活，典型的例子是STS课（科学、技术、社会课程），它是20世纪80年代以来国际上颇为流行的一种综合课程。如果课程的中心主题或问题源于学生自身需要、动机、兴趣、经验，那么这种综合课程即为经验本位综合课程，经验本位综合课程以杜威的经验课程为典型代表。

人们曾一度把分科课程与综合课程视为对立的两种课程类型，现有研究表明，二者的区分是相对的。综合课程必须以分科的形式设置，而分科课程的内容又总是综合的。世上根本就没有绝对的分科课程和综合课程，二者都是科学研究发展的必然，是课程发展的必然，不断地分化、综合、再分化、再综合，这是科学研究的基本特点。

考点突破

【5-3】(2016年下半年)小学科学课程整合了自然科学各学科的内容，这种课程属于(　　)。

A. 融合课程　　B. 广域课程　　C. 核心课程　　D. 合并课程

【5-4】(2018年下半年)小学开设的科学、艺术课程，其课程类型属于(　　)。

A. 分科课程　　B. 综合课程　　C. 活动课程　　D. 经验课程

(三) 必修课与选修课

这是从对学生的学习要求的角度而划分的两类课程。所谓必修课，就是要求学生必须学习的课程；选修课是指学生可以根据自己的情况来选择学习的课程。

开设必修课与选修课是课程现代化的重要表现。必修课体现了现代课程大众化、民主化的价值取向，它是所有受教育者享有平等受教育权利的保证。而选修课则体现了现代课程对个体学习兴趣和需要的尊重，为学生个性的自由发展提供了空间。二者具有相互依存的关系，必修课和选修课从不同方面满足了学生学习的需求，对实现学校培养目标具有同等的价值，即等价性。只有必修课而没有选修课，学生个体的兴趣需要就难以得到关照；只有选修课而没有必修，将难以保证教育的基本质量，会造成教育质量的巨大差距。因此，合理地设置必修课与选修课，是现代课程论和课程改革实践十分关注的一个课题。

考点突破

【5-5】(2016年下半年)从实现学校培养目标来看，必修课和选修课之间具有(　　)。

A. 层次性　　B. 等量性　　C. 等价性　　D. 主次性

(四) 国家课程、地方课程与校本课程

按课程设计、开发和管理主体来区分，可将课程划分为国家课程、地方课程和校本课程。

国家课程是根据所有公民基本素质发展的一般要求设计的，它反映了国家教育的基本标准，体现了国家对各个地方、社区的中小学教育的共同要求。国家课程的主导价值在于通过课程体现国家的教育意志，确保所有国民的共同基本素质。它对政治方向的把握、教育方针的贯彻、培养目标的落实，起着决定性的作用。

地方课程是指地方教育主管部门以国家课程标准为基础，在一定的教育思想和课程观念的指导下，根据地方经济和文化发展等实际情况而设计的课程。它是不同地方对国家课程的补充，反映了地方社会发展状况对学生素质发展的基本要求。同时，地方课程对该地方的中小学课程实施具有重要的导向作用，它的主导价值在于通过课程满足地方经济社会发展的现实需要。

校本课程实质上是一个以学校为基地进行课程开发的民主决策的过程，即校长、教师、课程专家、学生以及家长和社区人士共同参与学校课程计划的制订、实施和评价活动。校本课程开发的主体是教师，校本课程的主导价值在于通过课程展示学校的办学宗旨和特色。

考点突破

【5-6】(2015 年上半年)小学开设的综合实践活动课程属于(　　)。

① 国家课程　② 地方课程　③ 必修课程　④ 选修课程

A. ①③　　B. ①④　　C. ②③　　D. ②④

(五) 显性课程与隐性课程

按课程的呈现方式来划分,课程可分为显性课程与隐性课程。

显性课程亦称公开课程,是指在学校情境中以直接的、明显的方式呈现的课程。显性课程的主要特征是计划性,计划性是区分显性课程和隐性课程的主要标志。

隐性课程亦称潜在课程、自发课程,是学校情境中以间接的、内隐的方式呈现的课程。

隐性课程的主要表现形式有:① 观念性隐性课程,包括隐藏于显性课程之中的意识形态,学校的校风、学风,有关领导与教师的教育理念、价值观、知识观、教学风格、教学指导思想等;② 物质性隐性课程,包括学校建筑、教室的布置、校园环境等;③ 制度性隐性课程,包括学校管理体制、学校组织机构、班级管理制度等;④ 心理性隐性课程,主要包括学校人际关系状况,师生特有的心态、行为方式等。

考点突破

【5-7】(2014 年下半年)学校中的"三风"是指校风、教风和学风,是学校文化的重要构成,就其课程类型而言,它主要属于(　　)。

A. 学科课程　　B. 活动课程　　C. 显性课程　　D. 隐性课程

五、课程评价

(一) 课程评价的含义

课程评价是指依据一定的评价标准,通过系统地收集有关信息,采用各种定性、定量的方法,对课程的计划、实施、结果等有关问题作出价值判断并寻求改进途径的一种活动。

(二) 课程评价的主要模式

1. 目标评价模式

目标评价模式首先由被称为"当代课程评价之父"的美国课程评价专家泰勒提出。泰勒认为,教育的目的在于改变学生的行为,评价就是要衡量学生行为实际发生变化的程度。这一评价模式是以目标为中心而展开的。

2. 目标游离评价模式

目标游离评价模式是由美国教育家和心理学家斯克里文提出来的。他认为,评价者应该注意的是课程计划的实际效应,而不是其预期效应,即原先确定的目标。在他看来,目标评价模式只考虑到预期效应,忽视了非预期的效应。斯克里文主张采用目标游离评价的方式,即把评价的重点从"课程计划预期的结果"转向"课程计划实际的结果"。

3. CIPP 评价模式

CIPP 是由背景评价(content evaluation)、输入评价(input evaluation)、过程评价(process evaluation)、成果评价(product evaluation)这四个方面组成的。

背景评价要确定课程评价实施机构的背景,明确评价对象及其需要,明确满足需要的机会,诊断需要的基本问题,判断目标是否已反映了这些需要。背景评价强调应根据评价对象的需要对课程目标本身作出判断，看两者是否一致。

输入评价主要是为了帮助决策者选择达到目标的最佳手段而对各种可供选择的课程计划进行评价。

过程评价主要是通过描述实际过程来确定或预测课程计划本身或实施过程中存在的问题，从而为决策者提供如何修正课程计划的有效信息。

成果评价，即要测量、解释和评判课程计划的成绩。它要收集与结果有关的各种描述和判断，把它们与目标、背景、输入和过程方面的信息联系起来，并对它们的价值和优点做出解释。

第二节 我国基础教育课程改革

一、基本理念

第一，倡导全人教育。强调课程要促进每个学生身心健康发展，培养良好品德，培养终身学习的愿望和能力，处理好知识、能力以及情感、态度、价值观的关系，克服课程过分注重知识传承和技能训练的倾向。

第二，重建新的课程结构。处理好分科与综合、持续与均衡、选修和必修的关系，改革目前课程结构过分强调学科独立、纵向持续、门类过多和缺乏整合的现状，体现课程结构的综合性、均衡性与选择性。

第三，体现课程内容的现代化。淡化每门学科领域内的“双基”，精选对学生终身学习与发展必备的基础知识与技能，处理好现代社会需求、学科发展需求与学生发展需求在课程内容的选择与组织中的关系，改变目前部分课程内容繁、难、多、旧的现象。

第四，倡导建构性学习。注重学生的经验与学习兴趣，强调学生主动参与、探究发现、交流合作的学习方式，改变课程实施过程中过分依赖课本、被动学习、死记硬背、机械训练的观念。

考点突破

【5-8】(2015 年上半年)学生在小组或团队中，通过任务分解、责任分工、协同互助，完成共同的学习任务。这种学习方式属于(　　)。

A. 掌握学习　　B. 合作学习　　C. 探索学习　　D. 发现学习

【5-9】(2013 年上半年)我国第八次基础教育课程改革倡导自主学习、合作学习和探究学习，简述你对这三种学习方式的理解。

第五，形成正确的评价观念。建立评价项目多元、评价方式多样、既关注结果又重视过程的评价体系，突出评价对改进教学实践、促进教师与学生发展的功能，改变课程评价方式过分偏重知识记忆与纸笔考试的现象，以及过于强调评价的选拔与甄别功能的倾向。

第六，促进课程的民主化与适应性。对课程管理过于集中的状况，应尝试建立国家、地方、学校三级课程管理制度，增强课程对地方、学校及学生的适应性。

二、总体目标

新课程的培养目标应体现时代要求，要使学生具有爱国主义、集体主义精神，热爱社会主义，继承和发扬中华民族的优秀传统和革命传统；具有社会主义民主法制意识，遵守国家法律和社会公德;逐步形成正确的世界观、人生观、价值观;具有社会责任感,努力为人民服务;具有初步的创新精神、实践能力、科学和人文素养以及环境意识;具有适应终身学习的基础知识、基本技能和方法;具有健壮的体魄和良好的心理素质,养成健康的审美情趣和生活方式,成为有理想、有道德、有文化、有纪律的一代新人。

三、具体目标

(1) 改变课程过于注重知识传授的倾向,强调形成积极主动的学习态度,使获得基础知识与基本技能的过程同时成为学会学习和形成正确价值观的过程。

(2) 改变课程结构过于强调学科本位、科目过多和缺乏整合的现状,整体设置九年一贯的课程门类和课时比例,并设置综合课程,以适应不同地区和学生发展的需求,体现课程结构的均衡性、综合性和选择性。

考点突破

【5-10】(2014年上半年)为了适应不同地区、学校和学生的特点和需要,各地可以对国家统一规定的中小学课程结构进行相应的调整,这体现了课程结构的(　　)。

A. 可操作性　　B. 可替代性　　C. 可转换性　　D. 可度量性

【5-11】(2014年下半年)我国基础教育课程改革要求设置九年一贯制的义务教育课程,通过课时比例调整使其保持适当的比重关系。这强调了课程结构的(　　)。

A. 均衡性　　B. 综合性　　C. 选择性　　D. 统一性

【5-12】(2016年上半年)根据《基础教育课程改革纲要(试行)》的要求,我国小学现阶段既开设语文、数学、英语等分科课程,又开设科学、艺术等综合课程。这体现了课程结构具有(　　)。

A. 综合性　　B. 均衡性　　C. 选择性　　D. 时代性

(3) 改变课程内容"难、繁、偏、旧"和过于注重书本知识的现状,加强课程内容与学生生活以及现代社会和科技发展的联系,关注学生的学习兴趣和经验,精选终身学习必备的基础知识与技能。

考点突破

【5-13】(2014年上半年)小学"品德与生活"的教学目标应随着儿童生活及活动过程的变化和需要不断调整;教学内容应从教科书扩展到儿童生活的各个方面;课堂从教室扩展到家庭、社区以及儿童的其他生活空间。这段话说明该课程具有(　　)。

A. 生活性　　B. 综合性　　C. 开放性　　D. 活动性

(4) 改变课程实施过于强调接受学习、死记硬背、机械训练的现状,倡导学生主动参与、乐于探究、勤于动手,培养学生搜集和处理信息的能力、获取新知识的能力、分析和解决问题的能力,以及交流与合作的能力。

(5) 改变课程评价过分强调甄别与选拔的功能,发挥评价促进学生发展、教师提高和改进教学实践的功能。

(6) 改变课程管理过于集中的状况,实行国家、地方、学校三级课程管理,增强课程对地方、学校及学生的适应性。

考点突破

【5-14】(2017年下半年)2001年颁布的《基础教育课程改革纲要(试行)》,在课程管理方面的改革目标是(　　)。

A. 设置综合课程　　B. 转变学生学习方式

C. 体现课程结构的均衡性和选择性　　D. 形成国家、地方、学校三级课程管理体系

巩固练习

一、选择题

1. 从课程类型上看,我国小学阶段开设的科学、艺术等课程属于(　　)。

A. 分科课程和选修课程　　B. 综合课程和必修课程

C. 分科课程和必修课程　　D. 综合课程和选修课程

2. 学校的建筑物、设备、景观和空间的布置等本身也是一种课程,这种课程属于(　　)。

A. 学科课程　B. 活动课程　C. 隐性课程　D. 显性课程

3. 课程资源按功能特点进行分类,可以分为(　　)。

A. 校内课程资源和校外课程资源

B. 素材性课程资源和条件性课程资源

C. 文字性课程资源和非文字性课程资源

D. 物质形态的课程资源和精神形态的课程资源

4. 下列选择中关于基础教育课程改革目标的说法不正确的是(　　)。

A. 改变课程过于注重知识传授的倾向,强调形成积极主动的学习态度

B. 改变课程实施过于强调接受学习、死记硬背、机械训练的现状,倡导学生主动参与、乐于探究、勤于动手

C. 改变课程评价过分强调甄别与选拔的功能,发挥评价促进学生发展、教师提高和改进教学实践的功能

D. 改变课程管理过于集中的状况,实行国家、学校两级课程管理

5. 我国目前开展的语文课程、数学课程、体育课程等属于(　　)。

A. 学科课程　B. 活动课程　C. 隐性课程　D. 综合课程

6. 在课程计划中,国家预留了一定比例的、由学校自主开发的课程属于(　　)。

A. 学科课程　B. 校本课程　C. 国家课程　D. 地方课程

二、简答题

1. 简述基础教育课程改革的具体目标。

参考答案

考点突破

【5-1】**答案**:B。

解析:本题考查的是考生对课程标准及其功能的识记。课程标准是关于某课程科目的学科性质、目标、内容构成、教学与评价建议等的纲领性规定,它是制定小学教学质量评价标准的重要依据。

【5-2】**答案**:D。

解析:校内课程资源与校外课程资源是根据空间分布来划分的;教授化课程资源与学习化课程资源是根据服务对象来划分的;条件性课程资源与素材性课程资源是根据功能特点来划分的;文字性课程资源与非文字性课程资源是根据载体形式来划分的。

【5-3】答案：B。

解析：广域课程和融合课程都属于综合课程，只是二者对知识的整合程度不同。广域课程是关联课程和融合课程的拓展，即把数门学科的内容加以合并，组合成一门综合性大学科。小学科学课程整合了自然科学各学科的内容，因此属于广域课程。

【5-4】答案：B。

解析：综合课程是指打破传统的学科课程的知识领域，组合两门或两门以上学科领域而构成的一门学科，包括自然课和社会课等。题干中科学、艺术课程涉及多个领域的知识内容，因此属于综合课程的范畴。

【5-5】答案：C。

解析：必修课和选修课从不同方面满足了学生学习的需求，对实现学校培养目标具有同等的价值。

【5-6】答案：A。

解析：综合实践活动课程是国家开发的必修课程。

【5-7】答案：D。

解析：这里主要考查的是考生对显性课程、隐性课程概念的掌握。学校的校风、教风和学风是观念性的隐性课程，对学生具有潜移默化的影响。

【5-8】答案：B。

解析：从题干可以看出，这种学习是通过分工、合作的方式完成的，所以属于合作学习。

【5-9】解答：自主学习是与传统的接受学习相对应的一种现代化学习方式，以学生作为学习的主体，通过学习独立的分析、探索、实践、质疑、创造等方法来实现学习目标；合作学习是指学生为了完成共同的任务，有明确的责任分工，协同互助的学习；探究学习是在学生主动参与的前提下，根据自己的猜想或假设，在科学理论的指导下，运用科学的方法对问题进行探究，在研究过程中增强创新精神和实践能力，获得思维发展的一种学习方式。

【5-10】答案：C。

解析：课程结构是课程各部分的配合和组织，它是课程体系的骨架，主要规定了组成课程体系的学科门类，以及各学科内容的比例关系、必修课与选修课、分科课程与综合课程的搭配等，体现出一定的课程理念和课程设置的价值取向。课程结构要适应地区间经济文化的差异和不同学校的特点，应具有一定的可转换性。

【5-11】答案：A。

解析：从题干来看，通过课时比例调整使其保持适当的比重关系，这说明了课程结构具有均衡性。使得某些类型的课程不致在课程中占据过多的比重，导致课程结构失衡。

【5-12】答案：A。

解析：题干强调小学阶段的综合课程，即体现了课程结构具有综合性。

【5-13】答案：C。

解析：《义务教育品德与生活课程标准》(2011年版)指出，课程具有开放性的特征，面向儿童的整个生活世界。“教学目标应随着儿童生活及活动过程的变化和需要不断调整；教学内容应从教科书扩展到儿童生活的各个方面；课堂从教室扩展到家庭、社区以及儿童的其他生活空间；教学时间在与学校其他活动或学科的配合和联结中灵活而弹性地延展；课程评价走向开放、多元，全面关注儿童丰富多彩的体验和个性化的创意与表现。”因此本题选C。

【5-14】答案：D。

解析：新课程改革的具体目标包括：① 课程功能方面，实现课程功能的转变，从单纯注重传授知识转变为引导学生学会学习、学会合作、学会生存、学会做人；② 课程结构方面，体现课程结构的均衡性、综合性和选择性；③ 课程内容方面，密切课程内容与生活和时代的联系，改变课程内容“难、繁、偏、旧”和过于注重书本知识的现状等；④ 学习方式方面，倡导自主、合作和探究学习；⑤ 课程评价方面，建立与素质教育理念相一致的评价与考试制度；⑥ 课程管理方面，实行国家、地方、学校三级课程管理体系。因此本题选D。

巩固练习

一、选择题

1. B。从对学生的要求来看，科学、艺术是国家开设的必修课程，从课程内容的组织方式来看，科学、艺术又属于综合课程。故选B。

2. C。这里考查的是考生对于隐性课程和显性课程的理解。学校的建筑物、设备、景观和空间的布置等是一种在课程计划中并没有显现的课程，但它又对学生产生潜移默化的影响，因此属于隐性课程。

3. B。这里考查的是课程资源的分类以及不同分类的标准。按照空间分布可以把课程资源分为校内课程资源与校外课程资源；按照功能特点可以把课程资源分为素材性课程资源与条件性课程资源；按照载体形式，可以把课程资源分为文字性课程资源、实物性课程资源、活动性课程资源和信息化课程资源；按照存在方式，可以把课程资源分为物质形态的课程资源与精神形态的课程资源。

4. D。这里考查的是考生对基础教育课程目标的理解和掌握。D项之所以不正确是因为我国建立的是国家、地方和学校三级课程管理制度，而不是两级。

5. A。运用排除法可以看到语文、数学、体育课程不属于综合课程，也不是活动课程，也不是隐性课程。它们属于学科课程。

6. B。根据开发主体的不同，课程可以分为国家课程、地方课程和学校课程。校本课程开发的主体是学校。

二、简答题

1. (1) 改变课程过于注重知识传授的倾向，强调形成积极主动的学习态度，使获得基础知识与基本技能的过程同时成为学会学习和形成正确价值观的过程。

(2) 改变课程结构过于强调学科本位、科目过多和缺乏整合的现状，整体设置九年一贯的课程门类和课时比例，并设置综合课程，以适应不同地区和学生发展的需求，体现课程结构的均衡性、综合性和选择性。

(3) 改变课程内容“难、繁、偏、旧”和过于注重书本知识的现状，加强课程内容与学生生活以及现代社会和科技发展的联系，关注学生的学习兴趣和经验，精选终身学习必备的基础知识与技能。

(4) 改变课程实施过于强调接受学习、死记硬背、机械训练的现状，倡导学生主动参与、乐于探究、勤于动手，培养学生搜集和处理信息的能力、获取新知识的能力、分析和解决问题的能力，以及交流与合作的能力。

(5) 改变课程评价过分强调甄别与选拔的功能，发挥评价促进学生发展、教师提高和改进教学实践的功能。

(6) 改变课程管理过于集中的状况，实行国家、地方、学校三级课程管理，增强课程对地方、学校及学生的适应性。

模块二 学生指导

备考指南

一、考纲基本要求

(1) 了解小学生身心发展的一般规律和特点。

(2) 了解小学生的认知特点以及学习兴趣培养、良好学习习惯养成的一般方法。

(3) 了解小学生思想品德发展的基本规律和特点。

(4) 了解小学生医疗、保健、传染病预防和意外伤害事故的相关知识。

(5) 掌握指导小学生学习的主要方法。

(6) 掌握小学生德育、美育和心理辅导的基本策略和方法。

(7) 能够根据小学生学习规律和个体差异,有针对性地指导学生学习。

(8) 能够遵循小学生身心发展规律,有针对性地开展德育、美育和心理辅导工作,促进小学生全面、协调发展。

二、考试要点分析

结合往年教师资格考试真题,本模块的内容主要分为两大部分。第一大部分主要考查心理学知识,包括第六章、第七章和第十章。第六章涉及对心理学基本知识的掌握,要求每个知识点都要达到理解并能应用的程度,从历年真题来看,主要是选择题和简答题。第七章是本模块的考查重点,从历年的真题来看,也是涉及选择题和简答题,学习者除了掌握小学生身心发展及学习的基本知识以外,应该重点关注如何联系实际材料进行学习和掌握。第十章内容是关于小学生安全和心理健康的知识与技能的,着重于理解,从历年真题看,涉及选择题。第二大部分主要考查德育和美育知识,包括第八章、第九章,其中德育是考查重点。

三、考题类型及所占分值比例

通过分析近年来《教育教学知识与能力》(小学)的教师资格国考试卷发现,本模块内容基本都是以选择题和简答题的形式呈现,所占总分约为 25 分,所占分值比例约为 17%。

四、学习建议与备考策略

从历年真题来看,本模块的考题涉及范围比较广,知识点琐碎,不容易记忆和掌握,也不容易复习。建议考生在复习时首先对整体有所掌握,然后再对细小的内容各个击破。另外,考生可在全面复习的基础上,将重点放在心理学基础知识、小学生身心发展的一般规律和特点、小学生心理辅导和小学生德育部分。

知识地图

- 学生指导
  - 心理学基础知识及小学生身心发展规律
    - 心理学概述
      - 心理学的概念
      - 心理现象的类型
    - 认知过程
      - 感觉
      - 知觉
      - 注意
      - 观察
      - 记忆
      - 思维
      - 想象
    - 情绪和情感过程
      - 情绪和情感的种类
      - 情绪和情感的培养与调控
    - 意志过程
      - 意志的基本品质
      - 意志行动中的动机冲突
    - 个性心理
      - 个性心理的概念
      - 个性心理的要素
    - 小学生身心发展
      - 影响个体身心发展的因素
      - 小学生身心发展的特点
      - 小学生身心发展的一般规律与教育启示
      - 皮亚杰的儿童认知发展理论
      - 埃里克森的人格发展理论
  - 学习理论与学习指导
    - 学习的概述
      - 学习的内涵
      - 学习的分类
    - 学习理论
      - 行为主义学习理论
      - 认知主义学习理论
      - 人本主义学习理论
      - 建构主义学习理论
    - 学习迁移
      - 学习迁移的类型
      - 影响学习迁移的因素
      - 促进学习迁移的策略
    - 学习指导
      - 学习兴趣分析
      - 良好学习习惯的养成
      - 个体差异与因材施教
  - 小学德育
    - 德育概述
      - 德育的含义
      - 小学德育的目标和内容
      - 小学生道德发展的特点
    - 道德发展理论及德育模式
      - 道德发展的基本理论
      - 几种主要的德育模式
    - 小学德育过程
      - 品德的结构
      - 小学德育过程的基本特征
    - 小学德育的原则、途径与方法
      - 小学德育原则
      - 小学德育实施途径
      - 小学德育方法
  - 小学美育
    - 美育概述
      - 美育的内涵
      - 小学美育的任务
    - 美育的实施
      - 小学美育的实施内容
      - 小学美育的实施原则
      - 小学美育的实施途径
      - 小学美育的实施方法
  - 小学生安全与心理健康教育
    - 小学生的医疗保健常识
      - 人体需要的矿物质元素和维生素
      - 小学生常见非传染性疾病的预防
      - 小学生常见传染性疾病的预防
    - 小学生的安全防范常识——意外事故的预防和处理
      - 中暑
      - 溺水
      - 骨折
      - 电击
      - 烫伤烧伤
      - 中毒
      - 被动物咬伤
      - 常见外伤及其处理
      - 防水、防电安全
    - 小学生心理健康与心理辅导
      - 小学生心理健康
      - 小学生心理辅导

第六章　心理学基础知识及小学生身心发展规律

考点分析

● 本章考点主要以选择题和简答题的形式出现。

● 本章考点主要有：感觉、知觉的特征，注意的类型及品质，观察的品质和观察力的培养；记忆的概念和类型，遗忘规律和原因，如何应用记忆规律提高学习效率；思维的品质和创造性思维的培养，以及思维过程中影响问题解决的因素；情绪和情感的种类；意志的基本品质和意志行动中的动机冲突；需要层次，动机、能力、气质的类型；小学生身心发展的特点，个体身心发展的一般规律；皮亚杰的儿童认知发展理论，埃里克森的人格发展理论。

第一节　心理学概述

一、心理学的概念

心理学是一门研究心理现象及其发生发展规律的科学。1879 年，德国心理学家冯特在莱比锡大学建立心理学实验室，这标志着科学心理学的诞生，冯特因此被称为“心理学之父”。

二、心理现象的类型

根据心理现象的独特性程度，可将心理现象区分为心理过程和个性心理两大方面。

个体的心理过程，包括认知过程、情感过程和意志过程。个性心理，包括个性心理倾向和个性心理特征。我们可以把心理现象的类型及要素用一个图示来呈现（如图 6-1 所示），人的心理活动要素是相互影响的，共同构成了个体的心理活动过程。

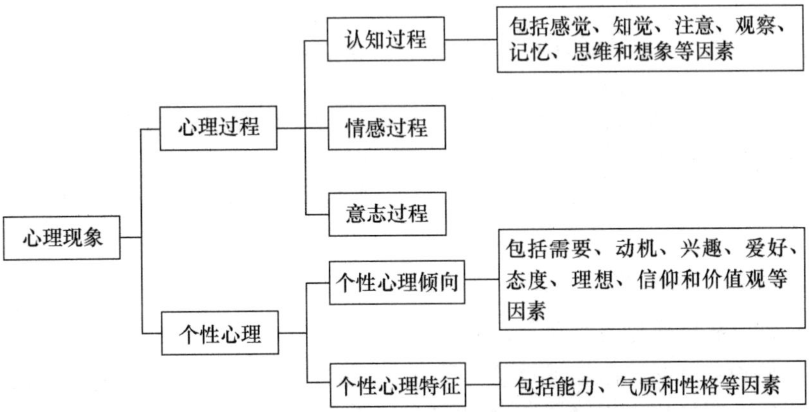

图 6-1　个体的心理现象类型及要素

第二节 认知过程

个体的认知活动是由感觉、知觉、注意、观察、记忆、思维和想象等要素组成的，这些要素相互影响，相互制约。

一、感觉

（一）概念

感觉是人脑对直接作用于感觉器官的客观事物个别属性的反映。感觉是认识的起点，是一切知识和经验的基础。感觉活动存在感觉阈限现象，刚刚能引起感觉的刺激量被称为绝对阈限，刚刚能引起差别感觉的最小变化量称为差别阈限。

（二）感觉的特征

感觉的特征如表 6-1 所示。

表 6-1 感觉的特征

特征	具体内涵	举例
感觉适应	在外界刺激持续作用下感受性发生变化的现象	“入芝兰之室，久而不闻其香”“入鲍鱼之肆，久而不闻其臭”
感觉对比	不同刺激作用于同一感觉器官，会使感受性发生变化	吃了糖后吃橘子，觉得橘子更酸。明暗相邻的边界上，看起来亮处更亮，暗处更暗
感觉补偿	某种感觉系统的功能缺失后可以通过其他感觉系统的技能来弥补	盲人失去视觉后，通过实践活动能使听觉更加灵敏
感觉联觉	一个刺激不仅引起一种感觉，同时还引起另一种感觉	红色看起来觉得温暖，蓝色看起来觉得清凉

考点突破

【6-1】（2018 年上半年）悦耳美妙的轻音乐能使人产生春风拂面之感。这种心理现象属于（ ）。

A. 直觉　B. 错觉　C. 幻觉　D. 联觉

【6-2】（2015 年下半年）在板书生字时，教师常把形近字的相异部分用不同颜色的粉笔写出来，以引起学生的注意。所运用的感觉规律是（ ）。

A. 感觉适应　B. 感觉后像　C. 感觉补偿　D. 感觉对比

（三）常见的视觉现象

（1）色觉缺陷：包括色弱和色盲。

（2）视觉后像：视觉后像是视觉的暂留现象，即当作用于视觉感受器的刺激停止或消失以后，感觉并不马上消失，还能在头脑中将感觉印象保留一个短暂的时间。如注视发光的白炽灯 3～4 秒后，闭上眼睛，这时头脑就会出现灯丝的影像。

（3）闪光融合：断续的闪光由于频率的增加会使人们产生融合的感觉。如电灯每秒续断 50 次，但我们看到的却是连续的灯光。

二、知觉

（一）概念

知觉是直接作用于感觉器官的客观事物的整体属性在人脑中的反映。知觉是在感觉的基础上产生的，在综合了多种感觉的基础上形成的整体映象。在我们的生活中，单纯的感觉是不存在的。感觉是知觉的基础，感觉一旦产生，就会上升为知觉。根据知觉反映的客观对象的不同，知觉可分为空间知觉、时间知觉、运动知觉，具体如表 6-2 所示。

表 6-2 知觉的类型

类型	定义	举例
空间知觉	人脑对物体空间特性的反映	孩子能够分辨两个苹果的大小
时间知觉	人脑对客观现象的延续性和顺序性的反映	孩子能够根据太阳的升落来判定早上还是晚上。知觉具有相对性，如酣睡时“春眠不觉晓”，但失眠时“长夜漫漫”
运动知觉	人脑对物体空间位移及移动速度的知觉	如看见飞机在天上飞，火车在铁轨上跑

（二）知觉的特性

知觉具有选择性、整体性、理解性、恒常性的特性。

1. 知觉的选择性

知觉的选择性指个体在知觉过程中把知觉对象从背景中区分出来优先加以清晰地反映的特性。如在“万绿丛中一点红”中易把红作为优先知觉，再如图 6-2 中花瓶和人脸侧影双关图。

2. 知觉的整体性

个体会根据自己的知识经验把直接作用于感觉的客观事物的多种属性整合为一个整体。如我们阅读文章时，当我们强调对文章的整体感知时，往往很难发现错字和漏字。

3. 知觉的理解性

人在感知某事物时，总是利用已有的知识和经验去认识知觉对象的特征。例如，当你看到图 6-3 时，你会认为是什么？鸡蛋、鸭蛋还是盘子？不同的人面对同一事物时，会有不同的理解。

图 6-2 花瓶和人脸侧影双关图

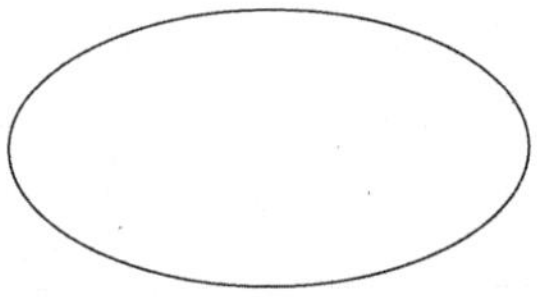

图 6-3 椭圆形形状的物体

4. 知觉的恒常性

知觉的恒常性指个体的直觉映像会在一定范围内不随知觉条件的改变而改变，是保持相对稳定的。如从不同距离看同一个人，由于距离的改变，投射到视网膜上的视像大小有差别，但我们总是认为大小没有改变，仍然以其实际大小来知觉他。

考点突破

【6-3】（2017 年下半年）周老师在教生字的时候，把容易写错的笔画用彩笔标出来，这是利用（　　）。

A. 知觉的整体性　　B. 知觉的选择性　　C. 知觉的理解性　　D. 知觉的恒常性

【6-4】（2015 年下半年）简述知觉的一般特性。

三、注意

（一）概念

注意是心理活动对一定对象的指向和集中。注意本身不是一种独立的心理过程，而是伴随心理过程的一种心理现象，是所有心理过程特别是认识活动的共同特性。根据有无目的和意志努力程度，可以把注意分为无意注意、有意注意、有意后注意，具体如表 6-3 所示。

表 6-3　注意的类型

类型	定义	举例
无意注意	事先没有预定目的、无需意志努力、不由自主地对一定事物发生注意	学生们正在安静地听老师讲课时，突然有人推门进来，大家不约而同地转头去看
有意注意	有预定目的，并经过一定意志努力的注意。受人的意识的自我调节和支配，它为人类所特有	学生们认真地听老师讲课
有意后注意	有预定目的，但不需要经过意志努力的注意。是有意注意转化而来的一种特殊形态	刚学数学时不太感兴趣，需要有意注意，但通过学习后喜欢上数学，学生的注意自然集中于数学上，此时是有意后注意

（二）注意的品质

注意的品质是衡量注意水平高低的标准，包括四个方面。

1. 注意的广度

注意的广度即注意的范围，是指在同一时间内，意识所能清楚地把握对象的数量。如有些学生看书“一目十行”。

2. 注意的稳定性

注意的稳定性即注意的持久性，是指注意在一定时间内保持在某一对象上的品质。如一个学生能把自己的注意长时间地保持在与教学活动有关的对象上。

与注意的稳定性相反的状态是注意的分散，又叫分心。注意的分散是指注意离开了应该指向的对象，而被无关的事物所吸引。例如，正在上课的教室，突然飞进一只小鸟，学生的注意就分散了。

注意可能在短时间内起伏波动，这称为注意的起伏或注意的动摇。一般而言，只要我们的注意不离开当前活动的总任务，这种动摇没有消极的作用。

3．注意的分配

注意的分配指在同一时间内把注意力集中于两种或两种以上不同的对象或活动上，简单来说也就是同时做多件事，如教师一边讲课一边板书一边观察学生的参与情况。

4．注意的转移

注意的转移是指人有意识地把注意力从一事物转到另一事物上去，即先后对多件事物的分别注意，如学生数学课后上语文课需要转移注意。

注意的转移与注意的分散是有区别的，转移是根据任务的要求，是主动进行的，是注意的积极品质；分散则离开了当前的任务，是注意的消极品质，应该极力加以克服。影响有意注意的因素有：对活动任务的认识，个体的意志努力，对事物的间接兴趣，对活动的精心组织。

（三）引起和保持有意注意的方法

1．明确目的和任务

有意注意本身就是需要预定目的的，因此，活动目的越明确具体，学生对活动意义的理解越清晰，有意注意就越容易引起和保持。例如，教师往往都在上课时说明本节课学习的目标、意义和要求，就是引起和保持学生学习时的有意注意。

2．合理地组织活动

合理地组织活动，有利于保持有意注意。如及时地提出问题，进行积极的思维活动有利于集中注意；提出“加强注意”的自我要求，适时地提醒自己“必须注意”，特别是在“加强注意”的紧要关头，运用自我提醒、自我命令对保持注意起重要的作用。

3．培养间接兴趣

直接兴趣是对活动过程本身的兴趣，而间接兴趣是对活动的结果的兴趣。人们对于有直接兴趣的活动，注意会被活动所吸引，无须意志努力即可保持有意注意。而对没有直接兴趣的活动，可以通过培养间接兴趣来引起和保持有意注意。如一位儿童在学习绘画的过程中，对绘画过程没有直接兴趣，但每当绘完一幅作品后，都能得到教师和同伴的赞赏，这样这位儿童对绘画的注意能得以维持下去。

4．排除内外干扰

与完成活动任务无关的事物的干扰不利于学生有意注意的保持。这些干扰有可能来自外界的无关刺激，也有可能是个体自身的思想和情绪等，排除这些干扰是保持有意注意的必要条件。因此，引起和保持有意注意需要保持活动场所的安静、整洁，降低干扰的强度；需要培养学生坚强的意志力，通过意志努力与各种内外干扰作斗争。

考点突破

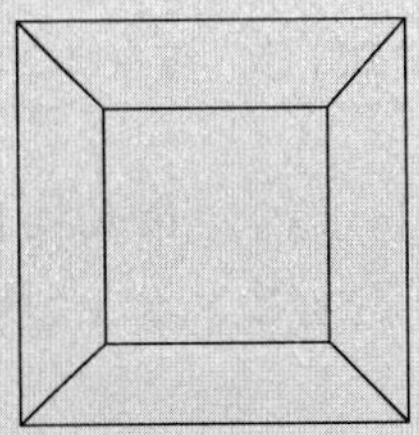

【6-5】（2016 年上半年）当你注视面前这个棱台框架时，一会儿觉得小方框平面位于大方框平面的前面，一会儿又觉得小方框平面位于大方框平面的后面。这种反复变化的现象属于（　　）。

A．注意分散　　　　B．注意起伏

C．注意分配　　　　D．注意转移

【6-6】（2018 年下半年）简述影响学生有意注意的因素。

四、观察

(一)概念

观察是人的一种有目的、有计划、持久的知觉活动，是知觉的高级形式。观察过程始终伴随着思维和语言的活动，观察后还要对观察的结果进行归纳、整理，所以观察又叫“思维的知觉”。个体全面、正确、深入、细致地观察事物的能力即为观察力，它是个体在观察过程中表现出来的稳定品质和能力。

(二)观察的品质

我们可以从四个方面去考查观察的品质：观察的目的性，即是否善于组织知觉活动达到预期观察的目的；观察的客观性，即是否善于实事求是地去知觉事物；观察的精细性，即是否在观察中善于区分事物的细微而重要的特征；观察的敏锐性，即是否善于迅速地发现事物重要的特征。

(三)观察能力的培养

观察能力并不是天生的，是个体在后天的学习、工作和生活实践中逐渐培养而形成和发展起来的。教师需要培养和训练学生形成良好的观察能力，教师可以从以下几个方面对学生进行培养和训练：让学生明确观察的目的和任务；让学生做好有关知识的准备；教给学生观察的方法；让学生养成观察的习惯；让学生学会记录和整理观察结果；针对不同的观察类型，教师应有的放矢地对学生进行训练。

五、记忆

(一)概念

记忆是人脑对经验的识记、保持和再现的过程。凡是过去感知过的事物、思考过的问题、体验过的情绪、操作过的动作，都可以储存在大脑中，在一定条件下又可以从大脑中提取出来，这个过程就是记忆。

根据记忆过程中储存容量的大小和储存时间的长短，可将记忆分为瞬时记忆、短时记忆和长时记忆，其类型、内涵及特点如表6-4所示。

表6-4 记忆的类型、内涵及特点

类型	内涵	特点
瞬时记忆	指当客观刺激停止作用后，感觉信息在一个极短的时间内保存下来	保持时间很短；储存的方式具有鲜明的形象性；储存的容量很大
短时记忆	瞬时记忆和长时记忆的中间阶段，保持时间一般为1秒钟到1分钟	短时记忆的容量有限，大约是7±2个组块(人们生活中的一个熟悉的记忆单位)
长时记忆	保存时间长，超过1分钟，甚至1天、1年乃至终生	记忆的容量是无限的

(二)记忆过程

记忆的基本过程包括识记、保持、再认与回忆三个环节。

1. 识记

识记是记忆过程的开端环节，是一种反复认识某种事物并在脑中留下印象，积累知识经验的过程。根据识记前有无明确的目的分为无意识记和有意识记；根据识记是否建立在理解的基础上分为机械识记和意义识记。

影响识记效果的因素有识记的目的和任务、材料的性质和数量、识记方法等。

2. 保持

保持是指已获得的知识经验在头脑中储存并得到巩固的过程。但是，在保持的过程中，识记的事物会发生不同程度的变化和遗忘。遗忘是指对过去曾经识记过的事物不能再认或回忆，或者是产生了错误的再认或回忆。

(1) 德国心理学家艾宾浩斯曾绘制了著名的“遗忘曲线”，艾宾浩斯遗忘规律曲线如图6-4所示，该条曲线表明了遗忘进程的规律：遗忘的进程是不均衡的，其速度是先快后慢，随后渐渐趋于平稳。

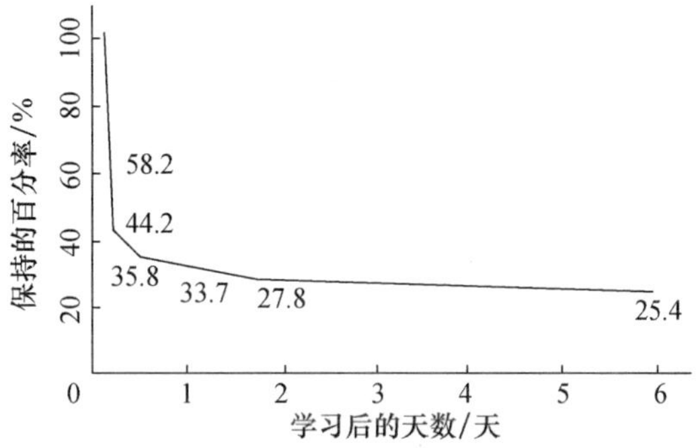

图 6-4　艾宾浩斯遗忘规律曲线

(2) 影响遗忘进程的因素包括识记材料的性质和数量、识记材料的意义和作用、学习的程度、材料的系列位置，150％的学习程度是最好的，材料的首尾容易记住，而中间部分则容易遗忘。

(3) 遗忘的原因——干扰说。遗忘是因为在学习与回忆之间受到其他刺激的干扰所致，可以用前摄抑制和倒摄抑制来说明：前摄抑制是指先前学习的材料对识记和回忆后学习的材料起干扰作用，如先前学习了汉语拼音字母表中的“ɑ”，当学习英语字母“a”时容易识记成汉语中的“ɑ”；倒摄抑制是指后学习的材料对保持和回忆之前学习的材料起干扰作用，如学了英语字母“a”后，当需要学生回忆之前所学的汉语拼音“ɑ”时，很多学生会读成英语字母“a”。

3. 再认与回忆

再认：过去经历过的事物再次出现，感到熟悉并能识别确认的过程。

回忆：过去经历过的事物不在面前时，人们在头脑中把它重新呈现出来的过程。它是以联想为基础的。

(三) 运用记忆规律，提高学习效率

1. 科学地识记

在记忆时要明确识记的目的与任务、充分利用无意识记、在理解的基础上进行识记、合理地安排识记材料、适当运用记忆术。

2. 有效地组织复习

有效地组织复习可以在以下几个方面进行。

(1) 合理安排复习时间。

① 及时复习:识记后不久很快大量发生的学习。

② 分布复习:集中复习(集中一段时间内连续反复地进行复习)和间隔复习(识记材料分散在若干相间隔的时间内复习)相结合。一般来说,间隔复习的效果要优于集中复习效果。

(2) 恰当地安排复习材料。

(3) 反复阅读与试图回忆相结合。

(4) 复习方法的多样化。

3. 培养追忆的能力

明确追忆的目的任务,选择恰当的追忆方法,培养意志力,排除追忆过程中的干扰。

4. 创造有利于记忆的条件

保持身体健康,合理用脑,培养完善的个性。

考点突破

【6-7】艾宾浩斯遗忘曲线反映的遗忘规律是(　　)。

A. 先快后慢　　B. 先慢后快

C. 抽象材料忘得慢　　D. 动作技能忘得快

【6-8】(2014 年下半年)有的小学生在学习英语字母"t"时,常常会发出汉语拼音"t"的音。造成这种干扰现象的原因是(　　)。

A. 前摄抑制　　B. 倒摄抑制　　C. 消退抑制　　D. 双向抑制

【6-9】(2015 年上半年)依据遗忘规律如何合理组织复习?

六、思维

(一) 概念

思维是人脑对客观事物的本质及规律的间接、概括的反映,间接性和概括性是思维的两个基本特征。

思维的间接性是指思维活动不直接反映作用于感觉器官的事物,而是借助一定的中介和一定的知识经验来反映客观事物。

思维具有概括性,即思维可以把一类事物的共同的、本质的特征和规律抽取出来加以概括。

(二) 思维的基本形式

(1) 概念:人脑反映客观事物本质属性的思维形式,是思维的最基本形式,是构成人类知识的最基本成分。

(2) 判断:用概念去否定或肯定事物具有某种属性的思维形式。

(3) 推理:从已知的判断推出新的判断的思维形式。

(三) 类型

根据不同的分类标准,思维可分为多种类型,具体如表 6-5 所示。

表 6-5 思维的类型

分类标准	思维类型	内涵及举例
根据思维过程中的凭借物划分	直观动作思维	通过实际操作解决问题的思维。如低年级小学生读课文时用手指点读
	具体形象思维	通过具体事物的形象和表象进行思维。如低年级小学生学习 10 以内的加法时,往往借助图片来完成
	抽象逻辑思维	运用语言符号进行的思维。如中年级小学生学习三位数的加法时,直接列算式来学习
根据思维的逻辑性划分	直觉思维	未经过逐步分析就迅速对问题答案作出合理的猜测、设想或突然领悟的思维
	分析思维	严格遵循逻辑规律,逐步分析和推导对问题解决作出明确结论的思维
根据思维的创新程度划分	常规性思维	又称再造性思维,是指人们运用已获得的知识经验,按现成的方案和程序,用惯常的方法,固定的模式来解决问题的思维方式
	创造性思维	指以新颖、独创的方式来解决问题的思维方式
根据思维的指向性划分	聚合思维	又称求同思维、集中思维。把问题所提供的信息集中起来得出一个正确答案或最好答案的思维
	发散思维	又称求异思维、辐射思维,从一个目标出发,沿着不同的途径寻求各种答案的思维

（四）思维的品质

(1) 思维的广阔性：善于全面考察问题,从事物的多种多样的联系和关系中去认识事物。

(2) 思维的深刻性：善于透过现象发现事物的本质。

(3) 思维的独立性：善于独立思考。

(4) 思维的批判性：善于从实际出发,根据客观标准评价和检查自己或他人的思维成果。

(5) 思维的逻辑性：思考问题时条理清晰,推论严谨。

(6) 思维的灵活性：也称为思维的变通性,指能够根据客观条件的发展与变化,及时调整计划;善于从新的角度思考问题,摆脱偏见和早已过时的处理问题的方法。

(7) 思维的独创性：思维活动具有创造性,善于用新方法解决问题。

（五）思维过程中影响问题解决的因素

问题解决是人类思维活动的方式之一。这里所说的“问题”是指那些不能直接用已有知识处理,而必须间接用已有知识处理的情境,与日常生活中所理解的“问题”概念是有区别的。问题解决是由一定情境引起的,按一定的目标,应用各种认识活动、技能等,经过一系列的心理活动阶段,使问题得以解决的思维活动过程。影响个体思维过程中问题解决的因素主要有：

1. 问题的特征

个体解决有关问题时,常常受到问题的类型、呈现的方式等因素的影响。例如,小学数学中的基础练习题和变式练习题对于个体而言,问题难度不同,问题解决的难易程度也就不同。

2. 已有的知识经验

个体具有与该问题解决有关的已有知识经验越多,解决该问题的可能性也就越大。

3. 定势与功能固着

定势,即思维定势,它使人对刺激情境以某种习惯的方式进行反应。如果新问题与我们原来接触的问题相似，那定势就促进了问题的解决；如果新问题与原来接触的问题大相径庭，定势就阻碍了问题的解决。

功能固着是指个体在解决问题时只看到某个事物的常用功能，而看不到它的其他方面的功能的现象。如钥匙只是用来开锁，箱子只是用来盛东西等，均属于功能固着现象。功能固着也可以看作是一种定势，即从物体正常功能的角度来考虑问题的定势。当在某种情形下需要利用物体的某一潜在功能来解决问题时，功能固着可能起到阻碍的作用。

4. 原型启发

原型启发是指从其他事物或现象中获得的信息受到启发，找到解决问题的途径或方法。例如，鲁班从被丝茅草割破手这一事件中受到启发，发明了锯。

5. 情感与动机状态

一般来说，积极的情绪有利于问题的解决，而消极的情绪会干扰问题的解决。动机强度是促进人解决问题的内部推动力。动机强度与解决问题的效果的关系呈倒 U 形曲线。

6. 个性因素

一个人是否善于解决问题，与他的灵活性、首创性和自信心等个性心理品质相联系。此外，个体的智力水平、性格特征、情绪状态、认知风格和世界观等也影响着问题解决的方向和结果。

（六）创造性思维

(1) 概念：创造性思维是指以新颖、独创的方法解决问题的思维。

(2) 创造性思维可以通过以下方式培养：

① 教师激发学生的学习动机，培养学生的学习兴趣或求知欲。

② 教师改变传统的评定学习成就的观念，鼓励学生的创造性行为。

③ 教师培养学生的发散思维和集中思维的能力。

④ 教师引导学生积极参加创造性活动。

考点突破

【6-10】(2016 年上半年)教师可以通过观察学生的言行举止来了解学生的内心世界。这说明思维具有(　　)。

A. 间接性　　B. 概括性　　C. 理解性　　D. 整体性

【6-11】小学生通过认识燕子、麻雀、乌鸦等，概括出鸟的本质特征。这一思维形式是(　　)。

A. 综合　　B. 推理　　C. 判断　　D. 概念

【6-12】成成同学在回答问题时能触类旁通，不墨守成规，说明其思维具有(　　)。

A. 广阔性　　B. 流畅性　　C. 变通性　　D. 独创性

【6-13】(2017 年下半年)简述思维过程中问题解决的影响因素。

七、想象

（一）概念

想象是人脑对已储存的表象进行加工改造，形成新形象的心理过程。

根据有无预定目的，想象可分为无意想象和有意想象。① 无意想象：没有预定目的，在某种刺激物的影响下不由自主地进行的想象。如晚上做梦。② 有意想象：它是根据一定的目的，自觉努力进行的想象。

根据想象的独立性和新颖程度，想象可分为再造想象、创造想象和幻想。① 再造想象：根据他人的语言或非语言的描述，在人脑中形成相应的新形象的过程。如学生阅读《桂林山水》一文时，在头脑中想象桂林的山水美景。② 创造想象：不依赖于现有的描述独立创造出新形象的过程。如学生写作作文。③ 幻想：与个人愿望结合并指向未来的想象。它是创造想象的一种特殊形式，体现个人的向往和追求。根据幻想的社会价值和有无实现可能，可把幻想分为积极的幻想（即理想）和消极的幻想（即空想）。

（二）想象的加工方式

（1）黏合，即把两种以上事物中从未结合过的某些属性、特征部分在头脑中结合在一起而形成新的形象。

（2）夸张，又称强调，它是通过改变事物的正常特点，或把客观事物的某种品质、部分、属性或与其他事务的关系加以突出、强调，从而形成新的形象。

（3）典型化，是把某类事物共同的、最有代表性的特征集中在某一具体事物上，从而形成新的形象，如鲁迅笔下的祥林嫂形象的创造。

（4）联想，由一个事物想到另一个事物，也可以创造新的形象。如诗人从“修理钟表”几个字想到了“修理时间”，进而想出“请替我修理一下年代吧，它已不能按时间度过”。

（三）创造想象能力的培养

创造想象在人的实际创造活动中是非常重要的，它是一切创造性活动的必要组成部分。因此，要培养具有创新精神和创新能力的学生，教育中教师应该重视学生创造想象能力的培养，具体可以从以下几个方面入手：（1）培养学生的创造动机；（2）帮助学生进行丰富的表象储备；（3）让学生积累必要的知识经验；（4）用一些创作原型给学生以启发；（5）培养学生积极的思维活动。

考点突破

【6-14】（2016年下半年）简述如何培养小学生创造想象的能力。

第三节 情绪和情感过程

情绪、情感是个体对客观事物是否符合需要、观点和愿望所产生的体验。

一、情绪和情感的种类

（一）情绪的种类

根据情绪发生的强度、持续时间和紧张度，情绪可分为：

（1）心境。一种微弱而持久的、使人的一切其他体验和活动都染上某种色彩的情绪状态。心境构成了人的心理活动的背景。

（2）激情。一种强烈的、爆发式的、时间短暂的情绪状态。

（3）应激。出乎意料的紧迫情况所引起的高度紧张的情绪状态。

人类原始的或最基本的情绪有四种：快乐、愤怒、恐惧、悲哀。

（二）情感的种类

按情感的社会内容，情感可分为道德感、理智感、美感。

(1) 道德感。道德感是人们运用一定的道德标准评价自身或他人行为时所产生的情感体验。

(2) 理智感。理智感是智力活动过程中,在认识和评价事物时产生的情感体验。如对自己不能理解的问题表现出疑问。

(3) 美感。美感是人们在感知欣赏事物时体验到的优美的情感。

二、情绪和情感的培养与调控

儿童情绪和情感的发展是有规律的,它的发展过程是一个培养与调控的过程。因此,积极健康的情感的培养与不良情绪的调控是教育教导工作的重要任务,需要教师做好一系列的工作。教师可以从以下几个方面进行:帮助学生形成正确的人生观和价值观;培养和发展学生的正当需要;深化学生的认识;通过实践活动培育学生的情感;让学生学会不良情绪、情感的调控与消除。

考点突破

【6-15】(2016 年下半年)欣欣解决了一个困惑已久的数学难题,心里很高兴,美滋滋地给自己点了个赞。这种情感属于(　　)。

A. 美感　　B. 道德感　　C. 理智感　　D. 责任感

第四节　意 志 过 程

意志是指个体自觉确定目的并根据目的支配调节行动,经过克服困难以实现预定目的的心理过程。

一、意志的基本品质

意志的基本品质包括自觉性、坚定性、果断性、自制性等几个方面,其含义及相反品质如表 6-6 所示。

表 6-6　意志的基本品质

类型	含义	相反品质
自觉性	指对行动的目的有深刻的认识,能自觉支配自己的行动,使之服从于活动目的的品质	盲目性和独断性
坚定性	指坚持不懈地克服各种困难,把决定贯彻始终的意志品质	动摇性:表现为见异思迁、朝三暮四、虎头蛇尾
果断性	善于明辨是非,迅速合理地采取决定并执行的意志品质	优柔寡断、草率冒失
自制性	指善于控制和调节自己言行和情绪的品质	任性或冲动

二、意志行动中的动机冲突

根据美国心理学家勒温的观点,按趋避行为可以将动机冲突分为以下四大基本类型:

(1) 双趋冲突,指同时并存两种能满足需要的目标,它们具有同等的吸引力,但由于条件限制,个体只能选择其中一个时所产生的动机冲突。如“鱼与熊掌不可兼得”。

（2）双避冲突，指个体同时遇到两种力图回避的具有威胁性的目标，但由于条件和环境的限制，个体只能避其中一个时所产生的心理冲突。如“前遇大河，后有追兵”。

（3）趋避冲突，指同一目标对个体既有吸引力，又有排斥力，个体既想接近，又想避开时所产生的心理冲突。如“想吃鱼又怕鱼刺”。

（4）多重趋避，指个体对同时含有吸引力与排斥力两种力量的多个目标予以选择时所产生的心理冲突。

考点突破

【6-16】（2018年上半年）小英想当班干部为同学服务，又怕当不好被同学嘲笑。这种心理现象属于（　　）。

A. 双趋冲突　　B. 双避冲突　　C. 趋避冲突　　D. 多重趋避冲突

第五节　个 性 心 理

一、个性心理的概念

个性心理可以理解为一个人的整个精神面貌，即具有一定倾向性的各种心理特征的总和。个性的心理结构包含个性心理倾向和个性心理特征两大部分。其中个性心理倾向是推动人进行活动的动力系统，是个性结构中最活跃的因素；个性心理特征是一个人身上经常地、稳定地表现出来的心理特点，主要包括能力、气质、性格等。个性心理特征集中地反映了人与人之间的精神面貌的稳定的类型差异。

二、个性心理的要素

个性心理的要素主要包括需要、动机、能力、气质、性格等。

（一）需要

1. 概念

需要是指个体在生活中感到某种欠缺并力求满足时的一种心理倾向。

2. 类型

根据需要的起源，可以把需要划分为生物性需要（如吃、穿、住、行等）和社会性需要（如求知、交往、成就等）。

根据需要所指向对象的不同，可以把需要划分为物质需要和精神需要。

3. 马斯洛的需要层次理论

美国著名社会心理学家马斯洛认为，人类的基本需要的产生由低到高排列有五个层次，如图6-5所示。只有低级的需要基本得到相对满足后，才会产生高一级的需要。生理需要、安全需要、归属和爱的需要、自尊的需要是基本需要，也叫缺失的需要；自我实现的需要是成长的需要。

此外，马斯洛还探讨了人类的另外两种需要，即认知的需要和审美的需要。这两类需要与前述五种需要并不是处在同一层次发展系统之中，而是表现出相互重叠又相互区别的关系。

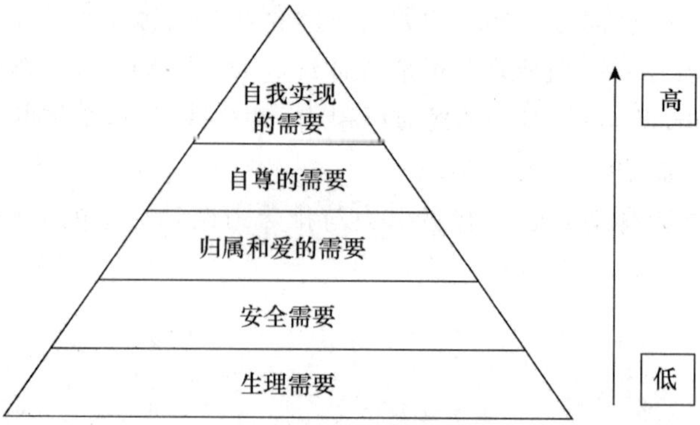

图 6-5　马斯洛的需求层次理论

考点突破

【6-17】(2015 年上半年)小学生喜欢亲近老师，渴望得到夸奖。这种需要属于(　　)。

A. 生理需要　　B. 安全需要　　C. 归属和爱的需要　　D. 自我实现的需要

【6-18】(2016 年上半年)简述马斯洛的需要层次理论。

（二）动机

1. 概念

动机是指激起和维持个体的活动并使活动朝向某一目标的内部推动力量。其中，需要是引起动机的内在条件，诱因是引起动机的外部条件。

2. 类型

(1) 根据与动机相关联的需要起源可分为：

生物性动机，以有机体的生物性需要为基础的动机，如基于食物需求转化而来的。

社会性动机，以人的社会性需要为基础的动机，如基于社会交往需求转化而来的。

(2) 根据动机产生过程中的需要和起主导作用的诱因可分为：

外在动机，外在条件(诱因)诱发而产生的动机。如为获得老师的表扬而学习。

内在动机，出自活动者本人，且活动本身能使活动者的需要得到满足的动机。如因为自己对某个内容好奇或喜欢而学习。

(3) 根据动机的影响范围和持续作用时间，以及它与活动目标的关系可分为：

近景性动机，与具体活动直接相联系，影响范围较小，持续作用时间较短的动机。如学生为了得高分或获得老师的认同而学习。

远景性动机，与活动的社会意义相联系，影响范围大，持续作用时间长的动机。如为了成为一名优秀的人民教师而努力学习。

考点突破

【6-19】(2019 年上半年) 在下列各种学习动机中，属于内在动机的是(　　)。

A. 班级排名　　B. 老师表扬　　C. 家长鼓励　　D. 学习兴趣

（三）能力

1. 概念

能力是直接影响人的活动效率，使活动任务顺利完成的个性心理特征。

2. 类型

(1) 根据能力所影响的活动范围的大小,可以分为:

一般能力,在各种活动中均会表现出来的能力,如观察能力、记忆能力、思维能力等。

特殊能力,在某种专门活动中表现出来的能力,如音乐能力、机械操作能力等。

(2) 根据能力的创造性程度,可以分为:

模仿能力,人们通过观察他人的行为、活动来学习各种知识,然后以相同的方式予以表现的能力。

创造能力,依据一定的目的,创造出有社会价值或个人价值的新思想和新产品的能力。

(3) 根据能力所影响的活动的性质,可以分为:

认知能力,个体接受信息、加工信息和运用信息的能力,如观察能力、记忆能力等。

操作能力,个体操纵自己的身体以完成各种活动的能力,如劳动能力、艺术表演能力等。

社交能力,个体在社会交流活动中所表现出来的能力,如组织管理能力、判断决策能力等。

(四) 气质

1. 概念

气质是心理活动表现在强度、速度、稳定性和灵活性等方面的个性心理特征。

2. 类型

人的气质类型大致可以分为四类,其特点如表 6-7 所示。在实际生活中,大多数人的气质在接近于某种气质类型的同时常有其他气质类型的一些特点。

表 6-7　个体的气质类型

气质类型	高级神经活动类型	特点
胆汁质	兴奋型	精力旺盛、胆大好动、直率热情; 好冲动、易暴易怒、脾气急; 言语动作迅速,难以自制,容易冒失鲁莽
多血质	活泼型(灵活型)	反应性高、活泼好动、行动敏捷; 热爱交际、能说会道、适应性强; 情感外向、注意力容易转移
黏液质	安静型	反应性低、情感不易发生和外露; 稳重踏实、交际适度、自制力强,话不多、可塑性差、灵活性不足
抑郁质	抑郁型	行为孤僻、不善交往、多愁善感,反应迟缓、适应能力差、处事优柔寡断

考点突破

【6-20】某学生活泼、好动、乐观、灵活,喜欢交朋友,爱好广泛,但稳定性差,缺少耐性,见异思迁。他的气质类型属于(　　)。

A. 多血质　　B. 胆汁质　　C. 黏液质　　D. 抑郁质

(五) 性格

性格是指人在对现实的稳定态度和习惯化了的行为方式中所表现出来的个性心理特征。如有的学生坚持认真学习,有的学生对学习一直抱有无所谓的态度。

性格具体标志着一个人的品德和世界观,具有直接的社会影响,具有道德评价的意义。

考点突破

【6-21】(2015年上半年)“笨鸟先飞”“勤能补拙”说明(　　)。

A. 需要对能力有影响　　B. 动机对能力有影响

C. 性格对能力有影响　　D. 气质对能力有影响

第六节　小学生身心发展

一、影响个体身心发展的因素

影响个体身心发展的因素有以下几个方面：

1. 遗传因素

遗传是指从上代继承下来的生理解剖上的特点，如机体的结构、形态、感官和神经系统等特点。遗传素质是个体身心发展的前提条件，为个体的发展提供了物质前提，但不能决定个体的发展。

2. 环境因素

环境泛指影响个体身心发展的一切外在因素，包括自然环境和社会环境。环境是个体身心发展的客观条件，为个体的发展提供了多种可能，对个体的影响有积极和消极之分。

3. 学校教育因素

学校教育因素在性质上是属于环境因素，但是是一种特殊的环境因素。因为学校教育是专门化、系统化和计划性的，相比其他环境因素，学校教育在影响人的发展上具有独特的功能：① 具有指导个体发展方向的作用；② 具有加速个体发展的特殊功能；③ 对个体的发展具有即时和延时双重价值；④ 具有开发个体特殊才能和发展个性的功能。

4. 个体的主观能动性

个体在发展的过程中，不是完全被动地接受影响，而是可以主动选择发展的方向和内容。其对个体的影响表现在：① 个体的主观能动性是在人的活动中产生和表现出来的。人是在以自己的活动为中介同环境相互作用过程中，接受着环境的影响，同时也改造着环境，并在改造环境的过程中改造着自己。从个体发展的各种可能变为现实这一层面来说，个体的活动、个体的社会实践是个体发展的决定性因素。② 个体的主观能动性是人的发展的内在动力。这种能动性主要表现为个体在活动和交往基础上能动地进行自我认识、自我建构和自我创造。③ 个体的主观能动性影响个体的自我设计和自我奋斗。实际上是个体总是在意识中理智地复现以往的已有自我、调控今日的现实自我、筹划未来的理想自我，并在这个过程中不断增强自我的能力。

综上所述，遗传素质提供了物质前提和发展的可能性，环境提供了物质条件、社会关系和文化资源，学校教育是有目的地产生主导和促进作用，个体主观能动性则是内在动力。这四个因素各有各的特点与作用，都是个体的发展不可或缺的必要因素，四个因素协同作用，共同影响人的发展。

二、小学生身心发展的特点

1. 感觉、知觉的发展特点

感觉、知觉是儿童认知过程中最早发展的。小学生的感觉、知觉发展特点主要有：

（1）小学生的视觉、听觉和运动觉发展很快；

（2）感知的有意性、目的性逐渐加强；

（3）感知的分析综合能力不断提高；

（4）空间知觉和时间知觉有很大的发展，但还很不完善。

2. 注意的发展特点

小学生注意力的发展主要表现在注意的自觉性和注意品质的完善程度上，具体来说表现在：

（1）有意注意逐渐发展，无意注意仍起作用；

（2）注意的范围依然有限；

（3）注意的集中性和稳定性较差；

（4）注意的分配和转移能力较弱。

3. 观察的发展特点

小学生观察能力的发展水平，随年级的增高而提高，具体表现在以下两个方面：

（1）小学生观察能力的发展表现出由低到高的不同阶段。根据我国学者丁祖荫对幼儿园到小学高年级学生观察图画能力发展的研究，认为儿童观察的发展可分为四个阶段①：第一，认识“个别对象”阶段，儿童只看到图中各个对象，或各个对象的一个方面；第二，认识“空间联系”阶段，儿童可以看到各个对象之间能直接感知的空间联系；第三，认识“因果联系”阶段，儿童可以认识对象之间不能直接感知的因果联系；第四，认识“对象总体”阶段，儿童能从意义上完整地把握对象总体，理解图画主题。小学生从低年级到高年级分属于第二、三、四阶段。

（2）小学生观察的品质在逐渐发展，表现为：从低年级到高年级，他们的观察的目的性略有提高、观察的精确性明显提升、观察的顺序性加强以及观察的深刻性有显著的发展。

4. 记忆的发展特点

小学生记忆的发展特点主要有：

（1）记忆能力提高，包括短时记忆能力的增强、记忆量的增加、记忆策略的使用等；

（2）从记忆的目的看，从无意记忆向有意记忆发展；

（3）从记忆的方法看，从机械记忆向意义记忆发展；

（4）从记忆的内容看，从形象记忆向抽象记忆发展。

5. 思维的发展特点

小学生的思维是其智力的核心部分，小学生思维的发展，是其智力发展的标志和缩影。小学生思维发展的基本特点表现在：

（1）从以具体形象思维为主要形式向以抽象逻辑思维为主要形式过渡，四年级左右是发生质变的关键年龄；

（2）逻辑思维发展不平衡，具体到不同思维对象、不同学科和不同教材的发展不平衡；

（3）抽象逻辑思维从不自觉到自觉；

（4）辩证逻辑思维初步发展。

6. 想象的发展特点

小学生想象的发展特点主要有：

（1）有意想象迅速发展；

---

① 丁祖荫. 儿童图画认识能力的发展[J]. 心理学报，1964：164-169.

（2）想象中的创造成分日益增多；

（3）想象的内容逐渐接近现实。

7. 情绪和情感的发展特点

小学生情绪和情感的发展特点主要有：

（1）小学生情绪和情感的丰富性不断扩展；

（2）小学生情绪和情感的稳定性逐渐增强；

（3）小学生情绪和情感的深刻性不断增加。

考点突破

【6-22】（2013年下半年）儿童认知能力中最先发展且速度最快的领域是（　　）。

A. 注意　　B. 感觉和知觉　　C. 思维　　D. 记忆

三、小学生身心发展的一般规律与教育启示

1. 小学生身心发展的顺序性及其对教育的启示

具体表现：个体身心发展是一个由低级到高级、由简单到复杂、由量变到质变的过程。

教育启示：教师应按照个体身心发展的顺序施教，循序渐进，一切“拔苗助长”“陵节而施”的教学都是有违身心发展顺序性规律的。

2. 小学生身心发展的阶段性及其对教育的启示

具体表现：个体在不同的年龄阶段表现出该年龄段身心发展的总体特征及主要矛盾，面临该阶段特有的发展任务。

教育启示：教师应该从小学生的实际出发，针对不同年龄段的学生，采取不同的教育内容和教学方法，也要注意各阶段间的衔接和过渡。

3. 小学生身心发展的不平衡性及其对教育的启示

具体表现：一是同一方面的发展在不同的年龄阶段表现不一样；二是身心发展的不同方面在发展速度上是有快慢之分的。就儿童的发展整体而言，生理成熟要先于心理成熟。个体的发展存在关键期，所谓关键期是指身体或生理的某一方面机能和能力最容易形成的时期。在关键期内施加教育影响，可以起到事半功倍的效果。

教育启示：教师要遵循儿童身心发展的不平衡性，要适时而教，要在儿童发展的关键期或最佳期及时地进行教育。

4. 小学生身心发展的互补性及其对教育的启示

具体表现：一方面指机体某一方面的机能受损甚至缺失后，可以通过其他方面的超常发展得到部分补偿，如失明者通过听觉、触觉等方面的超常发展补偿其对外的感知能力；另一方面，互补性也存在于心理机能和生理机能之间，如身患重病或有残缺的人，如果他有顽强的意志和战胜疾病的信心，身心依然得到发展。

教育启示：教师应结合学生实际，扬长避短，注重发展学生的自身优势。

5. 小学生身心发展的差异性及其对教育的启示

具体表现：个体之间的身心发展存在差异，这种差异不仅存在于整体身心，也存在于某一方面，不仅存在于男女两性之间，也存在于同性之间，不仅表现在发展水平上，也存在于生理或心理的功能方面。

教育启示：教师必须因材施教，长善救失，充分发挥每个学生的潜能和积极因素，有的放矢地进行教学，使每个学生都得到最大限度的发展。

考点突破

【6-23】(2018 年下半年)人们常说“三翻六坐八爬叉,十二个月喊爸爸”,这一说法所体现的儿童身心发展规律是( )。

A. 稳定性　B. 顺序性　C. 不平衡性　D. 个体差异性

【6-24】遗传素质是个体身心发展的( )。

A. 客观条件　B. 决定因素　C. 物质前提　D. 内在动力

【6-25】(2018 年上半年)人的身心发展是由低级到高级、连续的、不可逆的过程。这反映人的身心发展具有( )。

A. 阶段性　B. 整体性　C. 顺序性　D. 差异性

【6-26】(2017 年上半年)简述主观能动性在个体发展中的作用。

四、皮亚杰的儿童认知发展理论

(一) 认知发展阶段理论

瑞士心理学家皮亚杰提出了认知发展阶段理论,他认为认知发展是一个建构过程,是在个体与环境的相互作用中实现的。皮亚杰将个体的认知发展分为四个阶段:

1. 感知运动阶段(0～2 岁)

婴儿使用感知和运动来探索环境并获得关于环境的基本知识。在刚出生时,他们只能做一些简单的反射活动。到了后期,他们能够做一些较复杂的协调动作;能够区分自己和客体;知道了“客体永久性”,指自己看不到某样东西,但它依然存在;开始内化一些能够产生表象和思维活动的行为图式。

2. 前运算阶段(2～7 岁)

这个阶段的儿童凭借表象来思维,并开始使用符号来表现和理解环境中的事物。这个阶段儿童思维的特点表现在:泛灵论(万物都是有生命的)、自我中心(认为自己看到的世界和其他人看到的世界是一样的)、思维不可逆、没有守恒概念(儿童不能在心理上反向思考他们见到的行为,不能回想起事物变化前的样子)、不能进行抽象的运算思维。

3. 具体运算阶段(7～12 岁)

这个阶段的儿童已经获得了长度、体积、重量和面积的守恒概念,思维具有可逆性;认知结构中有了抽象的概念,但离不开具体事物的支撑;去自我中心主义。

4. 形式运算阶段(12～15 岁)

这个阶段的儿童思维已超越了对具体的可感知的事物的依赖,使形式从内容中脱离出来,进入形式运算阶段。在这个阶段,儿童主要具有的特点有:能够认识命题之间的关系;会进行假设—演绎推理;具有抽象逻辑思维。本阶段儿童能够理解符号的意义、隐喻和直喻,能对事物进行一定的概括,其思维发展水平接近成人;思维具有可逆性、补偿性和灵活性。

教育启示:① 根据皮亚杰的认知发展理论,小学生正处于具体运算阶段,因此,教师在教学中要重视学生思维能力的培养;② 小学生思维具有很大的具体形象性,低年级教学中教师应重视直观教学,到了高年级阶段可适当减少教具的使用,多使用语言引导学生思考,逐步发展抽象思维能力;③ 重视活动的开展,在活动中让学生体验知识的产生和获取知识。

（二）个体适应环境的方式

皮亚杰认为，个体是不断地通过同化与顺应两种方式，来达到自身与客观环境的平衡的。同化是指个体将新事物纳入已有的认知结构之中，以加强和丰富个体的认知结构。顺应是指个体改变自己的认知结构以适应客观变化和新事物。

考点突破

【6-27】(2016 年下半年)在幼儿园时，小军将自己最喜欢的玩具汽车送给妈妈作生日礼物；小学三年级时，他送给妈妈的生日礼物是妈妈最喜欢的漂亮发夹。这一转变说明他的思维已进入(　　)。

A. 感知运动阶段　　B. 前运算阶段
C. 具体运算阶段　　D. 形式运算阶段

【6-28】(2013 年上半年)一个儿童能辨别自己的左右手，但不能辨别他人的左右手。按照皮亚杰的认知发展理论，这个儿童的认知发展处于(　　)。

A. 感知运动阶段　　B. 形式运算阶段
C. 具体运算阶段　　D. 前运算阶段

【6-29】(2013 年下半年)皮亚杰认为，个体适应环境的方式是(　　)。

A. 尝试与顿悟　　B. 同化与顺应　　C. 平衡与守恒　　D. 刺激与反应

【6-30】(2014 年下半年)简述皮亚杰理论中 7～12 岁小学生思维发展的特征。

五、埃里克森的人格发展理论

美国心理学家埃里克森认为，人的一生可分为八个相互联系又相互区别的发展阶段(部分阶段如表 6-8 所示)。每一个阶段都存在着某种危机或冲突，这些危机是每一个发展阶段的标志。

表 6-8　埃里克森的人格发展阶段理论(仅列出 3～20 岁阶段)

大致年龄	心理危机(冲突)	发展的主要任务
3～6 岁	主动——内疚	获得主动感，克服内疚感，体验目的的实现
6～12 岁	勤奋——自卑	获得勤奋感，克服自卑感，体验能力的实现
12～20 岁	自我同一性——同一性混乱	建立自我同一感，防止同一性混乱，体验忠诚的实现

根据埃里克森的发展阶段理论，小学生所面临的主要危机是“勤奋与自卑”之间的冲突。这个时期，孩子常常会将自己与同伴进行比较，如果孩子足够勤奋，他们在这个时期能够掌握大量的交往和学习技能，并将因此而感到自信，如果不能掌握这些技能，孩子就会感到自卑。教师和同伴是个体的重要他人。

教育启示：小学阶段，教师要重视培养学生的勤奋刻苦的学习态度，引导他们体验通过艰辛努力而获得好成绩后的幸福感和成就感。

考点突破

【6-31】(2016 年下半年)依据埃里克森的人格发展阶段理论，6～12 岁儿童人格发展的主要任务是获得(　　)。

A. 勤奋感　　B. 主动感　　C. 自主感　　D. 自我统一感

巩固练习

一、选择题

1.（2014年上半年）同学们正在教室里聚精会神地听课，突然从外面飞进来一只蝴蝶，大家都把视线转向它。从心理学的角度看，这是（　　）。

A. 有意注意　　B. 无意注意　　C. 随意注意　　D. 有意后注意

2.（　　）是一切知识和经验的基础，是正常心理活动的必要条件。

A. 感觉　　B. 直觉　　C. 知觉　　D. 思维

3.“入芝兰之室，久而不闻其香；入鲍鱼之肆，久而不闻其臭。”这是（　　）。

A. 嗅觉适应的结果　　B. 嗅觉对比的结果

C. 嗅觉补偿的结果　　D. 嗅觉统合的结果

4.“外行看热闹，内行看门道”体现了知觉的（　　）。

A. 选择性　　B. 整体性　　C. 理解性　　D. 恒常性

5.（2014年下半年）根据过度学习的研究，如果小学生读4遍后能够完整背诵一首诗，要达到最佳记忆效果，还应背诵（　　）。

A. 2遍　　B. 4遍　　C. 6遍　　D. 8遍

6.“人逢喜事精神爽”这种情绪属于（　　）。

A. 激情　　B. 应激　　C. 心境　　D. 热情

7.“明日复明日，明日何其多？我生待明日，万事成蹉跎。”教师经常用这首诗鼓励学生珍惜时光，努力学习。这种行为属于意志品质的（　　）。

A. 自觉性　　B. 果断性　　C. 坚韧性　　D. 自制性

8. 丽丽背会了《山行》这首诗，接着又继续读了5分钟，这种知识保持方法属于（　　）。

A. 及时复习　　B. 使用记忆术　　C. 分散集中结合　　D. 适当过度学习

9. 4岁的小兰知道小明是自己的哥哥，但当问她小明有没有妹妹时，她却回答没有。这体现了小兰的（　　）思维特征。

A. 可逆性　　B. 不守恒性　　C. 自我中心性　　D. 守恒性

10.“余音绕梁，三日不绝于耳”属于（　　）。

A. 形象记忆　　B. 动作记忆　　C. 情绪记忆　　D. 逻辑记忆

11. 小英帮助生病在家的小红辅导功课后感到很快乐、这种情感属于（　　）。

A. 道德感　　B. 美感　　C. 理智感　　D. 幸福感

12. 小学生既不想完成作业又不想被老师惩罚，这种心理现象属于（　　）。

A. 双趋式冲突　　B. 双避式冲突

C. 趋避式冲突　　D. 双重趋避式冲突

13. 有人少年早慧，有人大器晚成，有人善于言辩，有人长于数理运算。上述现象表明，人的心理发展具有（　　）。

A. 连续性　　B. 顺序性　　C. 不平衡性　　D. 差异性

14. 个体身心发展有两个高速发展时期：新生儿与青春期，这是身心发展（　　）规律的反映。

A. 顺序性　　B. 不平衡性　　C. 阶段性　　D. 个别差异性

15. 根据皮亚杰的理论，能够解决“7×8＝56”这个问题的儿童属于（　　）。

A. 前运算阶段　　B. 直观动作阶段

C. 感知运动阶段　　D. 具体运算阶段

二、简答题

1. 简述影响个体发展的主要因素。

2. 简述思维的类型。

3. 简述注意的品质。

4. 儿童身心发展个别差异性表现在哪些方面？

参考答案

考点突破

【6-1】答案：D。

解析：题中是听觉的刺激引起了触觉，产生了春风拂面之感，即对一种感官的刺激作用引起另一种感觉的现象，为联觉。

【6-2】答案：D。

解析：不同颜色粉笔写出来的字，可以引发学生的感觉同时对比，那些彩色粉笔写的字更易吸引学生的注意。

【6-3】答案：B。

解析：知觉具有选择性、整体性、理解性和恒常性特性。选择性指当面对众多客体时，知觉系统会自动地将刺激分为对象和背景，并把知觉对象优先地从背景中区分出来。周老师用彩笔标出易错的笔画，是利用了知觉的选择性。

【6-4】解答：知觉的一般特性包括选择性、整体性、理解性和恒常性。(1) 选择性是指个体在知觉过程中把知觉对象从背景中区分出来优先加以清晰地反映的特性。(2) 整体性是指个体会根据自己的知识经验把直接作用于感觉的客观事物的多种属性整合为一个整体。(3) 理解性是指人在知觉某事物时，总是利用已有的知识和经验去认识知觉对象的特征。(4) 恒常性是指个体的直觉映像会在一定范围内不随知觉条件的改变而改变，是保持相对稳定的。

【6-5】答案：B。

解析：注意在短时间内起伏波动的现象是注意的起伏或者注意的动摇。

【6-6】解答：影响有意注意的因素有：对活动任务的认识；个体的意志努力；对事物的间接兴趣；对活动的精心组织。

【6-7】答案：A。

解析：根据艾宾浩斯遗忘曲线反映遗忘进程的规律是不均衡的，其速度是先快后慢，随后渐渐趋于平稳。

【6-8】答案：A。

解析：有的小学生在学习英语字母“t”时，会发出汉语拼音“t”的音，是因为之前学生学习了汉语拼音，之前的学习对后来英语学习产生了干扰，属于前摄抑制。

【6-9】解答：(1) 合理安排复习时间：及时复习；集中复习与间隔复习相结合。(2) 恰当地安排复习材料。(3) 反复阅读与试图回忆相结合。(4) 复习方法的多样化等。

【6-10】答案：A。

解析：思维的间接性说的是我们无法直接看到本质，只能通过间接的方式进行研究推理。通过观察学生的言行举止来了解学生的内心世界，体现了思维的间接性。

【6-11】答案：D。

解析：概念是人脑反映客观事物本质属性的思维形式。小学生通过对不同鸟类的认识，得出鸟的本质属性，得到“鸟”的概念，属于思维的概念形式。

【6-12】答案：C。

解析：成成能够回答问题时触类旁通，说明他的思维具有灵活性，也即变通性。

【6-13】解答：(1) 问题的特征。在解决有关问题时，个体经常受到问题的类型、呈现的方式等因素的影响。(2) 已有的知识经验。知识经验在头脑中的储存方式决定了问题解决的有效性。(3) 定势与功能固着。定势影响问题解决，功能固着也可以看作是一种定势，即从物体通常的功能的角度来考虑问题的定势。(4) 原型启发。(5) 情感与动机状态。除了上述因素外，个体的智力水平、性格特征、情绪状态、认知风格和世界观等个性因素也制约着问题解决的方向和效果。

【6-14】解答：培养小学生创造想象的能力的方法主要有：培养学生的创造动机；帮助学生进行丰富的表象储备；让学生积累必要的知识经验；用一些创作原型给学生以启发；培养学生积极的思维活动。

【6-15】答案：C。

解析：欣欣在解决问题的过程中产生的情感体验，是在智力活动过程中、在认识事物时产生的情感体验，属于一种理智感。

【6-16】答案：C。

解析：趋避冲突是指同一目标对个体既有吸引力，又有排斥力，个体既想接近，又想避开时产生的心理冲突。题中当班干部对小英有吸引力，她想趋近这个目标，但是又因怕同学嘲笑想避开，这种现象就是趋避冲突现象。

【6-17】答案：C。

解析：小学生喜欢亲近老师，渴望得到夸奖，说明他希望得到老师的认同和肯定，这属于归属与爱的需要。

【6-18】解答：马斯洛认为，人的一切行为都由需要引起，需要系统由低级到高级包括生理需要、安全需要、归属与爱的需要、自尊的需要、自我实现的需要五个层次。其中前四个层次属于基本需要，自我实现的需要属于成长的需要。一般情况下，当某种低层次的需要得到部分满足后，就会向高层次的需要发展。同一时期，一个人可能有多种需要，但每一时期总有一种需要占支配地位，对行为起决定作用。任何一种需要都不会因为更高层次需要的发展而消失，高层次的需要发展后，低层次的需要仍然存在，只是对行为影响的程度大大减小。

【6-19】答案：D。

解析：内在动机是出自活动者本人，并且活动本身能使活动者的需要得到满足的动机。题干中的学习兴趣是来自学习者本人，这种基于兴趣的学习能够使学生得到情绪上的满足。

【6-20】答案：A。

解析：学生灵活、好动可以看出他的气质是灵活型的，喜欢交朋友说明情感外向，见异思迁说明注意力容易转移，是比较典型的多血质。

【6-21】答案：C。

解析：“笨鸟先飞”和“勤能补拙”都是指个体的勤奋品质，勤奋是一种性格，而性格对能力有影响。

【6-22】答案：B。

解析：在儿童的认知发展中最早也是最快的是感觉和知觉。

【6-23】答案：B。

解析：从题干来看，三个月翻身，六个月坐，八个月爬，一岁时喊爸爸，这反映了儿童身心发展的顺序性。

【6-24】答案：C。

解析：个体身心发展的物质前提和发展的可能性是遗传素质。

【6-25】答案：C。

解析：顺序性是指人从出生到成人，他们的身心发展是一个从低级到高级，由量变到质变的过程，具有一定的顺序性，不可逆、不能逾越。题干说法体现了顺序性，故本题选C。

【6-26】解答：第一，个体的主观能动性是在人的活动中产生和表现出来的。第二，个体的主观能动性是人的发展的内在动力。这种能动性主要表现为个体在活动和交往基础上能动地进行自我认识、自我建构和自我创造。第三，个体的主观能动性影响个体的自我设计和自我奋斗。

【6-27】答案：C。

解析：幼儿园时小军认为自己喜欢的妈妈肯定喜欢，他的思维以自我为中心，属于前运算阶段；三年级时，他送给妈妈的礼物是妈妈最喜欢的漂亮发夹，说明他出现了去自我中心，站在别人的角度选择礼物，他的思维进入具体运算阶段。

【6-28】答案：D。

解析：儿童能辨别自己的左右手，是以自己为参照点来辨别的，不能辨别别人的左右手，说明他无法离开自己，不能站在别人的视角来辨别，属于前运算阶段。

【6-29】答案：B。

解析：皮亚杰认为，个体不断地通过同化与顺应两种方式，来达到自身与客观环境的平衡。故本题选 B。

【6-30】解答：皮亚杰理论中，7～12 岁小学生思维发展的特征有：儿童已经获得了长度、体积、重量和面积的守恒概念，思维具有可逆性；认知结构中有了抽象的概念，但离不开具体事物的支撑；去自我中心主义。

【6-31】答案：A。

解析：埃里克森的人格发展阶段理论指出，6～12 岁儿童人格发展的主要任务是获得勤奋感，克服自卑感，体验能力的实现。

巩固练习

一、选择题

1. B。学生把视线转向蝴蝶，事先没有预定的目的，且不需要意志努力，是属于无意注意。

2. A。感觉是人脑对直接作用于感觉器官的客观事物个别属性的反映，是认知的起点，是一切知识和经验的基础。

3. A。在外界刺激持续作用下感受性发生变化的现象叫感觉适应。适应现象发生在所有的感觉中。“入芝兰之室，久而不闻其香；入鲍鱼之肆，久而不闻其臭”，是嗅觉的适应。

4. C。知觉的理解性是指人以知觉经验为基础，对感知的事物加工处理，并用词语加以概括赋予说明的过程。

5. A。根据对过度学习的研究，最好的记忆效果是 150%，目前他通过读 4 遍能够完整背诵，还需要读 2 遍达到记忆的最佳效果。

6. C。心境是一种具有弥散性的、微弱而又持久的情绪状态。“人逢喜事精神爽”就是心境的表现。

7. A。意志的自觉性是指个体自觉地确定行动目的，并独立自主地采取决定和执行决定。

8. A。丽丽背会了后及时的继续读了 5 分钟，说明她进行了及时巩固和复习。

9. C。小兰不能从她哥哥的角度思考问题，体现了自我中心性的思维特点。

10. A。形象记忆是指对感知过的事物具体形象的记忆。这种形象并非单纯指看得见摸得着的实物，声音也是一种形象，对它的记忆便是一种形象记忆。

11. A。小英帮助了同伴，感到很快乐就是小英运用一定的道德标准评价自身行为时所产生的情感体验，是一种道德感。

12. B。写作业和教师惩罚都是学生力图回避的威胁性目标，产生的是双避冲突。

13. D。题干中说到有些人早慧，有些人晚成，说明人与人之间是由差异的，体现了个体发展的差异性。

14. B。儿童的发展有发展快的时期，一般称为关键期，也有发展比较慢的时期，题干中所说的就是儿童发展的不平衡性。

15. D。能够解决“7×8=56”这个问题的儿童处于具体运算阶段。处于具体运算阶段的儿童，他们的认知结构已经发生了重组和改善，思维具有一定的弹性，可以逆转，已经获得长度、体积、重量和面积等的守恒，能凭借具体事物或从具体事物中获得的表象进行逻辑思维和群集运算，但其思维仍然需要具体事物的支持。

二、简答题

1. 影响个体发展的主要因素有：遗传素质、环境因素、学校教育因素和个体主观能动性。其中，遗传素质提供了物质前提和发展的可能性，环境提供了物质条件、社会关系和文化资源，学校教育是有目的地产生主导和促进作用，个体主观能动性则是内在动力。这四个因素各有各的特点与作用，都是个体的发展不可或缺的必要因素，四个因素协同作用，共同影响人的发展。

2. 思维的类型按不同的分类标准有不同的类型：

(1) 根据思维过程中的凭借物的不同，可分为直观动作思维、具体形象思维和抽象逻辑思维。

(2) 根据思维的逻辑性，可分为直觉思维和分析思维。

(3) 根据思维的创新程度,可分为常规性思维和创造性思维。

(4) 根据思维的指向性,可分为聚合思维和发散思维。

3. 注意的品质包括:

(1) 注意的广度:也称注意的范围,是指在同一时间内,意识所能清楚地把握对象的数量。“一目十行”“眼观六路”“耳听八方”,指的都是注意的广度。

(2) 注意的稳定性:指注意在一定时间内保持在某一对象上的品质。注意的稳定性与注意对象的特点、主体的意志力水平和个人的主观状态有关系。

(3) 注意的分配:指在同一时间内把注意力集中于两种或两种以上不同的对象或活动上。

(4) 注意的转移:指根据任务的要求,有意识地把注意力从一个事物转移到另一个事物上。

4. 个体之间的身心发展存在差异,这种差异不仅存在于整体身心,也存在于某一方面,不仅存在于男女两性之间,也存在同性之间,不仅表现在发展水平上,也存在于生理或心理的功能方面。

第七章　学习理论与学习指导

考点分析

- 本章考点主要以选择题和简答题的形式出现。
- 本章考点主要有：学习的分类及学习理论；学习迁移理论；小学生学习兴趣培养和良好学习习惯养成的一般方法，个体的差异及相应的教育含义。

第一节　学习的概述

一、学习的内涵

学习是人类和动物共有的行为。判断一种行为是不是学习行为可以从三个方面进行：一是这种行为发生了变化；二是这种变化是相对持久的；三是这种行为变化是通过练习或反复经验的获得而产生的。

学习的行为变化是由经验引起的，这里所说的“经验”是个体在后天活动中获得的。那些由遗传、成熟或机体损伤等导致的行为变化，比如吞咽、身体发育、残疾行为等，不能称为学习。

二、学习的分类

（一）加涅的学习结果分类

美国教育心理学家加涅根据不同的学习结果，将学习分为五种类型。它们分别是：

言语信息：即我们通常所说的“知识”。它表现为学会陈述观念的能力，学习“是什么”的问题。

智慧技能：即能力，学生应用言语信息与环境相互作用的能力，是学习解决“怎么做”的问题。如“运用长方形的面积公式求出具体菜地的面积”。

认知策略：即学会如何学习，它表现为用来调节和控制自己学习过程的能力，是学习者在应付环境事件的过程中对自身认知活动的监控。如为了记住某个英语单词，采用边读边写、反复重述的方式，运用了读写结合和复述的策略。

动作技能：指运用规则调控自身肌肉协调的能力。如学习跳广播体操。

态度：指通过后天学习形成的影响个体行为选择的内部倾向。如某些学生喜欢阅读、有些学生喜欢做实验。

（二）信息加工理论的学习分类

信息加工心理学家认为，人类后天所习得的能力都可以用习得的知识来解释，可以分为两类：

陈述性知识：根据某人会说什么推知某人所具有的知识，即可以用言语表达的知识。

程序性知识：根据某人会做什么推知某人所具有的知识。程序性知识又可以分为对外办事的知识（包括动作技能和智慧技能）和对内起调控作用的知识（策略性知识）两类。

（三）按学习性质分类

美国心理学家奥苏伯尔根据学习主体所得经验的来源不同，将学习分为接受学习和发现学习，依经验的性质与内容深度不同，分为有意义学习和机械学习。

不能把接受学习等同于机械学习，发现学习等同于有意义学习。事实上，学习可分为机械的接受学习、机械的发现学习、有意义的接受学习和有意义的发现学习四种。

（四）按学习内容分类

我国学者一般把学习分为：知识学习、技能学习、行为规范学习。

1. 知识学习

知识学习分为符号学习、概念学习和命题学习。符号学习，又称代表学习，是指学习单个符号或一组符号的意义，比如对历史事件、历史人物、地理信息、词汇、图标等的学习。概念学习，即掌握同类事物的共同的本质属性。命题学习，是指学习若干概念之间的关系，或者说掌握由几个概念联合所构成的复合意义。

2. 技能学习

通常把技能分为心智技能和操作技能，操作技能也叫动作技能、运动技能。

（1）心智技能的形成过程包括以下三种。

原型定向：使儿童掌握程序性知识，了解这种智力活动的“原样”和动作结构。

原型操作：依据心智技能的实践模式，把主体在头脑中建立起来的活动程序计划以外显的方式付诸执行。

原型内化：指心智活动的实践模式向头脑内部转化，由外显的、物质的形式变成内潜的、观念的形式的过程。

（2）操作技能的形成过程包括以下四种。

操作定向：对操作活动的结构与要求的了解，在头脑中建立起操作活动的定向映像的过程。

操作模仿和练习：指实际再现特定的动作方式或行为模式。要注意克服练习中的“高原现象”，高原现象是指练习中成绩并非直线式上升，有时会出现暂时停顿甚至有些下降的现象。

操作整合：把模仿阶段习得的动作固定下来，使各动作成分相互结合，成为定型的、一体化的动作系统。

操作熟练：动作执行达到高度的完善化和自动化。

3. 行为规范学习

行为规范学习是指以掌握某种行为规范为主要目的的学习活动。

考点突破

【7-1】(2018 年下半年)小学生学写新字时，先听教师讲解，观察教师书写示范。这时的技能学习阶段处于(　　)。

A. 操作定向　　B. 操作模仿　　C. 操作整合　　D. 操作熟练

【7-2】(2017 年下半年)同学们学习一段舞蹈动作，刚开始进步很快，但一段时间后进步不明显，甚至停滞不前。这在技能练习上称为(　　)。

A. 高原现象　　B. 抑制现象　　C. 遗忘现象　　D. 挫折现象

第二节 学习理论

学习理论是探究人类学习本质及其形成机制的心理学理论。它重点研究学习的性质、过程、动机以及方法和策略等。

一、行为主义学习理论

行为主义学习理论认为,学习过程是有机体在一定条件下形成刺激与反应的联系,从而获得新经验的过程,强化在刺激—反应联结的建立中起着重要作用。

有影响的行为主义学习理论有:美国心理学家桑代克的尝试错误说、俄国生理学家巴甫洛夫的经典型条件作用理论、美国心理学家斯金纳的操作性作用理论和美国心理学家班杜拉的社会学习理论。

(一)桑代克的尝试错误说

认为学习的过程是刺激与反应之间建立联结的过程,联结是通过盲目尝试——逐步减少错误——再尝试而形成的,也称为试误说。通过实验研究得出了三条主要的学习定律。

(1)准备律。在进入某种学习活动之前,如果学习者做好了与相应的学习活动相关的预备性反应(包括生理和心理的),学习者就能比较自如地掌握学习的内容。

(2)练习律。对于学习者已形成的某种联结,在实践中正确地重复这种反应会有效地增强这种联结。

(3)效果律。学习者在学习过程中所得到的各种正或负的反馈意见会加强或减弱学习者在头脑中已经形成的某种联结。效果律是最重要的学习定律。

(二)巴甫洛夫的经典型条件作用理论

巴甫洛夫通过研究狗的进食行为时发现,如果在狗每次进食时发出铃声,一段时间后,狗只要听到铃声就会分泌唾液,这是作为中性刺激的铃声由于与无条件刺激联结而成了条件刺激,由此引起的唾液分泌就是条件反射,后人称之为"经典型条件作用"。

(三)斯金纳的操作性条件作用理论

斯金纳把有机体反应之后出现的、能增强反应概率的手段或措施称为强化。强化物是指能够提高反应概率的刺激物。如孩子举手回答问题后,教师表扬孩子积极举手的行为,那么孩子举手回答问题的行为会增加,这里教师的表扬就是一个强化物。操作性行为主要受强化规律的制约。

操作条件反射的基本规律如下:

1. 强化

强化有正强化与负强化之分,正强化是给予一个愉快刺激(如某种奖励、奖品等),从而增强其良好行为的出现概率。负强化主要是让孩子摆脱厌恶刺激(如撤销惩罚),从而增强其良好行为的出现概率。

2. 惩罚

当有机体做出某种反应以后,给予一个厌恶刺激(如体罚、谴责等),以消除或抑制此类反应的过程,称作惩罚。惩罚与负强化有所不同,负强化是通过厌恶刺激的排除来增加反应在将来发生的概率,而惩罚则是通过厌恶刺激的呈现来降低反应在将来发生的概率。

3. 消退

有机体做出以前曾被强化过的反应，如果在这一反应之后不再有强化物相伴，那么，此类反应在将来发生的概率便降低，称为消退。消退是减少不良行为、消除坏习惯的有效方法。

（四）班杜拉的社会学习理论

班杜拉认为个体、环境和行为三者都是作为相互决定的因素而起作用的，它们彼此之间的影响都是相互的。强调在社会学习过程中行为、认知和环境三者的交互作用。

班杜拉认为人的学习主要是观察学习。观察学习，又称替代学习，是指通过对他人及其强化性结果的观察，一个人获得某些新的反应，或者矫正原有的行为反应，而在这一过程中，学习者作为观察者并没有外显的操作。

班杜拉把强化分为三种形式，分别是直接强化、替代强化和自我强化。

(1) 直接强化：指观察者因表现出观察行为而受到强化。如某学生看到小组长在认真地写作业，他也开始认真写作业。

(2) 替代强化：指观察者因看到榜样的行为被强化而受到强化。如某学生看到小组长在认真地写作业后得到了老师的表扬，他也开始认真写作业。

(3) 自我强化：指人能观察自己的行为，并根据自己的标准进行判断，由此强化或处罚自己。如某学生认为自己认真写作业，那么想完成的作业质量更好，这个学生就会努力认真地完成。

考点突破

【7-3】(2016 年上半年)将强化分为直接强化、替代强化和自我强化的心理学家是(　　)。

A. 罗杰斯　　B. 斯金纳　　C. 班杜拉　　D. 桑代克

【7-4】(2017 年上半年)小强不按时完成作业，妈妈就禁止他看动画片，一旦按时完成就取消这一禁令，随后小强按时完成作业的次数增加了。这属于(　　)。

A. 正强化　　B. 负强化　　C. 自我强化　　D. 替代强化

二、认知主义学习理论

认知主义学习理论认为：学习不是在外部环境的支配下被动地形成刺激—反应联结，而是主动地在头脑内部构造认知结构；学习不是通过练习与强化形成反应习惯，而是通过顿悟与理解获得期待；有机体当前的学习依赖于他原有的认知结构和当前的刺激情境，学习受主体的预期所引导，而不受习惯所支配。苛勒的完形—顿悟说、布鲁纳的认知—结构论以及奥苏伯尔的有意义接受学习论是认知主义学习理论的主要代表。

（一）苛勒的完形—顿悟说

苛勒的完形—顿悟说的基本内容包括：

(1) 学习是通过顿悟过程实现的。苛勒认为，学习是个体利用本身的智慧与理解力对情境及情境与自身关系的顿悟，而不是动作的累积或盲目的尝试。

(2) 学习的实质是在主体内部构造完形。完形是一种心理结构，它是在机能上相互联系和相互作用的整体结构，是对事物的关系的认知。苛勒认为，学习过程中问题的解决，都是由于对情境中事物关系的理解而构成一种“完形”来实现的。

（二）布鲁纳的认知—结构论

布鲁纳认为，学习的目的在于以发现学习的方式，使学科的基本结构转变为学生头脑中的认知结构。因此，他的理论常被称为认知—结构论或认知—发现说。

1. 学习观

第一，学习的实质是主动地形成认知结构。第二，学习包括获得、转化和评价三个过程。

2. 教学观

第一，教学的目的在于理解学科的基本结构，所谓学科的基本结构，是指学科的基本知识、基本方法与基本态度。第二，掌握学科基本结构的教学原则有动机原则、结构原则、程序原则和强化原则。第三，提倡发现学习，认为学生掌握学科基本结构最好的方法是发现法。所谓发现法，就是学生利用教材和教师创设的情境，经过自己的探索与发现以获得问题答案的一种学习方式。

（三）奥苏伯尔的有意义接受学习论

奥苏伯尔认为，学习是否有意义，不取决于学习的方式是发现的还是接受的，而是取决于有意义学习的条件，只要符合条件就是有意义的学习。

1. 有意义学习的实质和条件

(1) 有意义学习的实质。所谓有意义学习的实质，就是将新知识与学习者认知结构中已有的适当观念建立起非人为的（内在的）和实质性的联系。例如，学生认知结构中已经有了“哺乳动物”的概念，再学习“鲸”这一新概念时，就与“哺乳动物”概念之间产生了逻辑上的关系，这种关系不是人为的，是符合一般与特殊的关系的。

(2) 有意义学习的条件有三个：① 有意义学习的材料本身具有逻辑意义；② 学习者认知结构中必须具有能够同化新知识的适当的认知结构；③ 学习者具有积极的联结新知识与已有认知结构的心向。

2. 接受学习的实质

接受学习是指在教师的指导下，学习者接受新事物有意义的学习。新知识与原有知识的关系构成三种学习：① 上位学习，原有知识是下位，新知识是上位的，如各种三角形的认识与三角形的特性；② 下位学习，原有知识是上位的，新知识是下位的，如三角形与等腰三角形；③ 并列结合学习，新知识与原有知识是并列的，如整数与分数的认识。

3. 先行组织者

奥苏伯尔认为，影响接受学习的关键因素是认知结构中适当的起固定作用的观念的可利用性，因此他提出了“先行组织者”的教学策略。“先行组织者”是先于学习任务本身呈现的一种引导性材料，它的抽象、概括和综合水平高于学习任务，并且与认知结构中原有的观念和新的学习任务相关联。

4. 有意义学习的基本类型

(1) 表征学习。即符号的学习，学习单个符号或一组符号的意义，或者说，学习它们代表什么。

(2) 概念学习。概念是一类事物的共同“本质”属性，而概念学习就是要掌握概念所反映的一类事物的共同“本质”属性。如，学习三角形的概念，就是要理解三角形是“由三条线段围成的平面图形”这一本质属性。

概念学习包括概念形成和概念同化。概念形成是指经过对客观事物的对象和现象进行反复感知和不断分析、比较、抽象、概括，在此基础上概括出一类事物的特征，属于发现学习；概念同化是指通过下定义的方式来揭示某类事物的特征，这种概念获得的方式就是概念同化，属于接受学习。

(3) 命题学习。命题学习是指学习若干概念之间的关系，或者是学习由几个概念联合所构成的复合意义。命题可以分为两类：概括性命题（如圆的半径都相等）和非概括性命题（如 3 是奇数），前者往往揭示几个概念之间的关系，表示某种规律、定理、规则或原理等，而后者则仅仅表示一个事实。

考点突破

【7-5】(2018 年上半年)小学生学习“三角形的内角和是 180 度”，这在奥苏伯尔有意义学习分类中属于(　　)。

A. 概念学习　　B. 符号学习　　C. 表征学习　　D. 命题学习

【7-6】(2017 年下半年)在直角三角形的教学中，老师呈现了直角三角形的各种变式，主要目的是为了(　　)。

A. 激发学习兴趣　　B. 引起有意注意　　C. 丰富学生想象　　D. 突出概念本质

三、人本主义学习理论

人本主义心理学是 20 世纪 50 年代在美国兴起的一种心理学思潮，其主要代表人物是马斯洛和罗杰斯。人本主义学习理论强调人的潜能、个性与创造性的发展，强调人的自我实现。其主要的观点包括有意义的自由学习观、以学生为中心的教学观。

1. 有意义的自由学习观

该学习观认为，有意义学习不仅是一种增长知识的学习，而且是一种与每个人的经验融合在一起的学习，是一种使个体的行为、态度、个性等发生变化的学习。

有意义学习的条件包括：学习是学习者自我参与的过程，包括情感与认知都投入学习活动；学习是学习者自我发起的，内在动力在学习中起主要作用；学习是渗透性的，它会使学生的行为、态度及至个性都会发生变化；学习是由学生自我评价的。

有意义学习的主要特征包括：全身心投入、自动自发、全面发展和自我评价。

2. 以学生为中心的教学观

该教学观认为，教师的任务不是教学生学习知识（这是行为主义者关注的），也不是教学生如何学习（这是认知主义者重视的），而是为学生提供各种学习资源，提供一种促进学习的气氛，让学生自己决定如何学习。

人本主义学习理论主张废除“教师”这一角色，代之以“学习的促进者”的角色。

四、建构主义学习理论

建构主义心理学兴起于 20 世纪 80 年代，是当代学习理论的一场革命，是认知主义的进一步发展所形成的完整体系。其主要观点有以下几个方面：

1. 知识观

建构主义学习理论认为，知识并不是对现实的准确表征，它只是一种解释、一种假设，它并不是问题的最终答案，知识并不能精确地概括世界的法则，在具体问题中，需要针对具体情境进行再创造。因此，知识不以实体的形式存在于具体个体之外，而是个体基于自己的经验背景建构起来的。

2. 学习观

建构主义认为，学习不是由教师向学生传递知识，而是学生建构自己认知结构的过程。

学生是信息意义的主动构建者。

3. 学生观

建构主义认为，学生是意义的主动建构者，而不是知识的被动接受者和被灌输的对象。教学不能无视学生的经验，而是要把其现有知识经验作为新知识生长点，引导从原有的知识经验中“生长”出新的知识经验。

教学启示：在建构主义学习理论的指导下，出现了探究教学、支架式教学、情境教学、合作学习等多种新型的教学和学习策略方法。

考点突破

【7-7】(2017年上半年)学生的学习是基于自己的经验，主动接受新的信息，并对其意义进行重构的过程，这一观点属于(　　)。

A. 有意义接受学习理论　　B. 建构主义学习理论

C. 信息加工学习理论　　D. 联结主义学习理论

第三节　学习迁移

学习迁移也称训练迁移，是指一种学习对另一种学习的影响，或习得的经验对完成其他活动的影响，如通常所说的“举一反三”“触类旁通”。迁移不仅表现为先前学习对后来学习的影响，而且表现为后来学习对先前学习的影响。

一、学习迁移的类型

根据不同的分类标准，学习迁移可以分为不同的类型。

1. 正迁移、负迁移和零迁移

根据迁移的影响效果的不同，可以把学习迁移分为正迁移、负迁移和零迁移。正迁移是指一种学习对另一种学习起积极的促进作用，产生触类旁通的学习效果，如会骑自行车的人更易学会骑摩托车。负迁移是指两种学习之间相互干扰、阻碍，如学会汉语拼音会对学习英文国际音标有干扰。零迁移是指一种学习对另一种学习既不产生积极影响，也不产生消极影响。

2. 水平迁移和垂直迁移

根据迁移内容的抽象和概括水平的不同，可以把学习迁移分为水平迁移和垂直迁移。水平迁移，又称横向迁移，是指处于同一抽象和概括水平的经验之间的相互影响，如学过电子琴的人，再学弹钢琴就会比较容易，电子琴和钢琴是处于同一抽象、概括水平的学习。垂直迁移，又称纵向迁移，是指处于不同抽象、概括水平的经验之间的相互影响，如学了角的概念之后，再学习直角、锐角等概念。垂直迁移表现为自下而上的迁移和自上而下的迁移。

3. 顺向迁移和逆向迁移

根据迁移发生方向的不同，可以把学习迁移分为顺向迁移和逆向迁移。顺向迁移是指先行学习对后续学习产生的影响，如前摄抑制。逆向迁移是指后续学习对先前学习产生的影响，如倒摄抑制。

4. 一般迁移和具体迁移

根据迁移内容的不同，可以把学习迁移分为一般迁移和具体迁移。一般迁移，也称普遍迁移，是指在一种学习中所习得的一般原理、原则和态度对另一种具体学习内容的影响，即原理、原则和态度的具体应用，如数学学习中形成的认真审题的态度及其审题方法会影响到化学、物理等学习中的审题态度和方法。具体迁移是指一种学习中习得的具体的、特殊的经验直接迁移到另一种学习中去或者经过某种要素的重新组合，以迁移到新情境中去，如学生学会写“石”字，有助于写“磊”字。

5. 同化性迁移、顺应性迁移和重组性迁移

根据迁移过程中所需的内在心理机制的不同，可以把学习迁移分为同化性迁移、顺应性迁移和重组性迁移。同化性迁移是指不改变原有的认知结构，直接将原有的认知经验应用到本质特征相同的一类事物中去。顺应性迁移是指原有的认知经验应用于新情境时，需调整原有的经验或对旧经验加以概括，形成一种能包容新旧经验的更高一级的认知结构，以适应外界的变化。重组性迁移是指重新组合原有认知系统中某些构成要素或成分，调整各成分间的关系或建立新的联系，从而应用于新情境，如将已经掌握的字母进行重新组合，形成新的单词。

二、影响学习迁移的因素

影响学习迁移的因素有相似性、原有认知结构和学习心向与定势。

1. 相似性

相似性的大小主要是由两个任务中含有的共同成分决定，较多的共同成分将产生较大的相似性，并导致迁移的产生。相似性可以表现在三个方面：① 学习材料之间的共同要素或相似性；② 学习目标与学习过程的相似性；③ 学习情境的相似性。

2. 原有认知结构

在学习中，原有认知结构的特征直接决定了迁移的可能性及迁移的程度。原有认知结构的特征主要包括以下三个方面：

（1）学习者是否具有相应的背景知识。这是迁移产生的基本前提条件，已有的知识背景越丰富，越有利于新的学习，迁移越容易。

（2）原有知识经验的概括程度。一般而言，原有知识经验的概括水平越高，使用范围就越广，迁移的可能性也就越大，迁移效果越好。基本概念的掌握和学习者的概括能力是分不开的，学习者要透彻地掌握概念、原理和原则，在类似的学习中灵活地运用，提高分析问题和解决问题的能力。

（3）认知技能或认知策略。学习者是否具有相应的认知技能或认知策略，以及对认知活动进行调节，控制的元认知策略，也影响学习迁移的产生。

3. 学习心向与定势

学习心向与定势常常指的是同一种现象，即先于一定的活动而又指向该活动的一种动力准备状态。定势对学习迁移的影响表现为促进和阻碍两种。

除上述影响学习迁移的一些基本因素外，年龄、智力、学习者的态度、教学指导、外界的提示与帮助等都在不同程度上影响着迁移的产生。

考点突破

【7-8】（2018 年上半年）简述学习迁移的影响因素。

三、促进学习迁移的策略

教师促进学习迁移主要有以下策略：

（1）充分了解教材体系，合理安排教材和教学内容；

（2）突出基本概念，加强基本知识和技能的学习；

（3）了解学生已有的知识水平，教授正确的学习方法；

（4）把握好迁移的时机与“度”，防止负迁移。

第四节　学习指导

一、学习兴趣分析

（一）小学生学习兴趣的特点

（1）在学习的过程中，小学生最初对学习过程和学习的外部活动更感兴趣，后来逐渐对学习的内容、对需要独立思考的作业更感兴趣。

有研究材料表明，约从三年级起，学生更喜欢比较新颖的、困难的、需要动脑筋的、独立思考的学习作业。

（2）在对待学科上，学生的学习兴趣最初是不分化的，后来逐渐产生对不同学科内容的不同兴趣。低年级的学生对读、写、算都同样感兴趣。从中年级起，随着他们知识的丰富、能力的发展，以及教师的教学影响，学生逐渐表现出对某一学科的兴趣，但这种兴趣仍然不稳定，容易受教师和家长的影响。

（3）对有关具体事实和经验的知识较有兴趣，对有关抽象的、因果关系的知识的兴趣在初步发展。低中年级的学生最感兴趣的是具体的活动和事例。例如阅读故事，从事技术活动、体育活动等。四年级后，开始对自然现象和社会现象的因果关系、初步计算规律的应用、语法结构的变化等感兴趣。

（4）游戏因素在儿童学习兴趣上的作用逐渐降低。低年级学生对玩中学的方法更感兴趣，如通过摆弄学具的直观动手活动来学习数学。从中年级起，学生对日渐新颖的教材本身更感兴趣，喜欢动脑筋，独立思考。

（5）在阅读兴趣方面，一般是从课内读物发展到课外阅读，从阅读童话故事发展到阅读文艺作品和通俗读物。在读物内容上，低年级的学生非常喜欢童话故事，约从中年级起，学生对描写英雄人物的战斗故事、带有惊险情节的读物、科普读物更感兴趣。

（二）学习兴趣的激发与培养

学习兴趣的激发和培养是既有联系又有区别的。学习兴趣的激发，是指把已经形成的、潜在的学习兴趣充分调动起来。学习兴趣的培养，是使学生把社会和学校向他提出的客观要求变为自己内在的兴趣。培养是激发的前提，在激发学习兴趣时，又能进一步加强已有的学习兴趣。很多教育措施往往兼具激发和培养学习兴趣的作用。教师激发和培养学生的学习兴趣可通过以下方法进行。

（1）帮助学生建立积极的心理准备状态。兴趣是可以由学生自己产生的，兴趣产生的关键是学生要有积极的态度。教师要善于运用教学方法，增加学习内容的趣味性，使学生形成积极的心理准备状态。

（2）充分利用本学科的优势。教师要充分挖掘本学科的特点与优势，增加所教内容的趣味性，让学生感受到学科的内在美，使学生对所学学科内容产生兴趣。

(3) 创设问题情境。创设问题情境可以激发学生对学习内容的好奇心,进而对学习产生兴趣。教师创设问题情境要善于把握教学规律,了解学生已有的知识基础,通过提出启发性的问题,引发学生的好奇心和求知欲。因此,教师要了解学生的基础,明确知识的来龙去脉,创设具体的、有趣的、新颖的、适当难度的、具有启发意义的问题。

(4) 改进教学方法。教师在教学和指导学生学习的过程中,要注重教学方法的合理运用,让一些枯燥难懂的学科知识以有趣形象的方式来呈现,引起学生的学习兴趣并进一步深化学生对知识的理解。

(5) 及时进行学习结果反馈。教师让学生及时了解自己的学习结果,如解题的正确率、学习成绩的好坏等,可以强化其学习动机和兴趣,进一步激发学习的愿望。另外,通过积极的激励和适当的竞赛也可以提高学生的学习兴趣。

二、良好学习习惯的养成

学习习惯是一种高度自觉的、自动的、主动化了的、持久的学习行动方式。学习习惯包括动作性学习习惯和智慧性学习习惯,涉及学生学习的各个方面,如阅读习惯、书写习惯、记忆习惯、思考习惯等。有些学习习惯直接影响学生学习的效果,如上课听讲的习惯。教师应采取适当的方式,促进学生良好学习习惯的形成,具体来说,主要有以下几种方式。

1. 发挥课堂主渠道作用

课堂教学是教育的基本途径,课堂是培养学生良好习惯的主渠道。教师一定要利用课堂教学中的每个环节对学生的学习习惯进行教育与培养。

2. 重视及时评价,注重对学生进行正强化教育

教师应该及时评价学生的学习行为,让学生明白什么是好的学习习惯,对好的学习习惯要给予表扬和激励。

3. 开展丰富多彩的活动,在活动中培养学生良好的学习习惯

学习习惯是一种行为方式,其养成有赖于行为过程中学习行为的反复练习与强化。因此,借助学习活动来帮助学生培养好的学习习惯是重要的教育途径。

4. 发挥家长的作用,形成家庭与学校共同培养学生学习习惯的合力

家长自身的学习习惯以及家长对学生学习习惯的教育意识和教育方式,都是影响小学生学习习惯的重要因素。因此家校应合作共同关注和培养学生学习习惯,以发挥教育的最大合力。

5. 分层渐进,注重对学生进行个别辅导

小学生的实际情况不同,学习习惯培养的重点与方法也不同。教师在具体操作中,应在统一要求、全面规划的前提下,对个别学生进行辅导,从而使不同层次、不同类型的孩子循序渐进,养成良好的学习习惯。

6. 建立小学生良好的学习习惯评价体系

良好的学习习惯的养成需要科学的评价标准,建立学生学习习惯评价体系有助于激励学生在教师的指导下或自觉坚持良好的学习习惯,预防和克服不良的学习习惯,同时提高学生对自身行为的认知,增强学生的是非观和善恶观。

三、个体差异与因材施教

（一）小学生的认知方式差异及教育含义

1. 认知方式的差异

认知方式又称认知风格，是个体在知觉、思维、记忆和解决问题等认知活动中加工和组织信息时所显示出来的独特而稳定的风格。认知方式主要有类型的差异，不同的分类标准下可将认知方式分为以下三组相互对立的类型：

（1）场独立型与场依存型。场独立型的特点是个人对客观事物做出判断时，常常利用内部的参照，不易受外来的因素影响和干扰，善于独立对事情做出判断。场依存型的特点是个人对客观事物做出判断时，倾向于以外部参照作为信息加工的依据，容易受到周围人们，特别是权威人士的影响和干扰，善于察言观色。

（2）冲动型与沉思型。冲动型的特点是这类人往往以最快的速度形成自己的看法，在回答问题时很快就做出反应。反思型的特点是这类人不急于回答，在作出回答之前，倾向于先评估各种可替代的方案，然后给出较有把握的答案。

（3）辐合型与发散型。辐合型的特点是个体在解决问题过程中常表现出辐合思维的特征，表现为搜集和综合信息与知识，善于运用逻辑规律，缩小解答的范围，直至找到最合适的唯一的正确解答。发散型的特点是个体在解决问题过程中常表现为发散思维的特征，表现为个体的思维沿着许多不同的方向扩展，使观念发散到各个有关的方面，最终产生多种可能的答案，因而容易产生有见地的新颖观念。

2. 认知方式差异的教育含义

认知方式主要影响学生的学习方式，没有优劣好坏之分。在教学过程中，教师应该创设适合学生认知差异的教学组织形式、教学方式和教学手段。

考点突破

【7-9】（2016 年上半年）不受外界环境影响，常用自己的内在标准判断客观事物的人，其认知方式属于（　　）。

A. 场独立型　　B. 场依存性　　C. 整体型　　D. 系列型

（二）小学生的能力差异及教育含义

1. 能力的差异

能力通常分为一般能力和特殊能力。智力是在认识活动中表现出来的一般能力，是个体能顺利从事某项活动所必需的各种认知能力的有机结合。能力的差异主要体现在智力差异上，主要表现在以下几个方面：

（1）智力水平的差异。智力分布近似正态分布，大多数人的智力属于中等水平，只有少部分人处于高智力或低智力水平。

（2）能力类型差异。指构成能力的各种因素存在质的差异，主要表现在知觉、记忆、想象、思维的类型和品质方面。如加德纳提出了多元智能理论，他认为，人的智能由语言智力、数理智力、空间智力、运动智力、音乐智力、人际交往智力、内省智力、自然观察者智力和存在智力九种智力要素组成。每个人都在不同程度上拥有上述九种基本智力因素，智力因素之间的不同组合表现出个体间的智力差异。

（3）能力表现早晚的差异。主要体现在能力的早期显露、中年成才和大器晚成三个方面。

（4）智力的性别差异。第一，男女智力的总体水平大致相等；但男性智力分布的离散程度比女性大，即很聪明的男性和很笨的男性比女性多，智力中等的女性比男性多；第二，男女的智力结构存在差异，各具有其优势领域。

2. 能力差异的教育含义

教师对学生学习的指导，应该针对不同能力水平的学生施以不同的教学方式，提出不同的教学要求，长善救失，发展学生学习的能力。

（三）小学生的性格差异及其教育含义

1. 性格的差异

性格差异主要表现在性格的特征差异和性格的类型差异两个方面。

（1）性格的特征差异存在于个体对现实态度的性格特征、性格的理智特征、性格的情绪特征和性格的意志特征。对现实态度的性格特征指个体对社会、集体、他人的态度和对学习、劳动、工作的态度，以及对自己的态度等方面表现出来的特点。性格的理智特征指个体在感知、记忆、思维、想象等认知过程中所表现出来的习惯化的行为方式。性格的情绪特征指个体在情绪活动时的强度、稳定性、持续性以及主导心境等方面表现出来的个别差异。性格的意志特征指个体对自己行为的控制和调节方面的性格特征，如自觉性、果断性、自制力以及坚韧性等方面的特征。

（2）性格的类型差异。性格类型是指一类人身上所共有的性格特征的独特组合。依据不同的分类标准，有不同的类型：如依据个人心理活动倾向于外部还是内部，把个体的性格分为外倾型与内倾型两类；依据一个人独立或顺从的程度，把个体的性格分为独立型和顺从型。

2. 性格差异的教育含义

性格影响学生的学习方式，同时也作为动力因素影响学习的速度和质量。性格的差异会影响学生对学习内容的选择，而且还会影响学生的社会性学习和个体社会化。因此，教师对学生的指导，应关注和参考学生的性格特征。

巩固练习

一、选择题

1. 小丁原来很怕见陌生人，上幼儿园后这种行为消失了。根据加涅的学习结果分类，在小丁身上发生了（　　）的学习。

A. 智慧技能　　B. 认知策略　　C. 态度　　D. 言语信息

2. 根据经典条件作用理论，食物引发狗的唾液分泌反应是（　　）。

A. 中性反射　　B. 条件反射　　C. 无条件反射　　D. 操作反射

3. 原本乘坐巴士会晕车的人，后来乘船、乘飞机也有类似的反应，这是刺激的（　　）。

A. 获得　　B. 消退　　C. 泛化　　D. 分化

4. 孩子哭闹要买玩具，母亲提出限制孩子看电视的禁令，这属于（　　）。

A. 正强化　　B. 负强化　　C. 惩罚　　D. 消退

5. 如果学生上课扮鬼脸是为了得到老师或同学的关注，老师与同学可以不予理睬，不给予其希望得到的强化，那么此类行为就会逐渐减少。这种减少不良行为的方法是（　　）。

A. 正强化　　B. 负强化　　C. 惩罚　　D. 消退

6. 将符号所代表的新知识与学习者认知结构中应有的适当观念建立起非人为的和实质性的联系属于（　　）。

A. 机械学习　　B. 意义学习　　C. 接受学习　　D. 发现学习

7. 认为新的知识经验是从儿童现有的知识经验中"生长"出来的理论流派是（　　）。

A. 人本主义心理学　　B. 认知心理学

C. 建构主义心理学　　D. 发展心理学

8. 在技能训练过程中，常常会出现进步的暂停现象，这在心理学上称为（　　）。

A. 挫折现象　　B. 回退现象　　C. 抑制现象　　D. 高原现象

9. 在学习过程中，学习者本人并没有受到直接的外在强化，但通过观察他人某种行为受到强化，从而在自己身上也产生了类似的强化效果，心理学家班杜拉将这种现象称为（　　）。

A. 内在强化　　B. 负强化　　C. 替代强化　　D. 无意强化

10. 小学生学习了四边形以后，再学习平行四边形。这种学习属于（　　）。

A. 上位学习　　B. 下位学习　　C. 归属学习　　D. 并列学习

11. 通过歌诀的形式来记忆二十四节气属于认知策略中的（　　）。

A. 复述策略　　B. 组织策略　　C. 精细加工策略　　D. 计划策略

12. 为了提高学习的效果和效率而制订有关学习过程的复杂方案是（　　）。

A. 学习期待　　B. 学习目标　　C. 学习效能感　　D. 学习策略

13. 下列哪种学习策略属于元认知策略？（　　）

A. 设置目标　　B. 列提纲　　C. 寻求同学帮助　　D. 做笔记

二、简答题

1. 简述加德纳的多元智能理论。

2. 简述奥苏伯尔的有意义学习的条件。

参考答案

考点突破

【7-1】答案：A。

解析：小学生听教师讲解，观察教师书写示范，这是属于操作技能形成的操作定向阶段。

【7-2】答案：A。

解析：高原现象，是指练习中成绩并非直线式地上升，有时会出现暂时停顿甚至有些下降的现象。

【7-3】答案：C。

解析：班杜拉将强化分为直接强化、替代强化和自我强化。

【7-4】答案：B。

解析：负强化，也称消极强化，指取消厌恶性刺激以提高反应概率的过程。题目中，小强按时完成作业，妈妈取消禁止他看动画片的禁令，属于负强化。

【7-5】答案：D。

解析：题意中的"三角形的内角和180度"揭示了"三角形""内角和"和"180度"之间的关系，属于命题学习。

【7-6】答案：D。

解析：教师呈现各种变式，用不同形式的直观材料或事例说明事物的本质属性，突出事物本质。因此，在教学中运用变式是为了突出概念本质。

【7-7】答案：B。

解析：建构主义学习理论在学习观上强调学习的主动建构性，认为学习不是由教师向学生传递知识的过程，学习者不是被动的信息吸收者，而是主动的信息建构者。

【7-8】解答： 学习迁移的影响因素主要有以下三个方面：(1) 相似性。① 学习材料之间的共同要素或相似性。② 学习目标与学习过程的相似性。③ 学习情境的相似性。(2) 原有认知结构。① 学习者是否具有相应的背景知识(迁移产生的基本前提条件)。② 原有知识经验的概括程度。③ 认知技能或认知策略。(3) 学习心向与定势。心向与定势常常指的是同一种现象，即先于一定的活动而又指向该活动的一种动力准备状态。定势对迁移的影响表现为两种：促进和阻碍。除前面所涉及的影响迁移的一些基本因素外，诸如年龄、智力、学习者的态度、教学指导、外界的提示与帮助等都在不同程度上影响着迁移的产生。

【7-9】答案： A。

解析： 场独立型的人具有独立性，有主见，不易受外界环境影响，常用内部的参照判断客观事物。

巩固练习

一、选择题

1. C。态度表现为个体对人、对事物或对某些事件的选择倾向。

2. C。狗吃到食物时会分泌唾液，这属于本能的生理反应，不需要学习，这种反应叫作无条件反射。

3. C。刺激的泛化是指与条件刺激相似的其他刺激也能够诱发条件反应。

4. C。孩子哭闹属于不好的行为，母亲呈现令孩子厌恶的刺激来抑制这种行为，属于惩罚。

5. D。消退是一种无强化过程，其作用在于降低某种反应在将来发生的概率，以达到消除某种行为的目的。

6. B。题干是对意义学习概念的表述。

7. C。建构主义认为教学不能无视学习者已有的知识经验，而应当将其作为新知识的生长点。

8. D。高原现象，是指练习成绩并非直线式地上升，有时会出现暂时停顿的现象。

9. C。学习者没有受到直接的外在强化，是通过观察他人行为受到强化，这种强化属于替代强化。

10. B。下位学习是指将概括程度或包容范围较低的新概念或命题，归属到认知结构中原有的概括程度或包容范围较高的适当概念或命题之下，从而获得新概念或者新命题的意义。平行四边形是四边形的下位概念，先学习四边形，再学习平行四边形属于下位学习。

11. C。编歌诀是认知策略中的精细加工策略。它包括记忆术、做笔记、提问、生成性学习等。本题中用歌诀记忆就属于记忆术的子类别。

12. D。学习策略是指学习者为了提高学习的效果和效率，有目的、有意识地制订的有关学习过程的复杂的方案。

13. A。设置目标是属于元认知策略中的计划策略。

二、简答题

1. 加德纳的多元智能理论认为：

人的智能由语言智力、数理智力、空间智力、运动智力、音乐智力、人际交往智力、内省智力、自然观察者智力和存在智力九种智力因素组成。每个人都在不同程度上拥有上述九种基本智力因素，智力因素之间的不同组合表现出个体间的智力差异。

2. 奥苏伯尔的有意义学习的条件包括：有意义学习的材料本身具有逻辑意义；学习者认知结构中必须具有能够同化新知识的适当的认知结构；学习者具有积极的联结新知识与已有认知结构的心向。

第八章　小学德育

考点分析

- 本章考点主要以选择题的形式出现。
- 本章考点主要有：小学德育的目标和内容、小学生德育发展特点；几种主要的道德发展理论和德育模式；德育过程，品德的结构；小学德育的原则、途径与方法。

第一节　德育概述

一、德育的含义

德育即思想品德教育，是指将社会道德转化为学生个体思想品德的教育活动。德育有广义和狭义之分。

广义的德育泛指所有有目的、有计划地对社会成员在政治、思想与道德等方面施加影响的活动，包括社会德育、社区德育、学校德育和家庭德育等方面。

狭义的德育则指学校德育。学校德育内容主要包括政治教育、思想教育、道德品质教育和法纪教育等，其中政治教育是方向，思想教育是基础，道德品质教育是核心，法纪教育是保障。

二、小学德育的目标和内容

教育部2017年8月颁布的《中小学德育工作指南》，明确指出了我国中小学德育的总体目标和小学低、中高年级的分段德育目标。

（一）小学德育总体目标

培养学生爱党爱国爱人民，增强国家意识和社会责任意识，教育学生理解、认同和拥护国家政治制度，了解中华优秀传统文化和革命文化、社会主义先进文化，增强中国特色社会主义道路自信、理论自信、制度自信、文化自信，引导学生准确理解和把握社会主义核心价值观的深刻内涵和实践要求，养成良好政治素质、道德品质、法治意识和行为习惯，形成积极健康的人格和良好心理品质，促进学生核心素养提升和全面发展，为学生一生成长奠定坚实的思想基础。

（二）小学分学段德育目标

1. 小学低年级德育目标

教育和引导学生热爱中国共产党、热爱祖国、热爱人民，爱亲敬长、爱集体、爱家乡，初步了解生活中的自然、社会常识和有关祖国的知识，保护环境，爱惜资源，养成基本的文明行为习惯，形成自信向上、诚实勇敢、有责任心等良好品质。

2. 小学中高年级德育目标

教育和引导学生热爱中国共产党、热爱祖国、热爱人民，了解家乡发展变化和国家历史常识，了解中华优秀传统文化和党的光荣革命传统，理解日常生活的道德规范和文明礼貌，初步形成规则意识和民主法治观念，养成良好生活和行为习惯，具备保护生态环境的意识，形成诚实守信、友爱宽容、自尊自律、乐观向上等良好品质。

（三）小学德育的内容

依据《中小学德育工作指南》的规定，小学德育主要是向学生进行包括理想信念教育、社会主义核心价值观教育、中华优秀传统文化教育、生态文明教育、心理健康教育等方面内容的教育。

三、小学生道德发展的特点

对小学生道德发展的研究表明，6～12 岁的小学生的道德发展涉及道德认知、道德情感、道德意志和道德行为四个方面。

（一）道德认知的发展特点

和谐的道德认知能力是逐步形成的。

(1) 道德概念：对道德概念的理解从直观、具体、较肤浅的理解逐步过渡到较抽象、本质的理解，但整体理解水平不高。

(2) 道德判断能力：逐渐由他律转向自律，由只注意行为后果逐渐过渡到全面地考虑动机和后果的统一关系。

(3) 道德信念：初步形成，但不稳定。学龄初期儿童还没有形成道德信念，到 11 岁左右，道德信念开始萌芽，但它是不自觉、不坚定的。

（二）道德情感的发展特点

道德情感的发展从不稳定发展到稳定。

道德情感是道德认识与道德行为之间的媒介，是促使道德认识转化为道德行为的强大推动力。小学生道德情感的表现形式是：以直觉的和与形象相联系的道德情感体验为主，抽象的和与道德信念相联系的道德情感体验随年龄的增长而有所发展。这表明，小学生的道德情感具有很大的情境性、主观性和任意性。

（三）道德意志的发展特点

道德意志的发展特点是主要依靠外部力量影响行为，自觉纪律逐渐形成。

小学生的道德意志主要表现在坚持性和自制力两个方面。从坚持性的动力来源来看，小学生完成任务主要依靠外部的影响。小学生的自制力处在初步发展的阶段，初入学的小学生自制力很差，经常发生违反纪律、捣乱等行为。从三年级起，小学生的自制力有了显著发展，但由于小学生道德意志薄弱、坚持性差，因而常“明知故犯”“言行不一”。有时无法抵制诱惑，有时因战胜不了困难，时常做出不符合道德规范的事。

（四）道德行为的发展特点

道德行为的发展特点为从言行比较一致到逐步分化。

在整个小学阶段，学生在道德发展上，认识与行为、言与行基本上是协调的。年龄越小，言行越一致，随着年龄的增长，逐步出现了言行不一致的现象。

小学低年级学生的道德认识和言行往往直接反映了教师和家长的要求。因此，从表面上看，他们的言行是一致的，但实际上这种一致性的水平是较低的。小学高年级学生，逐渐开始学会掩蔽自己的行为，在品德反馈系统中，开始对他人的评价进行一定的分析，他们的行为与教师和家长的指令会出现一定的差异。

总体来说，小学时期是学生品德发展从低级向高级发展的过渡期。在小学生品德发展的过程中，存在着一个转折期——儿童道德发展的"关键年龄"，这个"关键年龄"大致在小学三年级下学期前后，但由于教育工作上的差异，前后有一定的出入。

考点突破

【8-1】一名小学生决心改掉上课迟到的缺点，但冬天一到，他又迟迟不肯起床，结果还是频频迟到。要对该生进行教育，应着重强化其（　　）。

A. 道德情感　　B. 道德意志　　C. 道德行为　　D. 道德认识

第二节　道德发展理论及德育模式

一、道德发展的基本理论

（一）皮亚杰的道德发展理论

皮亚杰通过"对偶故事法"研究道德判断，把儿童的道德分为他律道德和自律道德两种水平，并把儿童的品德发展划分为四个阶段。

1. 自我中心阶段（2～5 岁）

自我中心阶段也称"无道德规则"阶段。

主要特征：儿童还不能把自己同外在环境区别开来，规则对他来说不具有约束力。皮亚杰认为，儿童在 5 岁以前还是"无律期"，顾不得人我关系，而是以"自我中心"来考虑问题。

2. 权威阶段（5～8 岁）

权威阶段也称"他律期"。

主要特征：儿童服从外部规则，接受权威指定的规范，把人们规定的准则看作是固定的、不可变更的，而且只根据行为后果来判断对错。例如，妈妈不在家，某小孩为了帮助妈妈做事，打碎了多个玻璃杯；另一个为了偷柜上的糖果吃，打碎了一个玻璃杯。让这时期的儿童做判断，他往往认为前者错误更大，因为前者打碎了很多的玻璃杯，他不考虑行为动机。

3. 可逆阶段（8～10 岁）

可逆阶段又称"自律期"或者"道德相对主义或合作道德"时期。

主要特征：儿童已不把准则看成是不可改变的，而把它看作是同伴间共同约定的。儿童一般都形成了这样的概念：如果所有的人都同意，那么规则是可以改变的。他们已经意识到一种同伴间的社会关系，应当相互尊重。规则已经具有了一种保证他们互相行动、互惠的可逆特征。同伴间的可逆关系的出现，标志着品德由"他律"开始进入"自律"阶段。道德发展到这个时期，不再无条件地服从权威。但是这个时期判断还是不成熟的，要到十一二岁后才能独立判断。

4. 公正阶段（10～12 岁）

主要特征：儿童的道德观念开始倾向于公正。儿童不再刻板地按固定的规则去判断，在依据规则判断时隐含考虑到同伴的具体情况，从关心和同情的角度出发去判断。

考点突破

【8-2】(2015 年下半年)儿童道德发展是一个从他律到自律的过程。提出这一理论的心理学家是(　　)。

A. 罗杰斯　　B. 皮亚杰　　C. 埃里克森　　D. 弗洛伊德

【8-3】(2017 年上半年)根据皮亚杰的道德发展阶段理论,小学低年级儿童常常认为听父母和老师的话就是好孩子。这是因为其道德发展处于(　　)。

A. 权威阶段　　B. 公正阶段　　C. 可逆性阶段　　D. 自我中心阶段

(二) 柯尔伯格的道德发展阶段理论

美国儿童发展心理学家柯尔伯格把皮亚杰的“对偶故事法”改为“道德两难故事法”,在道德判断的发展方面划分成三种道德水平:前习俗水平、习俗水平和后习俗水平。每一水平又包括两个阶段,形成“三水平六阶段”的道德发展阶段理论,具体内容如表 8-1 所示。

表 8-1　柯尔伯格的道德发展阶段理论

三种水平	六个阶段	主要特征
前习俗水平(大多数 9 岁以下的儿童处于该水平)	阶段一:惩罚与服从定向阶段	儿童根据行为的后果来判断行为的好与坏及严重程度,他们还没有真正的道德概念。服从权威或规则只是为了避免惩罚,认为受赞扬的行为就是好的,受惩罚的行为就是坏的
	阶段二:相对功利定向阶段	他们不再把规则看成是绝对的、固定不变的,评定行为的好坏主要看是否符合自己的利益
习俗水平	阶段三:寻求认可定向阶段,也称“好孩子”定向阶段	儿童的道德价值以人际关系的和谐为导向,谋求大家的赞赏和认可。总是考虑他人和社会对“好孩子”的要求,并尽量按这种要求去思考和行动
	阶段四:遵守法规和秩序定向阶段	儿童的道德价值以服从权威为导向,他们服从社会规范,遵守公共秩序,尊重法律的权威,以法制观念判断是非。因此,应当遵循权威和有关规范去行动
后习俗水平(20 岁以后才能出现,而且只有少数人能达到)	阶段五:社会契约定向阶段	认为法律和规范是大家商定的,是一种社会契约
	阶段六:原则或良心定向阶段(道德判断的最高阶段)	能以公正、平等、尊严这些最一般的原则为标准进行思考

考点突破

【8-4】在柯尔伯格有关儿童道德发展阶段的研究中,寻求认可定向阶段属于(　　)。

A. 前习俗水平　　B. 习俗水平　　C. 后习俗水平　　D. 权威水平

(三) 艾森伯格的亲社会道德发展阶段理论

美国儿童心理学家艾森伯格的亲社会道德发展阶段理论是在批判柯尔伯格道德发展阶段理论的基础上提出的,采用“亲社会道德两难情境”来研究儿童的亲社会道德判断。该理论认为,一个人作出道德判断的实质就是在满足自己的需要与满足他人的需要之间作出选择。因为助人者的个人利益和接受帮助者的利益之间存在着不可调和的矛盾,因此会出现亲社会道德的两难情境，与柯尔伯格的“道德两难故事法”是不同的。在此基础上，艾森伯格提出了儿童亲社会道德判断发展的五阶段理论，具体内容如表 8-2 所示。

表 8-2　艾森伯格的儿童亲社会道德发展阶段理论

<table>
<tr><th colspan="2">亲社会道德发展的阶段</th><th>主要特征</th></tr>
<tr><td colspan="2">阶段 1：享乐主义的、自我关注的推理</td><td>是否帮助他人的理由是：个人的直接得益、将来的互惠，或者是由于自己需要或喜欢某人才关心他</td></tr>
<tr><td colspan="2">阶段 2：需要取向的推理</td><td>当他人的需要与自己的需要发生冲突时，儿童仅仅是对他人的需要表示简单的关注，并没有表现出自我投射性的角色特征和同情的言语等</td></tr>
<tr><td colspan="2">阶段 3：赞许和人际取向、定型取向的推理</td><td>是否帮助他人的理由是：好人或坏人、善行或恶行的定型形象、他人的赞许和认可等</td></tr>
<tr><td rowspan="2">阶段4</td><td>4a 阶段：自我投射性的移情推理</td><td>儿童的判断中出现自我投射性的同情反应或角色特征</td></tr>
<tr><td>4b 阶段：过渡阶段</td><td>是否帮助他人的理由涉及内化了的价值观、规范、责任和义务，对社会状况的关心，或者是提到保护他人权利和尊严的必要性等；但儿童并没有清晰而强烈地表述出这些思想来</td></tr>
<tr><td colspan="2">阶段 5：强有力的内化推理</td><td>是否帮助他人的依据是他们内化了的价值观、规范或责任，尽个人和社会契约性的义务、改善社会状况的愿望等</td></tr>
</table>

（四）班杜拉的德育理论

班杜拉在道德教育问题上，提出了社会学习理论。其主要观点有：

（1）强调观察学习在人的行为形成中的作用。该理论认为，人的多数行为是通过观察别人的行为和行为的结果而学得的，依靠观察学习可以迅速掌握大量的行为模式。

（2）重视榜样的作用。该理论认为，虽然人的行为可以通过观察学习获得，但是获得什么样的行为以及行为的表现如何，则有赖于榜样的作用。榜样是否具有魅力、是否拥有奖赏、榜样行为的复杂程度、榜样行为的结果和榜样与观察者的人际关系等都将影响观察者的行为表现。

（3）强调自我调节的作用。该理论认为，通过设立目标、自我评价，可以引发动机功能来调节行为。

（4）主张建立较高的自信心。该理论认为，一个人对自己应付各种情境能力的自信程度，在人的能动作用中起着重要作用，它将决定一个人是否愿意面临困难的情境、应付困难的程度以及个人面临困难情境的持久性。

（五）涂尔干的德育思想

涂尔干的德育思想的主要观点分以下两个方面阐述：

（1）个体品德社会化和道德内化过程。涂尔干认为，教育对促进人的社会化有特殊作用。他认为德性由纪律精神、牺牲精神、意志自由三要素组成。道德内化就是由道德价值观、道德规范转化为道德行为习惯，这是由“纪律”发展到“自主”的过程，即由他律到自律的过程。

（2）道德教育的原则与方法。一是要根据儿童习惯性和暗示接受性的心理特征进行教育；二是要启发自觉，要求适当，切忌苛求和压制；三是要奖惩结合，切忌体罚；四是学校教育力量要协调统一。

（六）马卡连柯的德育思想

苏联教育学家马卡连柯的德育思想包括以下几个方面：

(1) 尊重信任与严格要求相结合的德育原则。尽可能多地要求一个人,也要尽可能多地尊重一个人,这是马卡连柯的基本教育原则。

(2) 集体教育思想。集体主义教育是其思想的核心,马卡连柯提出了前景教育原则和平行教育影响原则。前景教育原则是指通过经常在集体和集体成员面前呈现出美好的"明天的快乐"的前景,推动集体不断向前运动、发展,永远保持生气勃勃的旺盛的力量。平行教育影响是指每当我们给个人一种影响的时候,这种影响必定同时是给予集体的一种影响。

(3) 劳动教育思想。劳动教育思想即指对人的劳动品质的培养。

(4) 纪律教育思想。纪律是达到集体目的的最好方式,纪律可以美化集体。在对学生进行纪律教育时,教育谈话和教育者的以身作则是重要的方法,同时又要正确合理地使用惩罚和奖励。惩罚不是目的而是教育手段,惩罚应体现对人的尊重、热爱与严格要求相结合的原则。马卡连柯反对滥用惩罚,坚决反对体罚。

考点突破

【8-5】(2018 年下半年)通过"道德两难故事法"提出道德认知发展阶段理论的学者是(　　)。

A. 马斯洛　　B. 皮亚杰　　C. 柯尔伯格　　D. 罗森塔尔

二、几种主要的德育模式

德育模式是指在德育实施过程中德育理念、德育内容、德育手段、德育方法、德育途径等的有机组合方式。当代影响较大的德育模式主要有以下几种。

1. 认知模式

代表人物:皮亚杰、柯尔伯格。

主要主张:该模式是当代最具影响力的德育模式,重视道德认知的发展。要求根据儿童已有的发展水平确定道德教育内容,利用交往冲突或围绕道德两难问题等方式引起学生的意见分歧和认知平衡,创造机会让学生接触和思考更高一阶段的道德推理方式,引导学生在寻求新的认知平衡之中不断地提高自己道德判断的发展水平。

2. 体谅模式——"学会关心"的道德教育模式

代表人物:彼得·麦克费尔。

主要主张:把道德情感的培养置于中心地位。假定与人友好相处是人类的基本需要,满足这种需要是教育的职责。道德教育重在提高学生的人际意识和社会意识,引导学生学会关心,学会体谅;教师在道德教育中对学生要多关心、少批评。

3. 社会模仿模式

代表人物:班杜拉。

主要主张:需要通过观察他人在相同环境中的行为,从他人行为获得强化的观察中进行体验学习,所以观察学习是人类学习的重要形式,是品德教育的主要渠道。

4. 价值澄清模式

代表人物:拉斯、哈明。

主要主张:这种模式着眼于价值观教育,强调个人价值选择的自由。教师德育任务在于帮助学生澄清已有价值观,而非强加教师认可的观念。

第三节　小学德育过程

一、品德的结构

一般认为，个体的品德是由道德认知、道德情感、道德意志和道德行为四个要素构成的，四者缺一不可。

1. 道德认知

道德认知是指个体对于道德规范和道德范畴及其意义的认识。道德认知是品德形成的基础。

2. 道德情感

道德情感是指个体对自己或他人的行为是否符合道德规范和道德需要而产生的一种内心体验，如憎恨、喜欢、讨厌等。

当道德认知和道德情感成为推动个体产生道德行为的内部动力时，它们就构成了道德动机。

3. 道德意志

道德意志是指个体自觉调节道德行为，克服内外困难，以实现一定道德目的的内部过程。它是调节道德行为的内部力量。

4. 道德行为

道德行为是指在一定的道德认知的支配下，个体实施的对他人、对社会有道德意义的活动，它是个体道德认知的外部表现和品德的重要标志，是衡量个体品德形成与否的关键，也是衡量学生品德水平高低的根本标志。

考点突破

【8-6】衡量学生品德形成与否的关键性要素是（　　）。

A. 道德情感　　B. 道德认识　　C. 道德行为　　D. 道德意志

二、小学德育过程的基本特征

小学德育过程的本质是个体品德社会化的过程。小学德育过程的基本特征主要有以下几个。

1. 德育过程是具有多种开端的对学生知、情、意、行的培养提高过程

（1）知（道德认知）、情（道德情感）、意（道德意志）和行（道德行为）是构成学生思想品德的四个要素。

（2）德育过程具有多开端性。在德育具体实施过程中，其培养顺序具有多开端性，需要教师从薄弱环节入手，或晓之以理开始，或动之以情开始，或导之以行开始，或从锻炼品德意志开始，最后达到学生品德四要素的和谐发展。

2. 德育过程是促使学生思想内部矛盾斗争变化的过程

学生思想品德的任何变化，都必须依赖学生个体的心理活动；在德育过程中，学生思想内部的矛盾斗争，实质上是对外界教育因素的分析、综合过程；青少年学生的自我教育过程，实际上也是他们思想内部矛盾斗争的过程。

3. 德育过程是组织学生的活动和交往，对学生施加多方面教育影响的过程

（1）活动和交往是学生品德形成的基础。教育性活动和交往是德育过程的基础，教师

精心设计和组织教育活动和交往，能加快学生品德的发展速度，对学生品德发展方向起规范和保证作用。

(2) 学生品德的发展是学生在活动中能动地实现的，并受多方面的影响。品德形成是学生能动地接受多方面教育影响的过程，学校德育应在多方面影响中发挥主导作用，将多方面教育影响统一到教育目的上来，形成学校与家庭、社会教育的合力，促使学生良好品德的形成和发展。

4. 德育过程是一个长期的、曲折反复的、不断前进的过程

(1) 德育过程是一个长期的过程，德育过程需要教师以充分的耐心持之以恒地展开。

(2) 德育过程是一个曲折反复的过程，要求教师正确认识和对待这种现象，耐心细致地教育学生，引导学生在反复中逐步前进。

(3) 德育过程是一个不断前进的过程，行之有效的德育经验是：动之以情，晓之以理，导之以行，持之以恒。只要教师有爱心，有科学的德育方法，学生的思想品德会不断向前发展，这是德育过程的正常表现。

第四节　小学德育的原则、途径与方法

一、小学德育原则

德育原则是指根据教育目的、德育目标和德育过程规律提出的指导德育工作的基本要求。教师在德育中必须依据德育原则实施德育。我国学界对德育过程的认识存在差异，不同学者所提出的德育原则在具体条数及具体内容上也存在某些不同，但在方向上和总体上大体一致。综合学者们的观点①②，本书将我国小学常用的德育原则列表如表 8-3 所示。

表 8-3　小学德育原则

原则名称	原则含义	贯彻原则的基本要求
导向性原则	德育须有一定的方向，引导学生向正确的方向发展	(1) 坚定正确的政治方向；(2) 德育目标必须符合新时期的方针政策和总任务的要求；(3) 要把德育的理想性和现实性结合起来
疏导原则	要以理服人，循循善诱，从提高学生认识入手，激发其主动性	(1) 讲明道理，疏导思想；(2) 因势利导，循循善诱；(3) 以表扬激励、正面教育为主
尊重学生与严格要求学生相结合原则	要把对学生的尊重和信赖与对他们的思想和行为的严格要求结合起来	(1) 爱护、尊重和信赖学生；(2) 对学生提出的要求要合理正确、具体明确、严宽适度；(3) 对学生提出的要求要认真执行，坚定不移地贯彻到底，督促学生切实做到
德育影响一致性与连贯性原则	要协调来自各方面对学生的教育影响，使其相互配合，协调一致，前后连贯	(1) 要协调学校内部各方面的教育力量；(2) 要协调社会各方面的教育影响，争取家长和社会的配合，逐步形成以学校为中心的“三位一体”德育网络；(3) 保持德育工作的连续性、系统性

① 胡厚福. 德育学原理[M]. 北京：北京师范大学出版社，1997：268-285.

② 孙俊三，雷小波. 教育原理[M]. 长沙：湖南教育出版社，2007：258-260.

续表

原则名称	原则含义	贯彻原则的基本要求
因材施教原则	要从学生的思想认识和品德发展的实际出发,根据他们的年龄特征和个性差异进行教育	(1) 深入了解学生的个性特点和内心世界;(2) 根据学生个性特点有的放矢地进行教育;(3) 根据学生的年龄特征有计划地进行教育
知行统一原则	既要重视理论教育,又要重视实践锻炼,把提高认识和行为养成结合起来,使学生言行一致	(1) 加强思想道德的理论教育,提高学生的认识;(2) 组织和引导学生参加社会实践活动,使他们在实践活动中加深情感体验,养成良好的行为习惯;(3) 对学生的评价和要求须知行统一;(4) 教育者要以身作则,言行一致
正面教育与纪律约束相结合的原则	既要正面引导、说服教育、启发自觉,调动学生接受教育的内在动力,又要辅之以必要的纪律约束,使两者有机结合	(1) 坚持正面教育;(2) 坚持以理服人;(3) 建立健全学校规章制度,认真执行,严格管理
发挥积极因素与克服消极因素相结合的原则	要善于依靠、发扬学生自身的积极因素,调动学生自我教育的积极性,克服消极因素	(1) 要用一分为二的观点,全面分析、客观地评价学生的优点和不足;(2) 要有意识地创造条件,将学生思想中的消极因素转化为积极因素;(3) 要提高学生自我认识、自我评价的能力,引导学生克服缺点,发扬优点

考点突破

【87】从提高学生的认识入手,循序渐进、以理服人地调动学生的主动性,引导他们积极向上的德育原则是(　　)。

A. 导向性原则　　B. 因材施教原则　　C. 启发性原则　　D. 疏导原则

二、小学德育实施途径

德育途径是指学校教育者对学生实施德育时可供选择和利用的渠道,又称为德育组织形式。综合学界对德育实施途径的认识,并结合2017年《中小学德育工作指南》和2020年教育部印发的《中小学贯彻落实〈新时代爱国主义教育实施纲要〉重点任务工作方案》等文件精神,把小学德育的实施途径概括为以下方面:

1. 学科教学

这是小学德育中运用最广泛、最基本的途径。学科教学,包括品德课程的教学和其他学科的品德渗透教学,是学校有目的、有计划、系统地对学生进行教育的基本途径。教师要充分挖掘教材本身所固有的德育因素,把教学的科学性和思想性统一起来,在传授和学习文化科学知识的同时,使学生受到教育熏陶,从而形成良好的品德。

2. 学校内各项活动

小学教师可以通过开展丰富多样的各种活动来培养学生的德育品质,主要可从以下三方面进行:① 课外和校外活动。各种课外、校外活动具有丰富多彩的内容和灵活多样的形式,可以让学生根据兴趣、爱好自愿选择参加。因此,通过这个途径进行的德育符合小学生的特点和需要,能够充分调动他们的积极性,深受他们的喜爱。② 少先队活动。少先队是少年儿童的群众组织,通过少先队组织进行德育,有利于调动学生的积极性和创造性,培养学生主人公的意识以及自我管理的能力。③ 班会、校会与周会、晨会。班会、校会与周会、晨会是全班甚至全校所有同学都参加的活动,教师要借助这些活动开展德育工作,及时地、有针对性地教育学生。

3. 社会实践活动

社会实践活动有助于培养学生各种良好的品德和弘扬良好的道德风尚。社会实践活动一般包括三种类型：一是社会生产劳动；二是社会宣传和服务活动；三是社会调查，包括参观、访问、考察等。

4. 班主任工作

班主任工作是学校德育的特殊途径。班级是学校教育工作的基本单位，班主任是班级教育系统的主导力量。通过班主任，学校可以强有力地管理学校基层、学生集体，教育每一个学生，更好地发挥上述各个德育途径的作用。严格地说，这个途径与上述途径不能平列，它通过班主任的自觉能动作用，能够对其他途径起调节作用，对学生品德的发展产生巨大的影响。

5. 校园环境优化

各小学可以依据学校办学理念，结合文明校园创建活动，因地制宜地开展校园文化建设，使校园秩序良好、环境优美，校园文化积极向上、格调高雅，提高校园文明水平，让校园处处成为育人场所，包括校园文化建设、班级文化氛围营造和校园网络文化建设等方面。

6. 家长、学校和社会协同合作

学校在实施德育过程中要积极争取家庭、社会共同参与和支持，引导家长注重家庭、注重家教、注重家风，营造积极向上的良好社会氛围。

考点突破

【8-8】(2018 年上半年)小学德育基本途径是(　　)。

A. 课外活动和校外活动　　B. 少先队活动

C. 品德课程和各科教学　　D. 班主任工作

【8-9】(2019 年上半年)简述小学德育的途径。

三、小学德育方法

德育方法是为达到德育目的，在德育过程中采用的教育者和受教育者相互作用的活动方式的总和。它包括教育者的施教传道方式和受教育者的受教育方式。我国小学德育常用的方法有：

1. 说服教育法

基本含义：通过摆事实、讲道理，使学生提高认识、形成正确观点的方法。说服教育是德育工作的基本方法。说服教育的方式主要有语言说服和事实说服。

基本要求：① 目的明确；② 富有知识性和趣味性；③ 注意时机；④ 以诚待人。

2. 榜样示范法

基本含义：用榜样人物的高尚思想、模范行为、优异成就来影响教育学生的方法。它包括树立典范、做好示范、评优等。

基本要求：① 选好学习的榜样；② 激起学生对榜样的敬慕之情；③ 引导学生用榜样来调节行为，提高修养。

3. 陶冶教育法

基本含义：陶冶教育法又称情感陶冶法，是指教师利用环境和自身的教育因素，对学生进行潜移默化的熏陶和感染，使其在耳濡目染中受到感化的方法。它包括人格感化、环境陶冶和艺术陶冶等。

基本要求：① 创设良好的情境；② 与启发说服相结合；③ 引导学生参与情境的创设。

4. 实践锻炼法

基本含义：有目的地组织学生进行一定的实践活动以培养他们良好品德的方法。实践锻炼法具体包括：练习、制度、委托任务和组织活动等。

基本要求：① 坚持严格要求；② 调动学生的主动性；③ 注意检查和坚持。

5. 品德修养指导法

基本含义：也称自我教育法，是指教师指导学生自觉主动地进行学习、自我反省，以实现思想转化及行为控制的方法，如孔子的“自省”，孟子的“自反”“自强”，荀子的“君子博学而日参省乎已，则知明而行无过也”。品德修养指导法包括学习、座右铭、立志、自我批评、慎独等方式。品德修养指导法对学生的自觉意识和自制力提出了较高的要求，适合高年级学生使用。

基本要求：① 培养学生自我修养的兴趣和自觉性；② 指导学生掌握修养的标准；③ 引导学生积极参加社会实践。

6. 品德评价法

基本含义：又称奖惩评价法，是指通过对学生品德进行肯定或否定的评价予以激励或抑制，促使其品德健康形成和发展的方法。它包括奖励、惩罚、评比和操行评定等方式。

基本要求：① 要目的明确、公正合理、实事求是；② 要适度，不可滥用；③ 发扬民主，让学生积极参与进来；④ 要注重宣传与教育结合；⑤ 以表扬、奖励为主，批评、惩罚为辅。

考点突破

【8-10】(2014 年上半年)三(1)班在“每周一星”评比活动中，将本周乐于助人的同学照片张贴在光荣栏上。这种德育方法属于(　　)。

A. 说服教育法　　B. 实践指导法　　C. 陶冶教育法　　D. 品德评价法

【8-11】(2017 年下半年)小芳常常因为不守纪律而受到批评，但她不以为然，还说只要学习好，守不守纪律无所谓，面对这种情况，班主任应先采取的教育方法是(　　)。

A. 说服教育法　　B. 情感陶冶法　　C. 榜样示范法　　D. 实战锻炼法

巩固练习

一、选择题

1. 某儿童开始认识到规则不是绝对的、一成不变的，而是可以协商或修改的，按照皮亚杰的道德发展阶段论，该儿童道德发展处于(　　)。

A. 他律阶段　　B. 前习俗阶段

C. 自律阶段　　D. 寻求认可取向阶段

2. 柯尔伯格认为，个体的道德认知是由低级阶段向高级阶段发展的，大部分青年和成人都属于(　　)。

A. 前习俗水平　　B. 后习俗水平

C. 具体运算阶段　　D. 习俗水平

3. 采用“道德两难故事法”对儿童道德判断发展水平进行研究的是(　　)。

A. 皮亚杰　　B. 埃里克森　　C. 柯尔伯格　　D. 罗杰斯

4. 柯尔伯格认为，儿童道德判断的前习俗水平包括的两个阶段是(　　)。

A. “好孩子”定向阶段、权威定向阶段

B. 权威和维护社会秩序定向阶段、原则定向阶段

C. 原则定向阶段、良心定向阶段

D. 惩罚和服从取向阶段、相对功利定向阶段

5. 在思想品德教育过程中，如果教师只看到学生差的地方，认为无药可救。这违背了(　　)的原则。

A. 知行统一

B. 尊重学生与严格要求学生相结合

C. 正面教育与纪律约束相结合

D. 发扬积极因素与克服消极因素相结合

6. 教师在进行德育工作时，采用"晓之以理、动之以情"的方法。这是因为(　　)。

A. 德育过程是对学生知、情、意、行的培养提高过程

B. 德育过程是促使学生思想内部矛盾斗争变化的过程

C. 德育过程是组织学生的活动和交往，对学生施加多方面教育影响的过程

D. 德育过程是一个长期的、曲折反复的、不断前进的过程

7. 提出"要尽可能多地要求一个人，也要尽可能多地尊重一个人"的教育学家是(　　)。

A. 夸美纽斯　　B. 杜威　　C. 赫尔巴特　　D. 马卡连柯

8. "亲其师，信其道"体现了(　　)的作用。

A. 道德认知　　B. 道德情感　　C. 道德意志　　D. 道德行为

9. "让学校的每一面墙会说话""让学校的一草一木都能发挥教育影响"体现了(　　)的德育方法。

A. 榜样示范法　　B. 说服教育法　　C. 陶冶教育法　　D. 品德评价法

10. (2019年下半年)小学教师经常采用贴小红花、插小红旗等方式鼓励学生为班级做好事，这种德育方法是(　　)。

A. 奖惩评价　　B. 榜样示范　　C. 情感陶冶　　D. 实际锻炼

二、简答题

1. 简述德育过程的规律。

参考答案

考点突破

【8-1】答案：B。

解析：学生知道自己的缺点，也想改掉自己的缺点，但就是做不到，说明意志不够，应强化道德意志。

【8-2】答案：B。

解析：皮亚杰通过"对偶故事法"，研究得出儿童道德发展是一个从他律到自律的过程。

【8-3】答案：A。

解析：儿童服从外部规则，接受权威指定的规范，这是属于儿童道德发展的权威阶段。

【8-4】答案：B。

解析：柯尔伯格有关儿童道德发展阶段理论认为，寻求认可定向阶段属于习俗水平。

【8-5】答案：C。

解析：通过"道德两难故事法"提出道德认知发展阶段理论的是柯尔伯格；皮亚杰是通过"对偶故事法"提出的。

【8-6】答案：C。

解析：衡量学生品德形成与否的关键不是看他怎么说，而是看他怎么做，即道德行为。

【8-7】答案：D。

解析：题干中有关键词"循序渐进""以理服人地调动学生的积极性""引导他们积极向上"，可以看出德育原则为疏导原则。

【8-8】**答案**:C。

解析:学科教学,包括品德课程的教学和其他学科的品德渗透教学,它是小学德育中运用最广泛、最基本的途径,是学校有目的、有计划、系统地对学生进行教育的基本途径。

【8-9】**解答**:小学德育的实施途径主要有:第一,学科教学,这是小学德育中运用最广泛、最基本的途径;第二,学校内各项活动,主要包括课外和校外活动,少先队活动,班会、校会与周会、晨会等;第三,社会实践活动;第四,班主任工作,这是学校德育的特殊途径;第五,校园环境优化;第六,家长、学校和社会协同合作。

【8-10】**答案**:D。

解析:品德评价法又称奖惩法,是指通过对学生品德进行肯定或否定评价而予以激励或抑制,促使学生品德健康形成和发展的方法,包括奖励、评比、操行评定等。题干中的评比活动和张贴照片的奖励属于品德评价法。

【8-11】**答案**:A。

解析:题干中小芳没有认识到遵守纪律的重要性,说明她对遵守纪律缺乏正确的认识。而说服教育法是通过摆事实、讲道理,使学生提高认识、形成正确观点的方法。因此,面对这种情况,班主任应该采用说服教育法教育小芳。

巩固练习

一、选择题

1. C。皮亚杰的道德发展理论认为儿童道德认知发展经历一个从"他律"到"自律"的阶段。自律阶段的儿童判断事物能基于自主个体间的平等合作与相互认同的关系。他们把规则看成是灵活的,彼此都认可的,是可以协商的,认为与合作以及相互尊重的原则相一致的行为方式就是对的;能考虑到犯错误者的想法去评定错误。本题中,儿童已能够意识到规则的可修改性和可协商性,因此已到达自律阶段。

2. D。柯尔伯格提出人类道德发展由低到高要经历三种道德水平,即前习俗水平、习俗水平和后习俗水平。大部分青年和成年人处于习俗水平,后习俗水平一般要到 20 岁以后才出现,而且只有少数人能达到。题干中要求指出大多数青年和成年人处于的道德水平,因此选 D。

3. C。柯尔伯格开创"道德两难故事法",作为研究道德发展问题的重要研究方法。

4. D。柯尔伯格提出了"三水平六阶段"的道德发展阶段理论。前习俗水平包括两个阶段:第一阶段,惩罚与服从定向阶段;第二阶段,相对功利定向阶段。

5. D。发扬积极因素与克服消极因素相结合的原则是指进行德育要善于依靠、发扬他们自身的积极因素,调动学生自我教育的积极性,克服他们品德上的消极因素,实现品德发展内部矛盾的转化。题中教师的做法违背了发扬积极因素与克服消极因素相结合的原则。

6. A。"晓之以理、动之以情"体现了教师对学生知、情、意、行的培养提高过程。

7. D。"要尽可能多地要求一个人,也要尽可能多地尊重一个人"是马卡连柯的德育思想。本题正确答案为 D。

8. B。"亲其师,信其道"的意思是学生只有和老师亲近了,才会信任老师,相信老师所说的,接受老师的教育。道德情感是指个体对自己或他人的行为是否符合道德规范和道德需要而产生的一种内心体验,也就是人在心理上所产生的对某种道德义务的爱憎、喜恶等情感体验。因此,本题答案为 B。

9. C。题中所指是利用学校环境因素,对学生进行潜移默化的熏陶和感染,使其在耳濡目染中受到感化,这是德育中的陶冶教育法。

10. A。题干中提到教师经常采用贴小红花、插小红旗的方式鼓励学生为班级做好事,这是通过评比奖励的方式实施德育,这种方法就是品德评价法,即奖惩评价法。

二、简答题

1. (1) 德育过程是具有多种开端的对学生知、情、意、行的培养提高过程。知、情、意、行之间不可孤立或割裂来看,它们之间彼此联系、相互促进、共同发展。

(2) 德育过程是促使学生思想内部矛盾斗争变化的过程。

(3) 德育过程是组织学生的活动和交往,施加多方面教育影响的过程。

(4) 德育过程是一个长期的、曲折反复的、不断前进的过程。

第九章 小学美育

考点分析

- 本章考点主要以选择题的形式出现。
- 美育的内涵,美育的任务;小学美育实施的途径与方法。

第一节 美育概述

一、美育的内涵

美育,也叫审美教育,是指通过文学艺术、社会生活和大自然美的教育,培养学生正确的审美观,使他们具有感受美、鉴赏美、表现美和创造美的能力,发展他们的高尚情操和文明素质的教育。美育不仅仅是美术教育,而且是美感的教育,是全面发展教育的重要组成部分。

美育思想最早发源于古希腊和古罗马,我国古代美育的最初形态是孔子的“诗教”和“乐教”。1793 年,德国著名古典文学和美学家席勒在《美育书简》中首次提出并使用了“美育”的概念,建立了独立的研究理论。在我国,王国维是第一个把“美育”概念引入中国并对美育的独特性质和地位作了进一步的阐述,蔡元培是我国近代美育思想的集大成者,他在 1912 年的《对于教育方针之意见》一文中提出“以美育代宗教”。他把美育纳入教育方针,使体、智、德、美四育并列。中华人民共和国成立后,提出德、智、体、美、劳五育并举。

考点突破

【9-1】(2011 年下半年)我国最早主张“以美育代宗教”的教育家是(　　)。

A. 陶行知　　B. 徐特立　　C. 杨贤江　　D. 蔡元培

二、小学美育的任务

1. 提高学生感受美的能力

小学美育的基本任务是提高学生感受美的能力。感受美是审美活动的起点,提高审美感受能力,有助于提高学生的整体精神素养。此外,学生在感受美的过程中,能够发现生活的美好,产生热爱生活、建设美好生活的积极的人生态度。

2. 培养学生欣赏美的能力

美育应培养学生欣赏美的能力,使学生具有分辨美丑、优劣的能力,达到一定的审美境界。必要的审美知识传授和艺术修养水平的培养与提高是美育的基本任务之一。健康而有个性的审美能力是学校美育的重要目标。

3. 形成学生创造美的能力

美育应培养学生创造美的能力，即能把自己独特的美感用各种各样的形式表达出来的能力。因此教师要组织学生参加各种艺术实践活动，发展他们创造艺术美的才能和兴趣，尤其要发展有艺术才能的学生的特长。形成学生创造美的能力是美育的最高层次的任务。

第二节　美育的实施

一、小学美育的实施内容

学校美育的实施内容主要包括三个方面：形式教育、理想教育和艺术教育。

1. 形式教育

从美学的意义上来看，形式教育包括形式美和美的形式两类。形式美指事物的自然属性及其组合规律蕴含的美，形式美的教育是美育的基础，审美教育始于形式美，形式美教育可以提高人们美化生活的能力。美的形式是指审美对象的外部美的表现形式和内部美的结构方式，美的形式的教育除了具有形式美教育的功能外，还是培养学生想象力的最佳途径，是培养情感对象化的能力的教育。

2. 理想教育

理想教育是对理想中的美的意识和价值的启迪。理想是人们世界观、人生观和价值观在奋斗目标上的集中体现，是人们在实践中形成的、有可能实现的、对未来社会和自身发展的向往与追求。理想教育主要包括社会理想教育、道德理想教育、人生理想教育和爱情理想教育。

3. 艺术教育

艺术教育是美育的主体部分，是美育最重要和最主要的内容和手段。依据美学原理可以将艺术教育划分成表演艺术、造型艺术、语言艺术和综合艺术等类型。

小学艺术教育是让学生初步了解各种艺术形式，从中学习艺术知识，参加小学组织的艺术活动，感受艺术的美，培育美的意识和创造美的能力。

二、小学美育的实施原则

1. 思想性和艺术性相统一

美育内容既要求是健康的、积极的，又要求表现内容的艺术形象要生动、鲜明，富有感染力，有较高的审美价值和艺术气息。

2. 情绪体验和逻辑思维相结合

个体对美的感受既是情感的，也有认识和理解的成分。因此，应该让小学生在掌握审美知识的基础上去感受美，才能充分发挥美育以美感人、以情动人的作用。

3. 感受艺术和学习艺术相结合

在小学阶段，应该让学生初步地学习艺术的表现形式和手段。因此，艺术的学习中既要让学生感受歌曲和绘画中的美，也要让学生学习如何唱歌和画画。

4. 内在美和外在美相统一

内在美，即心灵美，是事物蕴含的内在思想和精神的美，外在美是事物外部形式的美。外在美不能离开内在美而单独存在，内在美必须通过外在美得以表现。因此，美育须使外在美与内在美相统一，让学生对美的事物有完整的感受。

三、小学美育的实施途径

1. 课堂教学

课堂教学是实施美育的重要途径。不仅音乐、美术、舞蹈等艺术教育能以美的感染作用直接对学生实施美育，同时数学课、语文课、自然课、手工课、劳动课等其他学科也都包含了丰富的美育因素，需要教师去挖掘。如语文中的诗歌、寓言、童话等都以典型的形象、生动的语言给学生以美的感受；数学中对数字、图形、规则、定律的精确表达，表现出一种形象的美、对称的美。因此，任何学科的教师都应有意识地将美育渗透到各科教学中。

2. 课外活动

课外活动是各门课程美育的继续。课外活动的形式是丰富多样的，诸如各种兴趣小组、讲座、文艺演出或欣赏会、文化艺术展览等。教师对课外活动的指导切忌流于形式，以免美育的任务不能落到实处。

3. 校园环境的美化功能

校园是学生生活、学习的场所，对于学生的思想情感、审美意识的发展具有一定的影响。优美的校园环境是学生接受美的陶冶的重要途径之一，环境的美化是多种多样的，如绿化、美化和净化校园环境，对教室进行美化布置等。小学校长和教师要合理有效地利用学校环境的美化作用，激发学生美的感受，从而使其获得美的陶冶。

4. 教师的示范作用

教师的活动带有强烈的示范性，教师的言行举止是学生模仿和学习的榜样。小学生具有向师性的特点，教师高尚的人格、良好的职业形象、优美的语言和行为、良好的思想和道德等都对学生具有潜移默化的作用，所以通过教师的示范作用对学生进行美育是美育实施的一条途径。

四、小学美育的实施方法

1. 美育教学

美育教学就是教师直接向学生传授美育方面的知识，这在音乐课、美术课上表现得比较突出。通过小学美育的教学，可以让学生学习和初步掌握感受美、欣赏美和创造美的知识与技能。

2. 美育欣赏

美育欣赏即通过让学生欣赏美育对象培养其对事物有美感欣赏的意识和能力。

3. 美育活动

美育活动就是组织各种活动，尤其是艺术活动，让学生在活动中感受美、欣赏美，培养其创造美的意识和能力。

4. 美育渗透

美育渗透是指在学校教育教学的各种活动中渗透美育，尤其是在各科教学中，教师要善于挖掘美育因素，让学生感受学科中的美的内容，激发其对学科美的兴趣。

巩固练习

一、选择题

1. 美育最高层次的任务是(　　)。

A. 提高学生感受美的能力　　B. 培养学生欣赏美的能力

C. 形成学生创造美的能力　　D. 培养学生审美观

2. 下列不属于学校美育内容的是(　　)。

A. 形式教育　　B. 理想教育　　C. 艺术教育　　D. 审美教育

3. 西方首先提出美育这一概念的是18世纪的德国人(　　)。

A. 维纳　　B. 席勒　　C. 洛克　　D. 乔金斯

二、简答题

1. 简述小学美育的实施途径。

参考答案

考点突破

【9-1】答案: D。

解析: 我国最早主张“以美育代宗教”的教育家是蔡元培。

巩固练习

一、选择题

1. C。美育的三个主要任务是:(1)提高学生感受美的能力;(2)培养学生欣赏美的能力;(3)形成学生创造美的能力。其中第三个要求“形成学生创造美的能力”是美育的最高层次的任务。

2. D。D项的审美教育即美育,其他三项都是美育的内容。

3. B。1793年,德国著名古典文学和美学家席勒在《美育书简》中首次提出并使用了“美育”的概念,建立了独立的研究理论。

二、简答题

1. 小学美育的实施途径的途径主要有:

(1)课堂教学。课堂教学是实施美育的重要途径。不仅音乐、美术、舞蹈等艺术教育能以美的感染作用直接对学生实施美育,同时数学课、语文课、自然课、手工课、劳动课等其他学科也都包含了丰富的美育因素,需要教师去挖掘。

(2)课外活动。课外活动是各门课程美育的继续。

(3)校园环境的美化功能。优美的校园环境是学生接受美的陶冶的重要途径之一。

(4)教师的示范作用。教师高尚的人格、良好的职业形象、优美的语言和行为、良好的思想和道德等都对学生具有潜移默化的作用,所以通过教师的示范作用对学生进行美育是美育实施的一条途径。

第十章　小学生安全与心理健康教育

考点分析

- 本章考点主要以选择题的形式出现。
- 本章考点主要有：人体需要的矿物质元素和维生素，小学生常见非传染性疾病的预防，常见传染性疾病的预防；意外事故的预防和处理；小学生的心理健康的特点，教师应进行的心理辅导。

第一节　小学生的医疗保健常识

一、人体需要的矿物质元素和维生素

（一）矿物质元素

人体组织含有各种矿物质元素，其中体内含量大于体重的0.01%的矿物质元素称为常量元素，如钙、磷、钠、钾、氯、镁和硫等；体内含量少于体重的0.01%的矿物质元素称为微量元素，如铁、铜、锌、硒、碘等。下面介绍几种常见的矿物质元素①：

钙：钙是人体中含量最高的无机元素。儿童缺钙会发生软骨病，以及出牙迟、牙齿疏松、鸡胸、身材矮小、“X”形腿等多种儿童佝偻病症状。含钙丰富的食物有奶和奶制品，海产品如虾皮、小鱼、海带，及荠菜、豆腐等。

锌：锌是许多酶的催化剂，广泛参与了生命活动的各个方面。缺锌会引起儿童骨骼生长缓慢、骨钙化不良、食欲低下、消化功能降低和整体发育迟缓。含锌丰富的食物有牡蛎、瘦肉、猪肝、鱼类、鸡蛋、黄豆、白菜、萝卜、核桃、橙子等。

铁：血红蛋白的主要成分是铁，它参与人体内氧的运送和二氧化碳的排出，维持正常的造血功能和免疫功能。缺铁，会使血红蛋白数量减少，导致贫血的出现。含铁丰富的食物有动物肝、瘦肉、蛋黄、鱼类、海螺、海蚌及奶类食物。

碘：碘是合成甲状腺素的重要成分，主要是调节新陈代谢，影响生长发育。低龄儿童缺碘可导致智力低下，成年人缺碘可导致甲状腺肿。

（二）维生素

维生素是维持人体正常生理必需的一类化合物，根据其溶解性质，可分为脂溶性和水溶性两大类。当身体长期缺乏某种维生素时，可以引起代谢紊乱或出现不同疾病，称为“维生素缺乏症”。下面介绍几种常见的维生素：

维生素A：脂溶性，能促进生长发育，保护上皮组织结构完整，维持眼睛在暗处的视力。如果供给不足，可发生夜盲症、眼干燥症、角膜炎、皮肤干燥和脱屑等。维生素A的主要食物来源为动物肝脏、鱼肝油、蛋黄、一些绿叶菜和胡萝卜等。

---

① 曹型远，李林静，张文京，等. 学校卫生学[M]. 重庆：西南师范大学出版社，2018：155-162.

维生素 D：脂溶性，能促进肠道对钙、磷的吸收，促进骨骼、牙齿生长发育。如果供给不足，可发生佝偻病。维生素 D 的主要食物来源为动物肝脏、蛋黄和鱼肝油等；也可以经日光照射由皮下脂肪转化而成。因此，多在户外阳光下活动就不会缺乏维生素 D。

维生素 K：脂溶性，参与凝血酶原合成，起止血作用。如果供给不足，则出血不容易止住，血液不容易凝固。维生素 K 的主要食物来源为菠菜、白菜、苜蓿、西红柿、动物肝脏。

维生素 B1：水溶性，主要是调节身体代谢作用，调节神经组织和心肌功能。如果供给不足，可引起代谢和功能的紊乱，出现脚气病和周围神经炎，严重者出现“脚气病性心脏病”。维生素 B1 的主要食物来源为粮谷类、豆类、动物内脏类等。

维生素 B2：水溶性，促进生长发育，参与细胞的氧化还原反应，参与蛋白质、脂肪和糖的代谢，维持正常视觉功能。如果供给不足，可出现口角炎、舌炎、角膜炎、脂溢性皮炎和阴囊炎等。维生素 B2 的主要食物来源为动物肝肾、乳类、蛋类以及酵母类等。

维生素 B12：水溶性，促进红细胞成熟。如果供给不足，可发生巨细胞性贫血。维生素 B12 的主要食物来源为肝、肉、蛋、乳、酵母。

维生素 C：水溶性，增强身体抵抗力，促进生长，有解毒作用。如果供给不足，可发生维生素 C 缺乏病，表现为皮下、骨骼、关节和牙龈出血。维生素 C 的主要食物来源为各种新鲜的蔬菜和水果。

特别要指出的是，一般来说只要合理膳食、荤素搭配得当，我们的日常饮食摄取的维生素和钙、铁、锌是足够的，并不需要另外补充；只有出现了相应的症状，在医生的诊断下方可有针对性地补充。

考点突破

【10-1】(2016 年上半年)儿童发现眼睛干涩、夜盲症，可能主要缺乏(　　)。

A. 维生素 A　　B. 维生素 B　　C. 维生素 C　　D. 维生素 D

【10-2】(2019 年上半年)儿童易患口角炎、角膜炎、皮炎等，可能是缺乏(　　)。

A. 维生素 A　　B. 维生素 B2　　C. 维生素 C　　D. 维生素 D

二、小学生常见非传染性疾病的预防

在小学阶段，由于孩子的身心发展正处于快速发展的阶段，因此这个阶段小学生在生理发展过程中比较容易出现以下疾病，需要教师和家长提前做一些预防。

（一）近视的预防

随着电子产品使用频率的增加，小学生中近视的人数越来越多。预防近视可从以下方面着手：

(1) 保持正确读写姿势。坚持“三个一”原则：读书写字身体要坐正，保持眼睛与书本距离为一尺(33～35 cm 左右)、胸前与桌子距离应约一拳、握笔的手指与笔尖距离应一寸(3 cm 左右)，不歪头或躺着看书，不走路看书，不在晃动的车船上看书。

(2) 选择良好的用眼环境。不要在过亮、过暗的光线下阅读；用来书写的铅芯要软硬适中，作业用纸要洁净；选择适宜的桌椅读书写字，书桌高度以到上腹部附近为宜。

(3) 养成良好的用眼卫生习惯。连续近距离用眼时间不能过长，应控制在 40～50 分钟左右；课间休息时要注意放松眼睛，应到教室外活动，或凭窗远眺，或闭目养神。

(4) 坚持做眼保健操。

(5) 日常生活注意保养。小学生每天应睡眠10小时;均衡饮食,保证营养全面;多到户外活动,多参加球类运动。

(6) 定期检查视力,戴合适的眼镜。每学期要检查两次视力;不要互相借戴眼镜,否则会出现眼疲劳等症状,影响视力。

(二) 龋齿的预防

预防龋齿最好的办法是保持口腔卫生。龋齿的预防要遵循以下几点:

(1) 保持口腔卫生。督促学生养成早晚刷牙,饭后漱口的习惯。

(2) 学生要注意营养,培养良好的饮食习惯。

(3) 定期进行口腔检查。早发现早治疗,对患有龋齿的学生,要通知家长带学生到医院进行相应治疗。

(4) 对学生进行口腔卫生保健知识的教育,让学生们了解龋齿的危害,自主地对牙齿进行保护。

(三) 小学生脊柱弯曲异常的预防

小学生的骨骼尚未骨化完成,容易发生变形,脊柱弯曲异常会影响小学生体态、体力和体内脏器的正常发育。预防脊柱弯曲异常的措施有:

(1) 培养小学生正确的站、坐、立、行、卧的姿势和端庄的体态。

(2) 使用双背带式书包,书包不宜过重。

(3) 加强体育锻炼。

(4) 摄入足够的营养,保证骨骼的正常生长。

(5) 定期进行检查,如果发现异常,要及时进行相应的治疗。

(四) 小学生肥胖症的预防

肥胖症是一种慢性病,我国少儿肥胖症的发病率是比较高的。肥胖不仅会影响学生的身体健康,也会导致儿童心理的不适。预防肥胖症的措施主要有:

(1) 养成良好的饮食习惯。定时定量进餐,避免零食过量和贪食习惯。

(2) 积极进行体育锻炼,每天需保证一定的运动时间。

(3) 合理安排作息制度,睡眠时间不要过多,饭后不要马上看书或看电视,晚饭与上床睡觉之间最好有3小时的间隔。

(4) 切忌急速减肥。

(5) 注重儿童的心理变化,给儿童进行积极正确的引导,避免儿童出现自卑等情绪。

三、小学生常见传染性疾病的预防

(一) 常见传染病

(1) 呼吸道传播为主:水痘、流行性感冒、流行性腮腺炎、麻疹、风疹、猩红热等;可通过空气、短距离飞沫或接触呼吸道分泌物等途径传播。

(2) 消化道传播为主:手足口病、甲型肝炎、细菌性痢疾、感染性腹泻等。

(3) 接触传播为主:急性出血性结膜炎(红眼病)。

（二）传染病的预防

(1) 定时开窗，保持自然通风，可有效降低室内空气中微生物的数量，改善室内空气质量，在传染病流行的高发季节，尽量避免去往人群密集的地方。

(2) 接种疫苗，预防性疫苗是阻止传染病发生的最佳积极手段。例如流感、水痘，接种疫苗是最重要的预防手段。

(3) 养成良好的卫生习惯，饭前便后以及外出归来一定要洗手；打喷嚏、咳嗽和清洁鼻子应用卫生纸掩盖，用过的卫生纸不要随地乱扔；勤换、勤洗、勤晒衣服和被子；不随地吐痰，个人卫生用品(如毛巾、脸盆、水杯等)切勿混用。

(4) 加强锻炼，积极参加体育运动，增强抵抗力。

(5) 生活有规律，劳逸结合，保证充足的睡眠，对提高自身的抵抗力相当重要。

(6) 衣、食细节要注意，温度骤变时注意及时增减衣服；合理膳食，食用清淡、高维生素、富含优质蛋白的食物，如瘦肉、禽蛋和新鲜蔬菜、水果等，多饮水。

(7) 由于传染病初期多有类似感冒的症状，易被忽视，因此身体有不适应该及时就医，特别是有发热、皮疹等症状，应尽早就医，明确诊断，及时治疗，做到早预防、早发现、早诊断、早报告、早隔离治疗。

(8) 学生出现传染病，应注意隔离。特别指出的是，如果学校或学生中出现了传染病，应遵循"依靠科学，依法防治，高度敏感，果断处置"的指导思想，坚持"政府领导，部门配合，属地化管理，分级响应"的处置原则，严格控制传染源，迅速切断传播途径，早发现、诊断和隔离是控制传染病的关键。

考点突破

【10-3】(2016年下半年)当学校出现传染病时，控制病情传播的首要措施是(　　)。

A. 查找传染病源　　B. 救治传染病人

C. 切断传播途径　　D. 保护易感人群

第二节　小学生的安全防范常识——意外事故的预防和处理

小学生比较容易出现意外事故，因此对他们进行安全教育就显得非常重要。下面介绍一些小学生容易遇到的安全状况及预防和处理的办法。

一、中暑

1. 预防措施

(1) 大量补水和补盐。天气炎热时，不论是否进行大量体力活动，都应常饮水，不要到口渴时再饮水，但不要饮冰水或含大量糖的饮料。

(2) 避免在高温的环境下进行剧烈运动。

(3) 适当调节作息时间，夏季延长午睡时间。

(4) 外出做好防晒准备。

(5) 在活动过程中，教师一旦发现学生有中暑的现象，应立即终止活动，让学生到阴凉通风处休息。

2. 处理方法

在进行户外活动发现学生中暑时，教师应该立即停止活动，及时将学生抱至阴凉通风处让其躺下，抬高下肢15～30 cm；然后脱去多余的或紧身的衣服，用湿的凉毛巾或冰袋敷在其头部和躯干部，用凉水反复擦身，并配合扇风以降温；若未出现恶心呕吐现象可服用人丹、藿香正气水等中药。严重者应及时送往医院救治。

二、溺水

溺水是夏天经常发生的意外事故，学校周围的池塘水库、江河湖泊等都是容易发生溺水事故的场所。

1. 预防措施

(1) 学校要加强安全教育和组织纪律，让学生了解溺水事故的危害性，防止溺水事件的发生。

(2) 下水前做好准备活动，小学生不宜在水中长时间停留或停止不动。

(3) 同伴不慎落水时应大声呼救，寻找成人前来营救，尽量不要擅自下水营救。

2. 处理方法

如果有人出现溺水情况时，抢救者应按如下处理方法进行施救：

(1) 首先应确认溺水者是否还有意识存在，可以采用拍打肩部同时大声呼唤溺水者的方法确认。如溺水者有反应，说明其有意识，应尽快将其送往医院；如拍打溺水者无意识无反应，说明溺水者已经意识丧失，应尽快进行人工呼吸。

(2) 抢救者应迅速清除溺水者口、鼻中的污泥、杂草及分泌物，并用纱布或手帕裹着手指将溺水者舌头拉出口外，解开其衣扣、领口，以保持呼吸道畅通。如溺水者尚有意识或反应，则抢救者应屈膝将溺水者俯卧于抢救者的大腿上，头朝下，按压溺水者腹部迫使呼吸道及胃内的水排出。溺水者若呼吸、心跳停止，抢救者则应立即对其进行心肺复苏，并尽快联系急救中心或送去医院。

三、骨折

骨折是指骨结构的连续性完全或部分断裂。经及时恰当的处理，多数病人能恢复原来的功能。对骨折病人的现场急救应遵循以下原则：救命在前，防止休克；及时固定，避免随意移动；先止血再包扎固定，包扎固定后立即送往医院处理。处理时还要注意几点：对骨折病人不要勉强解脱衣服，若受伤肢体肿胀严重或活动受限时，应剪开衣服，尽量避免不必要的搬动。骨折后发生的肢体弯曲、扭转等畸形不可勉强复原。切忌用不干净的物品填充伤口。应尽快就地取材，如用薄木板、竹板、硬纸板、木棍等制作夹板，固定患部。

四、电击

1. 预防措施

(1) 注意电线的老化情况，防止绝缘皮的脱落和电线裸露。学校要定期检查电气设备，发现问题及时解决。

(2) 教师要对小学生进行安全用电教育以及触电急救教育，防止学生因出于好奇而私自接触电源。

(3) 在进行用电操作时，穿绝缘胶鞋。

2. 处理方法

（1）遇到有人被电击，应当立即切断电源或用不导电的物体将导电体与触电者分开，如干燥的竹竿、木棍、衣服等。

（2）切不可在未切断电源的情况下直接接触触电者，以防自身触电。

（3）对于呼吸及心跳停止的触电者则应立即进行人工呼吸或心脏胸外挤压，并及时拨打急救电话，向医疗单位求救。

五、烫伤烧伤

1. 预防措施

（1）将过热物品放置于学生拿不到的地方。

（2）冬季使用火炉应用铁网围住，使用电器取暖时应有成人在场。

（3）教师应对小学生进行安全教育，避免其因好奇玩弄明火。

2. 处理方法

学生发生烫伤后，不要急于脱去贴身衣服，应立即用大量冷水冲淋烫伤或烧伤部位，降低其严重程度，等冷却后再小心地将贴身衣服脱去，必要时可用剪刀剪开，以免撕破后形成水泡。若伤势较轻，可用红花油等药物涂抹患处，若伤势较重，经简单处理后，应立即送往医院救治。

六、中毒

1. 预防措施

（1）保证小学生食物的清洁、新鲜无毒，过期或腐烂食物不可食用。

（2）培养小学生良好的饮食习惯，教育小学生不要随便采食野生植物及野果。

（3）规范放置药品，防止儿童误服，喂药前要认真核对，对变质和标签不明的药物切不可服用。

（4）冬季室内使用煤炉时注意通风，避免引起一氧化碳中毒。

（5）日常使用的灭虫害药品及农药要妥善保管好，避免儿童接触。

2. 处理方法

（1）口服中毒者可根据病情采取催吐、洗胃、导泻或灌肠等方法迅速排出毒物。

（2）皮肤接触中毒者，应立即脱去已污染的衣物，用清水反复冲洗皮肤；化学药品中毒者可先用干布擦干药品再冲洗。

（3）吸入中毒者，应马上打开门窗，并将吸入中毒者立即撤离现场，吸入新鲜空气，保持呼吸道畅通。

（4）腐蚀性毒物中毒者，可饮用鸡蛋清、牛奶，以起到保护胃黏膜、延缓毒物吸收的作用。

七、被动物咬伤

1. 被猫、狗咬伤的处理方法

被猫、狗咬伤后，若伤口流血，不要立即止血，因为流出的血可以冲掉伤口内的一些细菌和毒素；立即用肥皂水反复冲洗伤口，冲洗时间不少于 20 分钟，并涂上碘酒，没有肥皂水的话，自来水也可以。清洗后，尽快到医院注射疫苗（如狂犬疫苗），对头面部咬伤者还要足量注射狂犬病免疫血清。

2. 被蜂蜇伤的处理方法

若小学生是被蜜蜂蜇伤并有蜂刺留在皮肤内，教师首先应使用镊子拔出蜂刺，不要挤压，以免毒素加速进入血液循环。接着可用吸吮器或者拔火罐的方法将毒液吸出，然后用将含薄荷、浓氨水和酒精的虫咬伤药水涂敷在伤处，或涂3%的氨水、肥皂水、碳酸氢钠等碱性溶液。黄蜂蜇伤可涂食醋、硼酸或醋酸等酸性溶液。对严重蜂蜇伤者应尽快送去医院。

3. 被毒蛇咬伤的处理方法

学生如果被毒蛇咬伤，教师可采取以下措施进行处理：第一，绑扎。切勿惊慌、乱跑，应先挤出毒液，系紧伤口距心脏最近的地方，防止毒液随血液流到心脏，但每隔10～20分钟要放松1～2分钟。第二，冲洗。立即用冷开水、泉水、自来水或生理盐水、肥皂水冲洗伤口，如果伤口有毒牙存在，应及时拔出。第三，扩创。用消毒过的锋利小刀，在伤口部位(只需切至皮下)切成2厘米长的“十字形”，再在伤口周围皮肤上划几道口子，或用消毒过的三棱针、缝衣针等在伤口周围穿刺，挤出毒液或吸出毒液(要求吸毒液者口腔没有破损)；但有些伤口不能扩创，否则会大出血。第四，就医，做这些的同时要让学生保持安静，注意保暖，做完后就应及时送往医院，接受抗血清注射。

考点突破

【10-4】(2017年上半年)假如小学生被狗咬伤，教师首先应采取的处理方式是(　　)。

A. 立即包扎伤口

B. 在伤口的近心端用绳子扎紧

C. 肥皂水、高锰酸钾溶液或双氧水等冲洗伤口

D. 不做处理，直接送医院

【10-5】(2018年上半年)如果学生被蜜蜂蜇伤，教师应在第一时间向其伤口涂抹(　　)。

A. 肥皂水　　B. 蒸馏水　　C. 食用醋　　D. 稀盐酸

八、常见外伤及其处理

小学生天生活泼好动，自我保护意识差，极易发生意外伤害。小学生常见的外伤有：擦伤、刺伤、扭(碰)伤、割伤等。

1. 擦伤处理

用生理盐水或干净的清水清洗伤口，清除杂物，盖上消毒纱布，按压止血；外用创可贴或云南白药，保持伤口通风，避免其感染。

2. 刺伤处理

用高锰酸钾溶液清理伤口，用双氧水进行消毒，并送医院进一步处理。

3. 扭(碰)伤处理

24小时内冰敷，用冰块或毛巾反复多次冷敷，每次20～30分钟，间隔10～20分钟进行一次，并检查皮肤温度；24小时后热敷，促进血液循环，若出现骨折应去医院检查治疗。

4. 割伤处理

用清水清洗伤口并消毒，盖上消毒纱布，包扎固定。若情况严重可采取以下方法处理：

(1) 压迫止血法，即用纱布、手帕等按住伤口，再用力把伤口包扎起来。

(2) 指压止血法，即找到止血点用力按住，让心脏流出的血液不能顺畅地流向伤口。止血点指伤口附近靠近心脏的动脉点。

(3) 止血带止血法,严重流血不止时,可用止血带绑在止血点上,扎紧,每隔15分钟略松开一次,避免组织坏死,最好在40分钟以内送至医院急救。

5. 鼻出血处理

天气干燥、小学生不良的抠鼻行为以及无意之间打闹碰到鼻子等原因,导致小学生容易出现流鼻血的情况。遇到小学生流鼻血,可以采取以下措施:一般采取坐位或前倾坐位,同时做前额部冷敷,这是利用末梢血管遇冷收缩的原理以期达到止血的目的。在止血过程中具体有以下方法:

(1) 让学生保持冷静。过度紧张会引起血压升高,进而导致出血量增加。

(2) 让学生稍微低头。如果高仰着头,血液由于重力易倒流到咽喉甚至呛入到气管,这样不利于呼吸和观察出血量,所以出血时稍微低头。

(3) 局部压迫。即用食指和拇指紧压两侧鼻翼5~10分钟,利用鼻翼压迫鼻中隔易出血区止血。

(4) 冷敷头颈。由于头颈部有大血管,通过冷敷,可以收缩血管减缓出血。

考点突破

【10-6】学生上体育课时很容易不小心骨折,下列对骨折病人的现场急救措施有误的一项是(　　)。

A. 若受伤肢体肿胀严重或活动受限时,应剪开衣服,尽量避免不必要的搬动

B. 骨折后发生的肢体弯曲、扭转等畸形要及时复原

C. 切忌用不干净的物品填充伤口

D. 尽快就地取材,如用薄木板、竹板、硬纸板、木棍等制作夹板,固定患部

【10-7】(2014年上半年)当学生摔倒后出现头疼、恶心等轻微脑震荡症状时,教师不宜采取的措施是(　　)。

A. 电话通知家长,具体告知情况　　B. 送校医务室或附近医院就诊

C. 卧床休息,适当减少饮水和进食量　　D. 按摩并热敷受伤的部位

九、防水、防电安全

(一) 防水安全

在游泳池中游泳时要注意以下事项:

(1) 游泳时不要用鼻子吸气,宁可多喝几口水,也不能呛一口水。(2) 不要在游泳池四周打闹。(3) 切勿倒着身子跳水。(4) 防止腿抽筋。防止脚抽筋的方法有:① 游泳前做好充分的准备活动;② 游泳前教师或家长在学生的四肢泼点水,让学生逐渐适应水温,然后再下水游泳;③ 还可以预先喝点淡盐水;④ 游泳者若在游泳过程中出现痉挛,应保持镇定,可深吸一口气潜入水中,自己对抽筋的肌肉进行按摩、拉伸,使肌肉得到放松,并及时呼救。游泳者若因小腿腓肠肌痉挛抽筋导致溺水,应息心静气,及时呼救,同时,身体抱成一团浮上水面,深吸一口气,再把脸浸入水中,用手将痉挛抽筋下肢的脚趾用力向前上方掰,使脚趾跷起来,持续用力,直到痉挛抽筋情况消失。

(二) 防电安全

(1) 安全用电:学生用湿手不能触摸连接电源的电器,不能用湿布擦拭使用中的家用电器;发现电线断落,无论带电与否,都应视为带电,应与电线断落点保持足够的安全距离,并

及时向家长或有关部门汇报；发现有人触电，不能直接接触触电者，应用木棒或其他绝缘物将电源线挑开，使触电者脱离电源；凡是金属制品都是导电的，千万不要用这些工具直接与电源接触；雷雨天在市区人行道上行走，不要用手触摸树木、电杆及电杆拉线，以防触电；严禁在高低压电线下放风筝、钓鱼等；发现家用电器损坏，应请经过培训的专业人员进行修理，自己不要拆卸，防止发生电击伤人。

(2) 电器着火：遇有家用电器着火，应先切断电源后再救火。

除了防水、防电安全外，教师还要提醒小学生注意防火。如果在火情发生时，衣服着火了，应马上停止跑动，站立用毯子或者其他衣服覆盖灭火；如果没有毯子或其他衣服，应该立刻双手掩面，就地卧倒，左右翻滚，熄灭火焰；等待火熄灭后马上冲泡伤口进行紧急处理。

考点突破

【10-8】(2014 年下半年) 在火情发生时，如果学生的衣服已经着火，教师首先应该采取的措施是(　　)。

A. 大声呼救　　B. 让学生就地打滚

C. 跑开取水　　D. 用手拍打学生衣服上的火焰

第三节　小学生心理健康与心理辅导

一、小学生心理健康

(一) 心理健康的概念

心理健康是一种良好的、持续的心理状态和过程，表现为个体具有生命的活力、积极的内心体验和良好的社会适应能力，能够有效地发挥个人的身心潜力以及作为社会一员的积极的社会功能。心理健康是个人心理活动在自身和环境条件允许的范围内所能达到的最佳功能状态，它至少包括两层含义：一是无心理疾病；二是有积极发展的心理状态。

考点突破

【10-9】小学心理健康教育的总目标是(　　)。

A. 提高学生的心理素质　　C. 矫正学生的问题行为

B. 发展学生的能力　　D. 提高学生的成绩

(二) 小学生常见的心理障碍

1. 儿童多动综合征

儿童多动综合征是一种比较常见的以注意力缺陷和活动过度为主要特征的行为障碍综合征。患病儿童多在 7 岁前就有异常表现，儿童智力是正常或基本正常的，其主要的行为特征有：活动过度、注意力不集中、行为冲动和学习困难。

2. 学习困难综合征

学习困难综合征是一种学习技能的发展障碍。这类儿童并非呆傻或者愚笨，而是从发育的早期阶段起，获得技能的正常方式受损，在小学生中比较多见。其主要行为表现有：缺少某种学习技能，包括朗诵阅读、计算困难、绘画困难和交往困难等。

在诊断学习困难综合征时,应注意与儿童多动综合征的区别。多动综合征儿童一般也会有学习困难的症状,但这种学习困难主要是由注意力缺陷、好动冲动和行为障碍造成的;而患有学习困难综合征的学生,则没有上述儿童多动综合征的表现,他们在个性发展上是健康的,不存在多动综合征儿童表现出来的情绪和行为问题。

3. 儿童过度焦虑反应

儿童过度焦虑反应是儿童情绪障碍的一种表现。在小学生中,常见的焦虑反应是考试焦虑,其主要表现是:随着考试临近,心情极度紧张,考试时不能集中注意力,无法发挥正常水平,考试后又不能持久地放松下来。儿童过度焦虑反应产生的原因主要有:学校的考试以及升学中持久的、过度的压力,使学生缺乏内在的自尊心和价值感;家长对子女过高的期待;学生个人过分地争强好胜,学业上多次失败的体验;某些人具有容易诱发焦虑反应的人格基础等。

4. 儿童强迫症

强迫症是焦虑症的一种,包括强迫观念和强迫动作。强迫观念是个体身不由己地思考自己不想考虑的事情,明知不合理和没必要,但无法摆脱,如强迫回忆、强迫疑惑。强迫动作是强迫观念在行为上的反应,是指个体刻板地做出重复的动作,如强迫洗手、强调计数、反复检查和强迫性仪式动作等,大多数的人都有过强迫症状。

5. 儿童厌学症

儿童厌学症又称学习抑郁症,是指学生消极对待学习活动的行为反应模式,是由人为因素造成的儿童情绪上的失调状态,也是小学生中最为常见的心理疾病之一。儿童厌学症主要表现有:对学习不感兴趣,讨厌学习;一提到学习就头痛,看到作业就心烦意乱,焦躁不安;他们对教师或家长有抵触情绪,学习成绩较差,有的还兼有品德问题。儿童厌学情绪严重或受到一定诱因影响时,往往会发生旷课、逃学或辍学现象。

6. 习得性无助

习得性无助是指一个人经历了失败和挫折后,面对问题时产生的无能为力的心理状态和行为,它是由美国心理学家赛利格曼于 1967 年提出的。当学生经历了某种学习后,在情感、认知和行为上表现出消极的特殊心理状态,表示该生出现了习得性无助。习得性无助学生形成了自我无能策略和自暴自弃的心理,最终导致他们努力避免失败,具体表现为认知缺失、动机水平下降、情绪不适应等心理现象。当学生将不可控制的消极事件或失败结果归因于自身的智力、能力的时候,一种弥散的、无助的和抑郁的状态就会出现,自我评价就会降低,动机也减弱到最低水平,无助感也由此产生。因此,他们选择拖延作业或只完成不费力气的任务,或他们沮丧并以愤怒的形式表现出来。

考点突破

【10-10】(2017 年上半年)儿童多动综合征的核心特征是(　　)。

A. 活动过多　　B. 冲动任性　　C. 注意障碍　　D. 学习困难

【10-11】(2015 年上半年)小明学习非常努力,但成绩总是不理想,逐渐出现了被动、退缩、无动力的状态。这种心理反应属于(　　)。

A. 学习焦虑　　B. 习得性无助　　C. 自我估价降低　　D. 认知功能障碍

二、小学生心理辅导

心理辅导是指在一种新型的建设性的人际关系中,学校辅导教师运用其专业知识和技能,给学生以适合其需要的协助与服务,帮助学生正确地认识自己、认识环境,依据自身条件，确立有益于社会进步与个人发展的生活目标，克服成长中的障碍，增强与维持心理健康，在学习与人际关系各个方面做出良好适应。心理辅导的一般目标归纳为两个方面：一是学会调适，包括调节和适应；二是寻求发展。

（一）小学生心理辅导的基本要求

小学生心理辅导的基本要求有：

(1) 面向全体学生，为全体学生服务，以预防心理疾病为主；

(2) 开展普及以心理健康教育知识为主的辅导活动；

(3) 尊重和理解学生是心理辅导最基本的条件；

(4) 应尊重学生的主体地位，在心理辅导过程中，应激发和调动学生自我心理发展的自觉性和积极性；

(5) 应个别化对待每个学生，要根据学生的心理特点，采取因材施教的方法，有针对性地进行辅导；

(6) 以发展的眼光看待学生的心理状况，不能歧视学生。

（二）小学生心理辅导的方法

1. 行为改变疗法

行为改变疗法主要包括以下具体方法：

(1) 强化法，又称正激励，主要用来培养新的适应行为。根据学习原理，一个行为发生后，如果紧跟着一个强化刺激，这个行为就会再一次发生。例如，一个上课不敢发言的学生，一旦在某次课上发言后得到了教师的表扬和肯定，那么该学生以后更敢于在课堂上发言。

(2) 代币奖励法，代币是一种象征性强化物，如筹码、小红星、盖章的卡片、特制的塑料币等都可作为代币。当学生做出教师所期待的良好行为后，教师可发给学生数量相当的代币作为强化物。该方法在治疗学生上课注意力不集中、做小动作以及不良行为等方面都取得了很好的疗效，已被广泛用于学生不良行为的矫正。

(3) 行为塑造法，是指通过不断强化逐渐趋近目标的反应，来形成某种较复杂的行为。有时教师所期望的行为在某学生身上很少出现或很少完整地出现，此时可以依次强化那些渐趋目标的行为，最终达到塑造行为的目的。例如，用行为塑造法可以让缄默无语的孩子开口说话。

(4) 暂时隔离法，当小学生有不良行为发生后，将他立即置于一个单调、乏味的地方，以对不良行为引起的后果产生厌恶情绪来矫正不良行为。可以使用定时器，定时器响后，方可离开，隔离结束，同时询问小学生被隔离的原因，且不要求学生道歉或保证。暂时隔离意味着奖励、强化、关注、有趣活动的终止。

(5) 示范法，通过观察和模仿榜样行为来影响自身行为。示范有各种形式：辅导教师的示范、他人提供的示范、媒介提供的示范、角色的示范等。模仿学习的机制是替代强化，替代强化指学习者因榜样受强化而使自己也间接受到强化。

(6) 惩罚法，又名负激励，其作用是消除不良行为。惩罚有两种：一种是在不良行为出现后，呈现一个厌恶刺激，如否定评价，给予处分；另一种是在不良行为出现后，撤销一个愉快刺激，如让一个冒犯的学生失去休息或者玩的机会。

(7) 自我控制法，是指让当事人自己运用学习原理，进行自我分析、自我监督、自我强化、自我惩罚，以改善自身行为。优势是强调了学生个人责任感。教师应引导学生进行自我分析，培养其自我控制的能力。

2. 行为演练疗法

行为演练疗法主要包括以下具体方法：

(1) 全身松弛训练，又称全身松弛法或松弛训练，是指通过改变肌肉紧张的情况，减轻肌肉紧张引起的酸痛，以应对情绪上的紧张、不安、焦虑和气愤的疗法。

(2) 系统脱敏法，是指某些人对某物或某些事物和环境产生敏感反应时，可以通过在当事人身上发展起一种不相容的反应，使其对本来引起敏感反应的事物，不再发生敏感反应。适用于以焦虑为主导症状的行为障碍，如口吃、强迫症等。例如，对于一个过分怕猫的学生，可以先让他看猫的照片，谈论猫，再让他远远地观看猫，靠近猫，最后让他摸猫，最终消除对猫的惧怕反应。

(3) 肯定性训练，也叫自信训练，目的是促进个人在人际关系中公开表达自己真实情感和观点，维护自己权益也尊重别人权益，发展人的自我肯定行为。

考点突破

【10-12】(2016 年下半年)在下列矫正学生行为的方法中，不属于行为疗法的是(　　)。

A. 强化法　　B. 暂时隔离法　　C. 系统脱敏法　　D. 合理情绪疗法

【10-13】(2014 年上半年)针对小明上课不敢发言的情况，王老师在数学课上多次鼓励他发言并加以表扬，使小明逐渐克服了胆怯心理。王老师运用的方法是(　　)。

A. 强化法　　B. 代币奖励法　　C. 自我控制法　　D. 系统脱敏法

3. 角色扮演法

角色扮演法是一种通过行为模仿或行为替代来影响个体心理的方法。让学生扮演一定的角色，通过某种表演方式进入角色，体验角色，让学生更清楚地认识自己，更理智客观地面对自己出现的问题，提高心理素养。角色扮演方法有以下几种形式：哑剧表演、空椅子表演、角色互换、改变自我、双重扮演、魔术商店等。

4. 来访者中心疗法

(1) 特点：咨询师以来访者为中心，重复调动来访者的潜能，从而使他们进行自我治愈；咨询师采用一种非指导性的咨询方式，不能操纵和支配来访者，尽量少提问题，避免代替来访者作出决定。

(2) 咨询师的基本治疗态度：真诚地交流、无条件地积极关注、促进共情。

共情又称作同感、同理心，是一种能够感受他人感受的能力。根据美国学者罗杰斯的观点，共情是指“咨询员能够正确地了解当事人内在的主观世界，并且能将有意义的讯息传达给当事人。明了或察觉到当事人蕴涵着的个人意义的世界，就好像是你自己的世界，但是没有丧失这‘好像’的特质”①。如换位思考就是一种共情技术。

与“共情”相近但并不相同的一个概念是“移情”。移情是指来访者对咨询师产生的一种强烈的情感，是来访者将自己过去对生活中某些重要人物的情感太多地投射到咨询师身上的过程。如小学生在咨询过程中非常信赖心理咨询的老师就是一种移情。移情也可以反向产生，出现反移情，所谓反移情是指咨询师把对生活中某个重要人物的情感、态度和属性转移到了来访者身上。

---

① 贾晓明. 现代精神分析与人本主义的融合——对共情的理解与应用[J]. 北京理工大学学报(社会科学版),2004,6(5):36.

5. 精神分析疗法

通过对求助者过去的了解，发掘求助者潜意识内的矛盾冲突或致病的情结并带到意识域，使求助者对其有所领悟，在现实原则的指导下得到纠正或消除，并建立正确的、健康的心理结构，从而使病情获得痊愈。精神分析疗法由奥地利心理学家弗洛伊德于1895年提出。

(1) 辅导目标：使潜意识意识化，使潜意识冲突表面化，从而帮助求助者重新认识自己或重建人格；帮助求助者克服潜意识冲突。

(2) 辅导关系：强调咨询师隐藏的角色，以使求助者能将他们的情感投射到咨询师身上，即移情。

(3) 具体方法：自由联想(病人舒适地躺着或做好，想到什么讲什么)、释梦、阻抗、移情、解释等。

考点突破

【10-14】(2018年上半年)教师经常会采用“换位思考”的方式进行心理辅导，其背后的心理机制是(　　)。

A. 激情　　B. 共情　　C. 热情　　D. 反移情

【10-15】(2017年下半年)接受心理辅导后，小欣非常信任和依赖刘老师，内心里已把她当成妈妈，这属于(　　)。

A. 移情　　B. 共情　　C. 同情　　D. 反移情

【10-16】(2015年下半年)对小学生进行减压团体心理辅导时，采用的冥想放松方法主要属于(　　)。

A. 行为疗法　　B. 艺术疗法　　C. 认知疗法　　D. 精神分析疗法

6. 理性情绪法

美国心理学家埃利斯提出理性情绪法。他认为，错误的思维方式或非理性信念是情绪和行为问题产生的根本原因，消除不合理认知是解决求助者心理问题的关键。因此，理性情绪法的实施原理就是通过帮助求助者克服不合理的信念，建立合理的、合乎逻辑的思维方式来寻求心理问题的解决。操作步骤如下：

(1) 找出不合理信念及思维方式。咨询师通过与求助者之间的交流，找出求助者所关注的与被困扰的问题及问题背后不合理的信念和思维方式，帮助他们弄清楚为什么会变成这样，怎么会发展到目前这样，讲清楚不合理的信念与他们的情绪困扰之间的关系。这一步咨询师要注意以理解、关注、尊重、同情、积极的态度与求助者交谈，与求助者建立良好的咨访关系，帮助求助者树立自信心。

(2) 找出不合理信念的影响。咨询师坦白和真诚地向求助者提出他们自身存在的不合理信念对其生活的影响，使求助者明确情绪困扰的真实原因是他们自身的不合理认知，他们应当对自己的情绪状态及事态发展负责任。

(3) 与不合理信念辩论。通过以与不合理信念辩论方法为主的治疗技术，帮助求助者认清其信念的不合理性，改变其头脑中固有的不合逻辑与现实的认知，进而放弃这些不合理的信念，并要防止新的不合理信念的产生。这是治疗中最重要和最关键的一环。

在整个治疗过程中，咨询师要保持耐心和毅力，不仅要帮助求助者认清并放弃某些特定的不合理信念，而且要从改变他们常见的不合理信念入手，帮助他们学会以合理的思维方式进行思维，代替不合理的思维方式，以避免不合理信念对求助者情绪的干扰。心理辅导的方法还有很多，诸如讨论法、游戏法、价值澄清、心理训练等。心理咨询师应根据辅导的目标、内容、辅导的形式与途径采用最恰当的心理辅导方法，取得最佳辅导效果。

（三）学校心理辅导的途径

学校的心理辅导主要有以下途径：

（1）开设专门的心理教育和心理辅导活动课；

（2）在各学科的教学中渗透心理辅导的内容；

（3）结合班级、少先队活动开展心理辅导活动；

（4）开展个别心理辅导活动，如老师单独对一个学生进行沟通交流辅导；

（5）开展小组辅导，可进行小组心理剧或游戏辅导；

（6）开展对学生家庭的心理辅导教育。

考点突破

【10-17】简述学校心理辅导的含义及途径。

巩固练习

一、选择题

1. 小学生做游戏时摔倒扭伤并有少量出血点，教师正确的做法是（　　）。

A. 止血带绑在伤口上方，注意保暖　　B. 纸巾盖上伤口，电话通知家长

C. 冷毛巾敷伤口，立即送往医院　　D. 清洁水冲洗伤口，消毒纱布包扎

2. 小学生的手指不小心被教室的门夹伤，教师首先应采取的措施是给学生（　　）。

A. 揉搓受伤手指　　B. 吃止痛消炎药　　C. 冷敷受伤手指　　D. 热敷受伤手指

3. 如果发现有人煤气中毒，首先应该采取的正确措施是（　　）。

① 立即打开门窗，给房间通风　② 给中毒者饮水，防止口渴

③ 给中毒者盖上衣服保暖　④ 将中毒者移至空气流通的地方

A. ①②　　B. ①④　　C. ②③　　D. ③④

4. 通过不断强化逐渐趋近目标的反应，来形成某种较复杂的行为。这是（　　）。

A. 示范法　　B. 系统脱敏法　　C. 惩罚法　　D. 行为塑造法

5. 持久性心境低落为（　　）。

A. 焦虑症　　B. 抑郁症　　C. 强迫症　　D. 恐怖症

6. 鼻出血时，可以（　　）。

A. 用热毛巾敷前额　　B. 用冷毛巾敷前额

C. 用纸张堵鼻孔　　D. 头往后仰

7. 小学生在学校发生轻微烫伤后，教师应及时处理，可采取的措施有（　　）。

① 在烫伤处冲冷水降温　② 脱去烫伤处的衣服

③ 送医院处理　④ 通知家长来学校处理

⑤ 直接包扎烫伤处　⑥ 涂抹烫伤药物

A. ①④⑤　　B. ①②⑥　　C. ②③⑤　　D. ③④⑤

8. 教师如发现学生中有人出现流感症状，应（　　）。

A. 迅速通知家长，立即治疗，待完全康复后再返回学校

B. 观察一段时间，如果学生病情稳定且有好转可继续上课，如果病情恶化，再送医治疗

C. 建议学生购买感冒药进行治疗

D. 建议学生戴好口罩来上学

9．肥胖症发生的主要诱因是（　　）。

A．遗传因素　　B．过食、缺乏适当的体育锻炼

C．内分泌疾患　　D．精神因素

10．营养性贫血是因缺乏造血所必需的（　　）、叶酸等营养物质所致。

A．碘　　B．磷　　C．锌　　D．铁

二、材料分析题

1．**材料：**

小星是一名五年级学生，学习认真、刻苦，成绩一直不错。一次，在期中考试时由于感冒发烧没有考好，结果成绩下滑，受到了老师的批评（老师不知她带病考试）。此后，每当面临考试时小星都很紧张。在考试前几天就开始担心，害怕考试失败，为了能考好，她考前每天都复习到很晚。考试时，小星经常感到注意力很难集中，脑子里也一片空白，明明掌握的知识也都忘记了。同时还伴随着紧张、心慌、手发抖、出汗、小便急、全身绷紧等症状。可考后她发现这些题目都会做，只是由于没发挥好而失败，因而更加害怕考试。为此，小星非常痛苦，不知道如何摆脱。

问题：

（1）小星的这种症状是一种什么心理问题？

（2）本案例中，造成这一心理问题的主要原因有哪些？针对她的问题应该采取什么方法进行治疗？

参考答案

考点突破

【10-1】答案：A。

解析：眼睛干涩、夜盲症主要是由于缺乏维生素A引起的，补充维生素A营养素或胡萝卜素提取物，可以预防眼睛干涩、夜盲症等。

【10-2】答案：B。

解析：维生素B2参与细胞的氧化还原反应，参与蛋白质、脂肪和糖的代谢，如果缺乏维生素B2，儿童易患口角炎、角膜炎、皮炎等。

【10-3】答案：C。

解析：传染病能够在人群中流行，必须同时具备三个基本要素：传染源、传播途径、易感人群，如果缺少其中任何一个要素，传染病就不能流行。针对这三个要素，控制传染病有三个基本方法：控制传染源，切断传播途径，保护易感人群。其中控制病情传播的首要措施就是切断传播途径。

【10-4】答案：C。

解析：人被猫狗咬伤后，应立即用肥皂水、高锰酸钾溶液或双氧水等冲洗伤口，持续冲洗20分钟以上，然后涂上碘酒，并尽快到医院注射疫苗。

【10-5】答案：A。

解析：因为蜜蜂毒液为酸性，学生被蜜蜂蜇伤时，应该涂抹肥皂水。

【10-6】答案：B。

解析：对骨折病人不要勉强解脱衣服，若受伤肢体肿胀严重或活动受限时，应剪开衣服，尽量避免不必要的搬动；骨折后发生的肢体弯曲、扭转等畸形不可勉强复原；切忌用不干净的物品填充伤口；应尽快就地取材，如用薄木板、竹板、硬纸板、木棍等制作夹板，固定患部。

【10-7】答案：D。

解析：学生摔伤后，要用冰块或冰袋敷于受伤的地方，这样有助于避免皮下组织出血。

【10-8】答案：B。

解析：学生衣服着火的话，教师首先最应该采取的措施是减少对学生的伤害，在徒手的情况下，灭掉身上的火的最好方式就是就地打滚以熄灭火焰。

【10-9】**答案**:A。

解析:根据《中小学心理健康教育指导纲要》(2012 年修订)规定,"心理健康教育的总目标是:提高全体学生的心理素质,培养他们积极乐观、健康向上的心理品质,充分开发他们的心理潜能,促进学生身心和谐可持续发展,为他们健康成长和幸福生活奠定基础。"

【10-10】**答案**:C。

解析:多动综合征儿童一般也会有学习困难的症状,但这种学习困难主要是由注意力缺陷、好动冲动和行为障碍造成的。核心特征是注意障碍。

【10-11】**答案**:B。

解析:习得性无助指一个人经历了失败和挫折后,面对问题时产生的无能为力的心理状态和行为。题干中小明虽然学习非常努力但成绩不理想,说明他经历了学习的失败,进而他选择了被动、退缩、无动力这种无能为力的状态。

【10-12】**答案**:D。

解析:行为疗法包括行为改变和行为演练,主要有强化法、代币奖励法、行为塑造法、示范法、惩罚法、自我控制法、暂时隔离法、系统脱敏法等多种方法。合理情绪疗法属于改善认知的方法。

【10-13】**答案**:A。

解析:王老师多次鼓励小明发言,并在他发言时给予表扬,王老师使用的是强化法,通过表扬强化了小明的发言行为。

【10-14】**答案**:B。

解析:共情是指是一种能够感受他人感受的能力。换位思考就是一种共情技术。

【10-15】**答案**:A。

解析:移情是指来访者对咨询师产生的一种强烈的情感,是来访者将自己过去对生活中某些重要人物的情感太多地投射到咨询师身上的过程。题中小欣接受心理辅导后很信任刘老师就是小欣把自己生活中的某种情感投射到刘老师身上的表现,是一种移情。

【10-16】**答案**:A。

解析:冥想放松的基本原理是通过训练放松所产生的躯体反应,以达到缓解不良情绪的目的,主要特点是松弛、安静和自然。这是一种控制自身的心理和生理的活动,是降低唤醒水平、增强自我控制能力的有效方法,是行为疗法中的一种。

【10-17】**解答**:心理辅导的含义是指在一种新型的建设性的人际关系中,学校辅导教师运用其专业知识和技能,给学生以适合其需要的协助与服务,帮助学生正确地认识自己、认识环境,依据自身条件,确立有益于社会进步与个人发展的生活目标,克服成长中的障碍;增强与维持心理健康,在学习与人际关系各个方面做出良好适应。

学校心理辅导的途径:(1) 开设专门的心理教育和心理辅导活动课;(2) 在各学科的教学中渗透心理辅导的内容;(3) 结合班级、少先队活动开展心理辅导活动;(4) 开展个别心理辅导活动,如老师单独对一个学生进行沟通交流辅导;(5) 开展小组辅导,可进行小组心理剧或游戏辅导;(6) 开展对学生家庭的心理辅导教育。

巩固练习

一、选择题

1. C。学生做游戏时扭伤,应该用冷毛巾冷敷伤口,并送往医院。

2. C。手指受伤应先冷敷减缓血液流动,以防止血液渗出。而热敷、揉搓受伤手指会加速血液流动和渗出;吃消炎药是需要一定的医学检验,有必要才吃的。

3. B。煤气中毒主要是指一氧化碳中毒,一氧化碳中毒是含碳物质燃烧不完全时的产物经呼吸道吸入引起中毒。首先应采取的急救措施是:及时打开门窗通风换气,迅速将病人转移到空气新鲜的地方,卧床休息,保持呼吸道通畅。

4. D。本题题干就是行为塑造法的定义。

5. B。持久性的心境低落是抑郁性神经症的核心症状之一。

6. B。用冷水敷前额，冷水有收缩毛细血管的作用，从而达到止血的目的。头往后仰会造成鼻血倒灌，血容易进入大脑里，因而不可头往后仰。

7. B。对于学生轻微烫伤的处理，可先在烫伤处用冷水冲洗，物理降温，再脱去烫伤处的衣物，最后涂抹烫伤药物。送医院处理，通知家长来等是对重大烫伤事故的处理措施。烫伤切不可直接包扎烫伤处，选项⑤错，故选B。

8. A。流感与普通感冒不同，流感由流感病毒所致，病人患流感后容易发生病毒性肺炎和继发性细菌感染，甚至死亡，因此切不可轻视流感的危害。教师一旦发现学生中有人出现流感症状，应迅速通知家长，立即治疗，待完全康复后再返回学校。同时，学校的教室要保证通风良好、温度和湿度适当，对患病学生的物品要进行消毒，以防止更多学生传染。

9. B。多食、少动是肥胖症的主要诱因。

10. D。营养性贫血是指因机体生血所必需的营养物质，如铁、叶酸、维生素D等物质相对或绝对地减少，使血红蛋白的形成或红细胞的生成不足，以致造血功能低下的一种疾病。

二、材料分析题

(1) 小星的症状是考试焦虑症。

(2) 小星的考试焦虑症主要与考试失败及老师的批评有关系。可以采用强化法、代币奖励法、行为塑造法等进行治疗。

模块三　班级管理

备考指南

一、考纲基本要求

(1) 了解小学班级管理的一般原理。

(2) 了解小学班主任的基本职责。

(3) 了解小学班队活动的基本类型。

(4) 了解小学课外活动的基本知识。

(5) 掌握小学班级管理的基本方法。

(6) 掌握组织小学班级活动的基本途径和方法。

(7) 能够针对班级实际和小学生特点,分析班级日常管理中的现象和问题。

(8) 能够整合各种教育资源,组织有效的班队活动,促进小学生健康成长。

从上述笔试大纲来看,本模块具有以下几个特点:侧重掌握知识之上的实际运用能力;知识点既包括基本知识,也包括实践类知识。因此,在学习本模块时,需注意掌握基本知识,并学会运用知识。

二、考试要点分析

考试要点集中在:① 班级与班级管理;② 班主任工作;③ 班级活动;④ 班队活动;⑤ 课外活动。

三、考题类型及所占分值比例

本模块知识点在历年考试中大多以选择题、简答题和材料分析题的形式出现。其中,选择题有0～1个,分值为0～2分;简答题有0～1个,分值为0～10分;材料分析题为0～1个,分值为0～20分。总分值约占10%～20%。

四、学习建议与备考策略

研习考试大纲,把握班级管理、班级突发事件处理、班主任工作的方法与内容、班级活动等考试重点;识记理解有关概念、原理;结合具体教育现象对具体原理加以运用。

知识地图

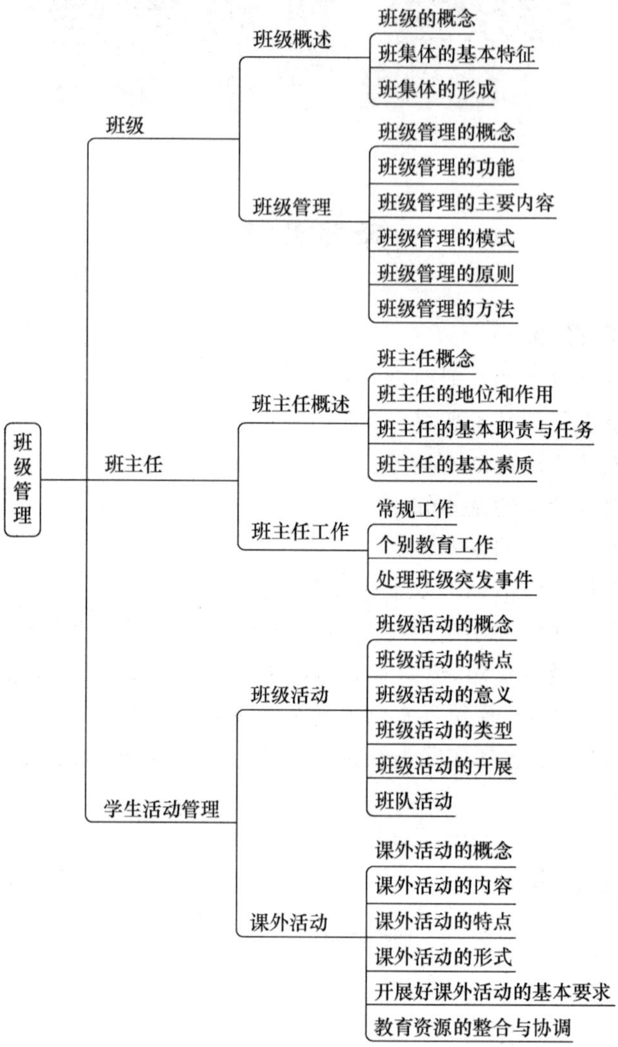
班级管理
班级
班级概述
班级的概念
班集体的基本特征
班集体的形成
班级管理
班级管理的概念
班级管理的功能
班级管理的主要内容
班级管理的模式
班级管理的原则
班级管理的方法
班主任
班主任概述
班主任概念
班主任的地位和作用
班主任的基本职责与任务
班主任的基本素质
班主任工作
常规工作
个别教育工作
处理班级突发事件
学生活动管理
班级活动
班级活动的概念
班级活动的特点
班级活动的意义
班级活动的类型
班级活动的开展
班队活动
课外活动
课外活动的概念
课外活动的内容
课外活动的特点
课外活动的形式
开展好课外活动的基本要求
教育资源的整合与协调

第十一章　班　　级

考点分析

● 本章考点主要以选择题、简答题与材料分析题的形式出现。

● 本章考点主要有：班集体形成的阶段；班级管理的功能和主要内容，班级管理的模式，班级管理的方法。

第一节　班级概述

一、班级的概念

班级是指学校为实现一定的教育目的，将年龄和知识程度相近的学生编班分级而成的有固定人数的基本教育单位。

班级是由学生群体、教师及环境组成的，是一个小的社会体系。班级环境对学生的成长具有影响作用。

二、班集体的基本特征

一个成熟的班集体，一般具备以下基本特征：

1. 明确的共同目标

班集体要有共同的奋斗目标和为实现这一目标而进行的共同活动。奋斗目标是班集体发展的方向和动力，是班集体形成的基础条件。

2. 一定的组织机构

一个完整的班集体应具备一定的班级组织机构，班级的领导集体包括班委会、小组长、各学科代表，以及班级团队组织等。

3. 一定的共同生活准则

健全的班集体还需有严格的规章制度，以保证集体行为的协调和规范。班集体的规章制度须得到集体成员的认同，成为共同自觉遵守的行为准则。

4. 集体成员之间平等、心理相容的氛围

集体舆论是集体中形成的为大多数成员赞同的意见和思维取向。良好的班集体应该是共性与个性的统一体。一个班级几十个学生一定会有不同的兴趣和爱好，也会有不同的学习方式和审美情趣，必然有不同的人生目标与理想追求。

上述成熟班集体的基本特征，是教师在组建和指导班集体时的参考依据。

三、班集体的形成

马卡连柯提出，只有建立了统一的学校集体，才能在儿童的意识中唤起舆论的强大力量，成为支配儿童行为并使它纪律化的一种教育因素。良好的班集体的形成，会经历一个发展过程，大致可分为以下几个阶段：

(1) 组建阶段:初建期的松散群体阶段。这一阶段,只是形式上的组合但还没有具备班集体的特征。班主任是班集体的召集人和活动组织者,班主任需物色和指定临时的班干部。这种情况主要出现在新生入学时编班或者升学时组建新班级的时候。

(2) 核心形成阶段:形成期的合作群体阶段。经历一定时间的磨合,师生、生生对彼此有了一定的了解和信任,班级的组织比较健全,班级中开始涌现出热心为大家服务的学生,班级的凝聚力开始显现,大多数学生在班集体中有了归属感。这一时期由集体成员重新选出班干部,班集体开始发挥作用。班主任对班集体主要起指导作用。

(3) 集体自主活动阶段:成熟期的集体阶段。这一阶段的班级已具备成熟班集体的基本特征,班集体形成了共同认可的奋斗目标,形成了坚强的领导核心,班干部独立主持班务工作,班集体形成了良好的舆论氛围和民主团结的风气。班主任的主要任务是根据学校教育计划,对班级进行日常管理。

正确的集体舆论与良好的班风是良好班集体形成的重要标志。为了形成良好的班风,班主任需要做好以下几项工作:

(1) 加强思想品德教育,提高认识;

(2) 抓好常规训练,严格行为规范;

(3) 培养集体荣誉感和责任感;

(4) 正确实施奖惩,树立守纪风气。

考点突破

【11-1】(2014 年上半年)只有建立了统一的学校集体,才能在儿童的意识中唤起舆论的强大力量,成为支配儿童行为并使它纪律化的一种教育因素。提出这一集体教育主张的教育家是(　　)

A. 加里宁　　B. 马卡连柯　　C. 凯洛夫　　D. 苏霍姆林斯基

【11-2】(2012 年下半年)当师生、生生之间有一定的了解和信任,班级的组织比较健全时,该班集体的发展处于(　　)。

A. 自主活动阶段　　B. 核心形成阶段

C. 组建阶段　　D. 成熟阶段

【11-3】简述班主任培养良好班风的主要措施。

第二节　班级管理

一、班级管理的概念

班级管理是指班主任按照学校计划和教育目标的要求,充分利用和调动学生和班级内外力量,对班级教育任务进行的计划、组织、指导、协调等活动。

二、班级管理的功能

1. 有助于实现教学目标,提高学习效率

班级组织产生的根本目的是更有效地实施教学活动。因此,运用教学技术手段来精心设计各种不同的教学活动以及组织、安排、协调各种不同类型学生的学习活动,是班级管理的主要功能。

2. 有助于维持班级秩序，形成良好的班风

班级是学生群体活动的基础，是学生交往的主要场所。因此，调动班级成员参与班级管理的积极性，共同建立良好的班级秩序和形成健康的班风，是班级管理的主要功能。

3. 有助于锻炼学生能力，让学生学会自治自理

班级管理的重要功能不仅是要帮助学生成为学习自主、生活自理、工作自治的人，还要帮助学生按照那些社会角色进行学习，获得认识社会、适应社会的能力，这对学生的人格成长是极其重要的。

三、班级管理的主要内容

1. 班级组织建设

班级组织建设主要是建立班级组织机构。班级组织的构成有班委会以及各种类型的小组等，班委会的组成有班长和班委。

2. 班级日常管理

班级日常管理的主要内容有思想管理、纪律管理、学习常规管理等。思想管理是指引导和教育学生形成良好的思想，纪律管理是指按照校纪校规规范班级和学生的行为，学习常规管理包括对学习态度和学习行为的常规管理。

3. 班级活动管理

班级活动管理是指要帮助和指导学生开展班级活动，为学生开展活动营造条件。

4. 班级教学管理

教学管理是班级管理的核心。班级教学管理的内容包括：明确班级教学管理的目标和任务，建立有效的班级教学秩序，建立班级教学管理指挥系统。

考点突破

【11-4】(2018 年上半年)**材料：**四年级班主任李老师做了一项调查，发现班上多数学生在家几乎从来不干家务活，过着衣来伸手、饭来张口的生活，有些家长也不支持学生劳动，认为学习才是孩子的主要任务，劳动不仅浪费时间，而且没有必要，家长完全可以代劳。在班级开展的一些劳动活动中，李老师发现，学生不仅缺乏一般的劳动技能习惯，而且缺乏劳动意识，甚至讨厌劳动。

问题：(1) 结合材料谈谈对小学生进行劳动教育的必要性？

(2) 如果你是李老师，将如何在班级开展劳动教育？

四、班级管理的模式

1. 常规管理

常规管理是指通过制定和执行规章制度去管理班级的经常性活动。规章制度是学生必须遵循的行为准则，是维护班级各种教育教学活动的基本保证。班级的规章制度主要有来自学校和教育行政部门制定的规章制度、班集体根据学校要求和班级实际情况讨论制定的班级规范，如班规、值日生制度等。

2. 平行管理

平行管理是指班主任以对集体的管理间接影响个人，通过对个人的直接管理影响集体。平行管理的提出者是马卡连柯，他认为教师要影响个别学生，首先要影响学生所在的这个班级，然后通过学生集体与教师一起去影响每个学生。这种管理模式也称为树状模式，班主任是班级管理的主干。

3. 民主管理

民主管理是指班级成员在服从班集体的正确决定和承担责任的前提下，参与班级管理的一种管理形式。班级民主管理的实质是在班级管理的过程中，调动学生自我教育的力量，使每一名学生都积极主动地参与班级事务。

4. 目标管理

目标管理是指以目标来引导和规范班级，达到管理的目的。班主任要与学生共同确定班级总体目标，然后转化为小组目标和个人目标，使其与班级总体目标融为一体，形成目标体系。实施目标管理的意义是有利于调动被管理者的积极性，在共同目标的引导下，实现学生的自我管理。

考点突破

【11-5】（2018 年上半年）班主任李老师常常与学生协商处理各项班级事务，并鼓励学生积极参与对话互动交流，敢于质疑，这种班级管理方式属于（　　）。

A. 专制型　　B. 民主型　　C. 放任型　　D. 对抗型

五、班级管理的原则

班级管理的原则是班级管理的指导思想和行动准则，是对班主任及任课教师组织班级活动、处理班级事务的基本要求。班级管理的原则包括方向性原则、全面管理原则、民主性原则、自主性原则、教育性原则、激励性原则和平行性原则。

1. 方向性原则

方向性原则是指班级管理规章必须坚持正确的方向，用正确的思想引导学生和班集体的发展。

2. 全面管理原则

全面管理原则是指班级管理必须面向全体学生，有利于每一个学生的全面发展。

3. 民主性原则

民主性原则是指管理班级须体现民主集中的特点，既要有一定的权威性，又必须倾听每一个集体成员的意见，发挥每一个集体成员的作用。

4. 自主性原则

自主性原则是指班级管理要调动学生的积极性，引导班级成员参与管理，发挥其主体作用。

5. 教育性原则

教育性原则是指班级管理必须体现教育为本的思想，既要凭借规章制度要求学生，约束其行为，实行严格管理，又要坚持正面引导，耐心教育，把班级的教育工作和对班级的管理工作辩证地统一起来。

6. 激励性原则

激励性原则是指班级管理要激励全班每个学生，充分发挥他们的智力、体力等各方面的潜力。

7. 平行性原则

平行性原则是指对班级的管理要善于发挥集体的影响作用，要善于通过对集体的管理去间接地影响个人，通过对个人的直接影响去影响集体，把对集体和个人的管理结合起来。

六、班级管理的方法

1. 目标管理法

目标管理法是指班级教育管理者和班级学生根据社会发展要求、学校任务和班级实际情况，共同规划班级或个体在一定时间内要达到的目标，并将目标分解成一定的层次，逐级落实，通过采取一定的措施，努力使目标实现的方法。

2. 规范制约法

规范制约法是指班级教育管理者用规范、制度等因素约束学生行为，以实现对班级管理的管理方法。班级规范的内容主要包括两个方面：一是学生在学习、生活中应该遵守的各种行为准则，具体包括课堂规范、作业规范、出操规范、宿舍规范等；二是对执行或违反规范的奖惩规定。

3. 情境感染法

情境感染法是指班级教育管理者利用或创设各种教育情境，以境寓情，使学生在情感上受到感染的方法。以情境感染实现对班级的管理，既是一种方法，也是一种目的，符合教育目的中的情感发展重要目标。

4. 舆论影响法

舆论影响法是指班级教育管理者通过确立健康向上的集体舆论，形成积极的、浓厚的班级学习和生活的氛围，从而对身处其中的每个学生产生潜移默化的影响的方法。

5. 心理疏导法

心理疏导法是指班级教育管理者运用心理学知识、方法，对学生进行辅导、疏导，或与其沟通，解开学生心理症结，使学生保持心理平衡，促进学生心理发展的方法。心理疏导法的常用方式有心理换位法、宣泄疏导法和认知疏导法三种。

6. 行为训练法

行为训练法是指在学生的日常学习、生活、劳动等实践活动中，班级教育管理者运用心理学的行为改变技术对学生的错误行为进行矫正，使其知行统一，养成良好行为习惯的方法。

巩固练习

一、选择题

1. (2015 年下半年)教师李某让班里调皮的学生缴纳违纪金，以加强班级管理。该教师的做法(　　)。

A. 合法，有助于维护班级秩序　　B. 合法，对其他人有警示作用

C. 不合法，教师没有罚款的权利　　D. 不合法，学校才有罚款的权利

2. (2016 年上半年)某小学对学生评优制度进行了改革，增设了“创造之星”“孝心少年”“运动之星”等多项荣誉称号。该学校的做法(　　)。

A. 不利于端正学生的学习态度　　B. 不利于促进学生的全面发展

C. 有利于强化学生之间的竞争　　D. 有利于促进学生的个性发展

二、材料分析题

1. (2013 年上半年)**材料**：美国心理学家曾做过一项有趣的试验：把两辆一模一样的汽车分别停放在两个不同的街区，把其中一辆停放在一个中产阶级集聚社区，而另一辆，他把车牌摘掉了，并且把顶棚打开停在相对杂乱的街区。放在中产阶级集聚社区的那一辆，放了一个星期还完好无损。而打开顶棚的那一辆车，一天之内就被人偷走了。后来，该研究者把完好无损的那辆车的玻璃敲了个大洞。结果刚过了几个小时，它就不见了。因此，有研究者以该试验为基础，提出了著名的“破窗理论”。

问题：

(1) 基于上述材料，请从教育学、心理学视角谈谈你对"破窗理论"的理解。

(2) 试述"破窗理论"对班级管理的启示。

参考答案

考点突破

【11-1】答案：B。

解析：题干所述的是马卡连柯的集体主义教育思想。

【11-2】答案：B。

解析：在核心形成阶段，师生、生生之间有了一定的了解和信任。

【11-3】解答：班主任培养良好的班风，需要做好以下几项工作：

(1) 加强思想品德教育，提高认识；

(2) 抓好常规训练，严格行为规范；

(3) 培养学生的集体荣誉感和责任感；

(4) 正确实施奖惩，树立守纪风气。

【11-4】解答：(1) 对小学生进行劳动教育的必要性分析如下：

① 通过劳动教育能够培养学生的自觉性和独立性。材料中家长认为让学生参加劳动会耽误学生的学习时间，其实是错误的，因为劳动可以帮助学生摆脱脆弱性和依赖性，形成强大的自我约束能力，学生的自制力一旦形成，将会运用到学习中去。

② 通过劳动教育能够培养学生各方面的素质。材料中的家长不让学生干家务活，使学生缺乏劳动技能，不利于良好素质的培养。学生在劳动中能够养成良好的品德，获得更多的知识，锻炼身体。

③ 通过劳动能够培养学生良好的劳动习惯。材料中有些学生过着衣来伸手、饭来张口的生活，不利于他们劳动习惯的形成。从小培养学生的劳动习惯，树立爱劳动的意识，激发他们对不劳而获的厌恶感，能够使他们珍惜自己和别人的劳动成果。

总之，应该从小培养学生的劳动习惯，树立强烈的劳动观念，促进学生基本素质的提高。

(2) 如果我是李老师，我会通过以下方式开展劳动教育：① 通过节日、班会等对学生进行渗透教育；② 家校配合共同开展劳动教育；③ 开展多种活动让学生积极主动参与劳动；④ 开展劳动课程，有效搭建活动载体；⑤ 通过激励评价，激励学生热爱劳动。总之，我会通过多种方式，运用恰当的评价手段开展劳动教育。

【11-5】答案：B。

解析：班主任李老师与学生协商处理班级事务，鼓励学生参与讨论，调动学生的参与意识和积极性，善于与学生沟通，属于民主型的班级管理方式。本题选B。

巩固练习

一、选择题

1. C。教师没有权力对学生进行罚款，只有行政机关或其他行政主体才可以依法进行罚款。

2. D。素质教育是立足于人的个性的教育，它在承认人与人在个性上存在差异的基础上，从差异出发，以人的个性发展为目标，实质上是一种个性发展的教育。题干中某小学对学生评优制度进行了改革，增设了"创造之星""孝心少年""运动之星"等多项荣誉称号，正是关注学生个性发展的表现，这种做法有利于促进学生的个性发展。

二、材料分析题

1. (1) 从教育学的角度来说："破窗理论"可以用德育方法中的榜样法、德育的观察学习来解释。榜样法是教育者以他人的高尚思想、模范行为和卓越成就影响学生，促使其形成优良品德的方法。案例中的"破窗"行为起到了不良的示范作用，导致人们效仿。从心理学的角度来说有以下几个理论可以解释"破窗理论"：① 反馈的作用。反馈分为及时反馈和延迟反馈两种，如果错误能得到及时反馈并被矫正，那么再次犯这种错误的可能性就会大大降低。有一个洞没有及时修复，就会有更多的洞出现。② 从众。

从众行为是指人们对于某种行为要求的依据或必要性缺乏认识与体验，而跟随他人行动的现象。一个人认为有洞的车是破车，其他人也会认为这本来就是辆破车，不需要保护。

(2) 启示："破窗理论"在班级管理中，有其重要的应用价值，班主任应时刻警惕"破窗效应"的发生：① 对学生的错误给予及时的反馈，让学生改正，防止扩散；② 加强学生德育工作；③ 给学生树立良好的道德榜样；④ 建立良好的班级制度，树立良好的班风。

第十二章　班　主　任

考点分析

● 本章考点主要以选择题与简答题的形式出现。

● 本章考点主要有：班主任的地位和作用，班主任的基本职责与任务，班主任的基本素质；班主任工作中的常规工作、个别教育工作的内容，处理班级突发事件的方法。

第一节　班主任概述

一、班主任概念

班主任是指受学校委托，全面负责和主持一个班级学生的思想、学习、健康和生活等工作的教师。班主任是一个班的组织者、领导者和教育者，也是班级任课教师教学、教育工作的协调者。教育部印发的《中小学班主任工作规定》第二条指出："班主任是中小学日常思想道德教育和学生管理工作的主要实施者，是中小学生健康成长的引领者，班主任要努力成为中小学生的人生导师。"

二、班主任的地位和作用

1. 班主任是班级建设的设计者

班主任是班级的主帅，对教育对象个体来说，教师的职能可归结为"灵魂工程师"；但对教育对象群体来说，教师是班集体的缔造者和设计者。

2. 班主任是班级组织的领导者

班主任是班级组织的领导者，在班级管理中具有影响力，其领导影响力主要表现在两个方面：一是班主任的权威、地位、职权，构成了班主任的职权影响力；二是班主任的个性条件，构成了班主任的个性影响力。良好的班集体不是自发形成的，它依赖于班主任的领导与组织，班主任要善于利用职权影响力和个性影响力来领导和组织班级。

3. 班主任是协调班级人际关系的主导者

班主任在促进学校教育力量更为协调一致上起着极为重要的作用。班主任的工作性质使其易于联系各科任课教师、了解学生的学习情况，从而使得教育力量协调一致。同时，班主任也是学校与家庭、社会的沟通者。班主任的工作性质和职责规定使班主任在联系学生家庭和社会教育力量方面起着主要的作用。

三、班主任的基本职责与任务

教育部印发的《中小学班主任工作规定》规定了班主任的职责与任务如下[①]：

① 中华人民共和国教育部.教育部关于印发《中小学班主任工作规定》的通知[EB/OL].(2009-08-12)[2020-10-12]. http://www.moe.gov.cn/srcsite/A06/s3325/200908/t20090812_81878.html.

(1) 全面了解班级内每一个学生,深入分析学生思想、心理、学习、生活状况。关心爱护全体学生,平等对待每一个学生,尊重学生人格。采取多种方式与学生沟通,有针对性地进行思想道德教育,促进学生德智体美全面发展。

(2) 认真做好班级的日常管理工作,维护班级良好秩序,培养学生的规则意识、责任意识和集体荣誉感,营造民主和谐、团结互助、健康向上的集体氛围。指导班委会和团队工作。

(3) 组织、指导开展班会、团队会(日)、文体娱乐、社会实践、春(秋)游等形式多样的班级活动,注重调动学生的积极性和主动性,并做好安全防护工作。

(4) 组织做好学生的综合素质评价工作,指导学生认真记载成长记录,实事求是地评定学生操行,向学校提出奖惩建议。

(5) 经常与任课教师和其他教职员工沟通,主动与学生家长、学生所在社区联系,努力形成教育合力。

四、班主任的基本素质

班主任的基本素质包括思想道德素质、知识素质、能力素质和身心素质四个方面:

1. 思想道德素质

良好的思想道德素质是班主任必须具备的基本素质。首先,班主任要有高尚的职业道德,要爱岗敬业,有坚定的、正确的政治方向,忠于人民教育事业;其次,班主任应有正确的学生观,尊重、关爱学生;最后,班主任应言行雅正,为人师表,具有良好的道德品质和行为习惯。

2. 知识素质

一个称职的班主任不仅应精通自己所授学科的专业基础知识和教学法,还应具备一定的教育学、心理学、管理学知识,并能在教育实践中不断总结和运用知识解决问题。同时,班主任还要有广博的科学文化知识,包括哲学、社会科学、自然科学等方面的知识。

3. 能力素质

班主任的能力直接影响教育的效果,因此班主任需具备较强的组织管理能力、创新学习能力、思想教育能力、交往和表达能力、自我反思和控制能力。

4. 身心素质

健康的身体是班主任从事工作的基础和保障。良好的心理素质包括:广泛的兴趣、积极的情绪、乐观的态度、坚强的意志。班主任要重视自身心理的保健工作,善于进行自我心理调节,保持良好的心态。

第二节 班主任工作

小学班主任的主要工作大致可分为三类:常规工作、个别教育工作和处理班级突发事件。

一、常规工作

小学班主任的日常管理工作概括起来,主要有七个方面。

(一) 了解和研究学生

了解和研究学生是班主任做好班级工作的前提和基础。了解和研究学生包括对学生个体和对班集体两部分。

班主任对学生了解和研究的主要内容包括了解学生的思想品德发展状况、学习状况、身体状况、心理状况、家庭情况，以及学习和生活的社会环境。班主任应该关注和了解班集体，包括了解班集体的近期及远期的发展目标、班集体的思想状况、班集体的舆论以及兴趣爱好等。此外，班主任还应该关注学生中的非正式群体，即学生中自然形成的伙伴群体。

（二）组织和培养班集体

组织和培养班集体是班主任工作的中心环节，这包括组建班集体和对班级进行管理两个方面。关于班集体建设和班级管理，可参见模块三第十一章的有关内容。

（三）建立学生档案

在全面了解学生的基础上，对掌握的材料进行分析处理，并将整理结果分类存放起来，即建立学生的档案。建立学生的档案一般有四个环节：收集、整理、鉴定、保管。学生档案有两种：集体档案和个体档案。集体档案是指班主任将全班学生在各个时期各方面的表现记录下来作为今后教育集体的依据或参照的档案。个体档案则是针对学生个体建立的档案，将学生个体在德、智、体、美、劳等诸方面的表现和发展情况收集并记录下来，建立档案，以作教育参考。学生个体档案最常见的形式有文字表述式和表格调查式两种。

（四）组织班级活动

班级活动是指在学校规定下组织的有计划的活动，学校制订计划、方案和规章制度，班主任是班级活动的管理者、指导者、教育者。班主任在组织班级活动时可以有一定的灵活性。关于班级活动的内容将在模块三第十三章详细介绍。

（五）协调各种教育影响

班主任须在协调各方教育力量中发挥作用，主要需要协调的关系有两个方面：

(1) 协调学校教育与学生家庭的关系。班主任要发挥积极作用，使家庭教育与学校教育协调一致，相互配合，形成教育合力。协调学校教育与学生家庭的关系，可采用多种形式，常用的形式有：家访、班级家长会、家长学校、家长委员会、家长沙龙等。

(2) 协调学校与社会的关系。班主任要发挥积极作用，广泛利用社会教育资源，培养学生对社会影响因素的认识能力。邀请社会中有教育能力的人员参与到学校教育中来是一种方式，比如班主任可邀请社区委员会的成员参加班级活动，聘请他们作为校外辅导员。协调和利用校外教育机构为教育学生提供条件也是一种方式，比如借助少年宫、少年科技站、博物馆、各种业余学校等教育学生。在现代社会条件下，社会对学校教育的影响作用日益增大，班主任应该引导学生去正确地认识社会的影响因素，去积极利用社会的影响因素，这也是班主任协调各方影响因素的工作内容之一。

（六）操行评定

1. 操行评定的概念

操行评定是指以教育目的为指导思想，以《中小学生守则》(2015 年修订)为基本依据，对学生一个学期内在学习、劳动、生活、品行等方面的表现进行小结与评价。

操行评定主要由班主任负责，在低年级时，一般由班主任来做，到高年级，可以先由学生小组进行评议，然后由班主任写出评语。操行评定应该及时给予学生信息反馈，应该客观准确，以正面鼓励为主。

2. 操行评定的一般步骤

操行评定的一般步骤有：① 学生自评；② 小组评议；③ 班主任评语；④ 信息反馈。

3. 操行评定的要求

操行评定的要求有：① 评定内容全面；② 评定主体多元；③ 评定具有发展性；④ 评定语言规范。

4. 教师撰写操行评语的注意事项

(1) 操行评语要实事求是，抓住主要问题，有针对性，能反应学生思想品德的全面表现和发展趋向。

(2) 操行评语要充分肯定学生进步，适当指出他们的主要缺点并指明努力方向，不可罗列现象，主次不分。

(3) 操行评语要简明、具体、贴切，使人一看就明白且能够接受，切忌空洞、抽象、一体化，严防用词不当，以免伤害学生感情、造成家长误解。

（七）撰写工作计划与工作总结

班主任工作计划一般分为学期计划、月计划、周计划以及具体的活动计划等。学期计划相对比较完整，一般包括几个部分：一是班级基本情况介绍；二是班级工作内容、要求和措施；三是本学期主要活动与安排。其中，班级工作的内容、要求和措施是整个计划的中心和主干。

班主任工作总结，是对整个班主任工作过程、状况和结局做出全面的、恰如其分的评估。班主任工作总结一般分为两类：全面总结和专题总结。工作总结要客观准确，这需要班主任有端正的态度和科学的精神，需要班主任平时注意积累资料，并及时进行分析总结。

考点突破

【12-1】(2011 年下半年)班主任有效工作的前提是(　　)。

A. 选好班级干部　B. 组织和培养班集体　C. 了解研究学生　D. 做好思想品德教育

【12-2】(2012 年上半年)保证班主任工作科学性、针对性和实效性的前提是(　　)。

A. 教导学生　B. 指导学生　C. 辅导学生　D. 研究学生

【12-3】(2014 年下半年)小学班级管理中，既是做好班主任工作的基础条件，又是决定班主任工作成效的主要因素的是(　　)。

A. 班主任工作职责　B. 班主任自身素质

C. 班主任学生的质量　D. 对班级学生了解

【12-4】(2013 年下半年)简述班主任工作的主要内容。

【12-5】(2017 年上半年)简述班主任了解、研究学生的主要内容。

【12-6】(2015 年上半年)简述小学教师撰写操行评语的注意事项。

二、个别教育工作

班主任要使每个学生都得到最大限度的发展，就必须深入了解每一个学生，根据学生的个别特点进行教育。

（一）先进生的教育工作

先进生是指在一个班级中思想、学习、纪律、劳动、身体等方面发展状况处于相对前列的学生。从心理特点上看，这些学生一般自尊好强，充满自信，有强烈的荣誉感、较强的超群愿望和竞争意识。对先进生的教育，应该要严格要求，防止自满，要不断激励先进生进步，要培养先进生的抗挫折能力，要鼓励公平竞争，使他们克服嫉妒心理，要提倡互帮互助，共同进步。

（二）对中等生的教育

中等生也称为“中间生”，是指班级中各方面表现平平的学生。中等生一般信心不足，竞争欲望不强，成绩既上不去也不至于落在最后，有的是因为能力一般而学习成绩居于中流，有的则是因为不努力而导致成绩一般，也有的是在学习很努力的情况下成绩上不去。要重视对中等生的教育，要给中等生展示自己才能的机会，以增强其自信心。

（三）后进生的教育工作

后进生应该称为进步相对慢的学生，通常指那些学习积极性不高，学习成绩暂时落后、不太遵守纪律的学生。后进生一般具有不适度的自尊心，既难以接受当众批评，也不愿接受对弱者的庇护，有时会为了突出自己而采用不适当的方式，比如搞恶作剧。后进生一般学习动机不强、意志力薄弱，有的甚至是非观念模糊。对后进生的教育，要关心爱护后进生，尊重他们的人格，要激发和培养他们的学习动机，要让每一个学生都有进步，要因材施教，挖掘和培养“闪光点”。

三、处理班级突发事件

班级突发事件是指班级中突然发生的、出乎教师预料的事件，也称偶发事件。比如，突发打架斗殴的事件，或学生做恶作剧引发矛盾，或者突发学生意外伤害事故等。处理突发事件是班主任的职责。

处理突发事件，需要教师的教育机智，需要教师具有责任心，需要教师依据教育的规律，采取相应的措施，对症下药、有的放矢。在处理突发事件时，班主任应秉持教育性原则、客观性原则、有效性原则、可接受原则和冷处理原则，这些原则是对教育实践经验的总结。班主任处理班级突发事件的基本对策是沉着冷静、机智果断、公平民主、善于总结。

巩固练习

一、材料分析题

1.（2015年上半年）**材料：**沈老师走进教室，发现黑板上有一副嘲弄他的漫画，同学们嬉笑不已。沈老师看后笑着说：“头像画得很逼真，这位画画的同学很有天赋，我为班上有这样的人才感到高兴，建议他多向美术老师请教，充分发挥特长，说不定将来会成为美术家呢。”沈老师停顿一下，接着说：“可是这节课不是美术课，而是作文讲评课，现在我把它擦掉好吗？”沈老师正要去擦，只见一位同学疾步走上讲台，向沈老师深深地鞠了一躬，然后抢过黑板擦，擦掉了他的“得意之作”。

多年以后，一副赞美老师、反映自己思想转变的美术作品《悔悟》被选为参加全国美术展的参展作品，作者就是当年在黑板上画漫画的学生。

问题：(1) 评析沈老师对“漫画事件”的处理。

(2) 谈谈教师在处理课堂上突发事件的注意事项。

2.（2017年下半年）**材料：**一天中午，六年级学生正在操场上打篮球。突然，小海和小冰扭打在一起，吴老师看到了这一幕，迅速走上前去，严厉地看着他俩，一言不发。看到吴老师，他俩停止了打斗。吴老师说：“瞧你俩刚才的样子，好像恨不得把对方吃了。打球时发生碰撞是很正常的，你们竟然大打出手，丢人不？我现在不追究谁对谁错，只想问一句，这件事是你们自己处理呢，还是我来处理？”他们相互看了看，说：“我们自己处理。”几分钟后，他俩言归于好，并向吴老师承认了错误。

问题：(1) 评析吴老师对学生冲突的处理方式。

(2) 结合材料简述教师处理学生冲突的基本要求。

参考答案

考点突破

【12-1】答案：C。

解析：班主任工作的中心环节是组织和培养班集体，而开展工作的前提是了解和研究学生，包括了解和研究学生的个人情况、群体关系及学习生活环节。

【12-2】答案：D。

解析：了解和研究学生是班主任做好班主任工作的基础条件。

【12-3】答案：D。

解析：了解和研究学生是班主任做好班主任工作的基础条件。

【12-4】解答：(1) 了解和研究学生；(2) 组织和培养班集体；(3) 建立学生档案；(4) 组织班级活动；(5) 协调各种教育影响；(6) 对学生进行操行评定；(7) 撰写班工作计划与工作总结。

【12-5】解答：了解和研究学生是班主任工作的前提和基础，了解和研究学生的内容主要有两个方面：一是了解和研究班集体，包括集体的基本情况，如总人数，性别结构，生源状况，年龄分布等；班级的基本状况，如学生学习的情况，学生思想品德的表现，班级取得的成绩与存在的问题，班级的其他方面，如学生生活的小区环境，学生家庭条件，学生在校外的表现等。二是了解和研究学生个体，包括学生的基本情况，如姓名，性别，年龄，健康等；学生的家庭情况，如父母的文化水平、职业、经济情况、居住条件等；学生的思想品德和学习情况，如集体观念、学习成绩、学习态度、兴趣特长等；学生的个性情况，如智力特点、情感意志特点、性格和气质的类型等。

【12-6】解答：(1) 操行评语要实事求是，抓住主要问题，有针对性，能反映学生思想品德的全面表现和发展趋向。(2) 操行评语要充分肯定学生进步，适当指出他们的主要缺点并指明努力方向，不可罗列现象，主次不分。(3) 操行评语的文字要简明、具体、贴切，使人一看就明白，能够接受，切忌空洞、抽象、一体化，严防用词不当，伤害学生感情，造成家长误解。

巩固练习

一、材料分析题

1. (1) 沈老师对课堂危机的处理幽默而有效，轻松而富有教育机智，值得我们学习。

首先，沈老师在处理“漫画事件”的过程中遵循了教育性原则。材料中沈老师的处理方式感化了画漫画的学生，不但使他主动擦掉黑板上的画以改正错误，还促进了其日后积极健康地发展。其次，沈老师的做法遵循了可接受原则。材料中沈老师并没有公开查找“凶手”，没有用批评惩罚的方式教育学生，既保全了学生的自尊心，又达到了良好的教育效果。最后，沈老师的处理方式符合冷处理原则。材料中沈老师在处理突发事件时，保持了冷静、公平、宽容的心态，不但用轻松幽默的方式解决了问题，还保证了教学的顺利进行。

(2) 教师在处理课堂突发事件时，要注意以下几点：第一，沉着冷静面对，不要急于下结论和发脾气。第二，要机智果断应对，充分发挥教育机智，轻松幽默、有效地解决课堂问题。第三，要公平民主地处理事件，不因个人情绪而迁怒于学生。第四，善于总结引导，把处理一桩突发事件看成一次了解班级情况、教育引导学生的机会。要允许有“突发事件”的存在，从不良事件中找出学生的闪光点，帮助学生分析问题，寻找解决问题的办法，维护学生的自尊心。第五，在处理课堂突发事件过程中，要注意不能牵扯太多的时间和精力，以保证课堂教学的氛围和进度。

2. (1) 吴老师对学生冲突事件的处理轻松而富有教育机智，值得我们学习。第一，吴老师在处理学生冲突的过程中遵循了教育性原则。材料中吴老师的处理方式感化了打架的学生，不但让学生主动认识到了自己的错误，而且还给他们的健康发展带来了积极的影响。第二，吴老师的做法遵循了可接受原则。材料中，吴老师并没有采用传统的批评惩罚的方式教育学生，而是征求学生的意见，让学生自己处理，使学生从内心深处认识到自己的错误，进而积极加以改正。第三，吴老师的做法遵循了有效性原则。材料中吴老师用育人的态度去看事件，用发展的眼光去看学生，坚持一分为二的观点，既看到不利的一面，同时又看到有利的、积极的一面。第四，吴老师的处理方式符合冷处理原则。材料中吴老师在处理学生冲突事件时，保持了冷静、公平、宽容的心态，不但用轻松幽默的方式解决了问题，而且还促使学生能够正确认识自己的错误，有利于形成融洽的人际氛围。

（2）教师在处理学生冲突事件时，要注意以下几个方面：第一，沉着冷静面对，这是处理突发事件的基础。材料中吴老师面对突然发生的学生冲突，没有手忙脚乱，而是沉着冷静地面对问题。第二，机智果断应对。材料中吴老师充分发挥了教育机智，尽可能地平息事端。第三，公平民主处理。材料中吴老师以事实为依据，秉公处理，且具有民主意识。第四，善于总结引导。材料中吴老师把处理一桩突发事件看作一次教育、引导学生的机会，帮助学生自己发现问题，寻找解决问题的办法，维护学生的自尊心。

第十三章 学生活动管理

考点分析

● 本章考点主要以选择题的形式出现，也有简答题和材料分析题。

● 本章考点主要有：班级活动的概念、班级活动的类型、班队活动的类型和基本原则，课外活动的内容、特点和形式等。

第一节 班级活动

一、班级活动的概念

班级活动是指由班级成员参加的集体活动。广义的班级活动是指在教育者的组织和领导下，为实现培养目标、完成教育计划而组织的由班级成员参与的一切活动，包括学习活动、生活活动、班会活动、团队活动、班队活动、综合实践活动等。狭义的班级活动是指在班主任的组织和领导下，为实现班级教育目标而举行的各种主题的教育活动，如主题班会等。

二、班级活动的特点

班级活动具有自愿性、差异性、广泛性、自主性和灵活性的特点。

(1) 自愿性。班级活动的性质是自愿的，学生自愿参加，而不能被强迫。

(2) 差异性。学生可以根据自己的特点参加合适的班级活动，教师也应该根据学生的差异设计和组织不同的班级活动。

(3) 广泛性。班级活动的内容不受学科课程标准的限制，也不受学科的局限，既有综合性的也有单项的，凡是符合教育要求的都可以纳入班级活动。

(4) 自主性。班级活动的主体是学生，教师是指导者，教师不能包办代替。

(5) 灵活性。班级活动的形式、规模、方式和内容等具有灵活性。

三、班级活动的意义

良好的班级活动，会产生积极的教育作用，班级活动的意义有以下几个方面：

(1) 班级活动有利于促进学生身心全面发展。班级活动为学生思想品德的成长提供了实践的条件和生活经验的积累；班级活动能拓展学生的学习领域，有效激发学生的求知欲；班级活动能够促进学生良好个性的形成。

(2) 班级活动有利于落实学校教育宗旨。学校的教育思想通过班级活动得以实现；学生的自我教育能力通过活动得以增强。

(3) 班级活动有利于建设和完善良好的班集体。班级活动有助于班集体的形成；班级活动有助于形成正确的集体舆论和良好的班风；班级活动有助于培养学生的集体主义精神。

四、班级活动的类型

根据班级活动的时间分布，班级活动可以分为日常性班级活动和阶段性班级活动两大类。

1. 日常性班级活动

日常性班级活动是指每天或每周都要进行的活动。班主任应把教育工作的重点放在对日常性班级活动的管理上。日常性班级活动主要包括班会活动、值勤活动、班级自办报刊等活动。班会活动是班级活动的重要类型。按活动类型划分，班会活动可分为体验型、讨论型、表演型、叙事型、综合型。

2. 阶段性班级活动

阶段性班级活动的内容依全校性活动的进程而变化，这样有利于班集体的工作与全校的工作保持一致，有利于增强学生的大局意识，有利于提高学生的团队意识，也有利于增强班集体的凝聚力。阶段性班级活动主要有两大类：一类是工作型活动，一类是竞赛型活动。

考点突破

【13-1】（2016 年下半年）白老师在班会上声情并茂地讲述了钱学森历尽艰辛回到祖国、投身科学研究事业的故事，激发起学生强烈的爱国热情。这种班会活动类型属于（　　）。

A. 叙事型　　B. 讨论型　　C. 表演型　　D. 体验型

五、班级活动的开展

开展班级活动的基本步骤主要包括选择活动主题、准备班级活动、实施班级活动、总结班级活动。

（一）选择活动主题

选好班级活动的主题，是做好班级活动的前提条件。一般选择和确定班级活动的主题，需要做好调查工作，必须明确为什么要开展班级活动，班级活动想要达到的目的是什么。班级活动的主题不宜太大，不能空洞，要有针对性，更需有群众基础。

（二）准备班级活动

班级活动的准备工作内容涉及开展班级活动的整个过程。要制订班级活动的计划、流程，做好人员的安排，以及准备好必要的活动条件。

（三）实施班级活动

班级活动的实施既可根据计划进行，也可以进行灵活调整。班级活动的进行要排除各种干扰，保障班级活动得以顺利进行。班级活动的开展需要成员具有团队意识和协作能力。教师应该尽可能地调动和发挥每一位学生的积极性，激发每一位学生的潜能，以锻炼和培养学生。

（四）总结班级活动

总结是以科学的态度和方法回顾和评价整个活动，肯定成绩，指出缺点，提炼经验。总结的实施者既可以是教师也可以是学生。总结的形式既可以是单一的书面形式也可以是采用成果展览、活动汇报等灵活多样的形式。班级活动的主体是学生，班主任要尽可能地发挥学生的主体作用，指导学生总结经验，不仅可以发挥班干部的作用，也可以调动每一位学生参与总结，以激发学生的活动积极性、主动性，使班级活动收获更多的教育效果。

六、班队活动

班队活动是班级活动的形式之一，教育性原则是班队活动的最基本原则。这里介绍班队活动的概念和类型等，并详细介绍班队活动形式之一的少先队活动。

1. 班队活动的概念

班队活动是指为实现教育目的，在教育者引导下由班级学生或少先队员参与的在学科教学以外时间组织开展的教育活动。

2. 班队活动的类型

(1) 主题教育活动。主题教育活动是指在班主任的指导下，根据学校教育的计划，针对学生的实际情况提出一个主题，围绕这一主题而开展的教育活动。其主要形式有：主题班队会、主题报告会和主题座谈会等。

(2) 班队例会。班队例会是指以班或队为单位，教师通过会议形式，对学生进行常规教育。类型一般有：班务会或队务会、民主生活会、晨会、周会等。

(3) 少先队活动。少先队活动也是班队活动的形式，主要由少先队员参加。少先队是中国少年先锋队的简称，中国少年先锋队是中国少年儿童群众组织。少先队活动是少先队组织领导的，以队员为主体的群众性活动。少先队活动包括少先队组织管理活动、社会实践活动、自我发展活动等。

少先队活动具有教育性、自主性、组织性、趣味性、实践性、创造性的特点。① 教育性。少先队活动是教育活动之一，开展少先队活动要有利于少年儿童德、智、体、美、劳诸方面全面和谐发展，要有利于未来人才的培养，须遵循儿童身心发展规律。② 自主性。少先队活动须发挥少先队员的主体作用，强调要能自学、自理、自护、自强、自律，有主人翁的精神。强调自主性就是要求开展少先队活动，须由少先队员自己出主意、想办法、订计划、做事情，自己管理自己，自己教育自己。③ 组织性。少先队活动是有组织的活动，体现少先队是有严明纪律的组织，培养少年儿童的组织性、纪律性也是开展少先队活动的目的之一。④ 趣味性。少先队活动是少先队员的活动，要体现少先队的年龄特征，要适应少年儿童的兴趣爱好，活动要有知识性、活动性、群体性、新异性、竞赛性、游戏性、趣味性等，以激发他们对活动的主动性、积极性。⑤ 实践性。教师要引导和组织少先队员接触大自然、接触社会、接触现代科学技术，使他们更好地得到锻炼，受到教育。⑥ 创造性。少先队活动要有创新性，并要有利于培养少先队员的创新意识和实践能力。少先队活动要具有新思想、新内容、新形式、新方法。

考点突破

【13-2】(2017 年下半年)《中国少年先锋队队章》规定，少先队的入队年龄是(　　)。

A. 6～12 周岁　　B. 6～14 周岁　　C. 7～12 周岁　　D. 7～14 周岁

【13-3】(2012 年下半年)少先队员自己确定活动形式并组织开展活动，体现少先队活动的(　　)。

A. 创造性　　B. 组织性　　C. 自主性　　D. 兴趣性

(4) 班队体育活动。班队体育活动是指在学校体育课之外，以增强体质，提高体育技能，促进学生全面发展为主要目的开展的教育活动。比如开展球类活动、跑步活动等。

(5) 班队文艺活动。班队文艺活动是班队文化艺术娱乐活动的简称，是指学校通过健康的文化艺术娱乐活动对学生进行熏陶和教育，以发展学生的美感和健康心理品质的教育形式。班队文艺活动最常用形式是组织联欢会。

(6) 班队科技活动。班队科技活动可以有多种形式,比如科技班会、科学知识讲座、科技兴趣小组活动、参观活动、调查活动、科技演示活动、科技知识竞赛和科技游戏等。其中参观活动、科学兴趣小组活动和科学知识讲座是班队经常开展的科技活动。

(7) 班队劳动。班队劳动主要有生产性劳动、社会公益性劳动、自我服务性劳动。适合小学生的班队劳动主要有社会公益性劳动和自我服务性劳动。社会公益性劳动是一种直接服务于社会公益事业的、不计报酬的劳动,包括服务性劳动和工农业生产劳动。自我服务性劳动是指照料自己的生活,保持环境整洁的劳动。学生在学校里的自我服务性劳动包括做值日,保持教室和校园的整洁,布置教室,改善学校环境和教学、生活条件,绿化和美化校园等。

考点突破

【13-4】(2017年下半年)小学生轮流值日负责班级卫生扫除,这属于(　　)。

A. 志愿服务劳动　　B. 社会公益性劳动　　C. 勤工俭学劳动　　D. 自我服务性劳动

(8) 班队游戏活动。游戏活动有不同的类型,游戏活动可分为智力游戏和体育游戏。智力游戏主要是指以发展学生智力为主的游戏。体育游戏主要是指为发展学生体力而进行的游戏。

3. 班队活动设计的要求

班队活动设计的要求有:(1) 活动形式与主题相符合;(2) 班队活动内容与活动主题相吻合;(3) 学生活动与家长活动、社区活动相结合;(4) 活动量要适当;(5) 学生的主持与教师的总结要结合起来。

第二节　课外活动

一、课外活动的概念

课外活动是指学校在课堂教学任务之外有目的、有计划、有组织地对学生进行的各种教育活动。课外活动是学校教育的重要组成部分,是学生课余生活的良好形式。课外活动有利于学生多渠道地获取各种信息,扩大知识面,开阔视野;有利于培养学生的独立意识,提高他们的社会适应能力;有利于发现和发展学生的特长,因材施教;有利于培养学生发现问题、解决问题的能力;有利于学生身心健康,使他们的个性得到全面和谐的发展。

二、课外活动的内容

学校现行的课外活动内容,大致有科技活动、学科活动、文体活动、主题活动、社会活动和传统的节假日活动几类。

(一) 科技活动

科技活动是指学习现代科学技术知识,进行各种科技实践性作业的活动。科技活动的内容主要与科技实践有关,比如,采集植物标本、制作模型、饲养小动物、种植各种植物,进行科技表演、科技竞赛、举办科技讲座等。开展科技活动的主要目的是培养学生爱科学、学科学的兴趣,培养学生科学的态度、创造意识以及动手能力。

(二) 学科活动

学科活动是指在课堂教学之外开展的与学科知识相关的课外学习和研究活动。学科活动的内容主要是各学科的知识性作业和对学科领域中的某些专题展开研究。比如与语文学科相关的演讲活动、朗诵比赛活动、课外阅读活动等，与数学学科相关的口算比赛、商品价格调查等，与常识学科相关的气象观察、标本采集等。学科活动是课堂教学活动的有力补充，是课外活动的主体部分。

（三）文体活动

文体活动是与文艺、体育相关的课外活动，文艺活动以培养和发展学生鉴赏美、表现美、创造美的能力为主要目的，体育活动是以发展学生体育文化修养、培养体育活动机能、增强身体健康为目标。文艺活动的内容有书法、歌咏、舞蹈、音乐、摄影和雕刻等，体育活动有各种球类活动、跑步活动、健美活动等。文体活动还包括各种游戏活动，游戏活动兼有体育、文艺及娱乐的特点，比如猜谜语比赛、踢毽子比赛等。

（四）主题活动

主题活动是指课堂教学之外就某一特定专题而开展的专门活动，比如学雷锋活动、主题班会活动等。这类活动往往有特定的主题和目标，开展主题活动能使学生增长相关的知识，培养与主题相关的事物的情感。

（五）社会活动

社会活动是指课堂教学之外开展的与社会公益相关的活动。学校搞社会活动一般以社会公益活动为主，如开展环保宣传活动、交通安全宣传活动、拥军小组活动、支农义务劳动等。除此之外，社会活动还包括组织学生开展各种专题性社会调查、对社会热点问题的讨论等。

（六）传统的节假日活动

传统的节假日活动是对学生进行爱国主义教育和革命传统教育的良好载体，国庆节、儿童节、校庆日、校园文化节等活动都属于传统的节假日活动。

三、课外活动的特点

（一）自愿选择性

课外活动是学生自愿选择、自愿参与的活动。和课堂教学相比，课外活动不具有强制性，教师可以向学生介绍各种课外活动，诱发学生的动机，但学生是否参加须出于自愿。因此，课外活动更适合培养学生的兴趣爱好，更有利于激发学生的活动积极性。

（二）灵活多样性

课外活动的形式和内容灵活多样，不受课程计划、课程标准的限制。在保证活动内容的科学性、思想性、趣味性的前提下，可以根据学生不同的兴趣、意愿以及校内外具备的条件来确定，范围可宽可窄，数量可多可少，水平可高可低。

（三）活动自主性

与课堂教学相比，学生在课外活动中具有更大的自主性。课外活动是学生在教师和有关方面的指导和帮助下独立自主开展的，学生自己组织、自己设计、自己动手。可以说，课外活动是学生自己的活动，学生是课外活动的主体，教师是课外活动的指导者，对学生的活动起辅导作用。

（四）过程实践性

课外活动的突出特点就是“活动”，是学生进行多方面动手动脑的实践活动。教师的工作更多的是为学生活动提供条件，教师对课外活动的指导是采用启发、咨询、讨论、答疑、活动过程巡视、活动结果评析等方法，而不是课堂教学的形式。

四、课外活动的形式

课外活动的形式是多种多样的，按活动的人数和规模可分为群众性活动、小组活动和个人活动三类。

（一）群众性活动

群众性活动是指组织多数或全体学生参加的活动，其规模可以是全班性的或班际性的，甚至是全校性的或校际性的。群众性活动主要包括：

1. 报告和讲座

这是普及科学技术知识、文化艺术知识和进行思想政治教育常用的形式。比如举行学习英雄人物的报告会，举办科普讲座等。

2. 各种集会

学校举办的集会常见的有与科学家、作家、英雄模范的见面会，有纪念性的、知识性的、娱乐性的诗歌朗诵会、音乐欣赏会、文艺表演会等。

3. 各种比赛

学校常见的比赛有体育竞赛、学科竞赛、智力竞赛、书法比赛、科技表演等。

4. 参观、访问、调查、旅行

这类活动包括参观重大建设项目，祭奠烈士陵园，参观各种纪念馆、展览馆，访问革命老人、英雄模范人物，调查社会民情，游览名胜古迹、名川大山等。

5. 社会公益活动

社会公益活动包括照顾社区的孤寡老人，宣传交通安全，维护公共秩序，参加植树造林等。

（二）小组活动

小组活动是指以学生自愿结合组成的小组开展的活动。这是学校课外活动的基本组织形式。课外小组活动，同样在内容和形式上灵活多样，开展小组活动要制订计划，有固定的活动日和活动时间。常见的小组活动有学科小组、科技小组、艺术小组、体育小组等。教师要对小组活动予以指导，并引导小组活动展示活动成果，以激励学生。

（三）个人活动

个人活动是学生单独进行的课外活动形式。常见的个人课外活动有课外阅读、绘画创作、各种体育训练等。个人活动充分体现了因材施教的特点，组织和指导学生的个人活动，是学校教育不可忽视的方面。

五、开展好课外活动的基本要求

（一）要有明确的目的性和计划性

组织课外活动必须从实现教育目的、落实培养目标的高度确定每一项课外活动的具体要求，周密考虑课外活动的具体效果，使学生受到哪一方面的教育，使学生掌握何种类型的知识与技能，发展什么样的智力与非智力因素等。组织课外活动，不仅要有目标和计划，还需将其落实到位，不能为活动而活动，搞形式主义。

（二）活动要丰富多彩，富有吸引力

课外活动应适应学生的年龄特征，要具有知识性、趣味性、新颖性，要能满足学生的兴趣

爱好，这不仅可以增强课外活动对学生的吸引力，还有利于使学生身心愉悦，健康发展。

（三）充分发挥学生的主动性和创造精神

课外活动是学生的活动，要充分发挥学生的自主性、积极性和主动性。要让学生以自治的形式来组织、参加活动，使他们从中学会自治、自理，培养独立思考、独立工作的能力。教师在课外活动中处于辅助的地位，主要起启发、指导和帮助的作用。

六、教育资源的整合与协调

（一）班主任与家长

1. 班主任与家长沟通的原则

班主任与家长沟通应遵循尊重性原则、理解性原则、信任性原则和灵活性原则。

2. 家校合作的方式

(1) 家长会。召开家长会，与家长进行沟通，是家校合作中最常用的方法。它为班主任认识家长及让家长了解孩子的学习教育状况和发展状况提供了快捷的平台。

家长会可以采用不同的形式：交流式、对话讨论式、展示式、专家报告式、联谊式、参观游览式、总结式等。

(2) 班级家长委员会。班级家长委员会是由班级学生家长代表组成的、协助班级管理和学生教育的组织。它可以由班主任倡导组建，也可由家长倡导、邀请班主任参与而形成。为保证班级家长委员会工作的有效开展，班主任应建议班级家长委员会制定规章制度、制订活动计划，邀请班级家长委员会共同参与班级教育计划的制订、班级活动的策划，共同组织或参加班级的各项活动，借助班级家长委员会的主动性和集体力量使班级学生的教育延伸向更广阔的空间。

(3) 家访。家访是班主任和个别家长之间交流的一种形式，它有助于班主任直接感受学生的生活环境、广泛接触学生的家庭成员，使交流更加深入而有针对性。教师要做好家访工作，应注意以下技巧：① 明确目的，精心准备；② 预约时间，把握时机；③ 三方互动，留给家长和学生发表自己观点的时间和机会。

(4) 请家长到校交流。随着教师的工作节奏加快及压力增加，当个别学生经常出现某些问题或者出现后果比较严重的问题时，“请家长”成为班主任用来解决个别学生问题的常用方式。使用这一方式时，教师要注意：努力营造良好氛围，缩短家长与班主任之间的心理距离；要有的放矢，提前了解家长的教育方式和脾气秉性，准备相应的谈话地点和谈话方式，以避免冲突的产生；评价学生要公正客观，就事论事，用理解、积极的语气向家长说明；班主任与家长谈话时，情绪要饱满，态度要诚恳，语气要委婉，动之以情，多采用建议性口吻。

(5) 书面交流。书面交流的形式有很多，如通知、便条、表扬信，报喜单、家校联系本等。家校联系本是家校联系的一个有效载体，是教师与家长之间就孩子的全面成长进行联系的一条纽带。教师设计家校联系本时需注意：在联系的时间上，应遵循定期与不定期相结合的原则；在联系的内容上，应遵循共性与个性相结合的原则；在信息的传递上，要具有双向性；在语言表达上，要注重学生的感受。

(6) 电子信息交流。随着时代的进步，电子信息交流越来越多地被运用到家校沟通上，主要形式有手机短信、电子邮件、微信、微博、QQ 群等，这些方式使信息交流更加快捷、方便和直观。

考点突破

【13-5】（2014年下半年）简述家校联系的基本方式。

【13-6】（2016年上半年）**材料**：唐老师布置学生回家用泥巴做手工，要求留意制作的过程和感受，给作文积累素材。谁知不久，小强的爸爸气势汹汹地来到办公室，对唐老师大吼："为啥娃儿回家作业不做，就玩泥巴？"唐老师没有生气，和颜悦色地对家长说："您的心情我理解，但我先读一篇作文给您听，可以吗？"于是，唐老师就把小强在作文课上写的作文读了一遍，大致内容是：周末，他用泥巴好不容易制成了一辆"新型坦克"，很是得意，不料老爸一见，就将他的"成果"狠狠地摔个粉碎，还骂他不务正业，他非常难过……

读罢文章，唐老师给小强的爸爸讲明为什么要安排孩子回家做这样的作业。小强的爸爸听后，连声道歉，说："是我不对，我还以为您就是让学生玩呢！"

问题：

（1）评析唐老师与家长沟通的做法。

（2）试述家校合作应遵循的基本要求。

（二）整合社区教育资源

1. 依托社区教育委员会

社区教育委员会是在当地政府的领导下，由学校、家庭、社会团体、企事业单位等组成的，旨在发挥教育导向作用，整合社区教育力量，创设有利于青少年成长的社会环境。其功能是增强学校与社会的联系，为学生的社会实践提供广阔的天地，改善办学条件，发动社会力量来关心和支持学校教育，为学生的健康发展创造一个良好的社会环境。

2. 建立校外教育基地

校外教育基地是学校对学生在校内实施一切教育手段、途径和渠道的延伸和拓展，是帮助学生学知识、学技能的场所。校外教育要与学校教育有效衔接、实现资源共享。

（三）校内教育力量协调一致

校内教育力量协调一致是指为实现班级工作目标，班主任组织协调班级各方面教育力量，互相配合，通力合作做好班级的教育与管理工作。

1. 班主任要协调和师生之间的关系

班主任通过建立民主、平等、合作的师生关系，创造宽松的育人环境，使学生自觉、自愿地接受班主任的教诲，并培养学生良好的自我教育能力。同时，充分发挥班干部在班级工作中的主动性、积极性、创造性，关心、指导、帮助他们独立地开展工作，通过他们的有效工作，带动全班同学的进步和发展。

2. 班主任要协调班级与学校领导及主管部门之间的关系

首先，班主任要加强与领导之间的沟通，主动汇报自己的工作；其次，班主任要端正工作态度，将敬业、认真放在第一位；再次，班主任应适当提出一些具有创新性的想法和具有建设性的意见；最后，班主任在保持个性、勇于创新的同时，还要服从和顾全大局，经常换位思考。

3. 班主任要协调与各科任课教师之间的关系

各科任课教师是班级教育的重要力量，优秀班集体的建设离不开各科任课教师的密切配合。首先，班主任要带领学生为各科任课教师创造出一个整洁、温馨的教学环境，并将各科任课教师在教学上的成就、个性上的优点等向学生进行宣传，并经常主动向各科任课教师和学生了解教学情况，有意识地将他们对彼此的赞扬及时传达给双方；其次，班主任还需要主动把自己的班级管理思路和计划与各科任课教师沟通，主动征求意见，共同协商如何加强班级的管理和学生的教育，真正使各科任课教师体会到他们在班级管理中的重要作用；再次，在工作中产生矛盾时，班主任需要从大局出发，虚心诚恳地直面自己在工作中的失误，主动承认错误，求得谅解和支持；最后，当各科任课教师与学生之间发生矛盾时，班主任一定要站在公正的立场上，及时了解事情的来龙去脉并化解矛盾，有效消除误会。

巩固练习

一、选择题

1. 课外活动的形式、内容不受教学计划、课程标准的限制，内容丰富多彩，形式灵活生动。这说明课外活动具有(　　)。

A. 活动自主性　　B. 过程实践性　　C. 自愿选择性　　D. 灵活多样性

2. 班队活动的最基本原则是(　　)。

A. 教育性原则　　B. 自主性原则　　C. 针对性原则　　D. 多样性原则

3. 学校中经常出现的报告和讲座、各种集会和比赛以及公益活动属于(　　)。

A. 群众性活动　　B. 小组活动　　C. 个别活动　　D. 科技活动

二、简答题

1. 简述班级活动的特点。
2. 简述开展班级活动的基本步骤。
3. 简述课外活动的形式。

参考答案

考点突破

【13-1】答案：A。

解析：叙事型班会是通过一个事件、故事的讲述调动大家对故事的体验，唤起大家的共鸣。题干中是白老师通过讲故事激发起学生的爱国热情，这种班会活动类型属于叙事型。

【13-2】答案：B。

解析：《中国少年先锋队章程》规定："凡是六周岁到十四周岁的少年儿童，愿意参加少年先锋队，愿意遵守队章，向中队委员会提出申请，经中队委员会批准，就成为队员。"

【13-3】答案：C。

解析："自己确定"四个字体现出自主性，故本题选C。

【13-4】答案：D。

解析：从形式上看，班队劳动活动主要有生产性劳动、社会公益性劳动、自我服务性劳动。适合小学生的班队劳动主要有社会公益性劳动和自我服务性劳动。自我服务性劳动是指照料自己的生活，保持环境整洁的劳动。学生在学校里的自我服务性劳动包括：做值日，保持教室和校园的整洁，布置教室，改善学校环境和教学、生活条件，绿化和美化校园等。因此，小学生轮流值日负责班级卫生扫除属于自我服务性劳动。

【13-5】解答：(1) 家访。由学校的教师和干部到学生家庭进行访问，一般是与家长沟通情况，交流感情，密切关系，商讨共同教育儿童、青少年的方式方法。(2) 班级家长会。主要目的是使家长与班主任及学科教师面对面地集中沟通，交流意见或建议，增进相互间的理解与支持，为学生进一步发展协调配合。(3) 家长学校。家长在专业教师的引领指导下，学习教育学、心理学方面的知识及教育子女的方法。(4) 家长沙龙。以家长为主体，以学生学习成长为中心，以教师及专家学者为咨询指导，旨在提高家长教育素养，提升教育理念，转变传统教育观念，实现以家庭教育为突破口，最终形成教育合力的一种形式。(5) 家长委员会。由关心学校、关心教育事业，具有教育子女经验的家长代表组成，其主要职责是参与学校和班级的教育与管理，协助做好学生教育工作。

【13-6】**解答:**(1) 唐老师与家长沟通的做法秉承了正确的家校沟通理念,值得肯定。

第一,这种做法体现了教师与家长的平等地位。家长和教师都是能够对学生施加教育影响的教育主体,在对学生的教育中具有平等的教育地位。材料中的唐老师在面对家长的质疑时,能够摆正心态,以平和的心态去对待家长,体现了民主平等的意识。

第二,这种做法具有很强的教育性。教师具有专业的教育理念、知识和能力,相较于家长而言,其教育行为具备更好的教育效果。材料中的唐老师针对学生的特殊情况做出个别、深入、细致的指导,不仅有助于学生成长,还能够转变学生家长的观念和认识,收到良好的教育效果。

(2) 家校合作中应遵循以下基本要求:

第一,教育性。家校合作应对学生、家长和教师都有教育意义。

第二,发展性。家校合作应以促进学生发展为目的。

第三,针对性。家校合作应该针对学生的问题进行有针对性的指导。

第四,有效性。家校合作的目的是为了促进学生发展,最终必须要完成预定目标。

巩固练习

一、选择题

1. D。课外活动在内容、形式等方面灵活多样,具有灵活多样性,题干表述体现了这一特点。

2. A。教育性原则是班队活动的最基本原则,任何班队活动都要以教育性原则为前提。

3. A。群众性活动的规模比较大,参加人数多,学校中经常出现的报告和讲座、各种集会和比赛以及社会公益活动等均属于群众性活动。

二、简答题

1. 班级活动具有自愿性、差异性、广泛性、自主性和灵活性的特点。

2. 开展班级活动的基本步骤有选择活动主题、准备班级活动、实施班级活动、总结班级活动。

3. 课外活动的形式多种多样,按活动的人数和规模可分为群众性活动、小组活动和个人活动。

模块四　教　学

备考指南

一、考纲基本要求

（1）了解小学有关学科的基础知识、基本理论和学科发展的重大事件。

（2）了解小学有关学科课程标准的主要内容和特点。

（3）掌握小学有关学科课程标准的内容领域所涵盖的核心知识及其关联。

（4）能够针对小学生综合学习的要求，适当整合小学有关学科内容，开展学科教学活动。

（5）了解小学教学设计的基本原则、依据和步骤。

（6）了解小学综合课程和综合实践活动的基本知识。

（7）了解小学生在不同学习领域的基本认知特点。

（8）了解信息技术与小学教学整合的基本途径和方式。

（9）理解已有的生活经验、知识和能力、学习经验对新的学习内容的影响。

（10）掌握小学教案设计的基本内容、步骤和要求。

（11）能够依据小学生学习规律、小学相关学科课程标准，结合教材特点，合理地确定教学目标、重点和难点，完成指定内容的教案设计。

（12）了解小学课堂教学情境创设的基本方法。

（13）了解小学生学习动机激发的基本方法。

（14）了解小学课堂教学组织的形式和策略。

（15）了解小学生学习方式的基本类型和小学教师的课堂教学行为对小学生学习的影响。

（16）掌握小学课堂教学的基本策略和主要方法。

（17）掌握小学课堂教学总结的基本方法。

（18）了解小学教学评价的基本内容、类型和主要方法。

（19）了解小学教师教学反思的基本内容、类型和主要方法，以及教学反思对教师专业发展的作用。

（20）能够针对小学课堂教学设计和实施进行恰当评价。

二、考试要点分析

本模块的考试重点集中在：① 结合学科知识的教学设计。考生要深刻理解各学科的学段目标、学段要求，结合学科特点掌握相关知识点；考生要掌握教学目标设计、教学难点设计与教学过程设计的有关原理。② 综合课程的类型、课程性质。③ 教学情境创设、教学实施的基本环节。考生应重点识记班级授课制的含义及其优缺点，掌握教学原则及其贯彻要求，能灵活运用各种教学方法。④ 学习动机的分类、学习动机与效率的关系、学习动机的理论、学习方式、学习策略、知识技能的学习等知识点。这些知识点与教学联系密切，特别是学习动机的理论、学习动机的培养与激发、技能的形成与培养等应加以重视。⑤ 考生应掌握教学评价、教学反思的类型和方法，以及运用相关知识进行教学评价与反思。

三、考题类型及所占分值比例

本模块知识点在历年考试中大多以选择题、简答题、材料分析题、教学设计题的形式进行考查。本模块分值约 70～80 分，总分值约占 50%左右。

四、学习建议与备考策略

(1) 根据考试大纲的要求，认真研习并把握考试重点。

(2) 理解并识记本模块呈现的相关知识的概念和原理。

(3) 领会各学科课程标准中的相关概念，在掌握小学生的学习认知规律的基础上，理解各学科的目标要求及教学实施的合理性。

(4) 结合具体教育现象和教学案例对教学设计原理、教学原则和教学方法等加以运用。

知识地图

- 教学
  - 教学设计
    - 教学设计概述
      - 教学设计的概念
      - 教学设计的原则
      - 教学设计的依据
      - 教学设计的步骤
    - 教案设计
      - 教案设计内容
      - 教案设计的步骤与要求
      - 教案设计样例
    - 信息技术与小学教学整合
      - 信息技术与教学整合概述
      - 信息技术与教学整合的特征
      - 信息技术与教学整合的方式
  - 教学实施
    - 教学概述
      - 教学的概念
      - 小学教学的基本任务
      - 教学的意义
    - 教学过程
      - 教学过程的本质
      - 教学过程的基本规律
      - 教学过程的基本环节
    - 教学原则与方法
      - 教学原则
      - 教学方法
    - 教学的组织形式
      - 教学组织形式的概念
      - 常见的教学组织形式
    - 课堂教学的实施
      - 课堂教学实施的环节
      - 课堂教学实施的策略
    - 学习动机
      - 学习动机的含义
      - 学习动机的构成
      - 学习动机的功能
      - 学习动机的分类
      - 学习动机与学习效率的关系
      - 学习动机的理论
      - 学习动机的培养与激发
    - 学习方式
      - 学习策略
      - 知识与技能的学习
  - 教学评价与反思
    - 教学评价
      - 教学评价的概念
      - 教学评价的功能
      - 教学评价的类型
      - 教学评价的方法
      - 教学评价的原则
    - 教学反思
      - 教学反思的概念
      - 教学反思的基本特征
      - 教学反思的内容
      - 教学反思的意义
      - 教学反思的原则
      - 教学反思的类型
      - 教学反思的方法
  - 课程标准与学科知识
    - 小学语文课程标准与学科知识
      - 小学语文课程标准
      - 学科专业知识
    - 小学数学课程标准与学科知识
      - 小学数学课程标准
      - 学科专业知识
    - 小学英语课程标准与学科知识
      - 小学英语课程标准
      - 学科专业知识
    - 小学音乐课程标准与学科知识
      - 小学音乐课程标准
      - 学科专业知识
    - 小学美术课程标准与学科知识
      - 小学美术课程标准
      - 学科专业知识
    - 小学科学课程标准
      - 课程的性质
      - 课程的基本理念
      - 课程的设计思路
      - 课程的总目标
      - 课程内容
    - 小学体育与健康课程标准
      - 课程的性质
      - 课程的基本理念
      - 课程的设计思路
      - 课程的目标
      - 课程内容
    - 小学信息技术课程标准
      - 课程的任务
      - 小学阶段的课程目标
      - 课程教学内容
    - 小学品德与社会课程标准
      - 课程的性质
      - 课程的基本理念
      - 课程的设计思路
      - 课程的总目标
      - 课程的分目标
    - 小学品德与生活课程标准
      - 课程的性质
      - 课程的基本理念
      - 课程的设计思路
      - 课程的目标
      - 课程内容
      - 课程的实施建议
    - 小学综合课程和综合实践活动
      - 综合课程
      - 综合实践活动

第十四章　课程标准与学科知识

考点分析

- 本部分涵盖各个学科的专业知识，一般不单独出题，通常在教学设计题中进行考查。
- 考试重点集中在各学科的课程性质、学科目标上，考生应结合学科特点掌握相关知识点。

第一节　小学语文课程标准与学科知识

一、小学语文课程标准

（一）课程的性质

语文课程是一门学习语言文字运用的综合性、实践性课程。义务教育阶段的语文课程，应使学生初步学会运用祖国语言文字进行交流沟通，吸收古今中外优秀文化，提高思想文化修养，促进自身精神成长。工具性与人文性的统一，是语文课程的基本特点。

（二）课程的基本理念

语文课程的基本理念有：① 全面提高学生的语文素养；② 正确把握语文教育的特点；③ 积极倡导自主、合作、探究的学习方式；④ 努力建设开放而有活力的语文课程。

（三）课程的设计思路

（1）九年义务教育语文课程，继承我国语文教育的优良传统，汲取当代语文教育科学理论的精髓，借鉴国外母语教育改革的经验，遵循语文教育的规律，努力提高学生的语文素养，为弘扬民族精神、增强民族创造力和凝聚力、培养德智体美全面发展的社会主义建设者和接班人，发挥积极的作用，为学生的终身发展奠定基础。

（2）语文课程应注重引导学生多读书、多积累，重视语言文字运用的实践，在实践中领悟文化内涵和语文应用的规律。

（3）课程目标九年一贯整体设计。课程标准在“总目标”之下，按一至二年级、三至四年级、五至六年级、七至九年级四个学段，分别提出“学段目标与内容”，体现语文课程的整体性和阶段性。各个学段相互联系，螺旋上升，最终全面达成总目标。

（4）学段目标与内容从“识字与写字”、“阅读”、“写作”（第一学段为“写话”，第二、第三学段为“习作”）、“口语交际”四个方面提出要求。课程标准还提出了“综合性学习”的要求，以加强语文课程内部诸多方面的联系，加强与其他课程以及与生活的联系，促进学生语文素养全面协调地发展。

（5）课程标准的“实施建议”部分，对教学、评价、教材编写，以及课程资源的开发与利用等提出了实施的原则、方法和策略，也为具体实施留有创造的空间。

（四）课程的总目标

课程目标从知识与能力、过程与方法、情感态度与价值观三个方面设计。三者相互渗透，融为一体。目标的设计着眼于语文素养的整体提高。

（1）在语文学习过程中，培养爱国主义、集体主义、社会主义思想道德和健康的审美情趣，发展个性，培养创新精神和合作精神，逐步形成积极的人生态度和正确的世界观、价值观。

（2）认识中华文化的丰厚博大，汲取民族文化智慧。关心当代文化生活，尊重多样文化，吸收人类优秀文化的营养，提高文化品位。

（3）培育热爱祖国语言文字的情感，增强学习语文的自信心，养成良好的语文学习习惯，初步掌握学习语文的基本方法。

（4）在发展语言能力的同时，发展思维能力，学习科学的思想方法，逐步养成实事求是、崇尚真知的科学态度。

（5）能主动进行探究性学习，激发想象力和创造潜能，在实践中学习和运用语文。

（6）学会汉语拼音，能说普通话，认识 3500 个左右的常用汉字，能正确工整地书写汉字，并有一定的速度。

（7）具有独立阅读的能力，学会运用多种阅读方法。有较为丰富的积累和良好的语感，注重情感体验，发展感受和理解的能力。能阅读日常的书报杂志，能初步鉴赏文学作品，丰富自己的精神世界。能借助工具书阅读浅易文言文。背诵优秀诗文 240 篇（段）。九年课外阅读总量应在 400 万字以上。

（8）能具体明确、文从字顺地表达自己的见闻、体验和想法。能根据需要，运用常见的表达方式写作，发展书面语言运用能力。

（9）具有日常口语交际的基本能力，学会倾听、表达与交流，初步学会运用口头语言文明地进行人际沟通和社会交往。

（10）学会使用常用的语文工具书。初步具备搜集和处理信息的能力，积极尝试运用新技术和多种媒体学习语文。

（五）课程的学段目标

1. 第一学段（一至二年级）

（1）识字与写字。

① 喜欢学习汉字，有主动识字、写字的愿望。

② 认识常用汉字 1600 个左右，其中 800 个左右会写。

③ 掌握汉字的基本笔画和常用的偏旁部首，能按笔顺规则用硬笔写字，注意间架结构。初步感受汉字的形体美。

④ 努力养成良好的写字习惯，写字姿势正确，书写规范、端正、整洁。

⑤ 学会汉语拼音。能读准声母、韵母、声调和整体认读音节。能准确地拼读音节，正确书写声母、韵母和音节。认识大写字母，熟记《汉语拼音字母表》。

⑥ 学习独立识字。能借助汉语拼音认读汉字，学会用音序检字法和部首检字法查字典。

（2）阅读。

① 喜欢阅读，感受阅读的乐趣。养成爱护图书的习惯。

② 学习用普通话正确、流利、有感情地朗读课文。学习默读。

③ 结合上下文和生活实际了解课文中词句的意思，在阅读中积累词语。借助读物中的图画阅读。

④ 阅读浅近的童话、寓言、故事,向往美好的情境,关心自然和生命,对感兴趣的人物和事件有自己的感受和想法,并乐于与人交流。

⑤ 诵读儿歌、儿童诗和浅近的古诗,展开想象,获得初步的情感体验,感受语言的优美。

⑥ 认识课文中出现的常用标点符号。在阅读中体会句号、问号、感叹号所表达的不同语气。

⑦ 积累自己喜欢的成语和格言警句。背诵优秀诗文 50 篇(段)。课外阅读总量不少于 5 万字。

(3) 写话。

① 对写话有兴趣,留心周围事物,写自己想说的话,写想象的事物。

② 在写话中乐于运用阅读和生活中学到的词语。

③ 根据表达的需要,学习使用逗号、句号、问号、感叹号。

(4) 口语交际。

① 学说普通话,逐步养成说普通话的习惯。

② 能认真听别人讲话,努力了解讲话的主要内容。

③ 听故事、看音像作品,能复述大意和自己感兴趣的情节。

④ 能较完整地讲述小故事,能简要讲述自己感兴趣的见闻。

⑤ 与别人交谈,态度自然大方,有礼貌。

⑥ 有表达的自信心。积极参加讨论,敢于发表自己的意见。

(5) 综合性学习。

① 对周围事物有好奇心,能就感兴趣的内容提出问题,结合课内外阅读共同讨论。

② 结合语文学习,观察大自然,用口头或图文等方式表达自己的观察所得。

③ 热心参加校园、社区活动。结合活动,用口头或图文等方式表达自己的见闻和想法。

2. 第二学段(三至四年级)

(1) 识字与写字。

① 对学习汉字有浓厚的兴趣,养成主动识字的习惯。

② 累计认识常用汉字 2500 个左右,其中 1600 个左右会写。

③ 有初步的独立识字能力。会运用音序检字法和部首检字法查字典、词典。

④ 能使用硬笔熟练地书写正楷字,做到规范、端正、整洁。用毛笔临摹正楷字帖。

⑤ 写字姿势正确,有良好的书写习惯。

(2) 阅读。

① 用普通话正确、流利、有感情地朗读课文。

② 初步学会默读,做到不出声,不指读。学习略读,粗知文章大意。

③ 能联系上下文,理解词句的意思,体会课文中关键词句表情达意的作用。能借助字典、词典和生活积累,理解生词的意义。

④ 能初步把握文章的主要内容,体会文章表达的思想感情。能对课文中不理解的地方提出疑问。

⑤ 能复述叙事性作品的大意,初步感受作品中生动的形象和优美的语言,关心作品中人物的命运和喜怒哀乐,与他人交流自己的阅读感受。

⑥ 诵读优秀诗文,注意在诵读过程中体验情感,展开想象,领悟诗文大意。

⑦ 在理解语句的过程中,体会句号与逗号的不同用法,了解冒号、引号的一般用法。

⑧ 积累课文中的优美词语、精彩句段,以及在课外阅读和生活中获得的语言材料。背

诵优秀诗文50篇(段)。

⑨ 养成读书看报的习惯,收藏图书资料,乐于与同学交流。课外阅读总量不少于40万字。

(3) 习作。

① 乐于书面表达,增强习作的自信心。愿意与他人分享习作的快乐。

② 观察周围世界,能不拘形式地写下自己的见闻、感受和想象,注意把自己觉得新奇有趣或印象最深、最受感动的内容写清楚。

③ 能用简短的书信、便条进行交流。

④ 尝试在习作中运用自己平时积累的语言材料,特别是有新鲜感的词句。

⑤ 学习修改习作中有明显错误的词句。根据表达的需要,正确使用冒号、引号等标点符号。

⑥ 课内习作每学年16次左右。

(4) 口语交际。

① 能用普通话交谈。学会认真倾听,能就不理解的地方向人请教,就不同的意见与人商讨。

② 听人说话能把握主要内容,并能简要转述。

③ 能清楚明白地讲述见闻,说出自己的感受和想法。讲述故事力求具体生动。

(5) 综合性学习。

① 能提出学习和生活中的问题,有目的地搜集资料,共同讨论。

② 结合语文学习,观察大自然,观察社会,用书面或口头方式表达自己的观察所得。

③ 能在教师指导下组织有趣味的语文活动,在活动中学习语文,学会合作。

④ 在家庭生活、学校生活中,尝试运用语文知识和能力解决简单问题。

3. **第三学段(五至六年级)**

(1) 识字与写字。

① 有较强的独立识字能力。累计认识常用汉字3000个左右,其中2500个会写。

② 硬笔书写楷书,行款整齐,力求美观,有一定的速度。

③ 能用毛笔书写楷书,在书写中体会汉字的优美。

④ 写字姿势正确,有良好的书写习惯。

(2) 阅读。

① 能用普通话正确、流利、有感情地朗读课文。

② 默读有一定速度,默读一般读物每分钟不少于300字。学习浏览,扩大知识面,根据需要搜集信息。

③ 能联系上下文和自己的积累,推想课文中有关词句的意思,辨别词语的感情色彩,体会其表达效果。

④ 在阅读中了解文章的表达顺序,体会作者的思想感情,初步领悟文章的基本表达方法。在交流和讨论中,敢于提出看法,作出自己的判断。

⑤ 阅读叙事性作品,了解事件梗概,能简单描述自己印象最深的场景、人物、细节,说出自己的喜爱、憎恶、崇敬、向往、同情等感受。阅读诗歌,大体把握诗意,想象诗歌描述的情境,体会作品的情感。受到优秀作品的感染和激励,向往和追求美好的理想。阅读说明性文章,能抓住要点,了解文章的基本说明方法。阅读简单的非连续性文本,能从图文等组合材料中找出有价值的信息。

⑥ 在理解课文的过程中,体会顿号与逗号、分号与句号的不同用法。

⑦ 诵读优秀诗文,注意通过语调、韵律、节奏等体味作品的内容和情感。背诵优秀诗文60篇(段)。

⑧ 扩展阅读面。课外阅读总量不少于100万字。

(3) 习作。

① 懂得写作是为了自我表达和与人交流。

② 养成留心观察周围事物的习惯,有意识地丰富自己的见闻,珍视个人的独特感受,积累习作素材。

③ 能写简单的记实作文和想象作文,内容具体,感情真实。能根据内容表达的需要,分段表述。学写读书笔记,学写常见应用文。

④ 修改自己的习作,并主动与他人交换修改,做到语句通顺,行款正确,书写规范、整洁。根据表达需要,正确使用常用的标点符号。

⑤ 习作要有一定速度。课内习作每学年16次左右。

(4) 口语交际。

① 与人交流能尊重和理解对方。

② 乐于参与讨论,敢于发表自己的意见。

③ 听人说话认真、耐心,能抓住要点,并能简要转述。

④ 表达有条理,语气、语调适当。

⑤ 能根据对象和场合,稍作准备,作简单的发言。

⑥ 注意语言美,抵制不文明的语言。

(5) 综合性学习。

① 为解决与学习和生活相关的问题,利用图书馆、网络等信息渠道获取资料,尝试写简单的研究报告。

② 策划简单的校园活动和社会活动,对所策划的主题进行讨论和分析,学写活动计划和活动总结。

③ 对自己身边的、大家共同关注的问题,或电视、电影中的故事和形象,组织讨论、专题演讲,学习辨别是非、善恶、美丑。

④ 初步了解查找资料、运用资料的基本方法。

(六) 课程的实施建议

1. 教学建议

课程实施的教学建议有:

(1) 要充分发挥师生双方在教学中的主动性和创造性。

(2) 教学中要努力体现语文课程的实践性和综合性。

(3) 要重视情感、态度、价值观的正确导向。

(4) 要重视培养学生的创新精神和实践能力。

2. 评价建议

课程实施的评价建议有:

(1) 要充分发挥语文课程评价的多种功能。

(2) 要恰当运用多种评价方式。

(3) 要注重评价主体的多元与互动。

(4) 要突出语文课程评价的整体性和综合性。

3. 课程资源的开发与利用建议

（1）语文课程资源包括课堂教学资源和课外学习资源。

（2）各地都蕴藏着多种语文课程资源，学校要有强烈的资源意识，认真分析本地和本校的特点，充分利用已有的资源，积极开发潜在的资源。

（3）学校应积极创造条件，努力为语文教学配置相应的设备；还应当争取社会各方面的支持，与社区建立稳定的联系，给学生创设语文实践的环境，开展多种形式的语文学习活动。

（4）语文教师应高度重视课程资源的开发与利用，创造性地开展各类活动，增强学生在各种场合学语文、用语文的意识，多方面提高学生的语文素养。

二、学科专业知识

（一）音节

1. 音节的拼音规则

（1）b、p、m、f 与 o 拼，一般不与 e 相拼（me 除外）；

（2）i、u 后边有元音，i、u 改写成 y、w；

（3）i、u 后边无元音，i 前加 y，u 前加 w；

（4）j、q、x 是三兄弟，和 ü 相拼把点去。

2. 隔音符号的用法

以 a、o、e 开头的零声母音节，由于前面没有 y、w 等字母，容易产生混淆，必要时可加隔音符号“’”隔开，比如：Tian’anmen。

3. 省写

（1）iou、uei、uen 在前面有声母的时候写成 iu、ui、un。

（2）n、l 两个声母都能拼 u 和 ü，所以，当它们和 ü 相拼时不能省略上面的两点，其他声母拼 ü 时，可以省略上面的两点。

4. 大写规则

句子开头的第一个字母要大写；专有名词的第一个字母要大写；姓和名的第一个字母要大写；标题、商标、店铺的牌子一般全部用大写，也可以每个词开头的字母大写。

（二）汉字

1. 汉字书写笔顺

笔顺是指写字时笔画的先后顺序。笔顺的基本规则是：先横后竖，先撇后捺，先左后右，先上后下，先外后内，先中间后两边，从外到内后封口。但也存在少数特殊情况。

2. 汉字间架结构

汉字的结构基本可以分为独体结构、合体结构两大类。合体结构大致可分为七大类：左右结构、左中右结构、上下结构、上中下结构、半包围结构、全包围结构、品字形结构。

3. 汉字造字法

一般来说，汉字的造字方法有象形、指事、形声、会意、转注、假借六种形式，即所谓传统的“六书”，但严格来说，转注和假借均属于“用字法”。

象形是描述事物形状的造字法；指事是用象征性符号或在象形字上加提示符号来表示某个字的造字法。象形、指事均属于“独体造字法”。

形声是由表示字义类属的部件和表示字音的部件组成新字的造字法；会意是由两个或多个独体字组合成字，以所组成的字形或字义合并起来而表达此字的造字法。形声、会意均属于“合体造字法”。

（三）词语

（1）词的本义、引申义和比喻义。

词的本义是指一个词最初的、最基本的意义；词的引申义是在词的基本意义的基础上经过演变发展而产生的意义；词的比喻义是指借用词的基本意义来比喻另一事物时产生的新意义。

（2）词的感情色彩。

词从感情色彩方面分为：褒义词、贬义词和中性词。褒义词带有喜爱、赞美的意味，贬义词带有憎恨、讽刺或谴责的意味，没有褒贬意味的词则是中性词。

（3）同义词、反义词。

从词义的异同角度来区分，词语分为同义词和反义词。

意义相同或相近的词统称为同义词。其中，意义相同的词又称为等义词，意义相近的词则称为近义词。

（4）同义词辨析。

同义词辨析包括求同和察异两个方面，尤其重在察异。主要从以下三个方面着手：

① 从意义上辨析。

词义的范围不同：战争—战役，词汇—词。

词义的轻重不同：损害—危害，轻视—鄙视。

词义的重点不同：热爱—酷爱，队伍—队列。

② 从用法上辨析。

词性和造句功能不同：深刻—深入，保守—保卫。

适用对象不同：爱护—爱戴，希望—期望。

搭配关系不同：发挥—发扬，履行—执行。

③ 从色彩上辨析。

感情色彩不同：团结—勾结，充满—充斥。

语体色彩不同，这又包括下面两类：

A. 口语与书面语：哆嗦—颤抖，害怕—畏惧。

B. 一般用语与特殊用语：可以—准予，现在—兹。

（5）反义词辨析。

反义词一般可分为：绝对反义词（非此即彼）和相对反义词（非此不一定是彼）。

反义词的特点如下：

① 作为语素构成合成词，如矛盾、迟早、横竖等。

② 构成成语，如知难行易、大智若愚、因小失大、说长道短等。

（四）现代文阅读

1. 现代文常用的修辞手法

小学阶段常用的现代文修辞手法包括比喻、拟人、借代、夸张、排比、反问、设问、对比等等，作者通常利用修辞手法来突出人物或事物的某方面特点，刻画人物形象，使抽象的事物、道理生活化、具体化。

2. 文体知识

（1）记叙，用文字叙述。记叙是写作中最基本、最常见的一种表达方式，它是作者对人物的经历和事件的发展变化过程以及场景、空间的转换所作的叙说和交代，在写事文章中应用较为广泛，是把人物的经历和事物的发展变化过程表达出来的一种表达方式。

（2）描写就是通过一定的写作手段（如生动形象的语言、朴素直白的对话），把人物或景物的状态具体形象地描绘出来。这是一般记叙文写作常用的表达方式。描写的作用是再现自然景色、事物情状，描绘人物的形貌及内心世界，使人物活动的环境具体化。

（3）抒情即表达情思，抒发情感，指以形式化的话语组织，象征性地表现个人内心情感的一类文学活动，它与叙事相对，具有主观性、个性化和诗意化等特征。

（4）议论是作者对某个议论对象发表见解，以表明自己的观点和态度。它要求论点明确、论据充分、论证周密。议论的特点是以理服人，用说理的办法，以概念、判断、推理等逻辑形式，直接对客观事物进行分析、评论、证明。

（5）说明是用简明扼要的文字，把事物的形状、性质、特征、成因、关系、功用等解说清楚的表达方式。这种被解说的对象，有的是实体的事物，如山川、江河、花草、树木、建筑、器物等；有的是抽象的道理，如思想、意识、修养、观点、概念、原理、技术等。

第二节　小学数学课程标准与学科知识

一、小学数学课程标准

（一）课程的性质

义务教育阶段的数学课程是培养公民素质的基础课程，具有基础性、普及性和发展性。数学课程能使学生掌握必备的基础知识和基本技能，培养学生的抽象思维和推理能力；培养学生创新意识和实践能力；促进学生在情感、态度与价值观等方面的发展。义务教育的数学课程能为学生未来生活、工作和学习奠定重要的基础。

（二）课程的基本理念

数学课程的基本理念如下：

（1）数学课程应致力于实现义务教育阶段的培养目标，要面向全体学生，适应学生个性发展的需要，使得人人都能获得良好的数学教育，不同的人在数学上得到不同的发展。

（2）课程内容要反映社会的需要、数学的特点，要符合学生的认知规律。课程不仅包括数学的结果，也包括数学结果的形成过程和蕴涵的数学思想方法。课程内容的选择要贴近学生的实际，有利于学生体验与理解、思考与探索。课程内容的组织要重视过程，处理好过程与结果的关系；要重视直观，处理好直观与抽象的关系；要重视直接经验，处理好直接经验与间接经验的关系。课程内容的呈现应注意层次性和多样性。

（3）教学活动是师生积极参与、交往互动、共同发展的过程。有效的教学活动是学生学与教师教的统一，学生是学习的主体，教师是学习的组织者、引导者与合作者。数学教学活动，特别是课堂教学应激发学生兴趣，调动学生积极性，引发学生的数学思考，鼓励学生的创造性思维；要注重培养学生良好的数学学习习惯，使学生掌握恰当的数学学习方法。学生学习应当是一个生动活泼的、主动的和富有个性的过程。认真听讲、积极思考、动手实践、自主探索、合作交流等，都是学习数学的重要方式。学生应当有足够的时间和空间经历观察、实验、猜测、计算、推理、验证等活动过程。

教师教学应该以学生的认知发展水平和已有的经验为基础，面向全体学生，注重启发式和因材施教。教师要发挥主导作用，处理好讲授与学生自主学习的关系，引导学生独立思考、主动探索、合作交流，使学生理解和掌握基本的数学知识与技能，体会运用数学思想与方法,获得基本的数学活动经验。

(4) 学习评价的主要目的是为了全面了解学生数学学习的过程和结果,激励学生学习和改进教师教学。应建立目标多元、方法多样的评价体系。评价既要关注学生学习的结果,也要重视学习的过程;既要关注学生数学学习的水平,也要重视学生在数学活动中所表现出来的情感与态度,帮助学生认识自我、建立信心。

(5) 信息技术的发展对数学教育的价值、目标、内容以及教学方式产生了很大的影响。数学课程的设计与实施应根据实际情况合理地运用现代信息技术,要注意信息技术与课程内容的整合,注重实效。要充分考虑信息技术对数学学习内容和方式的影响,开发并向学生提供丰富的学习资源,把现代信息技术作为学生学习数学和解决问题的有力工具,有效地改进教与学的方式,使学生乐意并有可能投入到现实的、探索性的数学活动中去。

(三) 课程的设计思路

义务教育阶段数学课程的设计,充分考虑本阶段学生数学学习的特点,符合学生的认知规律和心理特征,有利于激发学生的学习兴趣,引发学生的数学思考。充分考虑数学本身的特点,体现数学的实质;在呈现作为知识与技能的数学结果的同时,重视学生已有的经验,使学生体验从实际背景中抽象出数学问题、构建数学模型、寻求结果、解决问题的过程。

(四) 课程的总目标

通过义务教育阶段的数学学习,学生能够:

(1) 获得适应社会生活和进一步发展所必需的数学的基础知识、基本技能、基本思想、基本活动经验。

(2) 体会数学知识之间、数学与其他学科之间、数学与生活之间的联系,运用数学的思维方式进行思考,增强发现和提出问题的能力、分析和解决问题的能力。

(3) 了解数学的价值,提高学习数学的兴趣,增强学好数学的信心,养成良好的学习习惯,具有初步的创新意识和科学态度。

(五) 课程的学段目标

1. 第一学段(一至三年级)

(1) 知识技能。

① 经历从日常生活中抽象出数的过程,理解万以内数的意义,初步认识分数和小数;理解常见的量;体会四则运算的意义,掌握必要的运算技能,能准确进行运算;在具体情境中,能选择适当的单位进行简单的估算。

② 经历从实际物体中抽象出简单几何体和平面图形的过程,了解一些简单几何体和常见的平面图形;感受平移、旋转、轴对称现象;认识物体的相对位置。掌握初步的测量、识图和画图的技能。

③ 经历简单的数据收集、整理和分析的过程,了解简单的数据处理方法。

(2) 数学思考。

① 在运用数及适当的度量单位描述现实生活中的简单现象,以及对运算结果进行估计的过程中,发展数感;在从物体中抽象出几何图形、想象图形的运动和位置的过程中,发展空间观念。

② 能对调查过程中获得的简单数据进行归类,体验数据中蕴涵着信息。

③ 在观察、操作等活动中,能提出一些简单的猜想。

④ 会独立思考问题,表达自己的想法。

(3) 问题解决。

① 能在教师的指导下,从日常生活中发现和提出简单的数学问题,并尝试解决。

② 了解分析问题和解决问题的一些基本方法,知道同一个问题有不同的解决方法。

③ 体验与他人合作交流解决问题的过程。

④ 尝试回顾解决问题的过程。

(4) 情感态度。

① 对身边与数学有关的事物有好奇心,能参与数学活动。

② 在他人帮助下,感受数学活动中的成功,能尝试克服困难。

③ 了解数学可以描述生活中的一些现象,感受数学与生活有密切联系。

④ 能倾听别人的意见,尝试对别人的想法提出建议,知道应该尊重客观事实。

2. 第二学段(四至六年级)

(1) 知识技能。

① 体验从具体情境中抽象出数的过程,认识万以上的数;理解分数、小数、百分数的意义,了解负数的意义;掌握必要的运算技能;理解估算的意义;能用方程表示简单的数量关系,能解简单的方程。

② 探索一些图形的形状、大小和位置关系,了解一些几何体和平面图形的基本特征;体验简单图形的运动过程,能在方格纸上画出简单图形运动后的图形,了解确定物体位置的一些基本方法;掌握测量、识图和画图的基本方法。

③ 经历数据的收集、整理和分析的过程,掌握一些简单的数据处理技能;体验随机事件和事件发生的等可能性。

④ 能借助计算器解决简单的应用问题。

(2) 数学思考。

① 初步形成数感和空间观念,感受符号和几何直观的作用。

② 进一步认识到数据中蕴涵的信息,发展数据分析观念;通过实例感受简单的随机现象。

③ 在观察、实验、猜想、验证等活动中,发展合情推理能力,能进行有条理的思考,能比较清楚地表达自己的思考过程与结果。

④ 会独立思考,体会一些数学的基本思想。

(3) 问题解决。

① 尝试从日常生活中发现并提出简单的数学问题,并运用一些知识加以解决。

② 能探索分析和解决简单问题的有效方法,了解解决问题方法的多样性。

③ 经历与他人合作解决问题的过程,尝试解释自己的思考过程。

④ 能回顾解决问题的过程,初步判断结果的合理性。

(4) 情感态度。

① 愿意了解社会生活中与数学相关的信息,主动参与数学学习活动。

② 在他人的鼓励和引导下,体验克服困难、解决问题的过程,相信自己能够学好数学。

③ 在运用数学知识和方法解决问题的过程中,认识数学的价值。

④ 初步养成乐于思考、勇于质疑、实事求是等良好品质。

(六) 课程的实施建议

1. 教学建议

(1) 要注重课程目标的整体实现。数学教学不仅要使学生获得数学的知识技能,而且要把知识技能、数学思考、问题解决、情感态度四个方面目标有机结合,整体实现课程目标。

（2）要重视学生在学习活动中的主体地位。学生是数学学习的主体，在积极参与活动的过程中不断得到发展。教师应成为学生学习活动的组织者、引导者、合作者，为学生的发展提供良好的环境和条件。教师应处理好学生主体地位和教师主导作用的关系。

（3）要注重学生对基础知识、基本技能的理解和掌握。数学知识的教学，应注重学生对所学知识的理解，体会数学知识之间的关联。在基本技能的教学中，不仅要使学生掌握技能操作的程序和步骤，还要使学生理解程序和步骤的道理。

（4）要引导学生感悟数学思想、积累数学活动经验。

（5）要关注学生情感态度的发展。

（6）要合理把握“综合与实践”的实施。

（7）要注意教学中的几个关系：要处理好面向全体学生与关注学生个体差异的关系；要注意“预设”和“生成”的关系；要注意合情推理与演绎推理的关系；要处理好使用现代信息技术与教学手段多样化的关系。

2. 评价建议

（1）对基础知识和基本技能的评价要求。在对学生学习基础知识和基本技能的结果进行评价时，应该准确地把握“了解、理解、掌握、应用”不同层次的要求。在对学生学习过程进行评价时，应依据“经历、体验、探索”不同层次的要求，采取灵活多样的方法，定性与定量相结合，以定性评价为主。

在实施评价时，可以对部分学生采取“延迟评价”的方式，提供再次评价的机会，使他们看到自己的进步，树立学好数学的信心。延迟评价是指在平时学习过程中，对尚未达到目标要求的学生，可暂时不给明确的评价结果，给学生更多的机会，当取得较好的成绩时再给予评价，以保护学生学习的积极性。

（2）对数学思考和问题解决的评价要求。数学思考和问题解决的评价要依据总目标与学段目标的要求。对数学思考和问题解决的评价应当采用多种形式和方法，特别要重视在平时教学和具体的问题情境中进行评价。

（3）对情感态度的评价。情感态度的评价应依据课程目标的要求，采用适当的方法进行，主要方式有课堂观察、活动记录、课后访谈等。情感态度评价主要在平时教学过程中进行，应注重考查和记录学生在不同方面的表现，了解学生情感态度的状况及变化。

（4）要注重对学生数学学习过程的评价。学生在数学学习过程中，知识技能、数学思考、问题解决和情感态度等方面的表现不是孤立的，这些方面的发展综合体现在数学学习过程之中。在评价学生每一个方面表现的同时，要注重对学生学习过程的整体评价，分析学生在不同阶段的表现特征和发展变化。评价时应采取灵活的方式记录、保留和分析学生在不同方面的表现。

（5）要体现评价主体的多元化和评价方式的多样性。评价主体的多元化是指教师、家长、同学及学生本人都可以作为评价者，可以综合运用教师评价、学生自我评价、学生相互评价、家长评价等方式，对学生的学习情况和教师的教学情况进行全面的考查。

评价方式多样化体现在多种评价方法的运用，包括书面测验、口头测验、开放式问题、活动报告、课堂观察、课后访谈、课内外作业、成长记录等。在条件允许的地方，也可以采用网上交流的方式进行评价。每种评价方式都具有各自的特点，教师应结合学习内容及学生学习的特点，选择适当的评价方式。

（6）要恰当地呈现和利用评价结果。评价结果的呈现应采用定性与定量相结合的方式。第一学段的评价应当以描述性评价为主，第二学段采用描述性评价和等级评价相结合的方式。

(7) 要合理设计与实施书面测验。书面测验是考查学生课程目标达成状况的重要方式,合理地设计和实施书面测验有助于全面考查学生的数学学业成就,及时反馈教学成效,不断提高教学质量。

3. 课程资源开发与利用建议

数学课程资源是指应用于教与学活动中的各种资源。主要包括:文本资源,如教科书、教师用书,教与学的辅助用书、教学挂图等;信息技术资源,如网络、数学软件、多媒体光盘等;社会教育资源,如教育与学科专家,图书馆、少年宫、博物馆,报纸杂志、电视广播等;环境与工具,如日常生活环境中的数学信息,用于操作的学具或教具,数学实验室等;生成性资源,如教学活动中提出的问题、学生的用品、学生学习过程中出现的问题、课堂实录等。

数学教学过程中恰当地使用数学课程资源,将在很大程度上提高学生从事数学活动的水平和教师从事教学活动的质量。教材编写者、教学研究人员、教师和有关人员应依据《义务教育数学课程标准》(2011 年版),有意识、有目的地开发和利用各种课程资源。

二、学科专业知识

(一) 基本性质汇总

(1) 商不变的性质:被除数和除数同时乘或除以相同的数(0 除外),商不变。

(2) 小数的基本性质:在小数的末尾添上 0 或者去掉 0,小数的大小不变。

(3) 分数的基本性质:分数的分子和分母同时乘上或除以相同的数(0 除外),分数的大小不变。

(4) 比的基本性质:比的前项和后项同时乘或除以相同的数(0 除外),比值不变。

(5) 比例的基本性质:两个外项积等于两个内项积。

(6) 比例尺=图上距离÷实际距离(单位相同)。

(二) 重要公式汇总

长方形周长=(长+宽)×2　　长方形面积=长×宽

正方形周长=边长×4　　正方形面积=边长×边长

平行四边形面积=底×高　　三角形面积=底×高÷2

梯形面积=(上底+下底)×高÷2　　圆形的周长=直径×π=半径×π×2

圆面积=半径^2×π　　扇形面积=n/360×π×半径^2

圆柱体侧面积=底面周长×高　　圆柱体表面积=侧面积+底面积×2

正方体表面积=棱长×棱长×6　　长方体表面积=(长×宽+长×高+宽×高)×2

长方体体积=长×宽×高　　正方体体积=棱长×棱长×棱长

圆柱体体积=半径^2×π×高

路程=速度×时间　　总路程=速度和×相遇时间

追及时间=路程差÷速度差　　平均数=总数量÷总份数

工作量=工作时间×工作效率　　总价=单价×数量

(三) 运算定律及性质

(1) 加法。

加法交换律:$a+b=b+a$。

加法结合律:$(a+b)+c=a+(b+c)$。

（2）减法性质：$a-b-c=a-(b+c)$。

（3）乘法。

乘法交换律：$a\times b=b\times a$。

乘法结合律：$(a\times b)\times c=a\times(b\times c)$。

乘法分配律：$(a+b)\times c=a\times c+b\times c$。

（四）分数和百分数

1. 真分数、假分数和带分数

真分数：分子比分母小的分数为真分数，真分数小于 1。

假分数：分子比分母大或者分子和分母相等的分数为假分数，假分数大于 1 或等于 1。

带分数：整数和真分数合成的分数为带分数。

2. 约分、通分

约分：把一个分数化成和它相等，但分子、分母都比较小的分数的过程，通常用分子分母的公约数（1 除外）去除分子、分母来约分。

通分：根据分数的基本性质，把几个异分母分数化成与原来分数相等且分母相同的分数的过程。

3. 百分数

百分数是表示一个数是另一个数的百分之几，也叫百分率或百分比。百分数反映的是两个数的倍数关系，它的分数单位是 1%，读法与分数相同。

（五）因数和倍数

如果数 a 能被数 b 整除，a 就叫 b 的倍数，b 就叫 a 的因数。

因数和倍数是相互依存的，并且建立在整除的基础上。

一个数的因数的个数是有限的，其中最小的因数是 1，最大的因数是它本身。

一个数与非零自然数的积都能被这个数整除，所以这些积都是这个数的倍数，而且一个数的倍数的个数是无限的，其中最小的倍数是它本身，没有最大的倍数。

几个数公有的因数，叫作这几个数的公因数。其中最大的一个，叫作这几个数的最大公因数。

几个数公有的倍数，叫作这几个数的公倍数，其中最小的一个，叫作这几个数的最小公倍数。

（六）质数与合数

（1）质数（素数）：一个数除了 1 和它本身两个因数，不再有别的因数，这样的数叫作质数（素数）；

（2）合数：一个数除了 1 和它本身，还有别的因数，这样的数叫作合数。

（3）互质数：公因数只有 1 的两个数，叫作互质数。

（七）线、角和图形

1. 直线、射线和线段

直线是平面内一条平直的向两端无限延伸的线。直线没有端点，无法度量。

射线是平面内的一个点和直线的一部分，它的一个尽头就是直线上面的这个点，另外一边没有尽头。射线有且只有一个端点，无法度量。

在直线上找两个点，那么这两个点之间的直线部分就是线段。线段有两个端点，可以度量。

2. 相交线、垂线和平行线

如果两条直线只有一个公共点，就说这两条直线相交，该公共点叫作这两条直线的交点。

两条直线相交成直角时，这两条直线叫作互相垂直，其中一条直线叫作另一条直线的垂线。

在同一平面内永不相交的两条直线叫作平行线。

3. 角

角的大小与两边叉开的大小有关，而与角的两边长短无关。主要包括：锐角（大于 0°而小于 90°）、直角（等于 90°）、钝角（大于 90°而小于 180°）、平角（等于 180°）、周角（等于 360°）。

4. 多边形

三角形。由不在同一条直线上的三条线段首尾顺次相接所组成的图形。从三角形的一个顶点到它的对边作一条垂线，顶点和垂足之间的线段叫作三角形的高，一个三角形有三条高。

三角形三个内角之和是 180°；三角形具有稳定性；三角形可分为锐角三角形、直角三角形和钝角三角形。

四边形。由不在同一直线上的四条线段首尾顺次相接围成的封闭平面图形或立体图形。任意四边形的内角和都是 360°。四边形主要包括：平行四边形（对边平行且相等）、长方形（对边平行且相等，四个角都是直角，长方形是特殊的平行四边形）、正方形（对边平行，四边相等，四个角都是直角，正方形是特殊的长方形）、梯形（只有一组对边平行，另一组对边不平行，等腰梯形的两腰相等，且同底上的两个角相等）。

5. 扇形

由圆心角的两条半径和它所对的弧围成的图形叫作扇形。

6. 轴对称图形

如果一个图形沿着一条直线对折，两边的图形能够完全重合，这个图形叫作轴对称图形。这条直线叫作对称轴。

（八）比和比例

(1) 比。表示两个数相除。

(2) 比例。表示两个比相等的式子。

正比例。两种相关联的量，一种量变化，另一种量也随着变化，如果这两种量相对应的两个数的比值（也就是商）一定，这两种量就叫作成正比例的量，它们的关系叫作正比例关系。正比例关系的图象是一条直线。

反比例。两种相关联的量，一种量变化，另一种量也随着变化，如果这两种量相对应的两个数的乘积一定，这两种量就叫作成反比例的量，它们的关系叫作反比例关系。反比例关系的图象是光滑的曲线。

（九）统计与概率

1. 统计

(1) 统计表。把生产和各项工作中所遇到的互相关联的数量加以分类、整理，按照一定的顺序排列起来，制成表格，这种表格称为统计表。一般统计表包括总标题、纵标目、横标目、数字资料栏等，制表时还应注明数量单位和制表日期。

(2) 统计图。统计资料或统计表中互相关联的数量可以用图形表示出来，这种表示数量之间关系的图形就是统计图。统计图通常可分为条形统计图、折线统计图和扇形统计图三种。

条形统计图是用一个单位长度表示一定的数量,根据数量的多少找出各点,然后把这些直条按照一定的顺序排列起来。从条形统计图中很容易看出各种数量的多少。

折线统计图是用一个单位长度表示一定的数量,根据数量的多少找出各点,然后把各点用线段顺次连接起来。折线统计图不但可以表示出数量的多少,而且能够清楚地表示出数量增减变化的情况。制折线统计图的步骤与制条形统计图基本相同,只是不画直条,而是按照数据大小描出各点,再用线段顺次连接起来。

扇形统计图是用整个圆表示总数,用圆内各个扇形的大小表示各部分数量占总数的百分数。通过扇形统计图可以很清楚地表示出各部分同总数之间的关系。

2. 概率

(1) 可能性。可能性是包含在事物之中并预示着事物发展趋势的量化指标。“不可能”可以用0来表示;“一定能”可以用1来表示;“可能”可以用分数或百分数来表示它的大小。

(2) 随机事件的基本概念。

随机事件:在一定条件下,可能发生也可能不发生的事件叫作随机事件或不确定性事件。

必然事件:在每一次的试验中都一定会发生的事件称为必然事件。

不可能事件:在每一次的试验中都一定不发生的事件称为不可能事件。

必然事件和不可能事件称为确定事件。

第三节 小学英语课程标准与学科知识

一、小学英语课程标准

(一) 课程的性质

义务教育阶段的英语课程具有工具性和人文性双重性质。就工具性而言,英语课程承担培养学生基本英语素养和发展学生思维能力的任务,即学生通过英语课程掌握基本的英语语言知识,发展基本的英语听、说、读、写技能,初步形成用英语与他人交流的能力,进一步促进思维能力的发展,为今后继续学习英语和用英语学习其他相关科学文化知识奠定基础。就人文性而言,英语课程承担着提高学生综合人文素养的任务,即学生通过英语课程能够开阔视野,丰富生活经历,形成跨文化意识,增强爱国主义精神,发展创新能力,形成良好的品格和正确的人生价值观。工具性和人文性统一的英语课程有利于为学生的终身发展奠定基础。

(二) 课程的基本理念

英语课程的基本理念有:

(1) 注重素质教育,体现语言学习对学生发展的价值。

(2) 面向全体学生,关注语言学习者的不同特点和个体差异。

(3) 整体设计目标,充分考虑语言学习的渐进性和持续性。

(4) 强调学习过程,重视语言学习的实践性和应用性。

(5) 优化评价方式,着重评价学生的综合语言运用能力。

(6) 丰富课程资源,拓展英语学习渠道。

（三）课程的设计思路

英语课程的总体设计思路是：以科学发展观和先进的外语课程理念为指导，立足国情，综合考虑我国英语教育的发展现状，从义务教育阶段起，建立一个以学生发展为本，系统而持续渐进的英语课程体系。这一课程体系以培养学生的综合语言运用能力为目标，根据语言学习的规律和义务教育阶段学生的发展需求，从语言技能、语言知识、情感态度、学习策略和文化意识等五个方面设计课程总目标和分级目标。

根据上述设计思路，义务教育阶段的英语课程以小学三年级为起点，以初中毕业为终点，并与高中阶段的英语课程相衔接。整个基础教育阶段的英语课程（包括义务教育和高中两个阶段）按照能力水平设为九个级别，形成循序渐进、持续发展的课程。在九级目标体系中，一至五级为义务教育阶段的目标要求，二级为六年级结束时应达到的基本要求。

（四）课程总目标

义务教育阶段英语课程的总体目标是：通过英语学习使学生形成初步的综合语言运用能力，促进心智发展，提高综合人文素养。综合语言运用能力的形成建立在语言技能、语言知识、情感态度、学习策略和文化意识等方面整体发展的基础之上。语言技能和语言知识是综合语言运用能力的基础；文化意识有利于正确地理解语言和得体地使用语言；有效的学习策略有利于提高学习效率和发展自主学习能力；积极的情感态度有利于促进学生主动学习和持续发展。这五个方面相辅相成，共同促进学生综合语言运用能力的形成与发展。

（五）课程的阶段目标

义务教育阶段英语课程各个级别的目标是指学生在语言技能、语言知识、情感态度、学习策略和文化意识五个方面应达到的综合行为表现。表 14-1 是小学一至六年级的培养目标。

表 14-1　一至六年级英语培养目标

级别	目标描述
一级	对英语有好奇心，喜欢听他人说英语。能根据教师的简单指令做动作、做游戏、做事情（如涂颜色、连线）。能做简单的角色表演。能唱简单的英文歌曲，说简单的英语歌谣。能在图片的帮助下听懂和读懂简单的小故事。能交流简单的个人信息，表达简单的感觉和情感。能模仿范例书写词句。在学习中乐于模仿，敢于表达，对英语具有一定的感知能力。对学习中接触的外国文化习俗感兴趣
二级	对继续学习英语有兴趣。能用简单的英语互致问候，交换有关个人、家庭和朋友的简单信息，并能就日常生活话题进行简短叙述。能在图片的帮助下听懂、读懂并讲述简单的故事，能在教师的帮助下表演小故事或小短剧，演唱简单的英语歌曲和歌谣。能根据图片、词语或例句的提示，写出简短的描述。在学习中乐于参与、积极合作、主动请教，初步形成对英语的感知能力和良好的学习习惯。乐于了解外国文化和习俗

（六）课程的实施建议

1. 教学建议

英语课程实施的教学建议如下所示：

（1）面向全体学生，为每个学生学习英语奠定基础。

（2）注重语言实践，培养学生的语言运用能力。

（3）加强学习策略指导，培养学生自主学习能力。

（4）培养学生的跨文化交际意识，发展跨文化交际能力。

(5) 结合实际教学需要。创造性地使用教材。

(6) 合理利用各种教学资源，提高学生的学习效率。

(7) 组织生动活泼的课外活动，拓展学生的学习渠道。

(8) 不断提高专业水平，努力适应课程的要求。

2. 评价建议

英语课程实施的评价建议如下所示：

(1) 充分发挥评价的积极导向作用。

(2) 体现学生在评价中的主体地位。

(3) 依据课程目标要求确定评价内容与标准。

(4) 注意评价方法的合理性和多样性。

(5) 形成性评价要有利于监控和促进教与学的过程。

(6) 终结性评价要注重考查学生的综合语言运用能力。

(7) 注意处理教学与评价的关系。

(8) 小学的评价应以激励学生学习为主。

3. 课程资源开发与利用建议

合理开发和积极利用课程资源是有效实施英语课程的重要保证。英语课程资源包括英语教材以及有利于发展学生综合语言运用能力的其他教学材料、支持系统和教学环境等，如音像资料、直观教具和实物、多媒体软件、广播影视节目、网络资源、报纸杂志以及图书馆、班级、学习教学设施和教学环境创设等。此外，课程资源还包括人的资源，如学生资源、教师资源和家长资源。他们的生活经历、情感体验和知识结构都可以成为宝贵的课程资源。合理开发、积极利用和有效管理各种课程资源是提高教学质量的重要基础。

二、学科专业知识

（一）语音知识

1. 字母

字母是英语的书写形式，是构成单词的最小单位。英语中共有 26 个英文字母，分为元音字母和辅音字母，其中 a、e、i、o、u 为元音字母，y 为半元音字母，其余的为辅音字母，有大写和小写两种形式。

2. 音素

音素是语音的最小单位。英语中共有 48 个音素，分为两大类：元音和辅音，其中元音音素 20 个，辅音音素 26 个，半元音音素 2 个。

(1) 元音。元音音素是发音时声带振动，气流通过口腔时不受任何发音器官阻碍的音素。

(2) 辅音。辅音音素是发音时气流通过口腔，受到发音器官阻碍而发出的音素。辅音的分类有三种依据：分别是发音方式、发音部位、带声性。

3. 音节

音节是最小的发音单位，元音是构成音节的主体。一个元音可以构成一个音节，一个元音和一个或几个辅音音素也可以构成一个音节。

4. 重音

单音节词都是重读音节；双音节词一般在第一个音节重读；多音节词一般倒数第三个音节是重音。

句子中，实词重读，如名词、动词、形容词等；虚词轻读，如冠词、介词、连词、代词、助动词、情态动词、系动词等；英语句子的长短由句子中的重读词的数目决定，而不是像汉语那样由句子中的汉字数目决定的。

（二）语法知识

1. 词

（1）名词。

名词是指表示人和事物名称的词，可以分为普通名词和专有名词两大类。

普通名词表示一类人或物或抽象概念的名称。普通名词又可以分为个体名词、集体名词、物质名词、抽象名词四类：个体名词和集体名词多数可以用数目来计算，称为可数名词，有单、复数形式；物质名词和抽象名词通常无法用数目计算，称为不可数名词，一般只有一种形式。

专有名词指特定的人、地方、机构等专有的名称，第一个字母通常要大写。星期、月份、日、学科、报刊名也是专有名词。

（2）形容词/副词。

形容词和副词的比较等级分为原级、比较级和最高级。同级比较往往用“as＋形容词/副词的原形＋as”的结构表达；“比较级＋than”表示不同级的比较；最高级的句型结构为“the＋形容词/副词最高级＋单数名词＋in/of 短语”，表示“是……中最……的”；“one of the＋形容词/副词最高级＋复数名词＋in/of 短语”表示“是……中最……之一”。

（3）非谓语动词。

在句子中充当除谓语以外的各种句子成分的动词形式，叫作非谓语动词。非谓语动词也是动词的一种，他们有着动词的其他特点，可以充当主语、宾语、状语等。非谓语动词与谓语动词是相对的概念。非谓语动词包括不定式、动名词和分词（现在分词和过去分词）三种形式。

（4）主要构词法。

英语最基本的构词法有三种：派生、合成和转化。

由词缀和词根结合构成单词的方法叫作派生法，也叫作缀词法。派生词的词缀法是英语构词法中最活跃的一种，在英语构词的历史上发挥极其重要的作用。词缀分为前缀和后缀两种。

合成法是把两个或两个以上的单词合成一个新词的构词法。有的可以直接写在一起构成一个新单词，还有的在词与词之间用连字符“-”构成一个新单词，这个词通常叫作复合词。

转化法是由一种词类转化为一种或几种词类的构词法，是英语形成新词的重要方法之一。各种词类之间经常互相转化，导致一个词往往可以用作几种词类。在英语的词类转化上，数量最多的当属动词和名词的相互转化。

2. 句法

（1）时态和语态。

时态表示不同时间发生的动作或存在的状态，需要用不同的动词形式表示。在英语语法中，时指动作发生的时间，态指动作的样子和状态。动词的时态共有 16 种，其中主要考查 12 种。

动词的语态是动词的一种特殊形式，用以表明主语是某一动作的发出者还是动作的承受者，主要分为主动语态和被动语态。主动语态表示主语是动作的执行者，被动语态表示主语是动作的承受者。被动语态是动词的一种特殊形式，一般说来，只有需要动作对象的及物动词才有被动语态。

（2）句子的成分和种类。

英语句子成分分为主语、谓语、宾语、表语、定语、补语、状语、同位语和独立成分，其中补语分为宾语补足语和主语补足语。

英语句子按其作用可分为陈述句、疑问句、祈使句和感叹句四种，疑问句又可分为一般疑问句、特殊疑问句、反义疑问句和选择疑问句。英语句子按结构可分为简单句、并列句和复合句。

（3）特殊句型。

倒装句。英语中的自然语序通常是“主语在前，谓语在后”。如果根据需要将谓语动词的全部或一部分放在主语的前面，这样的语序被称为倒装语序。倒装语序又分为完全倒装和部分倒装两种。完全倒装是指将谓语动词全部置于主语之前，部分倒装则指将谓语中的助动词/系动词/情态动词等功能词提至主语之前，而谓语的主体部分仍在主语之后。

强调句。强调句是基本语法，是一种修辞，是人们为了表达自己的意愿或情感而使用的一种形式。英语常用的强调结构是“It is (was)＋被强调部分（主语、宾语或状语）＋who (that)...”。

省略句。省略句也是英语的一种习惯用法。按照语法的分析，句子应该具备的成分，有时出于修辞上的需要，在句中并不出现，这种句子叫作省略句，这种语法现象称为“省略”。其特点是：虽然省去句子语法构造所需要的组成部分，但仍能表达其完整的意义。省略形式多样，从单词、短语到分句，都可以省略，而且各有一定的衔接关系。

3. 小学英语教师应具备的基本教学技能

（1）英语歌曲教唱技能。

英语歌曲的特点有用词简单、易于理解，句式多样、结构灵活，韵律响亮、朗朗上口，语言活泼、生动形象。

英语歌曲的教学作用：丰富教学形式，创设轻松的学习环境；渲染学习氛围，激发学生的学习兴趣；强化巩固知识，提高学生的语言技能；展现语言文化，拓展学生的文化视野。

教唱英语歌曲的要求：选择的歌曲符合教学需要和学生水平；使学生会完整、熟练地演唱所教歌曲，理解并能解释歌曲的教学目的、歌曲风格和歌词词意；教师分析和解决歌词中重点和难读、难唱点；注意观察，及时调整教学步骤和进度；学会用手打拍子和指挥；学会根据教学需要进行歌曲改词；尽量利用录音机、录像机、投影仪和多媒体辅助教唱；教唱时音量适当，姿态自然，表情丰富。

（2）英语游戏的组织技能。

英语游戏的教学作用：符合小学生的心理特点，寓教于乐，可以激发和培养学生学习英语的兴趣；有利于充分调动学生学习的积极性与主动性，激发学生的创造力，提高学生的语言运用能力；有利于活跃课堂气氛，让学生在轻松愉悦的环境中学习外语，提高课堂教学效果；将枯燥的语言现象转变为学生乐于接受的游戏形式，化难为易，从而减轻学生的负担，符合素质教育的要求；有利于增长学生的知识，发展学生的智力，培养学生的合作与竞争意识。

组织英语游戏的要求：游戏开始前用简洁的话语让学生明确游戏的内容和规则；游戏过程中要注意监控，随时调整布局和进度；整个游戏过程中用英语交际，但在交代游戏规则时如有必要，可用母语复述；强调全员参与，防止少数人代替全班；结合教学实际，创造和组织新的教学游戏。

第四节 小学音乐课程标准与学科知识

一、小学音乐课程标准

（一）课程的性质

音乐课程是九年义务教育阶段面向全体学生的一门必修课，音乐课程性质主要体现在三个方面。

1. 人文性

音乐是文化的重要组成部分，是人类宝贵的精神文化遗产和智慧结晶。无论从文化中的音乐，还是从音乐中的文化视角出发，音乐课程中的艺术作品和音乐活动，皆注入了不同文化身份的创作者、表演者、传播者和参与者的思想情感和文化主张，是不同国家、不同民族、不同时代文化发展脉络以及民族性格、民族情感和民族精神的展现，具有鲜明而深刻的人文性。

2. 审美性

“以美育人”的教育思想与我国的教育、文化传统一脉相承，是培养德智体美全面发展的社会主义建设者和接班人的教育方针的有机组成部分。通过音乐教育培养和提高学生感受美、表现美、鉴赏美、创造美的能力，陶冶情操，发展个性，启迪智慧，丰富和发展形象思维，激发创新意识和创造能力，全面提升学生的素质。

3. 实践性

音乐音响不具有语义的确定性和事物形态的具象性。音乐课程各领域的教学只有通过聆听、演唱、演奏、综合性艺术表演和音乐编创等多种实践形式才能得以实施。学生在亲身参与这些实践活动过程中，获得对音乐的直接经验和丰富的情感体验，为掌握音乐相关知识和技能、领悟音乐内涵、提高音乐素养打下良好的基础。

（二）课程的基本理念

音乐课程的基本理念有：

(1) 以音乐审美为核心，以兴趣爱好为动力。

(2) 强调音乐实践，鼓励音乐创造。

(3) 突出音乐特点，关注学科综合。

(4) 弘扬民族音乐，理解音乐文化多样性。

(5) 面向全体学生，注重个性发展。

（三）课程的设计思路

(1) 凸显音乐课程的美育功能，以音乐活动方式划分教学领域。

(2) 设计丰富的音乐实践活动，引导学生主动参与。

(3) 正确处理音乐知识、技能的学习与审美体验和文化认知的关系。

(4) 根据学生不同年龄段的心理发展水平和音乐认知特点，分学段设计梯度渐进的课程学段目标及相应的课程内容。

(5) 课程内容的设计，在明确的规定性和适度的弹性之间寻求平衡，给教师教学和地方音乐课程资源开发留有创造和选择运用的空间。

（四）课程的总目标

音乐课程目标的设置以音乐课程价值的实现为依据。通过教学及各种生动的音乐实践活动，培养学生爱好音乐的兴趣，发展音乐听觉与欣赏能力、表现能力和创造能力，形成基本的音乐素养，丰富情感体验，陶冶高尚情操。上述课程目标内含在以下三个层面的表述中。

1. 情感态度与价值观

（1）丰富学生的情感体验，培养学生对生活的积极乐观态度。

（2）培养学生的音乐兴趣，树立学生终身学习的愿望。

（3）提高学生的音乐审美能力，陶冶高尚情操。

（4）培养学生爱国主义情感，增强集体主义精神。

（5）尊重艺术，理解世界文化的多样性。

2. 过程与方法

（1）体验。倡导完整而充分地聆听音乐作品，使学生在音乐体验与感受中，享受音乐审美过程中的愉悦，体验与理解音乐的感性特征与精神内涵。

（2）模仿。根据中低年级学生的身心特点，从音乐基本要素入手，通过运用观察、比较和练习等方法进行模仿，积累感性经验，为音乐表现和创造能力的进一步发展奠定基础。

（3）探究。通过提供开放式和趣味性的音乐学习情景，激发学生对音乐的好奇心和探究愿望，引导学生进行以即兴式自由发挥为主要特点的探究与创造活动，重视发展学生自主学习的探究过程。

（4）合作。充分利用音乐艺术的集体表演形式和实践过程，培养学生良好的合作意识和在群体中的协调能力。

（5）综合。将其他艺术表现形式有效地渗透和运用到音乐教学中，通过以音乐为主线的综合艺术实践，帮助学生更直观地理解音乐的意义及其在人类艺术活动中的价值。

3. 知识与技能

（1）音乐基础知识。了解音乐基本要素（如力度、速度、音色、节奏、节拍、旋律、调式、和声等）和音乐常见结构（曲式）、音乐体裁形式等基础知识，有效地促进学生音乐审美能力的形成与发展。

（2）音乐基本技能。培养学生自信、自然、有表情地歌唱和演奏课堂乐器；学习演唱、演奏、创作的初步技能；在音乐听觉感知基础上识读乐谱，在音乐实践活动中运用乐谱。

（3）音乐历史与相关文化知识。了解中外音乐发展的简要历史和有代表性的音乐家，初步识别不同时代、不同民族的音乐。认识音乐与姊妹艺术的联系，感知不同艺术门类的主要表现手段和艺术形式特征。了解音乐与艺术之外的其他学科的联系，扩展音乐文化视野。根据自己的生活经验和已学过的知识，认识音乐的社会功能，理解音乐与社会生活的关系。

（五）课程的学段目标

1. 一至二年级

教师应充分注意这一学段学生以形象思维为主，好奇、好动、模仿力强的身心特点，善于利用儿童的自然嗓音和灵巧形体，采用歌、舞、图片、游戏相结合的综合手段，进行直观教学。聆听音乐的材料要短小有趣，形象鲜明。

(1) 教师要激发和培养学生对音乐的兴趣。

(2) 开发学生音乐的感知力，使其体验音乐的美感。

(3) 使学生能自然地、有表情地歌唱，乐于参与其他音乐表现和即兴编创活动。

(4) 培养学生乐观的态度和友爱精神。

2. 三至六年级

学生的生活范围和认知领域进一步扩展，体验感受与探索创造的活动能力增强。教师应注意引导学生对音乐的整体感受，丰富教学曲目的体裁、形式，增加合唱、乐器演奏及音乐创造活动的分量，以生动活泼的教学形式和艺术的魅力吸引学生。

(1) 保持学生对音乐的兴趣。

(2) 培养学生音乐感受与欣赏的能力，初步养成良好的音乐欣赏习惯。

(3) 使学生能自信地、有表情地演唱，乐于参与演奏及其他音乐表现、创造活动。

(4) 培养学生的艺术想象力和创造力。

(5) 培养学生乐观的态度和友爱精神，增强集体意识，培养合作能力。

(六) 课程的实施建议

1. 教学建议

教师要深入领会课程的基本理念，以音乐为本，以学生为本，全面实现课程价值和课程目标。在教学中，教师应遵循听觉艺术的感知规律，突出音乐学科的特点，重视教学目标的设计与整合，注意音乐教学各领域之间的有机联系，正确处理教学中的各种关系，积极引导学生进行音乐实践活动，合理运用现代教育技术手段，因地制宜地实施《义务教育音乐课程标准》(2011 年版)。

2. 评价建议

(1) 评价内容。

对学生的评价应关注情感态度与价值观，过程与方法，知识与技能方面的指标。

(2) 评价的方式与方法。

形成性评价与终结性评价相结合；定性述评与定量测评相结合；自评、互评及他评相结合。

二、学科专业知识

1. 基本乐理

(1) 音及音的属性。

由于物体振动所产生的声波传送到人们的听觉器官，并通过大脑而形成了音的感觉。根据物体振动的规则，音可分为乐音和噪音。

(2) 音的性质。

乐音有音长、音高、音量、音色四种特性。

音长是指音的长短，它是由发音体振动持续的时值来决定的。

音高指各种不同高低的声音，即音的高度，是音的基本特征的一种。音的高低是由振动频率决定的，两者成正相关关系：频率(即单位时间内振动次数的多少)高则音“高”，反之则“低”。

音量是指音的强弱，它是由发音体振动的幅度大小来决定的。振幅大，音则强；振幅小，音则弱。

音色是指音的色彩,它是由发音体振动的方式、形状、成分及发音体的品质等因素来决定的。

(3) 乐音体系、音列与音级。

音乐中所使用的基本的乐音的总和叫作乐音体系。将乐音体系中的音按照一定的音高关系和高低次序,由低到高或由高到低排列起来,叫作音列。乐音体系中的各音叫作音级。

(4) 音名和唱名。

乐音体系中各音级的名称称为音名,分别用字母 C、D、E、F、G、A、B 来表示。

音名不同于唱名,唱名是方便唱谱而采用的名称,用 do、re、mi、fa、sol、la、si 表示。

(5) 音律与等音。

乐音体系中各音的绝对标准高度及其相互关系叫作音律。目前世界上通用的三种律制是五度相生律、纯律和十二平均律。根据十二平均律所有半音都相等的特点产生了等音。等音是音高相同而记法和意义不同的各音。

(6) 节奏与节拍。

节奏:长音和短音有规律地组合在一起,叫作节奏。节奏是音乐的骨骼,是塑造音乐形象的重要手段。在整个乐曲或乐曲的部分中,具有典型意义的节奏叫作节奏型。节奏型在音乐表现中具有重大的意义,单是节奏型本身就可以说明乐曲的某种类别,如进行曲、圆舞曲等。

节拍:节拍是用强弱来组织音乐的。在乐曲中节拍单位用固定的音符来代表,叫作拍子。相同时值的强拍和弱拍有规律地循环出现,叫作节拍。拍子的种类有单拍子、复拍子、混合拍子、变换拍子、一拍子、散拍子、交错拍子等。

(7) 调式和调性。

调式是指若干高低不同的乐音,围绕某一有稳定感的中心音,按照一定的音程关系组织在一起,成为一个有机的体系。总体上,目前常用的调式可分为西洋调式(大、小调式)和民族调式。

调性是指主音的音高位置及调式类别。调性可以体现调的特征,如 C 自然大调式表明调的高度是以 C 为主音,其调式类别为自然大调式。

2. 歌曲知识

(1) 歌曲的曲调特征包括:音域窄,顿逗多;节奏和节奏型口语化;常采用重复或模进的手法来展开韵律。

(2) 歌曲的歌词特征表现在:文学性;主题鲜明突出,形象生动;语言精练,通俗易懂,易唱易记;鲜明的节奏感和韵律感。

(3) 歌曲的节奏表现特点有:紧凑的节奏;舒展的节奏;行进的节奏;切分节奏。

(4) 歌曲的常见题材。

按表演形式:可分为声乐、器乐、独奏独唱、重奏重唱、大合唱等。

按结构形式:分为奏鸣曲、回旋曲、交响曲、卡农、赋格曲、变奏曲等。

按音乐内容:分为革命歌曲、进行曲、舞曲、牧歌、颂歌、祷歌、情歌等。

(5) 歌曲特点分析。

分析歌曲特点可以从以下几个角度进行:表达情绪和风格特征;歌曲体裁;歌曲的主题;作品结构、层次及手法;作品的时代背景及作者情况;作品的重点、特点与难点。

第五节　小学美术课程标准与学科知识

一、小学美术课程标准

（一）课程的性质

美术课程以对视觉形象的感知、理解和创造为特征，是学校进行美育的主要途径，是九年义务教育阶段全体学生必修的基础课程，在实施素质教育的过程中具有不可替代的作用。

美术课程凸显视觉性，学生在美术学习中积累视觉、触觉和其他感官的经验，发展感知能力、形象思维能力、表达和交流能力。美术课程具有实践性，学生在美术学习中运用传统媒介或新媒体来创造作品，发展想象能力、实践能力和创造能力。美术课程追求人文性，学生在美术学习中学会欣赏和尊重不同时代和文化的美术作品，关注生活中的美术现象，涵养人文精神。美术课程强调愉悦性，学生在美术学习中自由抒发情感，表达个性和创意，增强自信心，养成健康人格。

（二）课程的基本理念

1. 面向全体学生

实施义务教育阶段的美术教育，必须坚信每个学生都具有学习美术的潜能，能在他们不同的潜质上获得不同程度的发展。美术课程适应素质教育的要求，面向全体学生，选择基础的、有利于学生发展的美术知识和技能，结合过程和方法，组成课程的基本内容，并通过有效的学习方式，帮助学生逐步体会美术学习的特征，形成基本的美术素养，为终身学习奠定基础。

2. 激发学生学习兴趣

兴趣是学习美术的基本动力之一。美术课程强调通过发挥美术教学特有的魅力，使课程内容与不同年龄阶段的学生的情意和认知特征相适应，以灵活多样的教学方法激发学生的学习兴趣，并使这种兴趣转化为持久的情感态度。美术课程注重内容与学生的生活经验紧密联系，发挥知识和技能在帮助学生提高精神和生活品质方面的作用，让学生在实际生活中领悟美术的独特价值。

3. 关注文化与生活

美术是人类文化的一个重要组成部分，与社会生活的方方面面有着千丝万缕的联系。通过美术课程，学生了解人类文化的丰富性，在广泛的文化情境中认识美术的特征、美术表现的多样性以及美术对社会生活的独特贡献，并逐步形成热爱祖国优秀文化传统和尊重世界文化多样性的价值观。

4. 注重创新精神

现代社会需要充分发挥每个人的主体性和创造性，因此，美术课程特别重视对学生个性与创新精神的培养，采取多种方法，帮助学生学会运用美术的方法，将创意转化为具体成果。通过综合学习和探究学习，引导学生在具体情境中探究与发现，找到不同知识之间的关联，发展综合实践能力，创造性地解决问题。

（三）课程的设计思路

(1) 以美术学习活动方式划分学习领域，加强综合性和探究性。

（2）根据学生的身心发展水平，分学段设计课程内容和学习活动。

（3）在保证基本规定性的同时，给予教师教学更大的空间。

（四）课程的总目标

美术课程总目标按“知识与技能”“过程与方法”“情感态度与价值观”三个维度设定。学生以个人或集体合作的方式参与美术活动，激发创意，了解美术语言及其表达方式和方法；运用各种工具、媒材进行创作，表达情感与思想，改善环境与生活；学习美术欣赏和评述的方法，提高审美能力，了解美术对文化生活和社会发展的独特作用。学生在美术学习过程中，丰富视觉、触觉和审美经验，获得对美术学习的持久兴趣，形成基本的美术素养。

（五）课程的学段目标

1. 一至二年级

（1）尝试不同工具，用纸以及身边容易找到的各种媒材，通过看看、画画、做做等方法大胆、自由地把所见所闻、所感所想的事物表现出来，体验造型活动的乐趣。

（2）尝试不同工具，用身边容易找到的各种媒材，进行简单组合和装饰，体验设计和制作活动的乐趣。

（3）观赏自然景物和各类美术作品，能用简短的话语大胆表达自己的感受。

（4）采用造型游戏的方式，或以造型游戏与语文、音乐等学科内容相结合的方式，进行无主题或有主题的想象、创作和展示。

2. 三至四年级

（1）初步认识线条、形状、色彩与肌理等造型元素，学习使用各种工具，体验不同媒材的效果，通过观察、绘画、制作等方法表现所见所闻、所感所想，激发丰富的想象，唤起创造的欲望。

（2）尝试从形状与用途的关系，认识设计和工艺的造型、色彩、媒材，学习对比与和谐、对称与均衡等形式原理，用手绘草图或立体制作的方法表现设计构想，感受设计和工艺与其他美术活动的区别。

（3）欣赏符合学生认知水平的中外美术作品，能用语言或文字等多种形式对欣赏对象进行描述，说出其特色，表达自己的感受与认识。

（4）采用造型游戏的方式，结合语文、音乐、品德与社会、科学等学科内容，进行美术创作与展示，并发表自己的创作意图。

3. 五至六年级

（1）运用线条、形状、色彩、肌理和空间等造型元素，以描绘和立体造型的方法，选择适合于自己的工具、媒材，记录与表现所见所闻、所感所想，发展美术构思与创作的能力，传递自己的思想和情感。

（2）运用对比与和谐、对称与均衡、节奏与韵律等形式原理以及各种材料、制作方法，设计和装饰各种图形与物品，改善环境与生活，并与他人交流设计意图。

（3）欣赏中外优秀美术作品，了解有代表性的美术家。通过描述、分析与讨论，用简单的美术术语对美术作品的内容和形式进行分析，表达自己对美术作品的感受和理解。

（4）结合其他学科的知识、技能，以及学校和社区的活动，用多种美术媒材进行策划、创作与展示，体会美术与生活环境及传统文化的关系。

二、学科专业知识

（一）美术语言

美术语言包括造型元素与形式原理两个部分。造型元素指造型艺术的基本构成因素，包括线条、形状、色彩、空间、明暗、肌理等。形式原理是指将造型元素组合成一个完整作品的基本原理，包括对称、均衡、重复、节奏、对比、变化、统一等。美术作品形式美的基本法则是对称与均衡、节奏与韵律、对比与和谐、多样与统一。

（二）美术的主要种类

（1）绘画。绘画是运用形、光、色以及点、线、面等造型手段在二维空间塑造具体的、个性化的视觉形象来反映生活，表达审美情感与理想的艺术。

（2）雕塑。用物质材料创作的占有实体空间的造型可称为雕塑艺术。

（3）艺术设计。艺术设计是以满足人的需求为目标，追求功能价值的实现，以艺术与科技的结合、实用与审美结合的方式，来为人类的生活提供服务。

（4）建筑。建筑艺术是通过空间实体的造型和结构安排，且与各门相关艺术的综合、同自然环境的关系等发挥审美功能的一种广义的造型艺术。

（5）电脑美术。电脑美术是一门新兴的边缘学科，它很好地将计算机技术与传统美术创作融为一体。

（6）摄影。摄影是使用某种专门设备进行影像记录的过程。

（7）美术字。美术字是经过加工的、美化文字的书写艺术，字体醒目、美观、易认，主要运用于装饰、开展宣传。

（三）素描

1. 素描概述

以线条或者明暗色面来描绘物象的单色画，统称为素描。单色水彩和单色油画也可以算作素描。中国传统的白描和水墨画在广义上也可以称为素描。

2. 素描的分类

从目的和功能上可分为创作素描和习作素描；从表现内容上可分为静物、动物、风景、人像及人体素描等；从作画的时间概念上可分为长期素描和短期素描；从绘画的传统角度上可分为中国写意传统的素描和西方写实传统的素描两种；从使用工具上可分为铅笔、炭笔、钢笔、毛笔、水墨、粉笔或多种工具穿插使用的素描；从表现手法上分为用线表现的素描、明暗光影表现的素描和线面结合的素描。

3. 素描作画的基本原则和步骤

素描在训练中要遵循训练原则和观察与表现的原则。

步骤如下：① 经营构图，确定轮廓；② 深入刻画，塑造形象；③ 调整统一，完美画面。

（四）民间艺术

（1）剪纸。剪纸是一种用剪刀或刻刀在纸上剪刻花纹，用于装点生活或配合其他民俗活动的民间艺术。

（2）年画。年画是指流行于民间的、木版印制的年节装饰画，富有民间乡土气息和年节民俗的喜庆色彩。

（3）蜡染。蜡染是我国古老少数民族民间传统纺织印染手工艺，古称蜡。贵州、云南的苗族、布依族等民族擅长蜡染。

（4）刺绣。刺绣又名针绣，俗称绣花。它指按照设计的花样，用绣针穿引彩线在织物上运针刺缀，以绣迹构成花纹、图像或文字。

（5）泥塑。泥塑是用黏土塑制成各种形象的一种民间手工艺。它以泥土为原料，以手工捏制成形，或素或彩，以人物、动物为主。

（6）皮影戏。皮影戏又称"影子戏"或"灯影戏"，是一种以兽皮或纸板做成的人物剪影以表演故事的民间戏剧。

第六节 小学科学课程标准

一、课程的性质

1. 小学科学课程是一门基础性课程

早期的科学教育对一个人的科学素养的形成具有十分重要的作用。通过小学科学课程的学习，能够使学生体验科学探究的过程，初步了解与小学生认知水平相适应的一些基本的科学知识；培养提问的习惯，初步学习观察、调查、比较、分类、分析资料、得出结论等方法，能够利用科学方法和科学知识初步理解身边自然现象和解决某些简单的实际问题；培养对自然的好奇心，以及批判和创新意识、环境保护意识、合作意识和社会责任感，为今后的学习、生活以及终身发展奠定良好的基础。

2. 小学科学课程是一门实践性课程

探究活动是学生学习科学的重要方式。小学科学课程把探究活动作为学生学习科学的重要方式，强调从学生熟悉的日常生活出发，通过学生亲身经历动手动脑等实践活动，了解科学探究的具体方法和技能，理解基本的科学知识，发现和提出生活实际中的简单科学问题，并尝试用科学方法和科学知识予以解决，在实践中体验和积累认知世界的经验，提高科学能力，培养科学态度，学习与同伴的交流、交往与合作。

3. 小学科学课程是一门综合性课程

理解自然现象和解决实际问题需要综合运用不同领域的知识和方法。小学科学课程针对学生身边的现象，从物质科学、生命科学、地球和宇宙科学、技术与工程四个领域，综合呈现科学知识和科学方法，强调这四个领域知识之间的相互渗透和相互联系，注重自然世界的整体性，发挥不同知识领域的教育功能和思维培养功能；注重学习内容与已有经验的结合、动手与动脑的结合、书本知识学习与社会实践的结合、理解自然与解决问题的结合，着力提高学生的综合能力；强调科学课程与并行开设的语文、数学等课程相互渗透，促进学生的全面发展。

二、课程的基本理念

1. 面向全体学生

小学科学课程对于培养学生的科学素养、创新精神和实践能力具有重要的价值，每个学生都要学好科学。小学科学课程要面向全体学生，适应学生个性发展的需要，使他们获得良好的科学教育。无论学生之间存在着怎样的地区、民族、经济和文化背景的差异，或者性别、个性等个体条件的不同，小学科学课程都要为全体学生提供适合的、公平的学习和发展机会。

2. 倡导探究式学习

科学探究是人们探索和了解自然、获得科学知识的重要方法。以证据为基础，运用各种信息分析和逻辑推理得出结论，公开研究结果，接受质疑，不断更新和深入，是科学探究的主要特点。

小学科学课程的学习方式是多种多样的，探究式学习是学生学习科学的重要方式。探究式学习是指在教师的指导、组织和支持下，让学生主动参与、动手动脑、积极体验，经历科学探究的过程，以获取科学知识、领悟科学思想、学习科学方法为目的的学习方式。

小学科学课程倡导以探究式学习为主的多样化学习方式，促进学生主动探究。突出创设学习环境，为学生提供更多自主选择的学习空间和充分的探究式学习机会；强调做中学和学中思，通过合作与探究，逐步培养学生提出科学问题的能力、收集和处理信息的能力、获取新知识的能力、分析问题和解决问题的能力，以及交流与合作的能力等，发展学生的创造性、批判性思维和想象力；重视科学与人文的结合、求善求美教育与求真教育的结合，培养学生基本的科学伦理精神和热爱科学的品质。

3. 保护学生的好奇心和求知欲

小学生对周围世界具有强烈的好奇心和求知欲，这种好奇心和求知欲是推动学生科学学习的内在动力，对其终身发展具有重要的作用。小学科学课程的组织与教学要兼顾知识、社会、儿童三者的需求，将科学本质、科学思想、科学知识、科学方法等学习内容镶嵌在儿童喜闻乐见的科学主题中，创设愉快的教学氛围，保护学生的好奇心和求知欲，激发学生学习科学的兴趣，引导学生主动探究，积累生活经验，增强课程的意义性和趣味性。

4. 突出学生的主体地位

学生是学习与发展的主体，教师是学习过程的组织者、引导者和促进者。在小学科学教学中，教师要突出学生的主体地位，基于学生的认知水平，联系学生已有的知识和经验，充分利用学校、家庭、社区等各种资源，创设良好的学习环境，引起学生的认知冲突，引导学生主动探究，启发学生积极思维；要重视师生互动和生生互动，引导学生对所学知识和方法进行总结与反思，使学生逐步学会调节自身的学习，能够独立和合作学习，克服学习过程中的困难，成为一个具有终身学习能力的学习者。

三、课程的设计思路

小学科学课程的设计遵循国家的教育方针，充分考虑小学生的年龄特点与认知规律，反映国际科学教育的最新成果，兼顾我国小学科学教育的实际情况。

小学科学课程的学习周期比较长，基于学生的年龄特征与认知规律，《义务教育小学科学课程标准》把小学六年学习时间划分为一至二年级、三至四年级、五至六年级三个学段。

小学科学课程以培养学生科学素养为宗旨，涵盖科学知识，科学探究，科学态度，科学、技术、社会与环境四个方面的目标，每个方面分为总目标和学段目标。

小学科学课程内容以学生能够感知的物质科学、生命科学、地球与宇宙科学、技术与工程中一些比较直观、学生有兴趣参与学习的重要内容为载体，重在培养学生对科学的兴趣、正确的思维方式和学习习惯。《义务教育小学科学课程标准》在物质科学领域选择了 6 个主要概念，生命科学领域选择了 6 个主要概念，地球与宇宙科学领域选择了 3 个主要概念，技术与工程领域选择了 3 个主要概念，四大领域的 18 个主要概念构成了本课程的学习内容，并将科学、技术、社会与环境的内容融入其中。这四大领域的 18 个主要概念被分解成 75 个学习内容，分布在三个学段的课程内容中。

小学科学课程实施的主要形式是探究活动。因此，课程内容部分还针对每个主要概念设计了活动建议，供教材编写者和教师参考。

四、课程的总目标

小学科学课程的总目标是培养学生的科学素养，并为他们继续学习、成为合格公民和终身发展奠定良好的基础。学生通过科学课程的学习，保持和发展对自然的好奇心和探究热情；了解与认知水平相适应的科学知识；体验科学探究的基本过程，培养良好的学习习惯，发展科学探究能力；发展学习能力、思维能力、实践能力和创新能力，以及用科学语言与他人交流和沟通的能力；形成尊重事实、乐于探究、与他人合作的科学态度；了解科学、技术、社会和环境的关系，具有创新意识、保护环境的意识和社会责任感。

五、课程内容

小学科学课程内容包含物质科学、生命科学、地球与宇宙科学、技术与工程四个领域。从这四个领域中选择适合小学生学习的 18 个主要概念，其中，物质科学领域 6 个，生命科学领域 6 个，地球与宇宙科学领域 3 个，技术与工程领域 3 个。通过以上课程内容的学习，可以为小学生科学素养的初步培养和持续发展奠定良好的基础。

1. 物质科学领域

人们生活在物质世界中，每时每刻都在接触各种各样的物质，感受自然界和人类生活中所发生的、丰富多彩的物质的运动和变化。物质世界中的各种现象和过程，都有着内在的规律性。物质科学就是研究物质及其运动和变化规律的基础自然科学。

本领域内容的学习将有助于增强学生探究物质世界奥秘的好奇心，形成“世界是物质的，物质是运动的”的观点，使学生感受到物质科学对促进社会进步、提高人类生活质量的重要作用，帮助学生初步养成乐于观察、注重事实、勇于探索的科学品质。

2. 生命科学领域

生命世界包含动物和植物等多种生物类群，生物的生存都需要一定的条件，如营养物质、适宜的温度、水和空气等，在此基础上，生物个体能够生长、发育和繁殖后代，从而使这些生物类群得以延续。植物能够制造营养物质，可供自身利用；而动物则不能制造营养物质，只能利用植物等生物制造的营养物质。生物之间，以及生物与环境之间相互依赖和相互影响，它们组成一个有机的整体。

本领域内容的学习，有助于激发学生了解和认识自然界的兴趣，帮助学生初步形成生物体的结构与功能、局部与整体、多样性与共同性相统一的观点，形成热爱大自然、爱护生物的情感。

3. 地球与宇宙科学领域

地球是目前人们认识到的宇宙中唯一适合人类生存的星球。地球与宇宙中的有关现象、事物和规律，具有时间和空间的复杂性，需要对它们运用实地观察、长期观测、建构模型、模拟实验、逻辑推理等方法进行研究。

本领域内容的学习，将有助于激发学生对地球和宇宙的探究热情，发展空间想象、模型思维、逻辑推理等能力，初步建立科学的宇宙观和自然观，以及人地协调的可持续发展观。

4. 技术与工程领域

人类观察自然、研究各种现象产生和变化的原因，而产生科学，科学的核心是发现；对科学加以巧妙运用以适应环境、改善生活而产生技术，技术的核心是发明；人类为实现自己的需要，对已有的物质材料和生活环境加以系统性的开发、生产、加工、建造等，这便是工程，工程的核心是建造。运用科学、技术和工程，人类创造了丰富多彩的人工世界。

技术与工程领域的学习可以使学生有机会综合所学的各方面知识，体验科学技术对个人生活和社会发展的影响。技术与工程实践活动可以使学生体会到“做”的成功和乐趣，并养成通过“动手做”解决问题的习惯。

第七节　小学体育与健康课程标准

一、课程的性质

体育与健康课程是学校课程的重要组成部分。本课程是以身体练习为主要手段，以学习体育与健康知识、技能和方法为主要内容，以增进学生健康，培养学生终身体育意识和能力为主要目标的课程。

体育与健康课程具有以下特性：

基础性——课程强调培养学生掌握必要的体育与健康知识、技能和方法，养成体育锻炼习惯和健康的生活习惯，为学生终身体育学习和健康生活奠定良好的基础。

实践性——课程强调以身体练习为主要手段，通过体育与健康学习、体育锻炼以及行为养成，提高学生的体育与健康实践能力。

健身性——课程强调在学习体育与健康知识、技能和方法的过程中，通过适宜负荷的身体练习，提高体能和运动技能水平，促进学生健康成长。

综合性——课程强调充分发挥体育的育人功能，强调以体育与健康学习为主，渗透德育教育，同时融合部分健康行为与生活方式、生长发育与青春期保健、心理健康与社会适应、疾病预防、安全应急与避险等方面的知识和技能，整合并体现课程目标、课程内容、过程与方法等多种价值。

二、课程的基本理念

1. 坚持“健康第一”的指导思想，促进学生健康成长

体育与健康课程以“健康第一”为指导思想，努力构建体育与健康的知识与技能、过程与方法、情感态度与价值观有机统一的课程目标和课程结构，在强调体育学科特点的同时，融合与学生健康成长相关的知识。通过体育与健康课程的教学，使学生掌握运动技能，发展体能，逐步形成健康和安全的意识以及良好的生活方式，促进学生身心协调、全面地发展。

2. 激发学生的运动兴趣，培养学生体育锻炼的意识和习惯

体育与健康课程强调在课程目标的确定、教学内容和教学方法的选择与运用方面，注重与学生的学习和生活经验相联系，引导学生体验运动乐趣，提高学生体育与健康学习动机水平；重视对学生进行正确的体育价值观和责任感的教育，培养学生刻苦锻炼的精神，促进学生主动参与体育活动，基本形成体育锻炼习惯。

3. 以学生发展为中心，帮助学生学会体育与健康学习

体育与健康课程高度重视学生的发展需要，从课程设计到学习评价，始终以促进学生的身心发展为中心。课程在充分发挥教师教学过程中主导作用的同时，十分重视学生在学习过程中的主导地位，注重培养学生自主学习、合作学习和探究学习的能力，促进学生掌握体育与健康学习的方法，并学会体育与健康学习。

4. 关注地区差异和个体差异，保证每一位学生受益

体育与健康课程强调在保证国家课程基本要求的前提下，充分关注不同地区、学校和学

生之间的差异，各地区和学校要根据体育与健康课程目标及课程内容，因地制宜，合理选择和设计教学内容，有效运用教学方法和评价手段，努力是每一位学生都能接收基本的体育与健康教育，促进学生不断进步与发展。

三、课程的设计思路

1. 根据学生全面发展的需求确定课程目标体系和课程内容

根据多维健康观和体育学科的特点，借鉴国际体育课程发展的经验，体育与健康课程设置了课程目标体系以及运动参与、运动技能、身体健康、心理健康与社会适应四个方面的课程内容，为各地区和学校制订课程实施方案以及教学计划提供明确的指导，保证学生更好地达成学习目标。

2. 根据学生的身心发展特征规划学习水平

在义务教育阶段，体育与健康课程将学生的学习划分为四级水平，并在运动参与、运动技能、身体健康、心理健康与社会适应四个方面分别设置了相应的学习目标。水平一至水平四分别对应一至二年级、三至四年级、五至六年级、七至九年级。

考虑到学生在学习方面的个体差异，为满足学有余力的学生进一步发展的需要，体育与健康课程鼓励这部分学生进一步拓展和提高。

3. 根据可评价的原则设置可操作和可观测的学习目标

为了确保学习目标的达成和学习评价的可操作性，体育与健康课程提出了具体的、可观测的学习目标。特别注意将运动参与、心理健康与社会适应两个方面的学习目标设置成易观测的行为表征，帮助教师更准确地对学生进行观察、指导和评价，促使学生形成良好的体育态度、心理品质和社会行为。

4. 根据三级课程管理的要求保证课程内容的可选择性

体育与健康课程在确立课程目标体系和课程内容的基础上，提出了具体教学内容的选择原则。各地区和学校制订具体的课程实施方案和教学计划时，应从师资队伍、场地与器材、学生体育基础等方面的实际出发，选编适宜的教学内容。农村学校体育基础相对比较薄弱，应特别注意开发与利用各种实用的课程资源，确保课程的正常实施。

5. 根据课程学习目标和发展性要求建立多元的学习评价体系

体育与健康课程建立了有利于学生进步和发展的多元学习评价体系，要求对学生的体能、知识与技能、态度与参与、情意与合作进行综合评价，提倡在以教师评价为主的基础上引导学生进行自我评价和相互评价，重视形成性评价和终结性评价相结合，提高学生体育学习和锻炼的主动性、积极性和自我评价能力。

四、课程的目标

体育与健康课程对于实施素质教育，培养学生的爱国主义、集体主义精神，促进学生德、智、体、美全面发展具有重要意义。通过课程的学习，学生将掌握体育与健康的基础知识、基本技能和方法，增强体能；学会学习和锻炼，发展体育与健康实践和创新能力；体验运动的乐趣和成功，养成体育锻炼的习惯；发展良好的心理品质、合作与交往能力；提高自觉维护健康的意识，基本形成健康的生活方式和积极进取、乐观开朗的人生态度。

课程分为运动参与、运动技能、身体健康、心理健康与社会适应四个学习方面，各方面的说明及目标如下。

1. 运动参与

运动参与是指学生参与体育学习和锻炼的态度及行为表现，是学生习得体育知识、技能和方法，锻炼身体和提高健康水平，形成积极的体育行为和乐观开朗人生态度的实践要求和重要途径。课程强调通过丰富多彩的内容、形式多样的方法，在小学阶段注重引导学生体验运动乐趣，激发、培养学生的运动兴趣和参与意识。

运动参与的目标：参与体育学习和锻炼；体验运动乐趣与成功。

2. 运动技能

运动技能是指学生在体育学习和锻炼中完成运动动作的能力，它反映了体育与健康课程以身体练习为主要手段的基本特征，是课程学习的重要内容和实现其他学习方面目标的主要途径。在小学阶段，要注重体育游戏学习，发展学生的基本运动能力。无论是在小学阶段还是初中阶段，都要重视选择武术等民族民间传统体育活动项目进行学习。

运动技能的目标：学习体育运动知识；掌握运动技能和方法；增强安全意识和防范能力。

3. 身体健康

身体健康是指人的体能良好、机能正常和精力充沛的状态，与体育锻炼、营养状况和行为习惯密切相关。本方面是课程学习的重要内容和期望的重要结果。课程强调引导学生努力学习和锻炼，全面发展体能，提高适应环境变化的能力，形成关注自身健康的意识和行为。小学阶段要注意引导学生懂得营养、行为习惯和疾病预防对身体发育和健康的影响。

身体健康的目标：掌握基本保健知识和方法；塑造良好体型和身体姿态；全面发展体能和健身能力；提高适应自然环境的能力。

4. 心理健康与社会适应

心理健康与社会适应是指个体自我感觉良好以及与社会和谐相处的状态与过程，与体育学习和锻炼、身体健康密切相关。本方面既是课程学习的重要内容，也是课程功能和价值的重要体现。课程十分重视培养学生的自信心、坚强的意志品质、良好的体育道德、合作精神与公平竞争的意识，帮助学生掌握调节情绪和与人交往的方法。小学阶段要注意培养学生自尊、自信、不怕困难、坦然面对挫折，引导学生在体育活动中学会交往。

心理健康与社会适应的目标：培养坚强的意志品质；学会调控情绪的方法；形成合作意识与能力；具有良好的体育道德。

五、课程内容

（一）水平一（一至二年级）

1. 运动参与

参与体育学习和锻炼。

学习目标：上好体育与健康课并积极参加课外体育活动。

达到该目标时，学生将能够：积极愉快地上体育与健康课和参加课外体育活动。如不旷课，主动积极地完成学习任务等。

2. 运动技能

(1) 学习体育运动知识。

学习目标：获得运动的基本知识和体验。

达到该目标时，学生将能够：① 知道所学运动项目或体育游戏的名称或动作术语。如知道跑步、篮球、乒乓球、游泳等运动项目的名称，以及滚翻、仰卧起坐等常见身体运动动作的名称或术语。② 体验运动过程并初步了解一些运动现象。如体验速度、节奏、力量、方向等运动现象。

(2) 掌握运动技能和方法。

学习目标 1:学习基本的身体活动方法和体育游戏。

达到该目标时,学生将能够:做出基本身体活动动作。如在体育游戏活动中完成多种形式的走、跑、跳、投、抛、接、挥击、攀、爬、钻、滚动和支撑等动作。

学习目标 2:学习不同的体育活动方法。

达到该目标时,学生将能够:① 初步学会常见的球类游戏。如学习小篮球、小足球、乒乓球等适合本水平学生学习的球类游戏。② 学习一些体操类活动的基本动作。如学习横队和纵队看齐、向左(右、后)转、立正、稍息、踏步、齐步走、站立、蹲立、仰卧、俯卧、纵叉、横叉等基本体操动作;棍、球、绳等轻器械体操动作;多种个人和集体的舞蹈动作、韵律动作等。③ 学习一些游泳或冰雪类活动的基本动作。如学习水中呼吸、蛙泳的基本动作,或者冰上行走等(有条件的地区和学校)。④ 学习一些武术类活动的基本动作。如学习基本手型、抱拳、马步、蹬腿、冲拳等简单的武术基本动作、3～5 个简单动作组成的动作组合等。⑤学习一些其他简单的民族民间传统体育活动的基本动作。如学习滚铁环、抽陀螺、荡秋千、跳皮筋、跳绳、踢毽子等活动的基本动作。

(3) 增强安全意识和防范能力。

学习目标:初步了解安全运动以及日常生活中有关安全避险的知识与方法。

达到该目标时,学生将能够:知道基本的安全运动知识和方法,注意体育活动和日常生活中的安全。如注意穿着合适的运动服装上课,运动前做准备活动,在规定的场地内活动,合理、正确使用体育器材;过十字路口时不闯红灯,走斑马线;乘汽车时系安全带,头、手不伸出窗外。熟悉一些简单的紧急求助方法。如发生紧急情况时,会拨打求助电话等。

3. 身体健康

(1) 掌握基本保健知识和方法。

学习目标:初步了解个人卫生保健知识和方法。

达到该目标时,学生将能够:初步了解饮食、用眼、口腔卫生等个人卫生知。如按时进餐,不挑食、不偏食,知道牛奶、豆类等食物的作用;按要求做眼保健操;知道正确的刷牙方法和龋齿预防方法;按时就寝;不乱扔果皮纸屑,不随地吐痰;饭前便后洗手,勤洗澡、勤换衣;文明如厕,自觉维护厕所卫生;知道蚊子、苍蝇、老鼠、蟑螂等会传播疾病;了解接种疫苗可以预防一些传染病等。

(2) 塑造良好体形和身体姿态。

学习目标:注意保持正确的身体姿态。

达到该目标时,学生将能够:① 知道正确的身体姿态。如指出正确的坐、立、行姿态等。② 在日常生活和运动中注意保持正确的身体姿态。如注意保持正确的坐、立、行姿态和读写姿势等。

(3) 全面发展体能和健身能力。

学习目标:初步发展柔韧性、灵敏性和平衡能力。

达到该目标时,学生将能够:①完成多种柔韧性练习。如完成横叉、纵叉、仰卧推起成桥、握杆转肩、跪坐后躺下、坐位体前屈和立位体前屈握脚踝等柔韧性练习。②完成多种灵敏性练习。如完成 8 字跑、绕杆跑等灵敏性练习。

(4) 提高适应自然环境的能力。

学习目标：发展户外运动能力。

达到该目标时，学生将能够：乐于参加户外运动。如假期与家人一起进行户外运动等。

4. 心理健康与社会适应

(1) 培养坚强的意志品质。

学习目标：努力完成当前的学习任务。

达到该目标时，学生将能够：认真完成体育学习和锻炼任务。如按要求努力完成教师在课堂上布置的体育与健康学习任务等。

(2) 学会调控情绪的方法。

学习目标：体验体育活动对情绪的积极影响。

达到该目标时，学生将能够：体验体育活动中的情绪变化。如体验体育活动前后情绪变化的感受等。

(3) 形成合作意识与能力。

学习目标：在体育活动中适应新的合作环境。

达到该目标时，学生将能够：在新的合作环境中愉快地进行体育活动和体育游戏，与同学友好相处。如在重新分组后很快地和新伙伴一起愉快地活动等。

(4) 具有良好的体育道德。

学习目标：在体育活动中爱护和帮助同学。

达到该目标时，学生将能够：在体育活动中表现出对同学的关心与爱护，乐于帮助同学。如当同学在体育与健康学习中遇到困难或需要保护时能够主动提供帮助等。

（二）水平二（三至四年级）

1. 运动参与

参与体育学习和锻炼。

学习目标：积极参加多种体育活动。

达到该目标时，学生将能够：乐于参加新的体育活动、体育游戏和比赛。如愉快地参加情景类、角色扮演类、竞赛类等体育游戏和体育活动。

2. 运动技能

(1) 学习体育运动知识。

学习目标1：学习奥林匹克运动的相关知识。

达到该目标时，学生将能够：了解一些奥林匹克运动的知识。如知道国际奥委会会旗、奥林匹克格言等。

学习目标2：体验运动过程并了解动作名称的含义。

达到该目标时，学生将能够：了解多种动作术语或动作名称的含义。如使用正确的术语描述已经学过的动作（如体转运动、跑跳步、马步、助跑、起跳等），并说出同类动作的不同变化（如投远与投准、跳高与跳远等）。

(2) 掌握运动技能和方法。

学习目标1：提高基本身体活动和完成体育游戏的能力。

达到该目标时，学生将能够：完成多种基本身体活动动作。如在体育游戏活动中完成快速的曲线跑、合作跑、持物跑，单、双脚连续向高和向远跳跃，单、双手的投掷和抛物，有一定速度要求的攀、爬、钻等动作。

学习目标 2：初步掌握多种体育活动方法。

达到该目标时，学生将能够：① 初步掌握几项球类活动的基本方法。如初步掌握小篮球、小足球、羽毛球、乒乓球或其他新兴球类活动的基本方法。② 初步掌握一些体操类活动的基本动作。如初步掌握有队形的跑步走、齐步走变跑步走、各种队列队形变换，爬绳、爬竿、单杠、双杠、山羊、垫上等体操基本动作，健美操、校园集体舞等韵律活动和舞蹈动作。③ 初步掌握一些游泳或冰雪类活动的基本动作。如初步掌握蛙泳或滑冰、滑雪的基本动作，并进行一点距离的动作练习等。④ 初步掌握一些武术类活动的基本动作。如初步掌握武术的基本动作、6～8 个简单动作组成的武术套路等。⑤ 初步掌握一些其他简单的民族民间传统体育活动的基本动作。如初步掌握荡秋千、跳皮筋、跳绳、踢毽子等活动的基本动作。

(3) 增强安全意识和防范能力。

学习目标：重视体育活动和日常生活中的安全问题。

达到该目标时，学生将能够：① 基本掌握体育活动、比赛和日常生活中的安全常识。如基本掌握体育活动中自我保护和相互保护的知识、消除体育活动中安全隐患的方法以及中暑的识别和预防等知识；在自然灾害(如地震等)或突发事件(如火灾等)发生时听从教师指挥，并做出安全的行动；掌握鼻出血的简单处理方法以及其他简便的止血方法。② 表现出主动规避运动伤害和危险的意识与行为。如在投掷练习中注意观察周围的安全环境等。

3. 身体健康

(1) 掌握基本保健知识和方法。

学习目标 1：了解个人保健知识和方法。

达到该目标时，学生将能够：了解近视眼预防、食品卫生、主要营养素的作用等有关知识。如学会合理用眼，注意用眼卫生，定期检查视力；初步树立食品卫生意识，不吃不洁、腐败变质、超越保质期的食品；知道人体所需的几种主要营养素(如脂肪、蛋白质、糖类等)；认识烟草对健康的危害；树立尊重生命、保护生命的意识等。

学习目标 2：初步了解疾病预防知识。

达到该目标时，学生将能够：初步了解一些疾病的危害和预防知识。如知道常见呼吸道传染病的预防，肠道寄生虫病对健康的危害与预防，营养不良、肥胖对健康的危害与预防；懂得接种疫苗可以预防疾病，动物咬伤或抓伤后要及时注册狂犬疫苗，并在医生的指导下服药等知识。

(2) 塑造良好体形和身体姿态。

学习目标：改善体形和身体姿态。

达到该目标时，学生将能够：注意保持良好的体形，矫正不正确的身体姿态。如初步了解身高、体重的合理比例及其重要性，合理膳食和体育锻炼对改善体形的作用；自我矫正和督促同伴矫正不正确的身体姿态等。

(3) 全面发展体能与健身能力。

学习目标：发展柔韧性、灵敏性、速度和力量。

达到该目标时，学生将能够：① 了解体能的构成。如知道心肺耐力、力量、柔韧性、身体成分、速度、灵敏性是体能的组成部分。② 通过多种练习发展柔韧性。如通过横叉、纵叉、仰卧推起成桥、握杆转肩、跪坐后躺下、立位体前屈卧脚踝等练习发展柔韧性。③通过多种练习发展灵敏性。如通过十字象限跳、绕杆跑等练习发展灵敏性。④ 通过多种练习发展速度。如通过 50 米跑、15 秒快速跳绳等练习发展速度。⑤ 通过多种练习发展力量。如通过立卧撑、纵跳摸高和斜身引体等练习发展力量。

(4) 提高适应自然环境的能力。

学习目标：增强适应气候变化的能力。

达到该目标时，学生将能够：适应寒暑、燥湿等气候变化。如在夏天、冬天或气候变化时坚持参加体育锻炼等。

4. 心理健康与社会适应

(1) 培养坚强的意志品质。

学习目标：坚持完成有一定困难的体育活动。

达到该目标时，学生将能够：在有一定困难的体育学习和锻炼中坚持完成任务。如在有氧练习中不怕苦累，坚持完成任务等。

(2) 学会调控情绪的方法。

学习目标：在体育活动中保持积极稳定的情绪。

达到该目标时，学生将能够：在体育活动中保持高昂的情绪。如在耐久跑、小篮球游戏比赛等活动中排除干扰，情绪饱满等。

(3) 形成合作意识与能力。

学习目标：在体育活动中乐于交流与合作。

达到该目标时，学生将能够：在体育活动中主动与同伴进行交流与合作。如乐于与同伴共同参加并完成体育活动等。

(4) 具有良好的体育道德。

学习目标：遵守运动规则并初步自我规范体育行为。

达到该目标时，学生将能够：初步了解体育道德，并注意规范自己的体育行为。如在体育活动中做到文明用语、讲礼貌、遵守规则等。

(三) 水平三（五至六年级）

1. 运动参与

(1) 参与体育学习和锻炼。

学习目标：学会通过体育活动进行积极性休息。

达到该目标时，学生将能够：认识到适当的体育活动是一种有效的积极性休息方式并付诸实践。如在学习疲劳时主动进行体育锻炼等。

(2) 体育运动乐趣与成功。

学习目标：感受多种体育活动和比赛的乐趣。

达到该目标时，学生将能够：感受体育活动和比赛中的乐趣，获得成功的体验。如体验小篮球、小足球等比赛中得分时的乐趣和成功感。

2. 运动技能

(1) 学习体育运动知识。

学习目标 1：丰富奥林匹克运动的知识。

达到该目标时，学生将能够：增加对奥林匹克运动知识的了解。如初步了解现代奥运会的起源与发展、中国在奥运会上获得的主要成绩等方面的知识。

学习目标 2：了解运动项目的知识。

达到该目标时，学生将能够：了解多种运动项目的名称及其基本的健身价值。如知道田径运动、球类运动、体操类运动、水上和冰雪类运动、民族民间传统体育活动类以及新兴运动项目中一些项目的名称及其基本的健身价值。

学习目标 3：学会体育学习和锻炼。

达到该目标时，学生将能够：初步具有自主学习、合作学习和探究学习的能力，初步掌握简单的科学锻炼方法。如运用已有的知识和技能改进或提高动作质量，改编简单的徒手操或体育游戏，创编跳绳的方法，选择较适宜的锻炼时间、场地和运动方法等。

学习目标 4：观看体育比赛。

达到该目标时，学生将能够：经常观看现场或电视实况转播的体育比赛。如观看足球、篮球、乒乓球、游泳、体操、武术等运动项目的比赛。

(2) 掌握运动技能和方法。

学习目标 1：掌握有一点难度的基本身体活动方法。

达到该目标时，学生将能够：完成有一定难度的基本身体活动动作。如完成后蹬跑、连续纵跳摸高、急行跳远、各种方式的投掷动作，有一定速度要求的滑步、攀、爬、钻、滚动、滚翻等动作。

学习目标 2：基本掌握运动项目的技术动作组合。

达到该目标时，学生将能够：① 基本掌握一些球类运动项目的技术动作组合。如初步掌握小篮球、软式排球、小足球、羽毛球、乒乓球、短拍网球或其他新兴球类运动项目的技术动作组合。② 基本掌握一些体操类运动项目的简单技术动作组合。如初步掌握一定难度的队形变换和队列动作，单杠、双杠、山羊等器械体操和技巧的简单技术动作组合，健美操、街舞、啦啦操、校园集体舞等韵律活动或舞蹈的简单成套动作。③ 基本掌握一些游泳或冰雪类运动项目的基本技术。如在基本掌握蛙泳或滑冰、滑雪基本技术的基础上，提高相应的速度等。④ 基本掌握一些简单的武术套路。如能够做出少年拳、地方特色拳种、9～10 个简单动作组成的武术套路等。⑤基本掌握一些其他有一定难度的民族民间传统体育活动项目的基本技术。如初步掌握竹竿舞、花样跳绳、抖空竹、踢花毽等项目的基本技术。

(3) 增强安全意识和防范能力。

学习目标：初步掌握运动损伤及常见意外伤害的预防与简易处理方法。

达到该目标时，学生将能够：了解并学会一些运动损伤及常见意外伤害的预防与简易处理方法。如初步掌握运动中自我保护和相互保护的基本方法、常见运动损伤(如扭伤、挫伤、擦伤等)及轻微烫烧伤的预防与简易处理方法；能够识别常见的危险标识；了解煤气中毒、触电、雷击、中暑的发生原因及预防和简易处理方法。

3. 身体健康

(1) 掌握基本保健知识和方法。

学习目标 1：初步了解人体运动系统。

达到该目标时，学生将能够：知道运动系统的基本构成。如知道有关肌肉、骨骼、关节等简单知识。

学习目标 2：了解卫生防病的知识和方法。

达到该目标时，学生将能够：了解一些疾病预防的基本知识和方法。如了解贫血对健康的危害及其预防，常见肠道传染病、疟疾、流行性出血性结膜炎、碘缺乏病的预防，视力保护，以及吸烟与被动吸烟的危害等基本知识和方法。

学习目标 3：了解食品安全与健康的关系。

达到该目标时，学生将能够：了解食品安全的基本知识。如购买包装食品时注意查看生产日期、保质期、包装有无胀包或破损；不购买无证摊贩的食品；不采摘、不食用不认识的野果、野菜和蘑菇；了解容易引起食物中毒的常见食品等。

学习目标 4：初步掌握青春期的生长发育特点与保健知识。

达到该目标时，学生将能够：了解青春期的生长发育特点及保健常识。如知道男女少年在青春发育期的差异，女生月经初潮和男生首次遗精及其意义，青春期的个人卫生知识，与体育锻炼有关的青春期保健常识（如女生知道经期体育锻炼的注意事项）等。

（2）塑造良好体形和身体姿态。

学习目标：保持良好的身体姿态。

达到该目标时，学生将能够：初步了解不同的身体姿态所代表的礼仪内涵，并保持良好的身体姿态。如区别不同身体姿态所表达的尊重、谦虚、亲近、傲慢、粗野等含义。

（3）全面发展体能与健身能力。

学习目标：提高灵敏性、力量、速度和心肺耐力。

达到该目标时，学生将能够：① 通过多种练习提高灵敏性。如通过十字象限跳、8 字跑、三点移动、绕竿跑等练习提高灵敏性。② 通过多种练习提高力量水平。如通过俯卧撑、立卧撑、双杠支撑臂屈伸、单杠斜身引体、纵跳摸高、举哑铃等练习提高力量水平。③ 通过多种练习提高速度水平。如通过 50 米跑、快速仰卧起坐、15 秒快速跳绳等练习提高速度水平。④ 通过多种练习发展心肺耐力。如通过 50 米×8 往返跑、定时有氧跑、校园定向越野比赛等练习发展心肺耐力。

4. 心理健康与社会适应

（1）培养坚强的意志品质。

学习目标 1：在体育活动中表现出克服困难的意志品质。

达到该目标时，学生将能够：在比较困难的体育活动中表现出自信和克服困难的勇气。如克服运动中的“极点”反应，在练习或比赛遭遇挫折时继续努力等。

学习目标 2：正确认识和对待身体条件和运动能力的差异。

达到该目标时，学生将能够：正确认识自己及他人的身体条件和运动能力，并对自己充满信心。如不会因为运动技能、身体条件等方面与他人有差异而感到骄傲、自卑或放弃努力。

（2）学会调控情绪的方法。

学习目标：在体育活动中注意调节自己的情绪。

达到该目标时，学生将能够：在体育活动中遇到挫折时注意控制自己的情绪，表现出自制能力。如比赛失利时不消极、不气馁、不讽刺对方，采用自我激励等方法控制焦虑、烦躁等不良情绪。

（3）形成合作意识与能力。

学习目标：在团队体育活动中能较好地履行自己的职责。

达到该目标时，学生将能够：乐意融入团队体育活动并完成自己的任务。如在小足球、接力跑、合作跑练习中扮演好自己的角色等。

（4）具有良好的体育道德。

学习目标 1：形成良好的体育道德意识和行为。

达到该目标时，学生将能够：对体育道德具有一定的认识并能努力实践。如表现出胜不骄、败不馁，尊重同伴，尊重对手，尊重裁判等道德行为。

学习目标 2：在体育活动中尊重相对较弱者。

达到该目标时，学生将能够：正确对待体育活动中的相对较弱者。如在体育活动中不歧视并能帮助比自己运动技能水平差的同学和其他弱势群体。

第八节　小学信息技术课程标准

一、课程的任务

小学信息技术课程的主要任务是：培养学生对信息技术的兴趣和意识，让学生了解和掌握信息技术基本知识和技能，了解信息技术的发展及其应用对人类日常生活和科学技术的深刻影响。通过信息技术课程使学生具有获取信息、传输信息、处理信息和应用信息的能力，教育学生正确认识和理解与信息技术相关的文化、伦理和社会等问题，负责任地使用信息技术；培养学生良好的信息素养，把信息技术作为支持终身学习和合作学习的手段，为适应信息社会的学习、工作和生活打下必要的基础。

信息技术课程的设置要考虑学生心智发展水平和不同年龄阶段的知识经验和情感需求。教学内容安排要有各自明确的目标，要体现出各阶段的侧重点，要注意培养学生利用信息技术对其他课程进行学习和探究的能力。努力创造条件，积极利用信息技术开展各类学科教学，注重培养学生的创新精神和实践能力。

二、小学阶段的课程目标

（1）让学生了解信息技术的应用环境及信息的一些表现形式。

（2）让学生建立对计算机的感性认识，了解信息技术在日常生活中的应用，培养学生学习、使用计算机的兴趣和意识。

（3）让学生能够通过与他人合作的方式学习和使用信息技术，学会使用与其认识水平相符的多媒体资源进行学习。

（4）让学生初步学会使用网络获取信息、与他人沟通，能够有意识地利用网络资源进行学习、发展个人的爱好和兴趣。

（5）让学生知道应负责任地使用信息技术系统及软件，养成良好的计算机使用习惯和责任意识。

（6）在条件具备的情况下，使学生初步了解计算机程序设计的一些简单知识。

三、课程教学内容

1. 模块一：信息技术简介

（1）初步了解信息技术基本工具的作用：采集信息、存储信息、传输信息、处理信息。信息技术基本工具有录音机、电话机、传真机、电视机、磁盘、光盘、照相机、雷达、计算机等。

（2）从外观上了解计算机的基本组成和作用。

（3）比较熟练地掌握键盘和鼠标的基本操作。

（4）初步了解承载信息的几种媒体，了解计算机在学习、生活中的应用。

（5）了解与信息技术相关的文化、道德和责任，培养使用计算机的良好习惯。

2. 模块二：操作系统简单介绍

（1）掌握操作系统的简单使用方法。

（2）学会一种汉字输入方法。

（3）学会文件和文件夹（目录）的基本操作。

3. 模块三：用计算机画画

（1）学会使用基本的绘图工具。

（2）学会绘制图形。

（3）学会给图形着色。

（4）学会编辑修饰图形。

4. 模块四：用计算机作文

（1）掌握一种文字处理软件的基本操作方法。

（2）学会文章编辑、排版和保存的基本方法。

（3）学会插入图片、艺术字(美术字)和表格。

5. 模块五：网络的简单应用

（1）了解有关网络的基本常识。

（2）学会使用浏览器浏览信息、下载并保存有用信息。

（3）学会收发电子邮件。

6. 模块六：用计算机制作多媒体作品

（1）了解多媒体素材类型。

（2）学会一种常用的多媒体制作工具制作、编辑简单的多媒体作品。

（3）学会展示多媒体作品。

7. 模块七：LOGO 绘图

（1）学会用 LOGO 基本绘图命令绘制基本图形，添加颜色，并组成组合图形。

（2）学会用 LOGO 音乐命令演奏乐曲。

（3）了解用控制命令操作机器人的方法。

（4）了解 LOGO 简单编程。

第九节　小学品德与社会课程标准

一、课程的性质

品德与社会课程是在小学中高年级开设的一门以学生生活为基础、以学生良好品德形成为核心、促进学生社会性发展的综合课程。

1. 综合性

本课程设计体现社会环境、社会活动和社会关系的内在整合；课程内容有机融合品德和规则教育，爱国主义、集体主义和社会主义教育，历史与文化、国情教育，地理和环境教育，生命与安全教育，民族团结教育等；教学活动体现学生生活经验、知识学习与社会参与的彼此渗透和相互促进，从多角度、多层面引导学生去理解、认识自我、他人和社会，并以此为基础形成基本的道德品质。

2. 实践性

本课程学习是知与行相统一的过程，注重学生在体验、探究和问题解决的过程中，形成良好道德品质，实现社会性发展。课程设计与实施注重联系学生的生活实际，引导学生在实践中发现和提出问题，在亲身参与丰富多样的社会活动中，逐步形成探究意识和创新精神。

3. 开放性

本课程内容根据社会生活的发展变化和学生身心发展的需要，有弹性地吸纳鲜活的社会生活事件；教学空间从课内向课外延伸，从课堂向学校、家庭和社区扩展；课程评价关注不同学生的学习起点和学习态度，不以单一指标评价学生的发展，评价不仅关注学习结果，更重视学习过程和日常行为。

二、课程的基本理念

1. 帮助学生参与社会、学会做人是课程的核心

本课程特别关注每一个学生的成长。以社会主义核心价值体系引导学生的道德发展，丰富学生的社会认识和内心世界，健全学生的人格，使他们能够以积极的生活态度参与社会，成为有爱心、有责任心、有良好行为习惯和个性品质的人。

2. 学生的生活及其社会化需求是课程的基础

本课程注重学生生活的价值。学生的品德与和社会性发展源于他们对生活的认识、体验和感悟，学生的生活对本课程的构建具有重要价值。课程必须贴近他们儿童的生活，反映他们的需要，让他们从自己的世界出发，用自己的眼睛观察社会，用自己的心灵感受社会，用自己的方式探究社会，并以此为基础，提升学生的生活。

3. 提高德育的实效性是课程的追求

本课程强调必须从学生发展的现实和可能出发，提高德育的实效性。教学要因地制宜地营造有利于学生品德和行为习惯养成的学习环境，选取学生生活中真实可信的生动事例，采取学生乐于和适于接受的生动活泼的方式，帮助他们认识和解决现实生活中的问题，使教学成为学生体验生活、道德成长的有效过程。

三、课程的设计思路

本课程以学生的生活为基础。家庭、学校、社区、国家、世界是学生不断扩展的生活领域。社会环境、社会活动、社会关系是存在于这些领域中的几个主要因素。学生的品德与社会性发展是在逐步扩展的生活领域中，通过与各种要素的交互作用实现的。

本课程的设计思路是：一条主线，点面结合，综合交叉，螺旋上升。“一条主线”即以学生的生活发展为主线；“点面结合”的“点”是社会生活的几个主要因素，“面”是学生逐步扩展的生活领域，在面上选点，组织教学内容；“综合交叉，螺旋上升”指的是每一个生活领域所包含的社会要素是综合的，在不同年段层次不同，螺旋上升。

四、课程的总目标

品德与社会课程旨在培养学生良好品德，促进学生的社会性发展，为学生认识社会、参与社会、适应社会，成为具有爱心、责任心、良好行为习惯和个性品质的公民奠定基础。

五、课程的分目标

1. 情感态度与价值观

（1）珍爱生命，热爱生活。养成自尊自律、乐观向上、勤劳朴素的态度。

（2）爱亲敬长，养成文明礼貌、诚实守信、友爱宽容、热爱集体、团结合作、有责任心的品质。

（3）初步形成规则意识和民主、法制观念，崇尚公平与公正。

（4）热爱家乡，珍视祖国的历史与文化，具有中华民族的归属感和自豪感，尊重不同国家和民族的文化差异，初步具有开放的国际视野。

(5) 具有关爱自然情感,逐步形成保护生态环境的意识。

2. 能力与方法

(1) 养成安全、健康、环保的良好生活和行为习惯。

(2) 初步认识自我,掌握一些调整自己情绪和行为的方法。

(3) 学会清楚地表达自己的感受和见解,能够倾听他人的意见,体会他人的心情和需要,与他人平等地交流与合作,积极参与集体生活。

(4) 学习从不同的角度观察社会事物和现象,对生活中遇到的道德问题作出正确的判断,尝试合理地、有创意地探究和解决生活中的问题,力所能及地参与社会公益活动。

(5) 初步掌握收集、整理和运用信息的能力,能够选用恰当的工具和方法分析、说明问题。

3. 知识

(1) 理解日常生活中的道德行为规范和文明礼貌,了解未成年人的基本权利和义务,懂得规则、法律对于保障每个人的权利和维护社会公共生活的重要意义。

(2) 初步了解生产、消费活动与人们生活的关系。知道科学技术对生产与生活的重要影响。

(3) 了解一些基本的地理知识,理解人与自然、环境的相互依存关系,简单了解当今人类社会面临的一些共同问题。

(4) 了解家乡的发展变化,了解一些我国历史常识,知道在历史发展过程中形成的中华民族优秀文化和革命传统。初步知道影响我国发展的重大历史事件和祖国建设的伟大成就。

(5) 知道世界历史发展的一些重要知识和不同文化背景下人们的生活方式、风俗习惯。知道社会生活中不同群体、民族、国家之间相互尊重、和睦相处的重要意义。

第十节　小学品德与生活课程标准

一、课程的性质

品德与生活课程是一门以小学低年级儿童的生活为基础,以培养具有良好品德与行为习惯、乐于探究、热爱生活的儿童为目标的活动型综合课程。本课程具有如下基础特征。

1. 生活性

本课程视儿童的生活为宝贵的课程资源。课程学习本身是儿童生活的组成部分,是儿童在教师指导下真实体验生活、主动参与生活、创造生活的过程。

本课程遵循儿童生活的逻辑,以儿童生活中的需要和问题为出发点;以儿童的现实生活为课程内容的主要源泉;以用正确的价值观引导儿童在生活中发展、在发展中生活为课程的基本追求。

2. 活动性

本课程超越单一的书本知识的传递和接受,以活动为教和学的基本形式。课程的呈现形态主要是儿童直接参与的各种主题活动、游戏或其他实践活动;课程目标主要通过儿童在教师指导下的活动过程中的体验、感悟和主动建构来实现。

3. 综合性

本课程以儿童的生活为基础,具有综合性。课程设计体现儿童与自然、儿童与社会、儿童与自我的内在整合;课程内容体现品德教育和生活教育有机融合;教学活动体现儿童的生活体验与道德体验，知识学习与社会参与、问题探究等彼此渗透、相互促进，实现生活、教学、发展的三位一体。

4. 开放性

本课程面向儿童的整个生活世界。教学目标随着儿童生活及活动过程的变化和需要不断调整；教学内容从教科书扩展到儿童生活的各个方面；课堂从教室扩展到家庭、社区以及儿童的其他生活空间；教学时间在与学校其他活动或学科的配合和联结中灵活而弹性地延展；课程评价走向开放、多元，全面关注儿童丰富多彩的体验和个性化的创意与表现。

二、课程的基本理念

1. 引导儿童热爱生活、学会关心、积极探究是课程的核心

品德与生活教育应当引导儿童在体验自身生活和参与社会生活的过程中，学会热爱生活、创新生活；在服务自我、他人和集体的行动中，学会关心、学会做人；在与自然以及周围环境的互动中，主动探究，发展创新意识和实践能力。

2. 珍视童年生活的价值，尊重儿童的权利

童年是一个蕴藏着巨大发展潜力的生命阶段。童年生活具有不同于成人生活的需要和特点，它本身蕴藏着丰富的发展内涵与价值。

学校生活是童年生活的重要组成部分，参与并享受愉快、自信、有尊严的学校生活是每个儿童的权利。

3. 道德存在于儿童的生活中，德育离不开儿童的生活

道德寓于儿童生活的方方面面。儿童品德的形成源于他们对生活的体验、认识、感悟与行动。只有源于儿童实际生活和真实道德冲突的教育活动才能引发他们内心的而非表面的道德情感、真实的而非虚假的道德认知和道德行为。良好品德的培养必须在儿童的生活中进行。

4. 让教与学植根于儿童的生活

儿童的知识是通过其在生活及活动中的直接体验、思考、积累而逐步建构起来的；儿童的发展是其怀着对生活的热爱，通过参与丰富多彩的生活实践，与外部环境积极互动而逐步实现的。课程必须植根于儿童的生活才会对儿童有意义，教学必须与儿童的生活世界相联系才能真正促进儿童的成长。

三、课程的设计思路

品德与生活课程以儿童的生活为基础，以三条主线和四个方面构成课程的基本框架。三条主线是：儿童与自我、儿童与社会、儿童与自然。四个方面是：健康、安全地生活；愉快、积极地生活；负责任、有爱心地生活；动手动脑、有创意地生活。三条主线和四个方面交织构成儿童生活的基本层面：

（1）健康、安全地生活是儿童生活的前提和基础，它旨在使儿童从小知道珍爱生命，养成良好的生活习惯，获得基本的健康意识和生活能力，初步了解环境与人的生存的关系，为其一生身心健康地发展打下基础。

（2）愉快、积极地生活是儿童生活的主调，它旨在使儿童获得对社会、对生活的积极体验，初步懂得和谐的集体生活的重要性，发展主体意识，形成开朗、进取的个性品质，为其形成乐观向上的生活态度打下基础。

（3）负责任、有爱心地生活是儿童自身的道德需求，也是社会的要求。它旨在使儿童形成对集体和社会生活的正确态度，学会关心，学会爱，学会负责任，养成良好的品德和行为习

惯,为其成为爱祖国、爱人民、爱劳动、爱科学、爱社会主义的公民打下基础。

(4) 动手动脑、有创意地生活是儿童个性发展的内在需要,也是时代提出的要求。它旨在引导儿童学会学习,发展认识能力、动手能力和创造性,利用自己的知识和聪明才智去探究或解决问题,让生活更丰富更美好,并在此过程中充分地展现并提升自己的智慧,享受创造带来的欢乐。

四、课程的目标

品德和生活课程旨在培养具有良好品德和行为习惯、乐于探究、热爱生活的儿童。本课程引导和帮助学生达到以下四个方面的目标。

1. 情感与态度

(1) 爱亲敬长,爱集体、爱家乡、爱祖国。

(2) 珍爱生命,热爱自然。

(3) 自信向上,诚实勇敢,有责任心。

(4) 喜欢动手动脑,乐于想象与创造。

2. 行为与习惯

(1) 初步养成良好的生活、卫生习惯。

(2) 养成基本的文明行为习惯。

(3) 乐于参加劳动和有意义的活动。

(4) 保护环境,爱惜资源。

3. 知识与技能

(1) 掌握自己生活必需的基本知识和基本技能。

(2) 具有与同伴友好交往、合作的基本方法和技能。

(3) 具有初步的探究能力。

(4) 初步了解生活中的自然、社会常识。

(5) 了解有关祖国的初步知识。

4. 过程与方法

(1) 体验提出问题、探究或解决生活中的问题的过程。

(2) 初步体验与社区和社会生活相联系 的学习过程。

(3) 学习几种简单的调查研究方法并尝试应用。

五、课程内容

1. 健康、安全地生活

(1) 初步养成良好的生活、卫生习惯。按时作息,生活有规律。养成良好的饮食和个人卫生习惯。生活中自己能做的事情自己做。爱护家庭和公共环境卫生。知道初步的保健常识并在生活中运用。

(2) 有初步的自我保护意识和能力。了解天气、季节变化对生活的影响,学会照顾自己。了解儿童易发疾病的有关知识,积极参加预防疾病的活动。使用玩具、设备进行活动时,遵守规则,注意安全。认识常见的交通标志和安全标志,遵守交通规则。不到危险的地方去玩,避免意外伤害。了解当地多发的自然灾害的有关知识,知道在紧急情况下的逃生或求助方法。

(3) 适应并喜欢学校生活。在学校里情绪安定,心情愉快。熟悉学校环境,能利用学校中的卫生保健设施。

2. 愉快、积极地生活

(1) 愉快、开朗。喜欢和同学、老师交往,高兴地学,愉快地玩。亲近自然,喜欢在大自然中活动,感受自然的美。在成人帮助下能较快地化解自己的消极情绪。

(2) 积极向上。能看到自己的成长和进步,并为此而高兴。在成人的引导下学会正确地对待自己的学习成绩。在成人帮助下能定出自己可行的目标,并努力去实现。学习欣赏自己和别人的优点和长处,并以此激励自己不断进步。

(3) 有应对挑战的信心和勇气。学习与生活中遇到问题时愿意想办法解决。敢于尝试有一定难度的任务或活动。

3. 负责任、有爱心地生活

(1) 学会做事,学会关心。做事认真负责,有始有终,不拖拉。爱父母长辈,体贴家人,主动分担力所能及的家务劳动。关心他人,友爱同伴,乐于分享与合作。认真完成自己承担的任务。

(2) 遵守社会道德规范。懂礼貌,守秩序,爱护公物,行为文明。能初步分辨是非,做了错事勇于承认和改正,诚实不说谎。尊重社会各行各业的劳动者,爱惜他们的劳动成果。爱护动植物,节约资源,为保护环境做力所能及的事。

(3) 爱集体、爱家乡、爱祖国。喜欢集体生活,爱护班级荣誉。了解家乡的风景名胜、主要物产等有关知识,感受家乡的发展变化。热爱革命领袖,了解英雄模范人物的光荣事迹。尊敬国旗、国徽,会唱国歌。为自己是中国人感到自豪。

4. 动脑筋、有创意地生活

(1) 有好奇心和多样的兴趣。喜欢提问和探寻问题的答案。对周围环境充满兴趣,喜欢接触新鲜事物。

(2) 设计与制作。喜欢利用身边的材料自制小玩具、小礼物或布置环境等来丰富和美化生活。能根据需要动手做简单的道具、小模型、小物品等来开展活动。

(3) 勤于思考,学习探究。能积极地出主意、想办法来扩展游戏或推进活动。学习用观察、比较、调查等方法进行简单的生活和社会探究活动。能与同伴交流、分享、反思探究的过程或成果。能对问题提出自己的想法和看法。学习利用图书、电视、网络用多种方式收集需要的资料。在成人的帮助下,能总结、提升获得的经验或信息。

六、课程的实施建议

(一) 教学建议

1. 深刻理解本课程的性质、特征和基本理念

《品德与生活课程标准》(2011 年版)中关于课程性质、特征和基本理念的部分,集中体现了本课程的指导思想和核心价值,是课程的灵魂所在。在教学中深刻地理解课程的本质,是实施课程的根本,也是保证课程质量的最重要、最基本的条件。

2. 全面把握课程目标

课程的目标是本课程的宗旨和价值导向。目标的四个方面是一个有机结合的统一体。在教学过程中应全面地把握目标,始终把培养品德良好、乐于探究、热爱生活的儿童作为教学的出发点和归宿。改变追求表面的学业成果,忽视儿童的精神成长,忽视深层的态度、观念、思维方式、情绪情感发展的倾向;改变偏重道德说教、偏重形式,忽视儿童的真实体验与

良好行为习惯形成的倾向；改变偏重知识灌输或技能训练，忽视儿童的好奇心与实践能力，特别是创造能力发展的倾向，确保课程目标的全面实现。

3. 正确认识教师的角色和作用

在本课程中，教师是儿童学习的支持者、合作者、指导者。在教学中，教师不是单纯的知识传授者，不是"教"教科书的人，而是努力为儿童创设适宜的活动环境与条件的支持者；与儿童共同进行活动的合作者；在参与儿童活动的过程中，引导活动向正确方向发展，带领儿童向着课程目标前进的指导者。

在本课程中，教师的主导作用主要通过寓教育于活动之中来实现。儿童在教师的支持和引导下，通过亲历活动去达到教育目标。

4. 把了解儿童作为教学的基础

鉴于本课程的性质和特点，教学必须以深入地了解儿童为基础。教学的每一个环节都需要在了解儿童的实际生活和发展状况，掌握每个儿童的特点和各不相同的需要，了解其所在的家庭和社区的状况等基础上进行。

5. 以活动为教与学的基本形式

通过引导儿童主动参与各类活动来进行教学，是本课程教学的一大特点。

在本课程中，儿童获取知识的主要途径是通过活动主动地进行建构，而不是依赖教师的直接传授。教学应引导儿童通过观察、调查、讨论、参观、访问、制作、种植、饲养、交流等多种方式进行学习，与环境互动、与同伴合作，来获得对自然与社会的亲身体验和感受，获得丰富的知识或经验，获得创造性和实践能力的发展。

（二）评价建议

本课程评价的主要目的是激励每个儿童的发展，促进每个儿童的品德发展与生活能力提升。

本课程评价以课程目标和课程内容为基本依据，充分体现本课程的基本理念和基本特征，尊重每一个儿童在品德与行为习惯、生活态度及探究能力方面发展的独特性。

本课程的评价与教学实施、课程开发是一个整体。评价不仅是为了解儿童的学习结果，它本身就是儿童丰富多彩的学习过程。在评价过程中，儿童彼此间讲述活动过程、分享探究发现和活动体验、交流作品和活动心得，都是儿童学习的生活体现。

本课程评价倡导多元、开放、整体的儿童评价观。评价目标、内容、手段和方法，从单一、封闭走向开放、多元，评价过程从片面追求儿童的学业成绩，走向整体关注儿童的全面发展。

（三）课程资源开发与利用建议

充分地开发并有效地利用各地区的有价值的课程资源，既是扩展和深化课程的有效途径，也是教师创造性教学的重要环节。教师应重视课程资源的开发与利用，采取各种措施，通过多种途径进行这一工作。

本课程的资源是多样的、开放的，包括各种有形和无形资源。如教科书、教师指导材料、音像资料；其他学科、班级或学校的活动；师生、家长、社区人员、与儿童相关的从事各种职业的人们；学校中、社区中的各种物质设施、文化教育设施、革命文物、名胜古迹、图书、玩具、多媒体资源；各种文化财富，如传统风俗、民间传说、历史典故、民俗节日、文化活动、节日活动、社会公益活动等；社会生活中的现象、事件、社会热点问题；自然界中的各种现象、动植物、山川海洋，以及地区的气候、季节特点，等等。

第十一节　小学综合课程和综合实践活动

一、综合课程

（一）综合课程概念

综合课程是指打破传统分科课程的知识领域，组织两个或两个以上的学科领域构成的课程。

前面介绍的课程中，有的是单一课程，比如语文、数学等。而品德与生活则属于综合课程。目前小学的综合课程主要有一、二年级的品德与生活课程以及高年级的品德与社会课程。

（二）综合课程的类型

一般可以根据主题的来源分为学科本位综合课程、社会本位综合课程，以及儿童本位综合课程。

1. 学科本位综合课程

学科本位综合课程又称综合性学科课程，这种课程的特点在于，把具有相关性的学科知识整合起来，形成一种新的综合学科。根据课程的综合程度，学科本位综合课程分为三种形态。

(1) 关联课程，是指把两门或两门以上的学科内容整合在一门课程中，加强学科联系，但不打破学科界限。

(2) 融合课程，是将有关学科融合为一门新的学科，融合之后原来学科之间的界限不复存在。例如，将历史、地理、公民融合为综合社会学科。融合课程在学科综合的程度上超出相关课程。

(3) 广域课程，是关联课程和融合课程的扩展，即把数门学科的内容加以合并，组合成一门综合性大学科。融合课程的范围主要限于与学科有关的领域，而广域课程则不仅包括与学科有关的领域，各类知识都可以整合起来构成一门广域课程。像“儿童的生活”这样的主题可以整合所有知识领域。

最早设立的广域课程是1914年阿姆荷斯特学院创立的“社会和经济制度”。较完整的广域课程诞生于1923—1925年的芝加哥大学，由反省思维概论、世界和人类的本质、社会中的人、艺术的意义和价值等学科组成。理论上，广域课程有助于克服分化与琐碎之弊端，打破原有学科组织的界限，将过去分割的知识统整为一个整体；有利于学生概要地掌握科技文化常识，开阔视野，对自然界和人类社会的过程有一个全面、完整的认识。但其缺点是会影响知识的专门性和逻辑性。后来有人提出改进广域课程的“浮现性课程”，这种课程的特点是前一个课题引出后一课题，例如，在学习某地历史时，引发对该地区经济的兴趣，进一步对其地理、文化、民族、人口、政治等发生兴趣，以此最后形成涉及多门学科的综合性大学科。

2. 社会本位综合课程

社会本位综合课程是以源于社会生活的问题为核心，来组织不同学科的知识内容。比如：STS课程，即科学、技术、社会课程，主要介绍和探讨科学、技术、社会三者之间的相互关系；环境课程，介绍和探讨人类的环境问题；国际理解教育课程，介绍和探讨各国之间的差异和交往合作。社会本位综合课程有助于学生了解社会、适应社会，开拓社会视野。

3. 儿童本位综合课程

儿童本位综合课程，也称经验本位的综合课程，是以儿童当下的直接经验、儿童的需求和动机、儿童的兴趣和心理发展为课程整合的核心来组织课程。卢梭的浪漫自然主义经验课程、德国的乡土教育论与合科教育、杜威的经验自然主义经验课程、美国进步主义教育家克伯屈的设计教学法、当代人本主义经验课程等都是儿童本位综合课程的典范。

二、综合实践活动

（一）综合实践活动课程的概念

综合实践活动课程是基于学生的直接经验，密切联系学生自身生活和社会生活，注重对知识技能的综合运用，体现经验和生活对学生发展价值的实践性课程。

综合实践活动课程与前面的综合课程，同样有“综合”两字，但是有区别。在我国的课程体系里，综合课程的基本特点是学科的综合，而综合实践活动课程的基本特点是实践。

（二）小学综合实践活动课程的主要内容

《基础教育课程改革纲要（试行）》在规定新课程的结构时进行了如下阐述：“从小学至高中设置综合实践活动并作为必修课程，其内容主要包括：信息技术教育、研究性学习、社区服务与社会实践以及劳动与技术教育。”[①]小学阶段自三年级开始设置，每周平均3课时。

1. 信息技术教育

信息技术教育是学习信息技术方面知识与技能的教育活动，如前面介绍小学信息技术课程时所述，信息技术课程的主要任务是：培养学生对信息技术的兴趣和意识，让学生了解和掌握信息技术基本知识和技能，了解信息技术的发展及其应用对人类日常生活和科学技术的深刻影响。通过信息技术课程使学生具有获取信息、传输信息、处理信息和应用信息的能力，教育学生正确认识和理解与信息技术相关的文化、伦理和社会等问题，负责任地使用信息技术；培养学生良好的信息素养，把信息技术作为支持终身学习和合作学习的手段，为适应信息社会的学习、工作和生活打下必要的基础。

2. 研究性学习

研究性学习是以学生自主采用研究性学习方式进行的学习活动。学生基于自身兴趣，在教师指导下，从自然、社会和自身生活中选择和确定研究课题，展开研究活动。研究性学习强调学生通过实践增强探究和创新意识，并学习科学研究的方法，发展综合运用知识的能力。在研究性学习中，教师是组织者、参与者和指导者。

3. 社区服务与社会实践

社区服务与社会实践是指学生在教师的指导下，走出教室，参与社区服务和其他社会实践，以获得直接经验，发展实践能力，培养社会服务意识，增强公民责任感。开展社区服务和社会实践，也是学校开展思想道德教育的一种途径。

4. 劳动与技术教育

劳动与技术教育是培养学生的劳动观点，形成劳动习惯，并使学生初步掌握一定劳动技术知识和技能的教育。

---

① 中华人民共和国教育部．教育部关于印发《基础教育课程改革纲要（试行）》的通知：教基[2001]17号[A/OL].(2001-06-08)[2020-05-29]. http://www.moe.gov.cn/srcsite/A26/jcj_kcjcgh/200106/t20010608_167343.html.

（三）综合实践活动课程的基本特征

1. 综合性

综合实践活动是一种综合性的教育活动，综合实践活动的主题和内容涉及个人、社会、自然，体现科学、艺术、道德的内在整合。

2. 实践性

综合实践活动课程的基本形式是开展实践活动，强调学生的亲身经历，要求学生积极参与到各种活动中去，在“调查”“考察”“实验”“探究”“设计”“操作”“制作”“服务”等一系列实践活动中发现问题、解决问题、体验生活、感受生活，发展实践能力和创新能力。

3. 开放性

综合实践活动打破了封闭的学科知识体系和单一课堂教学的时空限制，面向学生的整个生活世界，其课程目标、活动内容、活动方式和活动过程，以及对活动的评价都不是固定的，具有开放性的特点。

4. 自主性

综合实践活动的主体是学生，教师只是组织者和指导者。学生自己选择学习的目标、内容、方式，自己决定活动结果呈现的形式，充分尊重学生的兴趣、爱好，注重发挥学生的自主性、能动性和独立性。

5. 生成性

综合实践活动是一种生成性的教育活动，以某一开放性的主题开展，在活动过程中，会产生新的问题、新的目标、新的活动，这是综合实践活动的生成性特征。

第十五章　教学设计

考点分析

● 本章知识在历年考试中多以单项选择题、简答题、论述题和教学设计题的形式呈现。

● 考试重点主要有：教学设计的概念、原则、依据和步骤，教案设计的步骤与要求，信息技术与教学整合的特征和方式。

第一节　教学设计概述

一、教学设计的概念

教学设计，是指为达到预期的教学目标，遵循教学过程的基本规律，对教学活动进行规划的过程。教师要善于对整个教学活动进行规划，对整个教学涉及的因素和流程进行安排，以形成合理的教学方案。

教学设计的内容从大至小，可以依次分为：课程设计、学期（学年）教学设计、单元（课题）教学设计、课时教学设计。课时教学设计是针对一堂课的教学设计，形成的方案即教案。

二、教学设计的原则

教学设计的原则包括系统性原则、目标性原则、程序性原则、可行性原则、反馈性原则和具体性原则。

1. 系统性原则

教学设计是一项系统工程，需要对整个教学系统进行分析和规划，也需要对教学的某个环节进行分析和设计。从系统的角度看，教学是一个由子系统组成的系统，各个子系统相互联系，整体构成教学活动。教学设计应使整体与部分相互协调，达到教学系统的整体优化。

2. 目标性原则

教学设计要能确定合适的教学目标，教学目标的设计是课堂教学设计的基本内容。它既是教学活动的出发点，又是教学过程的指南，同时也是评价教学效果的依据。教学目标的设计要具有可操作性。

3. 程序性原则

教学设计应该包含对操作流程的设计，对教学内容进行构思，这是教学设计能够付诸实施的基本条件。

4. 可行性原则

教学设计是针对教学活动的，教学设计的方案必须具有可行性。教学设计要能够被教学实践采纳，并能有效地指导教学实践。因此，教学设计应该对具体的教学活动作出安排。

5. 反馈性原则

教学设计应该包含对教学效果评价环节的设计，从教学评价中获得反馈信息，以修正教学行为，反思教学设计方案。

6. 具体性原则

教学设计是在具体教学情境中产生的，是独特的，对当时的具体教学情境有指导作用。

三、教学设计的依据

教学设计的依据主要包括以下几个方面：

1. 现代教学理论、学习理论与传播理论

理论的指导是教学设计由经验层次上升到理论、科学层次的基本前提。

2. 系统科学的原理与方法

运用系统的方法分析课堂教学系统中各因素的地位和作用，使各因素得到最紧密、最佳的组合，从而优化课堂教学效果，是教学设计的一个基本特征，同时也是教学设计的关键所在。

3. 教学的实际需要

教学设计的全部意义就在于满足教学活动的实际需要，在于为实现这种需要提供最优的行动方案。

4. 学生的需要和特点

教学设计既关于“教”，也关于“学”，教师的教必须通过学生积极主动地学才能起到有效的作用。

5. 教师的教学经验

教师在教学设计中要将科学的理论与方法和好的教学经验结合起来，使教学设计既有共性，又有个性。

四、教学设计的步骤

1. 教学对象分析

教师在进行教学设计时，应对教学对象进行分析，主要包括：① 分析学生的知识、技能的水平，为确定教学重难点、选择教学方法提供依据；② 分析学生认知心理特点及认知发展水平，包括情感、动机、兴趣等心理因素，以及学习能力发展的水平；③ 分析社会背景，包括学生的生活经历以及社会、家庭对他的影响。

2. 教学内容分析

教师进行教学设计时应对教学内容进行分析，主要包括：① 研读课程标准，明确课程标准对本部分内容的要求及建议；② 分析教材，了解教材内容的知识类型，教材内容的相互关系，分析本部分内容的知识脉络，确定可用的教学素材，分析和挖掘教材知识的认知功能。

3. 教学目标设计

教学目标既是教学的起点，也是教学的归宿，确立合理、适当的教学目标是教学设计最重要的任务之一。教学目标的制定要依据课程标准的要求，具体包括知识与技能、过程与方法、情感态度与价值观三个方面。

布鲁姆的目标分类学将教育目标分为认知领域、情感领域和动作技能领域等三个不同方面，这是一种可供参考的目标处理思路。其中，认知领域的教育目标分为从低到高的六个层次：知道（知识）、领会（理解）、应用、分析、综合、评价；情感领域的教学目标分为接受或注意、反应、评价或价值化、组织、价值与价值体系的性格化五级；动作技能领域教学目标分为反射动作、基础性基本动作、知觉能力、生理能力、技能动作、有意活动。

4. 教师特征分析

教师自身的特征是进行教学设计的主观条件。教学设计时教师应考虑自身的教育观念、知识储备、语言表达能力、教学研究能力、媒体应用能力、教学经验和教学风格等因素。

5. 认识教学资源

教师进行教学设计时，应考虑当地或本学校教学条件的可能性，要充分地控制、挖掘、利用、整合各种教学资源，使某些教学资源由潜在状态上升到显性状态，服务于教学的需要。

6. 确定教学组织形式

确定教学组织形式主要包括组织教师和学生进行活动，以及安排教学时间和空间等。

7. 选择适宜的教学媒体

教学媒体的选择成功与否直接影响教学效果的好坏。教师在选择教学媒体时要根据教学内容、教学目标、学生的特点及教学媒体本身的特点等，同时要注意媒体的组合教学。

8. 确定教学的操作步骤

确定教学的操作步骤是指将各个教学要素，按照一定的时间顺序，以一定的结构关系组织起来，形成一个有序的流程。简单说就是教学活动顺序的安排，即决定先做什么，后做什么。

第二节　教案设计

一、教案设计内容

一个优秀的教案一般包括以下内容：① 课题、课型；② 教学目标；③ 教学重点和难点；④ 教具、学具；⑤ 学情分析；⑥ 教学过程；⑦ 练习设计；⑧ 板书设计；⑨ 教学反思。

二、教案设计的步骤与要求

教案设计的步骤包括教学目标设计、教学内容设计、教学过程设计和教学评价设计。

（一）教学目标设计

教学目标设计是指对教学要取得什么效果的预期设定。教学目标是一种质量规格上的要求，教学目标设计要具有可操作性。教学目标是国家教育目的的微观体现，具体的教学实践是实现国家教育目的的重要途径。从教育目的至学校教育目标、课程目标、课时目标，是一个由抽象到具体，由宏观到微观的层次递进关系。细化和具体化是使目标具有可操作性的基本方式。我国的课程理念强调教学的三维目标，即知识与技能、过程与方法、情感态度与价值观。教师在设计具体课时目标时，应该根据实际情况来编写三维目标的具体内容。

（二）教学内容设计

教学内容设计指在进行教材处理后作出内容设计方案，一般要考虑的问题有：① 内容的特点，比如内容所包含的知识技能特点、陈述性知识与程序性知识特点；② 内容的量，比如有哪些基本概念、原理，或公式、计算方法等；③ 内容的难点、重点；④ 基本内容和拓展内容的划分；⑤ 内容的弹性范围，即在实际的教学中，如果大部分学生已经掌握教案中的知识，或者理解得比预想的要快，应该补充哪些知识，或者在实际教学中学生对知识的学习速度比较慢，内容难以全部教完，则怎样减缩内容等，如果缺乏弹性设计，教学经验较少的新教师有时会难以控制课堂教学时间。

（三）教学过程设计

教学过程设计，是对整个教学实施做出安排，主要包括：① 选择教学方法，教学方法直接影响教学过程的展开方式，比如，讲授式教学法与讨论式教学法，在教学展开上必然不会相同；② 设计教学发展的流程，包括教学过程由哪些环节组成，顺序如何；③ 对重要环节的处理方法设计，比如，导入环节采用什么方式，最后的教学总结用什么方式，重点、难点如何确认和处理；④ 内容呈现方式的设计，用什么形式呈现内容，是否使用电化教具，板书怎么设计等。

（四）教学评价设计

在课堂教学中，评价包括过程评价和总结性评价。过程评价的常用方式有提问、课堂练习、操作性活动等。总结性评价有作业批改、进行测验等。教学评价设计的内容一般包括：① 确定评价的目的和具体目标；② 确定评价内容，包括评价谁和评价哪些方面内容；③ 选择评价的方法，包括采用什么形式进行评价，评分标准的确定等。

三、教案设计样例

以小学语文一年级上册中的课文《雨点儿》为例设计教案如下：

一、课题：《雨点儿》的教学

二、教材简析

本文是一篇科学童话。课文用拟人化的手法，通过大雨点儿和小雨点儿的对话，告诉学生雨点是从云彩里飘落下来的，有了雨水的滋润，才有草长花开的美丽景象。认字和练习朗读是教学的重点，教师要让学生通过朗读知道雨水与植物生长的关系。

三、教学目标

认识12个生字，学写“方”“半”两个字；正确流利地朗读课文；了解课文内容，初步感知雨水对植物生长的作用。

四、教学设想

《义务教育语文课程标准》(2011年版)指出：“阅读是学生个性化行为。阅读教学应引导学生钻研文本，在主动积极的思维和情感活动中，加深理解和体验，有所感悟和思考，受到情感熏陶，获得思想启迪，享受审美乐趣。要珍视学生独特的感受、体验和理解。教师应加强对学生阅读的指导、引领和点拨，但不应以教师的分析来代替学生的阅读实践，不应以模式化的解读来代替学生的体验和思考；要善于通过合作学习解决阅读中的问题，但也要防止用集体讨论来代替个人阅读。”本课采用个性化教学，以学生原有的知识经验为基础展开教学，通过创设情境，激发学生的阅读兴趣，引领学生自读自悟。设计应充分尊重学生独特的感受、体验和理解，让学生自己对课文内容的领悟取代教师对教材的讲解分析，让学生自己的独立思考取代教师提供统一答案，让学生自己的感性体验取代教师对所有学生整齐划一的理解指导，整个过程为张扬学生个性、激发学生灵感服务。

五、教学过程

（一）揭示课题

1. 教师谈话引入，演示动画“雨”。

2. 在看完动画后，教师请学生简单地说一说雨。

3. 教师板书课题《雨点儿》。

（教师通过让学生观看动画，激发学生的学习兴趣，了解学生对雨的认识水平，并让学生在交流中获得更多的关于雨的信息。教师在说话中应注意引导学生将“雨点儿”这个词读正确，化解儿化音的读音难点）

（二）整体感知

1. 教师请学生自由读课文，要求学生读正确。

2. 教师请学生说说读了课文知道了些什么。

（教师放手让学生借助拼音读课文，结合平时的生活实践感知课文内容。但是，学生的生活体验、认知水平是有差异的，所以在设计中教师不设定统一的感知目标，而是放手让学生自由读课文后交流，知道什么说什么，了解多少说多少。这样让学生在宽松的环境中交流互补，感知由模糊到清晰，由量变到质变。教师在教学设计中还应让学生把自己的学习成果表达出来，与他人分享，就是要让学生认识到自己学习的价值，增强学生的主人翁意识）

（三）识字读文

1. 认读理解“数不清”“云彩”“飘落”。

(1) 教师逐一出示生字“数”“清”，让学生看拼音读准字音。

(2) 教师出示词语“数不清”，让学生读一读、找一找，文中指什么“数不清”。

(3) 教师让学生说一说，生活中还有什么东西数不清。

(4) 教师让学生认读“云彩”“飘落”。

(5) 教师让学生在文中找出带有“数不清”“云彩”“飘落”这三个词语的句子，读一读。

2. 认读理解“问”“回答”。

(1) 教师出示生字“问”，让学生读一读、找一找，文中写的是谁问谁？问什么？把有关句子画出来。

(2) 教师让学生交流，指导学生朗读“你要到哪里去?”

(3) 教师让学生读课文、找一找，小雨点儿是怎样回答的。教师出示新词“回答”，指导学生读正确。

(4) 教师让学生辨析“你呢?”这句话是不是小雨点儿在回答大雨点儿。教师让学生理解“回答”这个词的意思。

(5) 教师让学生通过读课文找出大雨点儿回答小雨点儿的句子，读一读。

3. 认读“方”。

教师要求学生仔细读课文中带有“方”字的句子，让学生明确“地方”这个词中，“方”字读轻声。

4. 教师让学生把课文读给自己的同桌听。

（在语言环境中识字是优质高效的。这一环节的设计，教师应把握字不离词、词不离句的原则，把识字、解词、读句、学文有机地结合起来，让学生凭借课文语言理解词义，并在理解词义的基础上进行朗读。这种滚动式教学，意在让学生通过多层面的语言实践，理解巩固新学的词句，读通课文）

（四）读文感悟

1. 教师边示范读第五自然段，边演示雨过后草长花开的动画，让学生初步感受雨点儿给植物带来的变化。

2. 教师出示句子“数不清的雨点儿，从云彩里飘落下来”。

教师让学生结合动画情景，展开想象，模仿句子说说雨过后大自然生机勃勃的景象。

小草从泥土里钻出来。

小花从____________________________。

___________从____________________________。

3. 教师顺着学生说话练习形成的语境气氛，让学生在自由练读的基础上，齐读第五自然段。讨论交流：这都是谁的功劳？你想对雨点儿说些什么？

（本段教学中，教师让学生理解雨点儿与植物生长间的关系是重点也是难点。教学设计遵循了学生的思维特征，先让学生欣赏雨过后草长花开的景象，通过具体形象的景象打开学生思维。教师再让学生看动画说说雨点儿给草和花带来的变化，教给学生思考这个问题的方式方法。接着教师放手让学生联系生活实际，借助句式说说雨点儿还给哪些植物带来了什么变化，让学生根据各自不同的生活经验，从不同的渠道理解雨点儿对植物生长的重要作用。新的认知建立在已有的认知基础上，教师应使教学潜移默化，水到渠成）

（五）朗读表演

教师根据学生的回答，让学生带着对雨点儿或喜爱、或感谢、或佩服的感情，把全文朗读给好朋友听，再请学生推荐读得好的学生为师生做朗读表演。

（朗读是学生对课文理解认识的外化表现，因此朗读应该是带有浓厚个性化色彩的。本教学设计不从技巧入手，不追求抑扬顿挫的整齐的朗读效果，改变了传统教学中以齐读来升华课堂气氛的惯例，而是让学生在充分体验的基础上，自由地选择听众，自由地选择朗读方式，自由地将内心对雨点儿或喜爱、或感谢、或佩服的感情，自然而然地释放于朗读之中。在这一设计中，朗读不再是机械的录放，而是学生个人情感的表达）

（六）指导书写"方""半"，进行书写练习

教师训练学生听、说、读、写的能力是语文教学的主要任务，低学段语文教学尤其不能忽视写字教学。在教学高潮之后，教师应让学生静下心来，学学字，写写字，动静结合，养成良好的学习习惯。

第三节 信息技术与小学教学整合

一、信息技术与教学整合概述

（一）概念

信息技术与教学整合是我国21世纪基础教育教学改革的一个新途径，与学科教学有着密切的联系，同时又是具有相对独立性的特点的新型教学结构类型。信息技术与教学整合，不是把信息技术仅仅作为辅助教或辅助学的工具，而是强调要把信息技术作为促进学生自主学习的认知工具和情感激励工具，利用信息技术所提供的自主探索、多重交互、合作学习、资源共享等学习环境，把学生的主动性、积极性充分调动起来，使学生的创新思维与实践能力在整合过程中得到有效的锻炼，这也是培养创新人才所需要的。

（二）意义

信息技术与教学整合具有重要意义，主要包括：① 信息技术与教学整合是教育信息化的一个重要目标；② 信息技术与教学整合是改革传统教学方式的一个重要手段；③ 信息技术与教学整合是培养学生创新精神和实践能力的一个重要途径。

二、信息技术与教学整合的特征

信息技术与教学整合的最基本特征是：有先进的教育思想、教学理论的指导，具有学科交叉性，立足于能力的培养。其特征具体表现在以下几个方面：

(1) 信息技术与教学整合是任务驱动式的教学过程。信息技术与教学整合以各种各样的主题任务进行驱动教学，教师应有意识地开展信息技术与其他学科相联系的横向综合的教学。

(2) 信息技术是教师、学生的基本认知工具。在信息技术与教学整合中，应强调信息技术服务于学科的内在需求，服务于具体的任务。教师和学生都以一种自然的方式对待信息技术，把信息技术作为获取信息、探索问题、协作解决问题的认知工具，把各种技术手段恰当地融入课程的教学与学习中去。

(3) 信息技术与教学整合有利于实现学生能力培养和知识学习相结合的教学目标。信息技术与教学整合要求学生学习的重心不再仅仅放在学会知识上，而是转到学会学习、掌握方法和培养能力上。

(4) 信息技术与教学整合具有"教师为主导、学生为主体"的教学结构。在信息技术与教学整合的教学结构中，教师要强调学生的主体性，要充分发挥学生在学习过程中的主动性、积极性和创造性。

(5) 信息技术与教学整合适合个别化学习和协作学习的和谐统一。信息技术能够为学生提供一个开放性的实践平台，使每一位学生在这个平台上可以采用不同的方法、工具来完成同一个任务。这种个别化的教学策略对于发挥学生的主动性和进行因人而异的教学是很有帮助的。

三、信息技术与教学整合的方式

信息技术与教学整合的方式主要包括以下几种：

(1) 信息技术与学科教学的整合。这一层面的整合结果包括利用信息媒体展示教学信息而开展教学。

(2) 信息技术与学习活动的整合。这一层面整合结果包括利用计算机网络开展的讨论，在线会议，利用视频会议开展网上讨论学习、在线答疑等模式。与学科教学整合不同的是，这一层面的整合体现了信息技术不只是作为教学信息和抽象知识的载体，它更多的是作为教与学的互动、学生之间的交流与沟通的工具。

(3) 学科教学与学生学习活动的整合。信息技术同学科教学、学习活动两方面共同构成了目前大多数学者和中小学教师认为的“信息技术与教学整合”的概念。而学科教学与学生学习活动的整合则是在国外 20 世纪 50 年代以来逐渐形成的。结合活动开展学科教学，也在我国一些学校实施。

(4) 教育的信息化——信息技术与学科以及实践活动的整合。信息技术教育学科与其他学科以及活动课程的整合反映了整合后的综合课程的特征，表明了在真实活动或学习共同体中体验性学习的必要性，同时把信息技术作为工具支持这一学习的各学科课程和活动课程之间的整合，形成了在信息技术环境下基于真实活动的系统化知识技能的主体学习活动。

巩固练习

一、教学设计题

1. 阅读图 15-1 中的材料，回答问题。

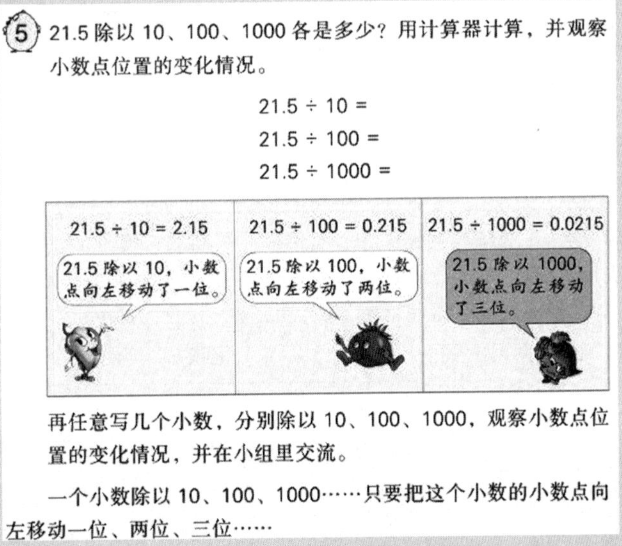

5 21.5 除以 10、100、1000 各是多少？用计算器计算，并观察小数点位置的变化情况。

21.5 ÷ 10 =

21.5 ÷ 100 =

21.5 ÷ 1000 =

21.5 ÷ 10 = 2.15	21.5 ÷ 100 = 0.215	21.5 ÷ 1000 = 0.0215
21.5 除以 10，小数点向左移动了一位。	21.5 除以 100，小数点向左移动了两位。	21.5 除以 1000，小数点向左移动了三位。

再任意写几个小数，分别除以 10、100、1000，观察小数点位置的变化情况，并在小组里交流。

一个小数除以 10、100、1000……只要把这个小数的小数点向左移动一位、两位、三位……

图 15-1 小学数学课本内容

问题：

(1) 简述小数点移动引起小数大小变化的规律。

(2) 根据以上材料，试拟定教学目标和教学重点、难点。

(3) 请根据拟定的教学目标，进行教学过程设计。

2. 阅读下列材料，回答问题。

珍珠鸟

真好！朋友送我一对珍珠鸟，放在一个简易的竹条编成的笼子里，笼内还有一卷干草，那是小鸟舒适又温暖的巢。

有人说，这是一种怕人的鸟。

我把它挂在窗前。那儿还有一大盆异常茂盛的法国吊兰。我便用吊兰长长的、串生着小绿叶的垂蔓蒙盖在鸟笼上，它们就像躲进深幽的丛林一样安全，从中传出的笛儿般又细又亮的叫声，也就格外轻松自在了。小鸟的影子就在这中间隐约闪动，看不完整，有时连笼子也看不出，却见它们可爱的鲜红小嘴从绿叶中伸出来。

我很少扒开叶蔓瞧它们，它们便渐渐敢伸出小脑袋瞅瞅我。我们就这样一点点熟悉了。

三个月后，那一团越发繁茂的绿蔓里边，发出一种尖细又娇嫩的鸣叫。我猜到，是它们有了雏儿。我呢，决不掀开叶片往里看，连添食加水时也不睁大好奇的眼睛去惊动它们。过不多久，忽然有一个更小的脑袋从叶间探出来。哟，雏儿！正是这小家伙！

它小，就能轻易地由疏格的笼子里钻出来。瞧，多么像它的父母：红嘴红脚，灰蓝色的毛，只是后背还没有生出珍珠似的圆圆的白点。它好肥，整个身子好像一个蓬松的球儿。

起先，这小家伙只在笼子四周活动，随后就在屋里飞来飞去，一会儿落在柜顶上，一会儿神气十足地站在书架上，啄着书背上那些大文豪的名字；一会儿把灯绳撞得来回摇动，跟着逃到画框上去了。只要大鸟在笼里生气地叫一声，它就立即飞回笼里去。

我不管它。这样久了，打开窗子，它最多只在窗框上站一会儿，决不飞出去。

渐渐它胆子大了，就落在我的书桌上。它先是离我较远，见我不去伤害它，便一点点挨近，然后蹦到我的杯子上，俯下头来喝茶，再偏过脸瞧瞧我的反应。我只是微微一笑，依旧写东西。它就放开胆子跑到稿纸上，绕着我的笔尖蹦来蹦去，跳动的小红爪子在纸上发出嚓嚓的响声。

我不动声色地写，默默享受着这小家伙亲近的情意。这样，它完全放心了。索性用那涂了蜡似的小红嘴，嗒嗒地啄着我颤动的笔尖。我用手抚一抚它细腻的绒毛，它也不怕，反而友好地啄两下我的手指。

白天，它这样淘气地陪伴我；天色入暮，它就在父母再三的呼唤声中，飞向笼子，扭动滚圆的身子，挤开那些绿叶钻进去。

有一天，我伏案写作时，它居然落到我的肩上。我手中的笔不觉停了，生怕惊跑它。待一会儿，扭头看，这小家伙竟趴在我的肩头睡着了，银灰色的眼睑盖住眸子，小红爪子刚好被胸脯上长长的绒毛盖住。我轻轻抬一抬肩，它没醒，睡得好熟！还咂咂嘴，难道在做梦？

我笔尖一动，流泻下一时的感受：

信赖，往往创造出美好的境界。

问题：

(1) 请依据上述材料，设计教学目标。

(2) 请写出本文教学的重点和难点。

(3) 根据以上材料进行教学过程设计。

3. 阅读图 15-2 中的材料，回答问题。

图 15-2 小学英语课本内容

问题：

(1) 简述英语学习中全身反应教学法的含义。

(2) 若你指导小学生五年级学生学习本课，试拟定教学目标。

(3) 依据拟定的教学目标，设计热身和新授内容的教学环节，并说明理由。

4. 阅读图 15-3 中的材料，回答问题。

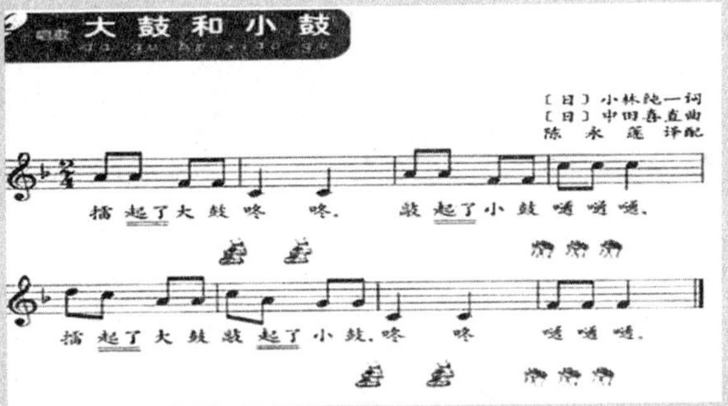

图 15-3 小学音乐课本内容

问题：

(1) 简要分析歌曲的特点。

(2) 如指导低年级小学生开展此内容的音乐教学，试拟定教学目标。

(3) 依据拟定的教学目标，结合歌曲的学习，设计“音的高低”知识点教学环节，并说明理由。

5. 阅读下列材料，回答问题。

图 15-4 为脚背内侧传球的示意图。

图 15-4 脚背内侧传球示意图

动作方法：斜线助跑，助跑方向与出球方向成45度，最后一步稍大，支撑脚以脚掌外侧着地，踏在球的后侧方20～25厘米处，脚尖指向出球方向，身体稍向支撑腿一侧倾斜，支撑脚着地的同时，踢球腿以膝关节为轴，由大腿带动小腿成弧线向前摆动，当身体转向出球方向，膝关节摆至接近球的内侧垂直上方时，小腿加速前摆，脚尖稍外转指向斜下方，脚面绷直，脚趾扣紧，用脚背内侧击球的后中部；击球后，踢球腿随球继续前摆。

问题：

(1) 简要说明“脚背内侧传球”的教学重点、难点。

(2) 如果指导水平三的学生练习，试拟定教学目标。

(3) 依据拟定的教学目标，设计不少于三种练习方法，并说明理由。

6. 阅读图15-5中的材料，回答问题。

图15-5 小学美术课本内容

问题：

(1) 吉祥纹样与剪纸的关系是什么？请列举了六个剪纸的吉祥纹样，并说明其寓意。

(2) 如指导中学段小学生学习，试拟定教学目标。

(3) 依据拟定的教学目标，设计导入环节并说明理由。

(4) 依据拟定的教学目标，设计“发现和分析吉祥形象传达美好寓意的方法”内容的新授教学活动并说明理由。

参考答案

一、教学设计题

1. (1) 小数点移动引起小数大小变化的规律是：小数点向左移动一位，相当于原数除以10，小数缩小到原数的1/10，小数点向左移动二位，相当于原数除以100，小数缩小到原数的1/100，小数点向左移动三位，相当于原数除以1000，小数缩小到原数的1/1000，依此类推。

(2) 教学目标：① 知识与技能目标。学生理解并掌握由小数点向左移动引起小数大小变化的规律，并能应用规律正确地口算一个小数除以10、100、1000……的商。② 过程与方法目标。学生经历观察、比较等探索活动，发现并总结出小数点向左移动引起小数大小变化的规律。③ 情感态度与价值观目标。学生在探索规律的过程中，形成初步的观察、比较、归纳、概括的能力和主动探索数学规律的兴趣。

教学重点：教师让学生发现并掌握由小数点向左移动引起小数大小变化的规律。

教学难点：教师让学生理解小数点向左移动为何会引起小数大小变化的规律，并能运用规律解决问题。

(3)【教学过程设计】

① 复习引新。

口算：90÷10，900÷10，900÷100。

导入：前面我们学过小数点向右移动能引起小数大小变化，那么向左移动是否也可以呢，我们这节课就一起来研究一下。

② 探究新知。

A. 教学例1。

a. 教师出示例1：用21.5除以10，100，1000各是多少？
学生用计算器计算。

b. 教师点名请学生说说计算结果，并在黑板上板书。

c. 教师引导学生观察比较：21.5和2.15相比，小数点向什么方向移动了几位？21.5和0.215比，小数点向什么方向移动了几位？

d. 教师引导学生猜想：把一个小数除以10，是把这个小数的小数点向什么方向移动几位？把一个小数除以100，1000呢？

e. 验证：教师将学生分成几个小组，以小组为单位，每组任意找一个小数，分别用它除以10，100，1000，观察小数点位置的变化情况与我们猜想的是否一样。

f. 归纳：教师组织学生归纳总结，通过计算，你认为我们的猜想对不对？谁能用一句话说说你们发现的规律？换一种说法，这个规律还可以怎么说？

B. 教学例2。

a. 教师出示例2中关于不同质量单位换算关系的表格，让学生说说从表中能知道什么。

b. 教师提出“长颈鹿的体重为500千克，那么应是多少吨”这一问题，引导学生理解：这个问题就是要把500千克改写成以吨为单位的数。
板书：500千克＝______吨

c. 教师提问：你会把500千克改写成以吨为单位的数吗？可以怎样想？先在小组内讨论。

d. 教师组织学生交流，并明确：要把500千克改写成以吨为单位的数，可以用500除以1000。计算500除以1000可以直接把500的小数点向左移动三位。

③ 课堂练习。

A. 教师投影出示题目。教师点名请学生读题，明确解题要求。

B. 教师投影出示表格，要求学生完成填表。教师请所有学生独立填表。

C. 教师投影出示题目，要求学生完成解题。所有学生独立完成解题，小组内交流自己的具体想法。

D. 所有学生完成课本练习题。

④ 全课小结。

教师提问：通过这节课的学习，你们有哪些收获？

教师组织学生共同总结：一个小数除以10，100，1000等，只要把这个小数的小数点向左移动一位、两位、三位等；小数的小数点向右移动一位、两位、三位等，就是把这个小数乘以10，100，1000等。

2. (1) 教学目标：① 知识与技能目标。认识并学会书写本课10个生字；正确、流利、有感情地朗读课文，背诵第六到十二自然段；了解珍珠鸟的形象特点。② 过程与方法目标。学生通过朗读感悟、合作探究等方法，品读文章的语言，理解文末“信赖，往往创造出美好的境界”的含义。③ 情感态度与价值观目标。教师让学生体会作者和珍珠鸟之间充满爱和信赖的美好境界，领悟人与自然应该和谐相处的道理。

(2) 教学重点：让学生有感情地朗读课文，感受人与动物之间的和谐相处的关系，理解“信赖，往往创造出美好的境界”的含义。

教学难点：让学生体会“信赖，往往创造出美好的境界”的深刻含义，让学生懂得构建和谐共处的美好境界是要以关爱、诚信为基础的，呼吁学生对他人、集体、社会付出更多的爱。

(3)【教学过程设计】

① 回忆课文，了解内容。

A. 复习词语。教师出示课文中出现的三组词语：

真好　舒适　温暖　躲进

繁茂的绿蔓　娇嫩的鸣叫　蓬松的球儿　神气十足地站　一点点挨近　友好地啄　淘气地陪伴

信赖　境界

B. 概括课文主要内容。教师引导学生根据所列词句，分层次概括课文内容。

② 精读课文，体会感情。

A. 精读第六自然段。

教学带领学生学习第六自然段，了解珍珠鸟的外形特点，感受小家伙的可爱与作者的喜爱。

a. 教师的课件依次展示：鸟声——珍珠鸟——课文内容。

b. 教师让学生自由地读课文，要求边读边悟。

c. 教师让学生交流自己读懂的内容，再引导学生了解作者的表达方式，注重体会作者的情感，主要有珍珠鸟的活泼、可爱及作者对珍珠鸟的喜爱。

d. 教师指导学生有感情地朗读课文。教师小结：作者不但写了珍珠鸟的特点，而且运用了比喻句写出了对珍珠鸟的喜爱之情。

B. 精读第七到十二自然段。

教师带领学生精读课文第七到十二自然段，让学生体会小家伙与作者亲密的进程，感受人与自然和谐共处的美好境界。

a. 学习课文第七到十自然段。

- 教师让学生自由精读课文第七到十自然段，教师巡视，并引导学生运用读书做记号的方法去读课文。
- 教师让理解较好的学生说一说自己圈出了哪些词语，并说出自己为什么这样圈，同时教师帮助学生理清学习思路。
- 教师让学生品读课文第七到十自然段，按起先——渐渐——后来三个层次进行，引导学生体会珍珠鸟与“我”每靠近一步都是以“我”的呵护为前提的。学习第一层次“起先，这小家伙只在笼子四周活动，随后就在屋里飞来飞去，一会儿落在柜顶上，一会儿神气十足地站在书架上，啄着书背上那些大文豪的名字；一会儿把灯绳撞得来回摇动”。学习第二层次“渐渐它胆子大了，就落在我的书桌上。它先是离我较远，见我不去伤害它，便一点点挨近，然后蹦到我的杯子上，俯下头来喝茶，再偏过脸瞧瞧我的反应”。教师引导学生从“一点点挨近”等词语中体会珍珠鸟的胆子又变大了一些，指导学生有感情地阅读。学习第三层次“这样，它完全放心了。索性用那涂了蜡似的小红嘴，嗒嗒地啄着我颤动的笔尖。我用手抚一抚它细腻的绒毛，它也不怕，反而友好地啄两下我的手指”。教师引导学生体会并交流“友好地啄”所表达的情境，让学生明白这时的珍珠鸟和“我”已经成了朋友。
- 教师让学生带着自己的感悟再读课文。

b. 教师以读代讲带领学生学习第十一自然段。

- 教师出示“白天”“天色入暮”引读。
- 教师引导学生着重理解“再三的呼唤”这个词。
- 学生齐读第十一自然段。

c. 学习第十二自然段。

- 教师讲述：小家伙每天和“我”朝夕相处、形影不离，与“我”建立了越来越深厚的感情。（教师课件展示小珍珠鸟在作者肩上睡觉的画面）

● 教师引导学生说出课件画面的内容，让学生展开想象：小珍珠鸟睡得这样甜，可能在做什么梦呢？

● 教师让学生根据自己的理解给这幅温馨的画面加个题目。

● 教师展示课文第十二自然段，让学生说出读时应注意什么？然后再读这一自然段。

C. 诵读第十三、十四自然段。

教师带领学生诵读第十三、十四自然段，回味作者描述出来的美好的境界，理解相互信赖是和谐共处的基础。

a. 教师讲述：同学们，此时此刻看到这美好的画面（小珍珠鸟在作者肩上睡觉的画面），你会不由自主地发出这样的感叹——信赖，往往创造出美好的境界（课件展示该句语言）。

b. 教师课件展示一组动物与人类和谐相处的画面，并配乐《让世界充满爱》。

教师：信赖是一种关爱，是一份宽容，是一片呵护，是彼此间的尊重，只要心中充满爱，只要我们善待身边的每一种生灵，就会看见它们自由而快乐的生活。

c. 教师指导学生仿照“信赖，往往创造出美好的境界”写出自己的格言。

③ 总结课文，升华主题。

教师总结：今天这节课，我们在作者冯骥才的书房里，目睹了一幅人鸟相亲的画卷，这是“信赖”创造出的美好的境界！同学们，让世界多一些关爱，多一些沟通，多一些信赖！让我们心中充满爱的情感，让爱与我们相伴而行！

3. (1) 全身反应教学法是加州心理学家詹姆士博士提出来的。全身反应教学法是一种倡导语言和身体相结合，通过语言与身体的协同合作来进行语言教学的方法。全身反应教学法的优势是强调身体的互动性、教学的生动性，在英语学习中应用全身反应教学法能够让学生更直观地在游戏中学习，让英语生活化，同时也可以更好地激发学生对英语学习的浓厚兴趣。

(2) 教学目标：

知识与技能目标：① 学生能够按照正确的语音、语调及意群朗读对话，并能进行角色表演。② 学生能够运用句型 What do you have on Wednesdays/Thursdays? I have... 询问并回答某天有什么课程。

过程与方法目标：学生能够通过看图、听录音、写单词活动学习按发音规则拼写单词，填充短语或句子。

情感态度与价值观目标：学生能体会英语学习中的乐趣，积极参与语言交际活动，能在活动中与别人愉快地合作。

(3)【教学环节】

① 热身。

A. 教师热情地和学生打招呼，相互问好。

B. 教师运用上单元所学句型，与学生交谈学校老师情况，让学生简单地描述自己老师的特征。

句型用 Who's your favorite teacher? What's he/she like? Is she/he ...? What subject do you like?

设计意图：以贴近学生的话题谈论自己喜欢的老师和科目，复习上一单元所学知识，以此复习学过的科目单词，为本堂课学习做铺垫。

② 新课呈现。

A. Let's try.

教师用 PPT 呈现本课 Let's try 部分 Grandfather 和 John 对话的图片和文本，呈现句型 What do you have on Wednesdays? 教师示范朗读，学生跟读并尝试作答。

教师播放录音，学生完成填充句子。

引出 John 星期三的课程，教师帮助学生理解并使用句型 What do you have on Wednesdays/Thursdays?

设计意图：教师引导学生感知新句型 What do you have on Wednesdays/Thursdays?

B. Let's talk.

教师播放本课 Let's talk 部分的视频，整体呈现对话，采取问题引入的方式，引导学生理解对话含义。第一遍听对话，整体呈现对话内容，使学生感知对话发生的情境；第二遍让学生带着问题有目的地听对话，进一步感知对话发生的情境并且通过看问题、思考问题，使学生对其有进一步的理解。

提出的问题可以如下：

What subject does John's Grandfather love?

Who's John's music teacher?

What's he like? When does John have music?

What does John's Grandfather do on Thursdays?

第三遍听对话，教师让学生回答前三个较简单、熟悉的问题，引导学生把握对话含义；第四遍听对话，教师让学生回答与本课重点句型有关的问题，凸显出重点句型 What do you have/do on ...? I have ... 并且引导学生作答。

设计意图：教师让学生带着问题看对话视频，有助于学生迅速找到关键信息。

C. 教师让学生再次听录音，回答问题。教师教授本课新词、新句。将本课重点句型与重点单词板书。

设计意图：由学生熟知的知识内容自然过渡到学生将要学习的新知识，符合学生的认知规律。教师在教授学生理解对话方面采取问题引领的方式，问题由易到难，逐渐呈现本课新知。

4. (1)《大鼓和小鼓》是一首日本儿童歌曲，F 大调，2/4 拍。歌曲短小，仅有 8 小节；歌词简单，仅仅是大鼓和小鼓音高和音色上的对比；全曲的音高也是简单的 do mi sol 三个音的组合重复，非常适合低年级学生学习。

歌曲中包含的音乐要素非常丰富，不仅有音色、音高的模仿，还有力度的模仿。用四分音符的 do 来表示大鼓敲击的声音，用八分音符的 sol 来表示小鼓敲击的声音，生动形象，便于低年级学生模仿与学习。节奏上也是比较简单的八分音符和四分音符，非常规整的节奏组合，非常适合低年级学生的学唱。音高上有二度、三度的小跳，同时也存在五度、六度的跳进。所以，这首歌曲简单中略带些难度，教学中教师可以通过声势教学法帮助学生更准确地感受音高。

(2) 教学目标：① 知识与技能目标。让学生感受音乐的高低，用轻快的声音演唱歌曲。② 过程与方法目标。在聆听和模仿的过程中，学生能够感受和探索音乐的高低，培养学生的感知力。③ 情感态度与价值观目标。通过学唱歌曲，学生能够体验音乐带来的快乐，激发学习兴趣。

(3)【教学环节】

① 初步聆听与感知。教师利用多媒体播放大鼓和小鼓的声音，让学生初步感知音乐的高低。初步聆听与感知，可以让学生对音的高低有个大概的认识与了解，为下一步的教学做准备。

② 探索与感知。教师出示大鼓和小鼓，将学生分成四组，通过敲击大鼓和小鼓，让学生分辨音高的不同。通过实物的探索，学生能够更直观地感知音有高低之分，教师用大鼓和小鼓来探索音的高低，能激发学生的学习兴趣和探索欲望。

③ 声势游戏。教师说明用拍手和跺脚来代替大鼓和小鼓的声音，将学生分成四组，讨论拍手和跺脚哪个是大鼓的声音、哪个是小鼓的声音。待学生分辨出拍手是小鼓的声音、跺脚是大鼓的声音后，教师进行"我敲你学"的游戏。教师或学生代表敲击大鼓或小鼓，其余学生用拍手或跺脚回应。设计的学生探索性的学习，体现了课程标准中以学生为主体的课程理念。"我敲你学"的游戏，丰富了课堂环节，同时也能让学生进一步感受音的高低。

5. (1) 教学重点：支撑脚站位准确，踢球腿的摆动幅度大，速度快，触球部位准确。

教学难点：小腿爆发式摆动时机准确，快速有力地将球踢出。

(2) 教学目标：① 知识与技能目标。学生能用专业术语描述出动作要点，80%以上的学生慢跑助跑后支撑脚站位准确，踢球腿快速将球踢出 5 米。② 过程与方法目标。通过尝试练习、友伴分组练习等过程，学生能够掌握合作探究学习的方法。③ 情感态度与价值观目标。在配合练习中，学生能够增强自己的责任感与合作意识，逐步形成对学习技术精益求精的严谨态度。

(3) 依据拟定的教学目标，设计的三种练习方法如下：

第一种：上一步踢实心球。

练习目的：学生在上步过程中能找准支撑脚的位置，为助跑上步支撑奠定基础；踢实心球是为了更好地体会踢球腿正确的触球部位。

第二种：教师将学生分成友伴小组，先尝试练习助跑踢球的完整动作，然后小组讨论如何在助跑中快速找准支撑点，如何判断踢球时机。讨论之后，学生两人一组，一人用脚底挡球，一人助跑踢球。

练习目的：通过由慢到快的助跑练习，提高学生在跑动中支撑脚支撑位置的准确性；踢同伴用脚底挡住的球是为了体会小腿爆发式摆动的时机以及踢球瞬间踢球脚踝关节的固定与脚背绷紧的动作。

第三种：教师依据墙面大小，将学生分成若干组，距墙 5 米踢球。每组踢三个球后，交换下一组进行练习。

练习目的：距墙 5 米踢球主要强调小腿摆动幅度与速度，脚与球面的接触，进一步巩固教学重点，突破教学难点。随着掌握动作逐渐熟练，学生与墙面的距离可逐渐增加，以提高练习难度。依据学生能力的不同，选择不同距离也可以充分体现让每一个学生受益的教学理念。

6.（1）吉祥纹样与剪纸的关系是：人们常常借助一些吉祥纹样与其相关事物名称的谐音，运用剪纸的形式寓意对幸福的向往与追求。

六个剪纸吉祥纹样及其寓意：

福寿双全："蝠"与"福"同音，表示幸福长寿。

竹报平安：寓意驱除邪恶，祈祷安康。

吉祥如意：寓意祈祷合家安康，福禄长久。

年年有余：表达了古代人们追求年年幸福富裕生活的良好愿望。

连生贵子：莲蓬或莲花寓意连生，桂花寓意贵子，表示多子多福、祈求平安。

嫦娥奔月：象征对美好生活的追求。

（2）教学目标：① 知识与技能目标。学生通过了解吉祥纹样的寓意以及剪纸的方法等知识，掌握表现剪纸的技能，表达自己内心美好的愿望。② 过程与方法目标。学生通过观察、欣赏、体验的过程，发展创造力和想象力。③ 情感态度与价值观目标。通过对剪纸的学习，学生能够了解我国传统文化，增强民族自豪感。

（3）创设情境，导入本课：教师手拿一张普通的彩纸，通过折、剪等方法变化出无数种美丽的图案，并引导学生思考，为什么这个小小的彩纸这么神奇？它是怎样变化出这么多种美丽的图案的？教师总结，这是通过一定的方法才能用彩纸变化出这样美丽的图案。教师进一步引导学生："你们想不想也利用手中的彩纸剪制出美丽的吉祥图案？"进而引出本课课题。

设计理由：教师通过用平常的彩纸变为美丽的图案这样的导入方法，充分激发学生的兴趣，调动学生的积极性，从而达到课未始兴已浓的效果。

（4）根据拟定的教学目标，新授教学活动设计如下：

① 讲授新知，了解吉祥纹样：教师展示吉祥纹样剪纸作品，引导学生观察并思考问题"为什么叫它吉祥纹样，它和其他剪纸有什么区别"。

师生共同总结：我国民间美术的吉祥图案，形式和题材多种多样，它们色彩鲜艳、构图饱满。人们常常借用一些吉祥纹样与其相关事物名称的谐音，寓意对幸福的向往与追求。

② 吉祥纹样剪刻方法学习：教师请每组学生以小组探究的方式，研究吉祥纹样的内容、形状特点，并试着制作。教师讲述并示范吉祥纹样的剪刻，学生动手操作学习。每组派一名代表，向大家介绍吉祥纹样的意义和制作方法。学生思考并尝试剪刻，教师总结折一折、剪一剪形成吉祥纹样的方法，注意说明折的时候需完全对称。

③ 欣赏作品，发散思维：教师带领学生欣赏优秀的吉祥纹样剪纸作品，请学生讨论自己想剪刻一个什么样的吉祥纹样。

教学活动设计理由：教师通过让学生欣赏相关图片，使其了解吉祥纹样的寓意；教师通过体验式教学，让学生尝试剪刻，掌握剪纸的技法，为练习打下基础；教师通过让学生欣赏优秀的作品，引发学生思考，提升学生的创新能力，发展学生的思维能力。

第十六章　教学实施

考点分析

- 本章考点主要以选择题和材料分析题的形式出现。
- 本章考点主要有：教学概述；教学原则与方法；教学组织形式；小学课堂教学的实施。

第一节　教学概述

一、教学的概念

（一）教学的定义

在广义上，教学就是教师的“教”与学生的“学”的统一活动，是指学生在教师有目的、有计划的指导下，积极主动地掌握科学文化基础知识和基本技能，发展智力和体力，培养良好品德和审美情趣，促进学生个性发展的活动。

在狭义上，教学是指在学校中教师引导学生进行学习的活动。

（二）教学与教育、智育的关系

1. 教学与教育

教学与教育是一种部分与整体的关系。教育包括教学，教学是学校进行教育的一个基本途径。除教学外，学校还通过课外活动、生产劳动、社会实践等途径向学生进行教育。

2. 教学与智育

智育是学校教育的重要组成部分，它主要通过教学这条途径来实施，但智育也需要通过课外活动等途径才能全面实现。教学不仅是智育的实施途径，也是德育、美育、体育、劳动技术教育的实施途径。概括地说，教学与智育的关系是教育的途径和内容的关系，是交叉关系。

考点突破

【16-1】教学和智育是（　　）。

A. 同一关系　　B. 因果关系　　C. 隶属关系　　D. 交叉关系

二、小学教学的基本任务

(1) 引导学生掌握科学文化基础知识和基本技能（双基教学）。

教学的首要任务是引导学生掌握科学文化基础知识和基本技能，教学的其他任务只有在引导学生掌握基础知识和基本技能的基础上才能实现。

(2) 发展学生智力，培养学生的创造能力和实践能力。

智力，是指个人在认知过程中表现出来的认知能力系统，它包括观察能力、记忆能力、想象能力和思维能力，其中思维能力是智力的核心。

(3) 发展学生体力，提高学生的健康水平。

教学不仅要传授文化知识，也要关心学生身心的平衡发展，使学生掌握锻炼身体的知识和技能，养成锻炼身体的良好习惯，增强体质、促进发展。

(4) 培养小学生高尚的审美情趣、良好的思想品德，形成科学的世界观和良好的个性心理品质。

三、教学的意义

(1) 教学是传授系统知识、促进学生发展的最有效的形式。

(2) 教学是对学生进行全面发展的素质教育，是把学生培养成为合格人才的基本途径。

(3) 教学是学校工作的中心，学校工作必须坚持以教学为主。

第二节　教学过程

一、教学过程的本质

教学过程是指教师根据教学目的、任务和学生身心发展的特点，通过指导学生有目的、有计划地掌握系统的科学文化基础知识和基本技能，发展学生智力和体力，形成科学世界观及培养道德品质、发展个性的过程。

一般来说，教学过程的主要矛盾是学生与其所学知识之间的矛盾，具体体现在教师提出的教学任务同学生完成这些任务的需要、实际水平之间的矛盾。这一矛盾实际上是学生认识过程的矛盾，因此，教学过程本质上是一种认识过程。

教学过程是认识的一种特殊形式，教学过程的目的是学生在教师的指导下，把社会历史经验变为学生个体的精神财富，这个过程不仅使学生获得知识，也使学生个体获得发展。教学过程的特殊性具体表现为：① 认识的间接性；② 认识的交往性；③ 认识的教育性；④ 有领导的认识。

考点突破

【16-2】教学过程是一种特殊的认识过程，其特殊性表现在认识的间接性、交往性、教育性和(　　)。

A. 有差异性的认识　　B. 有个性的认识　　C. 有领导的认识　　D. 有基本的认识

二、教学过程的基本规律

教学规律是指教学现象中客观存在的，具有必然性、稳定性、普遍性的联系。它对教学活动具有制约、指导作用。

(一) 直接经验与间接经验相统一的规律

1. 含义

直接经验与间接经验相统一，反映的是教学中传授系统的科学文化知识与丰富学生感性认识的关系。

2. 二者在教学过程中的关系

(1) 学生以学习间接经验为主。

(2) 学生学习间接经验要以直接经验为基础。

考点突破

【16-3】学生的主要任务是学习（　　）。

A. 直接经验　B. 间接经验　C. 理性知识　D. 感性知识

（二）掌握知识与发展能力相统一的规律

1. 含义

在教学过程中，教师既要重视知识的传授，又要重视学生能力的发展，并将二者辩证统一于教学活动之中。

2. 二者在教学过程中的关系

① 掌握知识是发展能力的基础；② 发展能力是掌握知识的必要条件；③ 掌握知识与发展能力存在相互转化的内在机制。

（三）教师主导与学生主体相统一的规律

1. 含义

在教学过程中，教师既要充分注重教师的教，也要充分调动学生的学的积极性，使教师的主导作用与学生的主体作用有机结合，以取得良好的教学效果。

2. 二者在教学过程中的关系

① 教师在教学过程中处于组织者的地位，应充分发挥教师的主导作用；② 学生在教学过程中处于学习主体的地位，应充分发挥学生的主体能动性；③ 教师和学生应建立合作、友爱、民主、平等的师生交往关系。

（四）传授知识与思想品德教育相统一的规律

1. 含义

在教学过程中，教师在传授知识的同时，一定要注重对学生进行思想品德教育，并使二者有机结合起来，使学生在知识能力和思想品德等方面获得发展与进步。

2. 二者在教学过程中的关系

① 知识是思想品德形成的基础；② 学生思想品德的提高又为他们积极地学习知识奠定了基础；③ 教师应将传授知识和思想品德教育有机结合。

考点突破

【16-4】赫尔巴特指出："我想不到有任何无教学的教育，正如在相反方面，我不承认有任何无教育的教学。"这说明了教学过程具有什么特点（　　）。

A. 间接经验与直接经验相结合　B. 掌握知识与发展智力相统一

C. 教学过程中知、情、意的统一　D. 都是主导作用与学生能动性相结合

三、教学过程的基本环节

我国教育界将教学过程划分为以下五个环节：

（1）激发学习动机。学习兴趣和求知欲是直接推动学生学习的动力。具有浓厚的学习兴趣和较好的学习愿望是学生进行学习的基本条件和心理起点。

（2）领会知识。这是教学过程的中心环节。领会知识包括使学生感知和理解教材两个环节。

（3）巩固知识。巩固所学的知识是教学过程的一个必要环节。

(4) 运用知识。掌握知识是为了运用知识,运用知识还包括“知识迁移”的能力和创造能力等。

(5) 检查知识。检查知识是指教师通过作业、提问、测验等方式对学生的学习效果进行考查的过程。

考点突破

【16-5】教学过程的中心环节是( )。

A. 引发动机　　B. 领会知识　　C. 巩固知识　　D. 运用知识

第三节 教学原则与方法

一、教学原则

(一) 教学原则的含义

教学原则是指根据一定的教学目的和对教学过程规律的认识而制定的指导教学工作的基本准则和要求。

(二) 我国小学教学原则

1. 科学性与教育性相结合的原则

(1) 科学性与教育性相结合的原则又称科学性与思想性相结合的原则,是指教师既要把现代先进科学的基础知识和基本技能传授给学生,同时要结合知识、技能中内在的德育因素,对学生进行政治、思想教育和道德品质教育。

(2) 贯彻此原则对教师的要求有:① 要确保教学的科学性;② 要深入发掘教材和教学情境中蕴含的教育性因素,自觉地对学生进行思想品德教育;③ 要把这些教育性因素贯穿于教学过程的各个环节;④ 要不断提高自己的业务素质和思想品德素质。

2. 直观性原则

(1) 直观性原则是指在教学活动中,教师应尽量利用学生的多种感官和已有的经验,通过各种形式的感知,丰富学生的直接经验和感性认识,使学生获得生动的表象,从而比较全面、深刻地掌握知识。这一原则是根据直接经验与间接经验相统一的教学规律而提出的,它的提出也是由学生的年龄特征所决定的。直观性原则提出的目的在于解决教学中词、概念、原理等理论知识与其所代表的事物之间相互脱离的矛盾。直观的形式很多,一般分为三大类:实物直观、模像直观、语言直观。

(2) 贯彻此原则对教师的要求有:① 要正确选择直观教具和教学手段;② 直观教具的演示要与语言讲解结合;③ 要重视运用语言直观。

3. 启发性原则

(1) 启发性原则是指在教学中,教师要明确学生是学习的主体,注意调动他们的学习主动性,引导他们独立思考,积极探索,生动活泼地学习,自觉地掌握科学知识和提高分析问题、解决问题的能力。

(2) 贯彻此原则对教师的要求有:① 学会调动学生学习的主动性,这是启发的首要问题;② 学会启发学生独立思考,发展学生的逻辑思维能力;③ 学会让学生动手,培养其独立解决问题的能力;④ 发扬教学民主。

4. 巩固性原则

(1) 巩固性原则是指教师在教学中,要引导学生在理解的基础上牢固地掌握知识和基本技能,长久地保持在记忆中,在需要的时候,能够准确无误地呈现出来,以及运用知识技能。这一原则是为了处理好获取新知识与保持旧知识之间的矛盾而提出的。

(2) 贯彻此原则对教师的要求有:① 让学生在理解的基础上巩固;② 重视组织各种复习;③ 引导学生在运用知识中积极巩固。

5. 循序渐进原则

(1) 循序渐进原则是指教师要严格按照学科知识的内在逻辑体系和学生认识能力发展的顺序进行教学,使学生系统掌握基础知识和基本技能,形成严密的逻辑思维能力。这一原则是为了处理好教学活动的顺序、学科课程的体系、科学理论的体系、学生发展规律之间的复杂关系而提出的。

(2) 贯彻此原则对教师的要求有:① 教师要按教材的系统性进行教学;② 教师要注意主要矛盾,解决好重点与难点的教学;③ 教师在教学过程中要由浅入深,由易到难,由简到繁。

6. 因材施教原则

(1) 因材施教原则是指教师在教学中,要从课程计划、学科课程标准的统一要求出发,面向全体学生,同时又要根据学生的个别差异,有的放矢地进行教学,使每个学生都能扬长避短,获得最佳的发展。这一原则是为了处理好集体教学与个别教学、统一要求与尊重学生个别差异问题而提出的。

(2) 贯彻此原则对教师的要求有:① 要坚持课程计划和学科课程标准的统一要求;② 要了解学生,从实际出发进行教学。

7. 理论联系实际原则

(1) 理论联系实际原则是指教师教学要以学习基础知识为主导,从理论与实际的联系上去理解知识,注意运用知识去分析问题和解决问题,达到学懂会用、学以致用。

(2) 贯彻此原则对教师的要求有:① 书本知识的教学要注重联系实际;② 要重视培养学生运用知识的能力;③ 要正确处理知识教学与技能训练的关系;④ 应补充必要的乡土教材。

8. 量力性原则

(1) 量力性原则又叫可接受性原则,是指教师的教学活动要适合学生的发展水平。这一原则是为了防止发生教学难度低于或高于学生实际程度而提出的。

(2) 贯彻此原则对教师的要求有:① 要重视儿童的年龄特征;② 要了解学生发展的具体特点;③ 恰当地把握教学难度。

考点突破

【16-6】"不闻不若闻之,闻之不若见之。"这句话所体现的教学原则是(　　)。

A. 直观性原则　　B. 启发性原则

C. 巩固性原则　　D. 量力性原则

【16-7】"道而弗牵,强而弗抑,开而弗达"所阐明的教学原则是(　　)。

A. 循序渐进原则　　B. 直观性原则

C. 启发性原则　　D. 因材施教原则

二、教学方法

(一) 教学方法的概念

教学方法是指为完成教学任务而采用的办法。它包括教师教的方法和学生学的方法，是教师引导学生掌握知识技能、获得身心发展的方法。

(二) 小学常用的教学方法

1. 讲授法

(1) 讲授法是指教师通过口头语言系统连贯地向学生传授知识的方法。讲授法主要有讲述、讲解、讲读、讲演四种方式。

讲授法的优点是教师容易控制教学进程，能够使学生在较短时间内获得大量系统的科学知识。但如果运用不好，学生学习的主动性、积极性不易发挥，就会出现教师满堂灌、学生被动听的局面。

(2) 运用讲授法的基本要求有：

① 教师讲授既要重视内容的科学性和思想性，同时又要尽可能地与学生的认知基础发生联系。

② 教师讲授应注意培养学生的学科思维。

③ 教师讲授应具有启发性，在讲授中善于提问并引导学生分析和思考问题，使他们的认识活动积极开展，自觉地领悟知识。

④ 教师讲授要讲究语言艺术，讲授时语言要生动形象、富有感染力，清晰、准确、简练，条理清楚、通俗易懂，音量、语速要适度，语调要抑扬顿挫，适应学生的心理节奏。

2. 谈话法

(1) 谈话法也叫问答法，它是指教师按一定的教学要求向学生提出问题，要求学生回答，并通过问答的形式来引导学生获取或巩固知识的方法。谈话法特别有助于发展学生的思维，调动学生学习的积极性，培养他们独立思考和语言表述的能力。

谈话法可分复习谈话和启发谈话两种。

(2) 运用谈话法的基本要求有：

① 教师要准备好问题和谈话计划。

② 教师提出的问题要明确、具体。

③ 教师在教学过程中要善于启发诱导。

④ 教师在教学过程结束时应引导学生做好归纳、小结。

3. 讨论法

(1) 讨论法是指学生在教师指导下为解决某个问题而进行探讨、辨明是非真伪，以获取知识的方法。其优点在于能更好地发挥学生的主动性、积极性，有利于培养学生的独立思维能力和口头表达能力，促进学生灵活地运用知识。

(2) 运用讨论法的基本要求有：

① 教师所提出的讨论的问题要有吸引力。

② 教师要善于在讨论中对学生启发引导。

③ 在讨论结束前，教师要做好讨论小结。

4. 演示法

(1) 演示法是指教师通过展示实物、直观的教具，进行示范性实验，或利用现代化视听手段，指导学生获得知识或巩固知识的方法。演示法的特点在于加强教学的直观性，不仅是帮助学生感知、理解基本知识的手段，也是学生获得知识、信息的重要来源。

演示所使用的工具可分为以下四大类：实物、标本、模型、图片的演示，图表、示意图、地图的演示，实验演示，幻灯片、电影、录像的演示。

（2）运用演示法的基本要求有：

① 教师要使学生明确演示的目的、要求与过程，使学生能主动、积极、自觉地投入观察与思考。

② 演示时，教师要注意持续性和引导性。

③ 通过演示，应使所有的学生都能清楚、准确地感知演示对象，并引导他们在感知过程中进行综合分析。

④ 教师应尽量排除次要因素或减少次要因素的影响，以使目的明确，现象明显。

5. 参观法

（1）参观法是指教师根据教学目的和要求，组织学生对实物进行实地观察、研究，从而在实际中获得新知识或巩固、验证已学知识的方法。参观法可以分为三类：准备性参观、并行性参观和总结性参观。

（2）运用参观法的基本要求有：

① 教师应提前做好参观的准备。

② 在参观过程中，教师应指导参观有序进行。

③ 参观结束后，教师要引导学生总结参观的收获。

6. 练习法

（1）练习法是指学生在教师的指导下运用知识去完成一定的操作，并形成技能技巧的方法。练习的种类很多，按培养学生不同方面的能力分为各种口头练习、书面练习、实际操作练习；按学生掌握技能、技巧的进程分为模仿性练习、独立性练习、创造性练习。

（2）运用练习法的基本要求有：

① 教师要使学生明确练习的目的与要求，掌握练习的原理和方法。这样能防止练习中可能产生的盲目性，从而提高练习的自觉性。

② 教师应精选练习材料，适当分配分量、次数和时间，练习的方式要多样化，循序渐进，逐步提高。

③ 在练习过程中，教师应严格要求。

7. 自学指导法

（1）自学指导法是指教师指导学生通过自学教科书、参考书以获取知识或巩固知识的方法。

（2）运用自学指导法的要求有：

① 教师要帮助学生提出明确的目的、要求和思考题。

② 教师要教给学生自学的方法。

③ 教师应加强对学生的评价和辅导。

④ 教师要适当组织学生交流自学心得。

8. 实验法

（1）实验法是指学生在教师的指导下，使用一定的仪器和设备，在一定条件下引起某些事物和现象产生变化，进行观察和分析，以获得知识与技能的方法。一般在物理、化学、生物等自然科学的教学中运用得较多。

(2) 运用实验法的基本要求有：

① 教师应使学生明确目的，教师应制订详细的实验计划，提出具体的操作步骤和实验要求。

② 在实验过程中，教师应做好实验的组织和指导。

③ 实验结束后，教师应要求学生做好实验小结。

9. 以情感陶冶为主的教学方法

以情感陶冶为主的教学方法是指教师根据一定的教学要求，有计划地使学生处于一种类似真实的活动情境之中，利用其中的教育因素综合地对学生施加影响，潜移默化地教育学生的一种教学方法。主要包括欣赏教学法和情境教学法。

(1) 欣赏教学法。欣赏教学法是指在教学过程中，教师指导学生体验客观事物的真善美的一种教学方法。欣赏教学法一般包括对自然的欣赏、人生的欣赏和艺术的欣赏等。

(2) 情境教学法。教师创设的情境一般包括生活展现的情境、图画再现的情境、实物演示的情境、音乐渲染的情境、言语描述的情境等。

10. 以探究活动为主的教学方法

以探究活动为主的教学方法，是指教师组织和引导学生通过独立的探索和研究活动而掌握知识、培养能力、开发潜力、形成研究意识和探究精神的方法。这类方法的特点是学生具有较大的活动自由，由学生积极主动地研究问题、探索解决问题的方法，学生的主体性得到充分彰显，学生的独立性得到高度发挥。以探究活动为主的教学方法最主要的就是发现法，发现法是指教师不直接把知识传授给学生，而是创设能产生问题情境，或直接提出有利于展开探究的问题，引导学生去探究和发现新知识和问题。

考点突破

【16-8】教师通过展示实物、直观的教具，进行示范性实验，或利用现代化视听手段，指导学生获取知识或巩固知识的方法是(　　)。

A. 练习法　　B. 演示法　　C. 实验法　　D. 发现法

【16-9】教"新型玻璃"时，为了丰富小学生对玻璃的认识，张老师带领学生去玻璃厂观看玻璃的生产流程，这种教学方法是(　　)。

A. 实验法　　B. 参观法　　C. 演示法　　D. 实习法

【16-10】张老师在教《我爱故乡的杨梅》时，用多媒体播放江南水乡美景，为学生设计真实、具体、生动的场景，其采用的教学法是(　　)。

A. 情境教学法　　B. 示范法　　C. 演示法　　D. 现场教学法

第四节　教学的组织形式

一、教学组织形式的概念

教学组织形式是指为完成特定的教学任务，教师和学生按照一定要求组合起来进行活动的结构。教学组织形式所要解决的问题，就是教师以什么样的形式将学生组织起来，通过什么样的形式与学生发生联系，教学活动按照什么样的程序展开，教学时间如何分配和安排等问题。

教学组织形式主要受教学观念、教学任务、教学内容、教学对象和教学条件等因素的制约。

二、常见的教学组织形式

在教育史上先后出现的影响较大的教学组织形式有个别教学制、班级授课制、分组教学制、设计教学法和道尔顿制。这里主要介绍前三种，其中班级授课制是我国现行的教学组织形式。

（一）个别教学制

个别教学制是指教师对学生一个一个轮流地教，教师在教某个学生时，其余学生均按教师的要求进行复习或作业。这是古代学校常用的教学组织形式。

个别教学制最显著的优点在于教师能根据学生的特点因材施教，使教学内容、进度适合每一个学生的接受能力。

但采用个别教学制，一个教师所能教的学生数量是很有限的。

（二）班级授课制

（1）班级授课制是指把学生按年龄和知识程度分成固定人数的班级，教师根据课程计划和规定的时间表进行教学的一种组织形式。班级授课制是世界各国现行的基本组织形式。

（2）班级授课制的基本特征：① 以班为单位集体授课，学生人数固定。② 授课教学。“课”是教学活动的基本单元，一般分为单一课和综合课。③ 按时授课。把每一“课”规定在固定的单位时间内进行，这个单位时间称为“课时”，课与课之间有一定的间歇和休息。

（3）班级授课制有其自身的优越性和局限性。

① 优越性。第一，有利于经济有效地大面积培养人才；第二，有利于发挥教师的主导作用；第三，有利于发挥学生集体的作用；第四，有利于学生多方面的发展。

② 局限性。第一，教学活动多由教师直接做主，学生的主体地位或独立性受到一定的限制；第二，学生的学习主要是接受现成的知识，动手机会少，不利于培养探索精神、创造能力和实践能力；第三，教师教学面向全班学生，强调的是统一，难以照顾学生的个别差异；第四，教学内容和教学方法的灵活性有限。

（4）班级授课的辅助形式：个别辅导与现场教学。

① 个别辅导是指在课堂教学的基础上，教师针对不同学生的情况进行个别辅导的教学组织形式。

② 现场教学是指教师让学生通过自然或社会实践获得必要的直接经验，使学生开阔眼界，扩展知识，激发学习热情，培养独立工作的能力，陶冶品德的组织形式。这种在自然和社会现实活动中进行教学的组织形式便是现场教学。

（5）班级授课制的特殊组织形式：复式教学。

复式教学是指把两个或两个以上年级的学生编在一个班里，由一位教师分别用不同程度的教材，在同一节课里对不同年级的学生，采取直接教学和自动作业交替的办法进行教学的组织形式。

（三）分组教学制

分组教学制是指按学生能力或学生成绩把他们分成水平不同的组进行教学的组织形式。

分组教学制大致可分为两大类：外部分组和内部分组。外部分组是指打乱传统的按年龄编班的做法，而按学生的能力或学习成绩编班。外部分组主要有两种形式：学科能力分组和跨学科能力分组。内部分组是指在传统的按年龄编班的班级内，按学生的学习能力或学习成绩分组。

考点突破

【16-11】在按年龄编班的前提下，根据学生的学习能力或学习成绩的发展变化进行分组教学，这种分组属于(　　)。

A. 综合分组　B. 外部分组　C. 内部分组　D. 交叉分组

【16-12】(2015年上半年)在古代，中国、埃及和希腊的学校主要采用的教学组织形式是(　　)。

A. 个别教学　B. 复式教学　C. 分组教学　D. 班级教学

【16-13】目前世界范围内，最普遍和最基本的教学组织形式是(　　)。

A. 个别教学　B. 小班教学　C. 班级授课制　D. 复式教学

第五节　课堂教学的实施

一、课堂教学实施的环节

课堂教学实施主要包括备课、上课、作业的布置与批改、课外辅导以及学业成绩的检查与评定五个基本环节。

(一) 备课

备课是教师根据课程标准的要求和本门课程的特点，结合学生的具体情况，选择最适合的表达方法和顺序，备课是为了保证学生有效地学习。

教师的备课主要是做好三件事：钻研教材、了解学生与选择教法。还有写好三种计划：学期教学进度计划、单元教学计划与课时计划(教案)等。教师在备课的所有活动中，教案的设计处于核心的位置。

(二) 上课

上课就是通过教师对课堂教学活动本身的导入、课中和结束过程的不断调整和控制，顺利实施教学设计方案，以达到预定教学目标的过程。上课包括导入、课中实施教学、结束等三个环节。上课是教学工作各环节中的中心环节。

一般来说，构成课的基本组成部分有：组织教学、检查复习、讲授新知识、巩固旧知识、布置课外作业等。

教师上好课的具体要求有：① 目的明确；② 内容正确；③ 方法得当；④ 结构完整；⑤ 语言贴切；⑥ 气氛热烈；⑦ 板书有序；⑧ 教态合适。

(三) 作业的布置与批改

课堂教学结束后，教师要布置一定的课外作业。小学课外作业有各种形式，比如阅读教科书和参考书、口头作业、书面作业、实践作业等。教师布置课外作业须符合教学的基本要求：① 内容要符合课程标准规定的范围和深度；② 分量适宜，难易适度，不搞题海战术；③ 有助于学生素质的发展。教师要对布置的课外作业及时批改、及时反馈，并进行作业分析。

（四）课外辅导

课外辅导是课堂教学的一种补充形式，是指教师在课堂教学以外的时间里帮助和指导学生的学习活动。课外辅导的主要任务和内容包括：给学生答疑解惑；给缺课或者基础差的学生补课；为优秀学生和有专长的学生进行进一步的指导；指导学生进行课外阅读，以及指导学生开展课外活动等。课外辅导一般有个别辅导、小组辅导和集体辅导三种。

（五）学业成绩的检查与评定

学生学业成绩的检查与评定的方法主要有：测验法、观察法、调查法、自我评价法。其中，测验法是学生学业成绩的检查与评定的基本方法。测验有口试、笔试、操作测验等多种具体方法，其中笔试是检查、评定学生成绩的基本方法。

考点突破

【16-14】教学工作的中心环节是（　　）。

A. 备课　　B. 上课　　C. 练习复习　　D. 考试

二、课堂教学实施的策略

（一）直接教学策略

1. 直接教学策略的含义

直接教学策略是一种以教师为中心的教学策略，主要是由教师向学生提供信息，教师的作用是以多种方式把事实、规则和动作序列传达给学生。直接教学策略通常是以演讲、朗诵的形式为主，辅以解释、举例、练习，以及纠正与反馈等教学行为。这种教学策略比较适宜于对事实、规则、活动过程的讲解与指导，最具代表性的教学方法就是讲授法。

直接教学策略具有以下几个方面的特征：① 面向全体学生实施教学；② 围绕一个明确的主题组织教学；③ 提供详细的、反复的练习；④ 采用“小步子”原则呈现材料；⑤ 学生需要进行一定的练习。

2. 直接教学策略的程序

直接教学策略的程序包括：① 日常复习与检查；② 呈现与组织新内容；③ 指导学生练习；④ 反馈与纠正。

（二）自主型教学策略

自主型教学策略既是一种教学策略，也是一种学习方法，它可以让学生更快地进入到学习的过程中，从而取得行为复杂层次更高的成果。

（三）共同解决教学策略

共同解决教学策略是指借助师生对话，共同思考、共同探究、共同解决问题、共同获得知识的策略。它的基本形态是教学对话与课堂讨论。

第六节　学习动机

一、学习动机的含义

学习动机是指引发和维持个体学习活动，并将学习活动指向一定学习目标的动力机制。

二、学习动机的构成

学习动机的两个基本成分是学习需要和诱因，两者相互作用形成学习的动机系统。

（一）学习需要

学习需要是指个体在学习活动中感到有某种欠缺而力求获得满足的心理状态。从需要的作用上来看，学习需要即为学习的内驱力。

奥苏伯尔认为，学校情境中的成就动机主要由以下三个方面的内驱力组成，即认知内驱力、自我提高内驱力和附属内驱力。

认知内驱力以求知作为目标，从知识的获得中得到满足，是学习的内部动机。

自我提高内驱力是指个体由自己的学业成就而获得相应的地位和威望的需要。这是一种间接的学习需要，属于外部动机。

附属内驱力是指个体为了获得长者（如教师、家长等）的赞许和同伴的接纳而表现出来的把工作、学习做好的一种需要。

自我提高内驱力和附属内驱力都是一种间接的学习需要，属于外部动机。在儿童早期，附属内驱力最为突出，主要是为了获得长者的赞许。到了儿童后期和少年期，附属内驱力的强度有所减弱，而来自同伴、集体的赞许和认可逐渐替代了对长者的依附。在这期间，赢得同伴的赞许就成为一个强有力的动机因素。

考点突破

【16-15】在小学教育阶段，教师应当特别重视保护学生的好奇心，激发学生的学习兴趣，促使其产生（　　）。

A. 成就动机　B. 认知内驱力　C. 自我提高内驱力　D. 附属内驱力

【16-16】（2014年上半年）小红非常喜欢文学作品，所以上语文课时特别认真。这种学习动机属于（　　）。

A. 认知内驱力　B. 附属内驱力

C. 生理的内驱力　D. 自我提高内驱力

【16-17】在儿童早期，以下哪种内驱力的作用最为突出？（　　）

A. 认知内驱力　B. 附属内驱力　C. 自我提高内驱力　D. 欲望内驱力

【16-18】学生学习是为了改变自己在班集体中的排名，这样的学习动机属于（　　）。

A. 认知内驱力　B. 附属内驱力　C. 自我提高内驱力　D. 交往内驱力

（二）诱因

诱因是指能够激起有机体的定向行为，并能满足某种需要的外部条件或刺激物。

三、学习动机的功能

（一）激发功能

当学生形成学习动机时，就会激发起一定的学习行为。动机是行为的原因，只有积极的学习动机才能促进积极的学习行为。

（二）指向功能

学习动机具有定向作用，使学生的学习行为指向某一学习目标，并推动学生为实现目标而努力学习。

(三) 维持功能

学习动机会对学习行为起维持作用。为达到动机指向的目标,学习动机激励个体的注意力、意志力和思维活动等,使学习行为处于活跃状态。强烈的学习动机可以使学生克服学习中的困难,推动学生向前努力。

(四) 调节功能

学习动机调节学习行为的强度、时间和方向。如果学习行为未达到既定目标,动机还将驱使学生转换学习行为活动的方向以达到既定目标。

四、学习动机的分类

(一) 内部动机与外部动机

根据动机产生的诱因来源,可以把学习动机分为内部动机与外部动机。

内部动机是指人们对学习本身的兴趣所引起的动机,如有的学生喜爱数学,他便在课上认真听讲,课下刻苦钻研。外部动机是指人们由于外部诱因所引起的动机,如有的学生是为了得到奖励,避免惩罚,取悦老师等。

(二) 高尚动机与低级动机

根据学习动机内容的社会意义,可以把学习动机分为高尚动机与低级动机。

高尚动机的核心是利他主义,学生把当前的学习同国家和社会的利益联系在一起。低级动机的核心是利己的、自我中心的,学习动机只来源于自己眼前的利益。

(三) 远景性动机与近景性动机

根据动机起作用的时间长短,可以把学习动机分为远景性动机与近景性动机。

远景性动机,是指动机行为与长远目标相联系的一类动机。近景性动机,是指动机行为与近期目标相联系的一类动机。例如,学生在确定选修课程时,有的是考虑今后走上社会、踏上工作岗位的需要,有的只是考虑眼下是否容易通过考试,他们的择课动机便属于远景性和近景性动机范畴。

(四) 直接动机与间接动机

根据学习动机与学习活动的关系,可以把学习动机分为直接动机与间接动机。

直接动机与学习活动直接相连,是对学习的直接兴趣和对学习活动的直接追求引起的。间接动机与学习活动的社会意义相联系,是社会要求在学习上的反映结果。

考点突破

【16-19】有的小学生为了得到老师的鼓励而努力学习,有的小学生为了得到家长的奖励而努力学习,有的小学生为了让同学瞧得起自己而努力学习,这类学习动机属于(　　)。

A. 直接的近景性动机　　B. 间接的远景性动机

C. 间接的近景性动机　　D. 直接的远景性动机

【16-20】张远、王华为了通过下个月的出国考试而刻苦学习外语。这种学习动机是(　　)。

A. 外部远景性动机　　B. 内部远景性动机　　C. 外部近景性动机　　D. 内部近景性动机

【16-21】由于数学教师讲课很生动,激发了某小学生学好数学的愿望,这种学习动机属于(　　)。

A. 直接的近景性动机　　B. 低级动机

C. 高尚动机　　D. 间接的远景性动机

五、学习动机与学习效率的关系

心理学的研究表明，动机强度与学习效率之间的关系并不是一种线性关系，而是倒 U 形曲线关系。

中等强度的动机最有利于任务的完成，即动机强度处于中等水平时，学习效率最高。

美国心理学家耶克斯和多德森的研究表明，各种活动都存在一个最佳的动机水平。动机不足或过分强烈都会导致学习效率下降。此外，动机的最佳水平还随任务性质的不同而不同：在学习较复杂的问题时，动机强度的最佳水平点会低些；在学习任务比较简单时，动机强度的最佳水平点会高些。

考点突破

【16-22】心理学表明，动机强度与学习效率的关系是(　　)。

A. 呈 U 形曲线关系　　B. 倒 U 形曲线关系　　C. 正比关系　　D. 反比关系

【16-23】根据耶克斯—多德森定律，下列哪一程度的动机强度最有利于学习效率的提高？(　　)

A. 极低程度　　B. 较低程度　　C. 中等程度　　D. 最高程度

六、学习动机的理论

(一) 行为主义强化理论

学习动机的行为主义强化理论是行为主义学习理论家提出来的，主要代表人物是巴甫洛夫和斯金纳。行为主义强化理论认为强化能够促进学习动机。因此，在学习活动中，学校经常采用奖励(赞许、奖品、给予权利、高分数等)与惩罚(训斥、剥夺权利、低分数等)的办法以督促学生学习，其目的就是通过外在诱因来维持学生的学习动机。

考点突破

【16-24】强调在学习活动中，采取各种外部手段，如奖励、赞扬、评分等激发学生的学习动机，这是动机的(　　)。

A. 行为主义强化理论　　B. 需要层次理论

C. 成就动机理论　　D. 归因理论

(二) 需要层次理论

马斯洛提出了需要层次理论。他认为，任何人的行为动机都是在需要发生的基础上被激发起来的，而人具有五种基本需要即生理需要、安全需要、归属和爱的需要、尊重需要、自我实现需要，这些需要从低级到高级排成一个层级，较低级的需要至少达到部分满足之后才能出现对较高级需要的追求。他将前四种需要定义为缺失需要，也叫匮乏性需要，后一种需要定义为生长需要。

在学校中，学生缺乏学习动机在某种程度上与缺失需要未得到充分满足有很大的关系。如果学生感到没有被人爱，或认为自己无能，他们就不可能有强烈的动机去实现较高的目标。那些无法确定自己是否惹人喜欢或不知道自己能力高低的学生，往往会做出较为“安全”的选择，即为测验而学习. 而不是对学习本身感兴趣。

考点突破

【16-25】马洛斯的需要层次理论中最高的层次是（　　）。

A. 生理需要　　B. 安全需要　　C. 尊重需要　　D. 自我实现需要

（三）成就动机理论

成就动机通常被认为是一种通过练习和使用某种力量克服障碍，完成某种任务的愿望或倾向。成就动机最初由美国社会心理学家麦克利兰和美国心理学家阿特金森提出，后来由阿特金森加以发展。个体的成就动机可以分成两部分：趋向成功的倾向和避免失败的倾向。趋向成功的倾向指力求克服障碍，施展才能，从而尽快尽好地解决某一难题的心理倾向；避免失败的倾向指为避免因失败在他人心中形象受损时带来的不良情绪。

在教育教学中，对力求成功者，教师应通过给予他们更多新颖且有一定难度的任务、创设竞争的情境、严格评定分数等方式来激发其学习动机；而对于避免失败者，则应安排竞争少或竞争性不强的情境，如果取得成功则要及时表扬给予强化，评定分数时要求应尽量放宽，还应避免当众指责或批评他们。

根据成就动机理论，成就动机水平高的学生最有可能选择的是成功概率约为50%的任务，因为这种任务最富有现实的挑战性。这不仅仅涉及学习任务本身的难易，更涉及成功的标准问题。如果学生认为无论如何努力也肯定不及格时，学习动力会处于极低的水平。因此，教师需要适当掌握评分标准，要让学生感到，取得好的成绩是可能的，但也不是可以轻易取得的。

考点突破

【16-26】个体的成就动机中含有两种成分，趋向成功的倾向与（　　）。

A. 追求利益的倾向　　B. 避免困难的倾向

C. 避免失败的倾向　　D. 追求刺激的倾向

【16-27】个体的成就动机可以分成力求成功的倾向和避免失败的倾向。根据成就动机理论，成就动机水平高的学生最有可能选择的任务是（　　）。

A. 成功概率100%的任务　　B. 成功概率75%的任务

C. 成功概率50%的任务　　D. 成功概率25%的任务

（四）成败归因理论

1. 基本观点

归因是指人们对自己或他人活动及其结果的原因所作的解释和评价。美国心理学家韦纳对行为结果的归因进行了系统探讨，发现人们倾向于将活动成败的原因归结为以下六个因素，即能力高低、努力程度、任务难易、运气（机遇）好坏、身心状态、外界环境等。

韦纳成败归因理论将六个因素归为三个维度，即内部归因和外部归因、稳定性归因和非稳定性归因、可控制归因和不可控制归因。

能力高低属于内部稳定性的不可控制因素，努力程度属于内部不稳定的可控制因素，任务难易属于外部稳定性的不可控制因素，运气（机遇）好坏属于外部不稳定的不可控制因素，身心状态属于内部不稳定的不可控制因素，外界环境属于外部不稳定的不可控制因素。一个总是失败并把失败归于内部的、稳定的和不可控的因素（即能力低）的学生会形成一种习得性无助的自我感觉。习得性无助是当个体感到无论做什么事情，都不会对自己的重要生活事件产生影响时所体验到的一种抑郁状态。

2. 教育意义

由于归因理论是从结果来阐述行为动机的，因此它的理论价值与实际作用主要表现在三个方面：一是有助于了解心理活动发生的因果关系；二是有助于根据学习行为及其结果来推断个体的心理特征；三是有助于从特定的学习行为及其结果来预测个体在某种情况下可能产生的学习行为。

根据归因理论，学生将成败归因于努力比归因于能力会产生更强烈的情绪体验。努力而成功，体验到愉快；不努力而失败，体验到羞愧；努力而失败，也应受到鼓励。因此，教师在给予奖励时，不仅要考虑学生的学习结果，而且要联系其学习进步与努力程度状况来看，强调内部、稳定和可控制的因素。在学生付出同样努力时，对能力低的学生应给予更多的奖励，对能力低而努力的人给予最高评价，对能力高而不努力的人则给予最低评价，以此引导学生进行正确归因。

考点突破

【16-28】提出成败归因理论的是美国心理学家(　　)。

A. 韦纳　　B. 斯金纳　　C. 班杜拉　　D. 布鲁纳

【16-29】当人在做某件事情失败时，常常要去寻找原因，能够激发动机的归因是(　　)。

A. 任务难度太大　　B. 努力不够　　C. 运气不好　　D. 能力不够

【16-30】韦纳成败归因理论中内部而稳定的归因是(　　)。

A. 能力高低　　B. 努力程度　　C. 任务难易　　D. 运气(机遇)好坏

(五) 自我效能感理论

自我效能感是指人们对自己是否能够成功地完成某一行为的主观判断。这一概念由班杜拉最早提出。

班杜拉指出影响自我效能感的因素有四种：成败经验、替代经验、言语信息、情绪和生理状态。其中，影响自我效能感形成的最主要因素是个体自身行为的成败经验。

考点突破

【16-31】人们对自己能否成功地完成某一行为的主观判断称为(　　)。

A. 自我期待感　　B. 自我归因感　　C. 自我预期感　　D. 自我效能感

【16-32】自我效能感这一概念的最早提出者是(　　)。

A. 马斯洛　　B. 班杜拉　　C. 加涅　　D. 阿特金森

七、学习动机的培养与激发

1. 学习动机的培养

学习动机的培养是学校思想品德教育的有机组成部分，教师应引导学生设置具体目标及采取达到目标的方法，设置榜样，利用榜样的力量来感染学生，要培养学生对学习的兴趣，教师要利用原有动机的迁移，使学生产生学习的需要，同时要注意学生的归因倾向。

2. 学习动机的激发

在实际的教学中,教师应创设问题情境,实施启发式教学;根据作业难度,恰当控制动机水平;正确指导结果归因,促使学生继续努力;充分利用反馈信息,妥善进行奖惩。

第七节 学习方式

一、学习策略

(一) 学习策略概述

学习策略是指学习者为了提高学习效果和效率,有目的、有意识地制订的有关学习过程的复杂方案。

(二) 学习策略的分类

国内最早对学习策略展开研究的是学者陈琦和刘儒德,他们引用了前人的观点,将学习策略分为三部分:认知策略、元认知策略和资源管理策略。

1. 认知策略

认知策略是加工信息的一种方法和技术,有助于有效地从记忆中提取信息。实际操作包括复述策略、精细加工策略和组织策略。

(1) 复述策略。常用的复述策略:利用随意记忆和有意识记,排除抑制干扰,整体记忆与分段记忆,多种感官参与,画线、圈点批注等。

(2) 精细加工策略。常用的精细加工策略:记忆术(如位置记忆法、缩减与编歌法、谐音联想法、关键词法、视觉联想),做笔记,提问,生成性学习,利用背景知识联系实际等。

(3) 组织策略。常用的组织策略:列提纲,利用图形(系统结构图、流程图、模型图、网络关系图等),利用表格(一览表、双向表)等。

2. 元认知策略

元认知策略是指学生对自己认知的策略,包括对自己认知过程的了解和控制策略,有助于学生有效地安排和调节学习过程。元认知策略在实际操作中包括元认知计划策略、元认知监控策略和元认知调节策略。

(1) 元认知计划策略是指活动前制订周密活动计划的策略,包括设置学习目标、浏览阅读材料、产生待回答的问题、分析如何完成学习任务等。

(2) 元认知监控策略是指在活动中监控活动的策略。元认知监控策略包括阅读时对注意加以跟踪、对材料进行自我提问、考试时监控自己的速度和时间。自我提问法是最常用的元认知监控策略。

(3) 元认知调节策略。元认知调节策略是指根据对认知活动结果的检查、对认知策略的效果的检查,及时修正、调整认知策略。

3. 资源管理策略

资源管理策略是指辅导学生管理可用环境和资源的策略。它有助于学生适应环境并调节环境以适应自己的需要,对学生的动机有重要的作用,包括时间管理策略、环境管理策略、努力管理策略和资源利用策略。

(1) 时间管理策略。时间管理策略包括统筹安排学习时间、高效利用最佳时间、灵活利用零碎时间。

（2）环境管理策略。学习环境设置的目的是消除一切与学习无关的外界因素，为学生做好学习准备。第一，要注意调节自然条件，如流通的空气、适宜的温度、明亮的光线等；第二，要设计好学习的空间，如空间范围、室内布置等。

（3）努力管理策略。努力管理策略具体包括树立良好信念、选择有挑战性的任务、调节成败标准、正确认识成败的原因、自我奖励等。

（4）资源利用策略。资源利用策略具体包括学习工具的利用、社会性人力资源的利用（如老师的帮助、同学间的合作和探讨等）。

考点突破

【16-33】（2018年下半年）芳芳学习中遇到不懂的问题就会主动向老师请教。她采用的学习策略是（　　）。

A. 精细加工策略　　B. 认知策略　　C. 元认知策略　　D. 资源管理策略

【16-34】（2018年上半年）为了记住学过的生字词，小蓉反复抄写了很多遍，她在学习中运用的是（　　）。

A. 监督策略　　B. 复述策略　　C. 计划策略　　D. 组织策略

二、知识与技能的学习

（一）知识的学习

1. 知识的类型

（1）根据知识的概括水平及认识深度，可把知识分为感性知识和理性知识；（2）根据知识的概括水平，可把知识分为具体知识和抽象知识；（3）根据知识的功能，可把知识分为陈述性知识和程序性知识。

2. 知识学习的类型

（1）根据头脑中知识的不同形式或学习任务的复杂程度，可把知识学习分为符号学习、概念学习和命题学习；（2）根据新知识与原有认知结构的关系，可把知识学习分为下位学习、上位学习和并列学习。

3. 知识学习的过程

（1）陈述性知识学习的一般过程。学习心理学研究认为，从教学实际过程看，陈述性知识学习的过程可分为知识的理解、巩固和应用三个彼此联系又相对独立的阶段：① 知识的理解一般是通过对教材的直观和概括化完成的。② 知识的巩固是指个体通过识记、保持、再认或重现等方式对已经理解了的知识进行长久的保存，是在头脑中积累和保持个体经验的心理过程。③ 知识的应用就是将所学的知识灵活、有效地运用到日常生活实践中，其实质是运用已有的认知经验去解决相关问题。

（2）程序性知识学习的一般过程。从陈述性知识转化为自动化的技能的过程主要由三个阶段构成：① 陈述性阶段；② 程序性阶段；③ 自动化阶段。

（二）技能的学习

技能一般被认为是通过练习而形成的合乎法则的活动方式。

技能的种类：根据技能的性质和特点，通常把技能分为操作技能和心智技能。

操作技能也叫动作技能、运动技能，是通过学习而形成的合乎法则的程序化、自动化和完善化的操作活动方式。

心智技能也叫智力技能、认知技能，它是一种借助内部力量调节、控制心智活动的经验，是通过学习而形成的合乎法则的心智活动方式。

1. 操作技能的形成与培养

(1) 操作技能的形成包括操作定向、操作模仿、操作整合、操作熟练几个阶段。

① 操作定向也称操作的认知阶段，即理解操作活动的结构和程序的要求，在头脑中建立起操作活动的定向映象的过程。

② 操作模仿是指学习者通过观察，实际再现特定的示范动作或行为模式。

③ 操作整合是指学习者把模仿阶段习得的动作依据其内在联系联结起来，固定下来，并使各动作成分相互结合，成为定型的、一体化的动作。

④ 操作熟练是操作技能掌握的高级阶段，这个阶段形成的动作方式对各种变化的条件具有高度的适应性，动作的执行达到高度的程序化、自动化和完善化。

(2) 操作技能的培养要求：教师准确的示范与讲解，学生必要而适当的练习，教师充分而有效地反馈，学生建立稳定清晰的动觉。其中练习是形成各种操作技能不可缺少的关键环节，是操作技能形成的基本条件和途径。学生在学习中要注意练习与技能进步的关系，注意克服练习中的“高原现象”。练习过程有一定的规律，练习曲线的特点有：第一，开始进步快；第二，中间有一个明显的暂时的停顿期，即高原期；第三，后期进步较慢；第四，总体趋势是进步的，但有时出现暂时的退步。为了促进操作技能的形成，过度学习是必要的，过度学习是达到一定程度后，仍继续学习的一种现象，适当过度学习达到150%时，效果最佳。

2. 心智技能的形成与培养

(1) 心智技能形成包括原型定向阶段、原型操作阶段和原型内化阶段三个阶段。

① 原型定向指了解心智技能的实践模式的过程，包括了解心智技能活动的方式或程序、原型的活动结构，从而使主体知道该做哪些动作和怎样去完成这些动作，明确活动的方向。

② 原型操作即依据心智技能的实践模式，把主体在头脑中建立起来的活动程序计划，以外显的操作方式付诸实施的过程。

③ 原型内化即心智技能的实践模式向头脑内部转化的过程，它是由物质的、外显的、展开的形式变成观念的、内潜的、简缩的形式的过程。

(2) 心智技能的培养要求：① 教师要激发学生学习的积极性与主动性；② 教师应注意原型的完备性、独立性与概括性；③ 教师要引导学生适应培养的阶段特征，正确使用语言；④ 在培养过程中，教师应注意学生的个别差异。

巩固练习

一、选择题

1. 在我国常用的教学方法中，哪种方法是中小学各科教学中的一种主要教学方法？（　　）

A. 谈话法　　B. 讨论法　　C. 演示法　　D. 讲授法

2. 王老师是一位小学社会课教师，在课堂教学中，他运用准确流畅的语言把知识传递给学生。同时，他还经常带领学生参观博物馆来丰富学生的感性认识，这体现了教学过程中的（　　）。

A. 教师主导作用与学生主动性相结合规律

B. 掌握知识与发展智力相统一规律

C. 掌握知识与提高思想认识相结合规律

D. 直接经验与间接经验相结合规律

3.“博学之、审问之、慎思之、明辨之、笃行之”的观点强调的是(　　)。

A. 学习兴趣　　B. 学习过程　　C. 学习要求　　D. 学习努力程度

4. 在教育活动中，教师负责组织、引导学生沿着正确的方向，采用科学的方法，获得良好的发展。这句话的意思是说(　　)。

A. 学生在教育活动中是被动的客体

B. 教师在教育活动中是被动的客体

C. 要充分发挥教师在教育活动中的主导作用

D. 教师在教育活动中是不能起到主导作用

5. 教师备课工作包括：钻研教材、(　　)和选择教法。

A. 设计练习作业　　B. 了解学生　　C. 检查学生学具　　D. 布置教室环境

6. 在教学活动中，教师不能满足于“授之以鱼”，更要做到“授之以渔”。这说明教学中教师应该重视(　　)。

A. 传授学生知识　　B. 发展学生能力　　C. 培养学生个性　　D. 养成学生品德

7. 教师不直接将学习主要内容提供给学生，而是为学生创设问题情境，或直接提出有利于展开探究的问题，引导学生去探究和发现新知识和问题的方法是(　　)。

A. 发现法　　B. 讲授法　　C. 掌握学习法　　D. 头脑风暴法

8. 根据教学过程的基本规律，下列描述正确的选项是(　　)。

A. 学生以直接经验为主，掌握知识是发展能力的基础

B. 学生以间接经验为主，发展智力是掌握知识的基础

C. 学生以间接经验为主，掌握知识是发展能力的基础

D. 学生以直接经验为主，发展智力是掌握知识的基础

9.《学记》中提出的“杂施而不孙、则坏乱而不修”的主张所对应的教学原则是(　　)。

A. 巩固性原则　　B. 因材施教原则

C. 循序渐进原则　　D. 启发性原则

10. (　　)是指教师开学前对所任教课程做出一个学期的全面计划和进度安排，是完成一个学期教学目标所确定的工作范围和教学进度的实施方案。

A. 学校教学进度计划　　B. 单元教学计划

C. 课时计划　　D. 学期教学进度计划

11. 下列教学方法的实施组织形式属于现场教学的是(　　)。

A. 实验法　　B. 演示法　　C. 欣赏教学法　　D. 参观法

12. 使学生在不知不觉中受到教育，是下列哪种教学方法所具有的特点？(　　)

A. 探究法　　B. 发现法　　C. 情境教学法　　D. 实验法

13. 动机强度与学习效率之间的关系是(　　)。

A. 倒U形曲线关系　　B. 线性关系

C. U形曲线关系　　D. 直线关系

14. 学习动机的强化理论的提出者是(　　)。

A. 人本主义者　　B. 认知主义者　　C. 建构主义者　　D. 行为主义者

15. 小强是一位很想获得成功的有志青年。他的老板现在有三件事情需要完成：一件比较容易，一件中等难度，一件很难。如果小强可以挑选其中一件来完成，你估计小强会(　　)。

A. 挑选最难的那一件

B. 挑选最容易的那一件

C. 挑选中等难度的那一件

D. 寻求老板的意见，以避免老板对他的可能的负面评价

16. 阳阳因为想得到妈妈和老师的表扬而刻苦努力学习，她的这种学习动机表现属于(　　)。

A. 认知内驱力　　B. 自我提高内驱力

C. 附属内驱力　　D. 求知欲

17. 画线是阅读时常用的一种(　　)。

A. 精细加工策略　　B. 复述策略

C. 组织策略　　D. 资源管理策略

二、简答题

1. 教学与智育有什么联系和区别？
2. 如何认识教学过程的本质？
3. 简述教学的意义。
4. 简述教学原则与教学规律有什么联系和区别？
5. 简述上好课的基本要求有哪些？

三、论述题

1. 试述教学过程的基本规律。
2. 我国小学常用的教学原则有哪些？
3. 分析课堂教学的利弊，并提出改进方法。

参考答案

考点突破

【16-1】答案：D。

解析：教学与智育是交叉关系。不是同一关系，也不存在隶属关系。教学中包括智育，智育也会在教学中得到体现。

【16-2】答案：C。

解析：本题考查教学过程是一种特殊的认识过程的四个具体表现。

【16-3】答案：B。

解析：学生主要学习前人积累的优秀文化成果，是前人总结好的，是间接经验。

【16-4】答案：C。

解析：教学不仅要传授知识，还要教会学生做人的道理，提高学生的道德水平。C 项知、情、意的统一正说明了这一点。

【16-5】答案：B。

解析：教学过程的中心环节是领会知识。

【16-6】答案：A。

解析：这句话的通俗理解：不听不如听，听不如见。也就是说我们学习一个事物，最好要见到实物才更有效。这反映的是教学的直观性原则。

【16-7】答案：C。

解析：这句话体现的是启发性原则。

【16-8】答案：B。

解析：题干中所说的是演示法的概念，即教师演示，学生观察，从而通过这种直观方式指导学生获取知识。

【16-9】答案：B。

解析：参观法是指教师根据教学目的和要求，组织学生对实物进行实地观察、研究，从而在实际中获得新知识或巩固、验证已学知识的方法。

【16-10】**答案**：A。

解析：情境教学法是教师创设一定的场景，使学生在具体情境中获得体验的方法。题干中张老师运用的即为情境教学法。

【16-11】**答案**：C。

解析：内部分组是在按年龄编班的基础上进行的。

【16-12】**答案**：A。

解析：古代的学校主要采用个别教学的组织形式，即教师对学生一个一个轮流地教，教师在教某个学生时，其余学生均按教师的要求进行复习或写作业。

【16-13】**答案**：C。

解析：班级授课制是世界各国现行的基本组织形式。

【16-14】**答案**：B。

解析：教学工作的中心环节是上课。

【16-15】**答案**：B。

解析：教师重视保护学生的好奇心，激发学生的学习兴趣，是把求知作为目标，属于认知内驱力。

【16-16】**答案**：A。

解析："非常喜欢"是题眼，表明对学习活动本身感兴趣，属于认知内驱力。

【16-17】**答案**：B。

解析：附属内驱力在儿童早期最为突出。

【16-18】**答案**：C。

解析：题眼"排名"提示与自我提高有关。

【16-19】**答案**：C。

解析：题中所指均是社会观念、父母意愿以及教师期望在学生头脑中的反映，属于间接动机。从学习动机起作用的时间长短来看，是与短期目标相联系的，属于近景性动机。

【16-20】**答案**：C。

解析：通过出国考试是他们近期的学习目标，同时努力是因为要通过考试而非真正热爱英语，觉得学英语有趣，因此属于外部近景性动机。

【16-21】**答案**：A。

解析：学好数学只针对数学本身的兴趣，同时是对这个阶段数学学习产生的愿望，因此属于近景性直接学习动机。

【16-22】**答案**：B。

解析：耶克斯—多德森定律表明：动机强度与学习效率之间呈倒U形曲线关系。

【16-23】**答案**：C。

解析：耶克斯—多德森定律：动机强度的最佳水平与学习任务的难易程度有关。一般来讲，中等水平动机强度最有利于学习效率的提高。

【16-24】**答案**：A。

解析：行为主义强化理论强调通过奖励与惩罚的措施，来维持学生的学习动机，因此注重使用外部的手段。

【16-25】**答案**：D。

解析：自我实现需要是生长需要，其他四个层次都是缺失需要。

【16-26】**答案**：C。

解析：成就动机理论认为个体的成就动机可以分成两类：一类是趋向成功的倾向，另一类是避免失败的倾向。

【16-27】**答案**：C。

解析：根据成就动机理论，学生最有可能选择的是成功概率约为50%的任务，因为这种任务最富有现实的挑战性。

【16-28】答案:A。

解析:美国心理学家韦纳对人的成败行为提出了归因理论。

【16-29】答案:B。

解析:将失败归结于可控的内在的因素,即努力不够不会影响个体的自信心。

【16-30】答案:A。

解析:内部的因素有选项A和B,只有能力是稳定的,努力是不稳定的。

【16-31】答案:D。

解析:这是自我效能感的概念。

【16-32】答案:B。

解析:班杜拉在动机的自我效能感理论中提出了该概念。

【16-33】答案:D。

解析:教师是促进学生学习的资源,题干中所述属于资源管理策略。

【16-34】答案:B。

解析:题干中有关键词"反复抄写",由此可见采用了复述策略。

巩固练习

一、选择题

1. D。讲授法是教师通过口头语言系统连贯地向学生传授文化科学知识的方法。讲授法是我国中小学各科教学中主要的教学方法。

2. D。直接经验是学生亲身获得的感性认识。间接经验指的是他人的认识成果,这里主要指人类历史经验的沉积。本题干中王老师传授系统知识时学生获得的为间接经验,而王老师带领学生参观博物馆丰富感性知识时学生获得的为直接经验,因此为直接经验与间接经验相结合。

3. B。"博学之、审问之、慎思之、明辨之、笃行之"讲的是学习的几个层次,重点强调学习过程。

4. C。这句话的意思是说要充分发挥教师在教育活动中的主导作用,故选C。教师发挥主导作用,是指教学的方向、内容、方法和组织都要由教师来设计和决定,教师要指导学生自学,在大多数情况下要向学生直接传授知识,言传身教。教学中既要教师发挥主导作用,又要学生发挥主动性,并把两者结合起来。

5. B。教师备课要做好三件事:(1)备教材。即钻研学科课程标准、教科书和阅读有关参考书。(2)备学生。即了解学生,首先要考虑学生的年龄特征,熟悉他们身心发展的特点;其次要了解班级的情况;最后要了解每一个学生,掌握他们的思想状况、知识基础、学习态度和学习习惯等。(3)备教法。即设计教学方法,教师在钻研教材、了解学生的基础上,要考虑用什么方法使学生掌握这些知识并促进他们能力、品德等方面的发展,要根据教学目的、内容、学生特点来选择最佳的教学方法。

6. B。"授人以鱼,不如授之以渔",说的是"送给别人一条鱼能解他一时之饥,却不能解长久之饥,如果想让他永远有鱼吃,不如教会他捕鱼的方法",有鱼吃是目的,会钓鱼是手段。这句话的寓意是传授给人知识,不如传授给人学习知识的方法,也就是教师应重视培养人获得知识的能力。因此排除ACD,选B。

7. A。题干中所说的是发现法的概念,故本题选A。

8. C。教学过程的基本规律:(1)直接经验与间接经验相统一。以间接经验为主,直接经验为辅。(2)掌握知识与发展能力相统一。掌握知识是发展能力的基础,发展能力是掌握知识的必要条件。(3)教师主导与学生主体相统一。(4)传授知识与思想品德教育相统一(教学过程中知、情、意的统一)。学生思想品德的提高是以知识为基础的,学生思想品德的提高又推动他们积极地学习知识。

9. C。"杂施而不孙,则坏乱而不修"的大意是:施教杂乱无章,不能按顺序进行,则学生学到的必然是很混乱,没有完整体系的知识。因此这里主张的教学原则是循序渐进原则。

10. D。制订教学计划具体包括制订学期教学进度计划、单元教学计划和课时计划。其中,学期教学进度计划应该在学期或学年开始前制订出来。A为干扰项。

11. D。现场教学是教师在自然和社会现实活动中进行教学的组织形式，是班级授课制的一种特殊形式。参观法是教师根据教学目的和要求，组织学生对实物进行实地观察、研究，从而在实际中获得新知识或巩固、验证已学知识的方法，属于现场教学，故选D。

12. C。以情操陶冶为主的教学方法是指教师根据一定的教学要求，有计划地使学生处于一种类似真实的活动情境之中，利用其中的教育因素综合地对学生施加影响，潜移默化地教育学生的方法。主要包括欣赏教学法和情境教学法。题干中"不知不觉"即潜移默化地教育学生的方法。因此本题选C。

13. A。耶克斯—多德森定律指出中等水平动机强度学习效率最佳，太低和太高的动机强度，学习效率要低。动机强度和学习效率之间呈倒U形曲线。

14. D。行为主义者强调外在环境的力量，行为主义强化理论认为强化能促进学习动机。

15. C。成就动机水平高的人，倾向于选择难度适中的目标和课题。成就动机水平低的人，倾向与选择非常容易或非常困难的目标和课题。本题中小强是一个成就动机水平很高的人，在面对三种不同难度水平的任务时，他会选择难度适中的任务来寻求一种成功感。

16. C。认知内驱力是要求了解、理解和掌握知识以及解决问题的需要，它以求知作为目标，从知识的活动中得到满足，是学习的内部动机。自我提高内驱力是指个体由自己的学业成就而获得相应的地位和威望的需要，它不直接指向知识和学习任务本身，而是把学业成就看作是赢得地位和自尊的根源。附属内驱力是指个体为了获得长者的赞许和同伴的接纳而表现出来的把工作、学习做好的一种需要。

17. B。画线是认知策略中的复述策略，此外复述策略还有重复、抄写、做记录等。

二、简答题

1. 教学与智育是两个相互关联又有区别的概念。智育主要是向学生传授系统的科学文化知识，发展学生的智力，智育主要是通过教学来完成的，但教学并不是实施智育的唯一途径；智育是教学的任务之一，但也并非教学的全部任务，教学同时承担着德育、美育、体育、劳动技术教育的任务。我们决不能把两者等同：一方面，教学是德育、美育、体育、劳动技术教育的途径；另一方面，智育也需要通过课外活动等才能全面实现。把教学等同于智育将阻碍全面发挥教学的作用。

2. (1) 教学过程本质上是一种认识过程。教师"教"的活动是属于变革和改造客体的实践活动的范畴，学生"学"的活动属于认识活动的范畴。学生的认识活动是教学中最主要的活动。(2) 教学过程是一种特殊的认识过程。教学过程本质上是一种认识过程，但它又不同于人类一般的认识过程，有一定的特殊性，主要表现在：① 认识的间接性；② 认识的交往性；③ 认识的教育性；④ 有领导的认识。

3. (1) 教学是传授系统知识、促进学生发展的最有效的形式。(2) 教学是对学生进行全面发展的素质教育，是把学生培养成为合格人才的基本途径。(3) 教学是学校工作的中心，学校工作必须坚持以教学为主。

4. 教学规律是教学内部的本质联系，是客观的。人们只能去发现它、掌握它，但不能制造它；教学原则是第二性的，是人们在认识教学规律的基础上制定的。教学原则是教学规律在教学中的反映，不同的教学体系有不同的教学原则。

5. 教师上好一堂课要满足以下基本要求：(1) 目的明确；(2) 内容正确；(3) 方法得当；(4) 结构完整；(5) 语言贴切；(6) 气氛热烈；(7) 板书有序；(8) 教态合适。

三、论述题

1. 教学过程的基本规律有：

(1) 直接经验与间接经验相统一的规律：① 学生以学习间接经验为主；② 学生学习间接经验要以直接经验为基础。

(2) 掌握知识与发展能力相统一的规律：① 掌握知识是发展能力的基础；② 发展能力是掌握知识的必要条件；③ 掌握知识与发展能力存在相互转化的内在机制。

(3) 教师主导与学生主体相统一的规律：① 教学过程中教师起主导作用；② 教学过程中学生是学习的主体；③ 教师和学生应建立合作、友爱、民主、平等的师生交往关系。

（4）传授知识与思想品德教育相统一的规律：① 学生思想品德的提高以知识为基础；② 学生思想品德的提高又推动他们积极地学习知识；③ 教师在教学中应将传授知识和思想品德教育有机结合。

2. 我国小学常用的教学原则有：（1）科学性与教育性相结合的原则。科学性与教育性相结合的原则是指教师既要把现代先进科学的基础知识和基本技能传授给学生，同时又要结合知识、技能中内在的德育因素，对学生进行政治、思想教育和道德品质教育。（2）直观性原则。直观性原则是指在教学中，教师要尽量利用学生的多种感官和已有的经验，通过各种形式的感知，丰富学生的直接经验和感性认识，从而使他们获得生动的表述，能够正确理解书本知识和发展认识能力。（3）启发性原则。启发性原则是指在教学中，教师要明确学生是学习的主体，注意调动他们的学习主动性，引导他们独立思考，积极探索，生动活泼地学习，自觉地掌握科学知识和提高分析问题、解决问题的能力。（4）巩固性原则。巩固性原则是指教师在教学中，要引导学生在理解的基础上牢固地掌握知识和技能，长久地保存在记忆中，并能根据需要迅速再现出来，以利于知识技能的运用。（5）循序渐进原则。循序渐进原则是指教师要按照学科知识的逻辑系统和学生认识发展的顺序进行教学，使学生系统地掌握基础知识、基本技能，形成严密的逻辑思维能力。（6）因材施教原则。因材施教原则是指教师在教学中，要从课程计划、学科课程标准的统一要求出发，面向全体学生，同时又要根据学生的个别差异，有的放矢地进行教学，使每个学生都能扬长避短，获得最佳的发展。（7）理论联系实际原则。理论联系实际原则是指教师教学要以学习基础知识为主导，从理论与实际的联系上去理解知识，注意运用知识去分析问题和解决问题，达到学懂会用、学以致用。（8）量力性原则。量力性原则是指教师的教学活动要适合学生的发展水平。

3. 课堂教学即指班级授课制，它是最为常见的一种教学组织形式。班级授课制是一种集体教学形式。它把一定数量的学生按年龄与知识程度分成固定人数的班级，根据课程计划和规定的时间表，安排教师有计划地向全班学生集体上课。班级授课制的优点是：有利于经济有效地大面积培养人才；有利于发挥教师的主导作用；有利于发挥学生集体的作用；有利于学生多方面的发展。班级授课制也有它的缺点，主要表现在强调教学过程的标准、同步、统一，难以完全适应学生的个别差异，不利于因材施教。针对班级授课制的弊端，教师在课堂教学中可以通过内部分组的方法来弥补其不足。内部分组是指在传统的按年龄编班的班级内，按学生的学习能力或学习成绩等编组的方法，既可按不同学习内容、不同学生目标进行分组，也可以对相同学习内容和学习目标采用不同的方法和手段进行分组，加强教学的针对性；分组教学最显著的优点在于它比班级授课制更切合学生个人的水平和特点，便于因材施教，有利于人才的培养。

第十七章　教学评价与反思

考点分析

- 本章考点主要以选择题和材料分析题的形式出现，其中选择题的出题频率较高。
- 本章考点主要有：教学评价的功能，教学评价的类型，教学评价的方法；教学反思的基本特征，教学反思的意义，教学反思的原则，教学反思的类型，教学反思的方法。

第一节　教学评价

一、教学评价的概念

教学评价是指以教学目标为依据，通过一定的标准和手段，对教学活动及其结果进行价值上的判断，即对教学活动及其结果进行测量、分析和评定的过程。

教学评价主要包括对学生学习结果的评价和对教师教学工作的评价。

二、教学评价的功能

（一）诊断作用

对教学效果进行评价，可以了解教学各方面的情况，从而判断它的质量和水平、成效和缺陷。全面客观的教学评价工作不仅能评估学生的成绩在多大程度上实现了教学目标，而且能解释成绩不良的原因。

（二）激励作用

教学评价对教师和学生具有监督和强化作用。通过教学评价能反映出教师的教学效果和学生的学习成绩，对教和学都具有促进作用。

（三）调节作用

教学评价发出的信息可以使师生知道自己的情况，教师和学生可以根据反馈信息修订计划，调整行为，进而改进教学。

（四）教学作用

教学评价也具有教学作用，教学评价包含着判断和甄别，使学生明辨是非，对学生具有教学意义。

三、教学评价的类型

（一）根据实施功能分类

根据实施功能的不同，教学评价可分为诊断性评价、形成性评价和总结性评价。

1. 诊断性评价

诊断性评价是指教师在学期开始或一个单元教学开始时，为了了解学生的学习准备情况及影响学习的因素而进行的评价。它包括各种通常所称的摸底考试。

2．形成性评价

形成性评价是指教师在教学过程中为改进和完善教学活动而进行的对学生学习过程及结果的评价。它包括教师在一节课或一个课题教学中对学生的口头提问和书面测验。

3．总结性评价

总结性评价是指在一个大的学习阶段、一个学期或一门课程结束时，教师对学生学习结果的评价，也称为终结性评价。

（二）根据运用的标准分类

根据运用标准的不同，教学评价可分为相对性评价、绝对性评价和个体内差异评价。

1．相对性评价

相对性评价又称为常模参照性评价，是指教师运用常模参照性测验对学生的学习成绩进行的评价。它主要依据学生个人的学习成绩在该班学生成绩序列或常模中所处的位置来评价和决定其学业成绩的优劣，而不考虑其是否达到教学目标的要求。

2．绝对性评价

绝对性评价又称为目标参照性评价，是指教师运用目标参照性测验对学生的学习成绩进行的评价。它主要依据教学目标和教材编制试题来测量学生的学业成绩，判断学生是否达到了教学目标的要求，而不以评定学生之间的差异为目的。

3．个体内差异评价

个体内差异评价是指教师对被评价者的过去和现在或者个体内部的各个方面进行纵横比较，以判断其学习状况的评价。

（三）根据评价的方法分类

根据评价方法的不同，教学评价可分为定性评价和定量评价。

1．定性评价

定性评价是指凭借评价者的洞察、内省或移情对评价对象做出价值判断的评价方法，比如评价者评出等级、写出评语等。

2．定量评价

定量评价是指评价者采用数学的方法，收集和处理数据资料，对评价对象做出定量结果的价值判断。如运用教育测量与统计的方法、模糊数学的方法等，对评价对象的特性用数值进行描述和判断。

（四）根据评价主体分类

根据评价主体的不同，教学评价可以分为外部评价和内部评价。

1．外部评价

外部评价是指评价对象被评价者之外的专业人员进行明显的统计分析或文字描述的评价。

2．内部评价

内部评价也就是自我评价，是指由课程设计者或使用者自己实施的评价。

考点突破

【17-1】主要凭借评价者的洞察、内省或移情对评价对象做出价值判断的评价方法是（　　）。

A．定性评价　　B．定量评价　　C．诊断性评价　　D．形成性评价

【17-2】驾驶执照考试、体育达标测验都属于(　　)。
A. 诊断性评价　B. 安置性评价　C. 常模参照性评价　D. 目标参照性评价
【17-3】“矮子里找高个”是一种(　　)。
A. 相对性评价　B. 绝对性评价　C. 定性评价　D. 定量评价

四、教学评价的方法

教学评价的方法主要有观察法、测验法、调查法、成长记录袋评价法和检查作业评价法等。

(一) 观察法

观察是直接认知评价对象行为的最好方法,它适用于那些不易量化的行为表现(如兴趣、爱好、态度、习惯与性格)和技能性的成绩(如唱歌、绘画、体育技巧和手工制品)。

(二) 测验法

测验主要以笔试进行,是考核学生成绩的基本方法。它适用于对学生学习文化科学知识的成绩评定。

测验法的四大指标为信度、效度、难度和区分度。

(三) 调查法

调查法是教师为进行学生成绩评定搜集资料、了解学生的学习情况的一种方法。如果教师对学生的成绩有疑问则需要经过调查解决;学生的学习态度、方法和习惯也需要教师通过调查进行了解。调查一般可用问卷调查、交谈调查进行。

(四) 成长记录袋评价法

成长记录袋评价法也称“档案袋评价法”,是指教师根据一定的要求,将能够反映评价对象成长和发展状况的各种作品收集起来,全面、动态地反映评价对象的成长和发展状况的评价方法。

(五) 检查作业评价法

检查作业可使教师了解学生完成作业是否认真、是否独立。

考点突破

【17-4】考核学生成绩的基本方法是(　　)。
A. 观察法　B. 测验法　C. 调查法　D. 自我评价法
【17-5】下列说法不正确的是(　　)。
A. 教学评价的依据是教学目标
B. 教学评价常常通过测量收集资料
C. 教学评价不可以通过一些非测量的方法
D. 教学评价是对学习者在教学活动中所发生的变化进行测量

五、教学评价的原则

(一) 客观性原则

教学评价必须客观公正。客观性是教学评价的基本要求,教学评价的目的在于给学生的“学”和教师的“教”以客观的价值判定。缺乏客观性就会失去意义,还会导致错误的教学决策。

(二)发展性原则

教学评价应着眼于学生的学习进步、动态发展,着眼于教师的教学改进和能力提高,以调动师生的积极性,提高教学质量。因此,教学评价应是鼓励师生、促进教学的手段,要尊重学生的人格。要重视形成性评价,形成性评价所关心的是能不能指向学校的发展、学生的进步等。

(三)整体性原则

教学评价应该对被评价对象进行全面分析,防止以偏概全,以局部代替整体。要实施多元评价,反对以测验成绩为唯一尺度的一元评价模式。现代教育评价倡导多元评价思想,强调采用多视角、多方法的评价形式,强调教育评价要关注学生整体能力的提高。

(四)指导性原则

教学评价应给师生以教学效果的反馈信息,提出建设性意见,使被评价者能够发扬优点,克服缺点。

(五)激励性原则

教学评价应有助于激励被评价者积极进取。要发现被评价者的闪光点,肯定其积极的方面,促使其进一步发展。教师要发挥评价的作用,引导学生朝着所期望的方向发展,教师应坚持以找优点为评价的出发点,坚持以个体为主的评价标准,突出正面的鼓励性评价。

第二节 教学反思

一、教学反思的概念

教学反思是指教师以自己的课堂教学实践为思考对象,对自己所做出的行为、决策以及由此产生的结果进行审视和分析的过程。它是一种通过提高参与者的自我觉察水平来促进能力发展的途径。

二、教学反思的基本特征

教学反思的基本特征包括:① 课堂教学是教学反思的出发点和归宿;② 探索研究和解决问题方式是教学反思的着眼点;③ 追求教学环节的最优化是教学反思的不竭动力;④ 学会教学、学会学习是教学反思的最终目标。

三、教学反思的内容

教学反思的内容主要包括反思教学理念、反思教学目标、反思教学过程、反思教学得失及教学再设计。

(一)反思教学理念

教学理念倡导以学生的发展为本,教师应反思教学是否确定了学生的主体地位,学生在课堂上学习的主动性、独立性、自主性、体验性是否得以充分体现。教师应反思教师角色转换是否到位,在师生关系上是否做到尊重学生,赞赏学生。教师应在教学方式上是否做到与学生平等对话,与同事是否做到教学合作。

（二）反思教学目标

教师对教学目标的反思主要包括：每节课有没有明确的教学目标；教学目标的三个维度是否完整；情感态度与价值观是否有机地融入课堂教学内容中去，并有意识地贯穿于教学过程。

（三）反思教学过程

教师对教学过程的反思包括：课堂教学中，教案设计流程是否合理；教学情境中师生是否情感交融；学生的"智慧火花""创新火花"是否得以燃发、闪现，学生提出独特的见解和尖刻的问题，教师如何驾驭；教学过程中发生突发事件时，教师是如何处理的。

（四）反思教学得失

教师将教学过程中的精彩片断详细地记录下来，在此基础上通过反思将教学片断不断加以改进、完善，供自己或他人以后在教学中使用。对教学瑕疵之处，教师应认真进行回顾、剖析，找出形成原因，分析关键因素，探究解决策略，形成新的教学环节。

（五）教学再设计

教学再设计是教学反思的最终目的。教师通过反思得出新的教学规律，在教法上有启发，在知识上进行拓展，教学设计趋向合理，对教学过程进行再梳理、再发现、再研究、再创新，写出新的教学设计或案例，不断升华，把自己的教学水平提升到一个新的高度。

四、教学反思的意义

教学反思对于教师教学具有重要的意义，主要包括以下方面：

（一）教学反思有利于教案的改进

教案编写很重要，课后反思，进行二次备课，更有利于教师的专业成长与提高。课后教师认真反思，吸取教训，其实也是在备课。教师将教学感受记录下来，就成为最有价值的第一手资料，既可以及时纠正教学中的错误，又可以为下一次上课的备课或研究提供素材，以不断提高自己的备课能力与研究能力。

（二）教学反思为撰写教学研究论文提供丰富的素材

教学反思是教学实践中一个过程的结束，是新的教学实践的开始。只要教师对教学活动坚持不懈地进行反思，一定能不断提高对教学的认识，发展教学实践智慧；在"反思—实践—反思"的螺旋式上升中，实现自己的专业成长。

（三）教学反思有助于实现教师专业发展

教学反思能够提高教师的问题意识，培养教师的批判性思维，提升教师理性分析问题的能力，提升教师的理论水平，使教师实现由"经验型"向"研究型"和"创造型"角色的转变。

五、教学反思的原则

教学反思的原则包括自主性原则、真实性原则、及时性原则和个性化原则。

（一）自主性原则

教师在教学中不仅是知识的传授者，更是问题的发现者，教师将平常意识不到的教学行为、没有深思的教学观念等进行及时反思与研究，并将研究成果直接应用于教学实践，有利于改进教学，提高教学效果，丰富教学策略，进而提高自己的专业水平。

（二）真实性原则

教学反思大多反馈的是教师课堂教学的主观感受，要使教学反思有实用价值，必须如实地反映每堂课的教学优劣，包括教学目的要求落实与否、教学原则贯彻与否、教学方法运用的利与弊、教学内容的完整与否、教学效果的好与坏等。

（三）及时性原则

教师必须坚持教学反思的及时性，且坚持不懈、持之以恒。教学反思只有及时进行，才能保证其真实有效，为教师以后的教学奠定坚实的基础，等到再次授课时，进行教学更新，为教学注入新的活力。

（四）个性化原则

教学反思虽然有时也需要同伴的支持，但其性质还是个人行为，是依靠教师个体独立思考来进行的。教学反思使教师形成个性化的教学魅力、个性化的教学模式、个性化的教学风格。

六、教学反思的类型

（一）根据教学的基本流程分类

根据教学的基本流程，教学反思可以分为教学前反思、教学中反思、教学后反思。

1. 教学前反思

教学前反思是指教师在课前思考如何组织教材，思考课堂中应重视的内容、教学的具体实施方法、学生的需要和满足这些需要的具体目标，以及达到这些目标所需要的动机、教学模式和教学策略等。教师还要在对本学科、本册教材、本单元、本课时进行教学计划时列出反思的关键项目，如需要教给学生哪些关键概念、结论和事实，教学重点、难点的确定是否准确，教学内容的深度和范围对学生是否适度，所设计的活动哪些有助于达到教学目标，教学内容的呈现方式是否符合学生的年龄和心理特征，哪些学生需要特别关注，哪些条件会影响课堂的效果，等等。

2. 教学中反思

教学中反思即课堂反思，也叫调控性反思。课堂教学是一个复杂、动态的过程，在课堂教学中总会出现一些意想不到的突发问题，这就需要教师具备较强的应变能力，反应要快，要及时对问题进行思考、分析，寻找产生问题的原因和解决方法，及时地反思自己的教学行为，调整自己的教学策略。教师要善于抓住有利于教学计划实施的机会，因势利导，根据学生的反馈对教学计划进行修改和调整，但不可大修大改。教师教学时应顺应学生的发展需要，保证课堂教学顺利而有效地进行，使教学效果达到最佳。

3. 教学后反思

教学后反思是指在一堂课或一个阶段的课上完后，教师对自己已经上过的课的情况进行回顾和评价。教学后反思也是目前最广泛的反思形式，教学后反思可以使教师直观、具体地总结教学中的长处，发现问题，找出问题发生的原因，找出解决问题的办法。教学后反思有利于提高教师的分析能力，有利于提高教师的教学水平。

（二）根据反思的主体分类

根据反思的主体，教学反思可以分为自我反思和集体反思。

1. 自我反思

自我反思是指通过自我反省的方式来进行的反思。自我反思源于反思主体的自我意识和自我教育，它是反思的最主要形式和最高境界。

2. 集体反思

集体反思是指教师与同事一起观察自己的、同事的教学实践，与他们就实践问题进行对话、讨论，是一种互动式的活动，它注重教师间的分享、合作学习和共同提高，有助于建立合作学习的共同体。

（三）根据反思的对象分类

根据反思对象，教学反思可以分为纵向反思、横向反思。

1. 纵向反思

纵向反思是指教师把自己的教学实践作为一个认识对象放在历史过程中，进行思考和梳理，同时不断地获取学生的反馈意见，并把学生的反馈意见作为另一个认识对象进行分析，最后把两个具体的认识对象进行整合思考的反思方法。

2. 横向反思

横向反思是指教师经常地开展听课交流，研究别人的教学长处，通过学习比较，找出理念上的差距，解析手段、方法上的差异，从而提升自己教学水平的反思方法。

（四）根据教学理论深浅程度分类

根据教学理论深浅程度，教学反思可以分为理论反思和经验反思。

1. 理论反思

理论反思是指教师通过理论学习或通过理论与实践的对照进行的反思，它是对教学的宏观反思。

2. 经验反思

经验反思是指教师对个人教学经验的反思，它是对教学的微观反思。

七、教学反思的方法

教学反思的基本方法包括行动研究法、自我提问法、教学诊断法、比较法和阅读新知法。

（一）行动研究法

教学反思中的行动研究法是指教师与教育理论工作者或其他成员共同去研究本校本班级教育教学中的实际情况，解决日常教育教学中出现的问题，从而不断地改进教育教学工作的一种方法。行动研究法直接着眼于教学实践的改进。行动研究法的程序包括计划—行动—观察—反思四个环节，其中，计划与反思最重要，计划始于解决问题的需要，它要求研究者从现状调研、诊断的问题入手，弄清楚现状如何，存在哪些问题，应创造怎样的条件、采取哪些方式才能有所改进。

（二）自我提问法

自我提问法是指教师对自己的教学进行自我观察、自我监控、自我调节、自我评价后提出一系列的问题，以提高自身反思能力的方法。这种方法适用于教学的全过程。

（三）教学诊断法

教学诊断法是指教师从教学问题的研究入手，挖掘隐藏在背后的教学理念方面问题的方法。采用教学诊断法时，教师可以通过各种方法收集各种教学“病例”，进行归类分析，找出典型“病例”，并对其进行具体分析，重点讨论影响教学有效性的各种教学观念，最后提出解决问题的对策。

（四）比较法

比较法是指教师运用比较分析的方法来进行教学反思。教师应该多观摩其他教师的课，并与他们进行对话交流，教师可通过观摩公开课、听专家讲学等多种形式关注最新的教学动态，在观察、对比、反思、修正的过程中使自己的教学更合理。

（五）阅读新知法

阅读新知法是指教师采取各种手段搜集所要解决问题的信息，通过阅读相关的信息获取新的想法和观念，为自己所要解决的问题提供新的见解和可能的新方案。

巩固练习

一、选择题

1. 一般在教学开始前使用，用来摸清学生的现有水平及个别差异，以便安排教学的评价是（　　）。

A. 诊断性评价　　B. 形成性评价　　C. 总结性评价　　D. 非正式评定

2. 一次测验后，教师发现一年级学生在加减法运算中常有进位数加错、看错数字等情况，教师根据学生的错误进行补救与指导，这种测验属于（　　）。

A. 安置性评价　　B. 形成性评价　　C. 诊断性评价　　D. 总结性评价

3. 以被评价对象自身某一时期的发展水平为标准，判断其发展状况的评价方法叫作（　　）。

A. 绝对评价法　　B. 个体内差异评价法

C. 相对评价法　　D. 平均评价法

二、简答题

1. 简述教学反思的基本特征。

2. 简述教学反思的基本方法。

参考答案

考点突破

【17-1】答案：A。

解析：题干所述是对学生做出定性评价，比如班主任的操行评定。定量评价是通过客观的数据对学生进行的评价。

【17-2】答案：D。

解析：目标参照性测验是一种绝对评价，只要达到掌握的标准就可以。比如驾照考试，并不需要你驾驶技术多么娴熟，只要达到标准即可拿到驾照。而常模参照性测验是相对评价，需要与人比较竞争，分数越高，就越容易在竞争中胜出。

【17-3】答案：A。

解析：“矮子里找高个”是通过比较来实现的，是需要与人比较的，是一种相对性评价，没有一个固定的标准。

【17-4】答案：B。

解析：考核学生成绩的基本方法是测验法，比如期中考试、期末考试。

【17-5】答案：C。

解析：教学评价也可以通过非测量的方法收集资料。

巩固练习

一、选择题

1. A。按实施功能的不同，教学评价可分为诊断性评价、形成性评价和总结性评价。诊断性评价又称教学前评价或前置评价，一般是在某项活动开始之前，为使计划更有效地实施而进行的评价。

2. B。测验的目的在于改进教学，通过测验对学生的普遍性问题进行及时讲解，为学生学习更深层次的知识奠定基础，因此这种测验为形成性评价。

3. B。个体内差异评价法是以被评价对象自身某一时期的发展水平为标准，从被评价对象的实际出发，判断其发展状况的评价法，此题选B。

二、简答题

1. 教学反思的基本特征有：(1) 课堂教学是教学反思的出发点和归宿；(2) 探索研究和解决问题方式是教学反思的着眼点；(3) 追求教学环节的最优化是教学反思的不竭动力；(4) 学会教学、学会学习是教学反思的最终目标。

2. 教学反思的基本方法包括：(1) 行动研究法；(2) 自我提问法；(3) 教学诊断法；(4) 比较法；(5) 阅读新知法。